스포츠법학 연구

Framework of Sports Law

스포츠법학 연구

Framework of Sports Law

연기영 저

역락

스포츠법학 연구

초판 인쇄 2013년 12월 10일
초판 발행 2013년 12월 16일

지은이 연기영
펴낸이 이대현
편 집 박선주

펴낸곳 도서출판 역락
주 소 서울 서초구 반포4동 577-25 문창빌딩 2층
전 화 02-3409-2058, 2060
팩 스 02-3409-2059
등 록 1999년 4월 19일 제303-2002-000014호
이메일 youkrack@hanmail.net

ISBN 978-89-5556-685-7 93360
정 가 35,000원

이 도서의 국립중앙도서관 출판시도서목록(CIP)은 서지정보유통지원시스템 홈페이지(http://seoji.nl.
go.kr)와 국가자료공동목록시스템(http://www.nl.go.kr/kolisnet)에서 이용하실 수 있습니다.(CIP제어번
호: CIP2013026431)

오늘날 컴퓨터와 정보통신 산업의 발전으로 개인주의적인 생활태도가 극대화되면서 이타적 열정이 감소되는 현상을 가져왔다고 본다. 가족 간의 소통도 원활하지 못한 현상을 흔히 볼 수 있는 것이다. 이러한 현실에서 스포츠는 함께 관전하면서 사회통합과 연대의식을 높이는 역할을 담당하게 된다.

스포츠는 개인적·육체적 건강의 증진과 취미의 영역에 머무르지 않고 사회적인 관계를 개선하며 국력을 튼튼히 하는 효과를 가져다준다. 이렇듯 스포츠는 사회적·경제적·국가적 측면에서 중요한 역할을 수행하게 되고 상업화·직업화되기에 이르렀으며, 스포츠의 상품화는 스포츠산업과 정책에 엄청난 변화를 가져오게 된 것이다.

스포츠가 단순한 취미활동이나 여가선용으로만 활용된다면 그렇게 심각한 법률문제는 발생하지 않을 것이다. 호의관계로 처리하면 될 것이기 때문이다. 그러나 스포츠가 사회·경제·문화적 영향을 받으며 부가가치가 높아지자 스포츠를 둘러싼 갈등과 대립이 일어나게 되었다. 이러한 분쟁을 합리적으로 해결하기 위해서는 스포츠법의 정비와 스포츠법학의 연구가 절실히 필요한 것이다.

오늘날 스포츠는 인간의 삶에 꼭 필요한 중요한 한 요소가 되었다. 우리는 모두 호모 스포르티부스(Homo sportivus), 즉 스포츠를 하는 인간인 것이다. 우리는 스포츠와 유리되어 생활할 수 없는 그런 시대 속에서 생활하고 있다. 이제 스포츠는 모든 국민과 인류의 몸과 마음을 건강(Health)하게 단련시킴은 물론이고 치유(Healing)를 통해 행복(Happiness)한 복지국가를 건설하는 데 필수불가결한 것이 되었다. 스포츠는 나라의 최고규범인 헌법의 이념인 문화국가의 실현과 함께 국민통합·인류평화·지속적 발전을 위해 중요한 역할을 담당하고 있다. 따라서 헌법상 스포츠기본권은 보장되어야 하고 국가는 스포츠기본법을 비롯하여 스포츠영역을 규율하는 법제도를 마련하여 국가정책을 펴 나아가야 할 것이다.

스포츠법은 스포츠에 관한 법규의 충체라고 할 수 있다. 일반적으로 스포츠법은 스포츠에 내재하는 자치규범과 스포츠를 둘러싼 외부적인 법적 규범의 총체라고 정의할 수 있다. 내부적인 자치규범으로서는 경기규칙, 대회규정, 참가자격 등이 포함된다. 외부적인 스포츠 규범으로서는 스포츠 활동과 직접 또는 간접적으로 관련되는 각종 법규범이 포함된다. 이러한 스포츠법을 연구하는 스포츠법학의 범위와 내용도 매우 광범위하다. 즉, 스포츠자치법의 연구를 비롯하여 스포츠기본권의 보장과 스포츠행정 및 정책에 관한 공법적인 문제, 스포츠 관련 특수계약과 스포츠사고의 위험에 대한 책임 등에 관한 사법적인 문제, 스포츠범죄와 형벌에 관한 형사법적인 문제, 스포츠의 국제교류와 분쟁에 관한 국제법적인 문제 등을 연구하는 종합법학적인 성격을 가지고 있다고 하겠다.

이 책에서는 이러한 스포츠법학의 여러 과제에 대해 중요한 문제를 중점적으로 다루고 있다. 이 책은 필자가 오랫동안 탐구해 오며 연구 발표한 스포츠법학논문들을 모아 새로운 문헌을 참고하고 수정 보완하여 책으로 펴내게 된 것이다. 그 중 스포츠자치법학의 연구는 좀 더 시간을 가지고 학제적 연구를 통하여 다음기회에 펴내기로 하였다. 그동안 발표한 논문들을 꼼꼼히 다듬고 정리하느라 했지만 다소 중복되는 내용도 담겨 있을 수 있다. 이 점 독자들의 혜량을 바라며, 책에 대한 따뜻한 질정을 기다린다.

이 책을 세상에 내 놓는 데에는 많은 분들의 도움이 있었다. 먼저 오랜 세월 스포츠법학을 연구하며 필자와 저술도 함께 한 적이 있는 장안대 정승재교수가 원고를 처음부터 끝까지 읽고 색인을 맡아 해주셨다. 최순웅 조교는 자료수집 등에 헌신적으로 노력해 주었다. 또한 1999년 한국스포츠엔터테인먼트법학회 창립 후, 학술발표 및 학술지에 논문을 발표할 때마다 많은 회원들이 귀중한 조언을 해 주어 큰 도움이 되었다. 이 모든 분들에게 깊은 감사를 드린다.

끝으로 출판계의 어려운 상황에도 불구하고 이 책의 출판을 흔쾌히 맡아주신 역락출판사 이대현 사장님을 비롯하여 편집부 여러분께 깊은 감사의 말씀을 드린다.

2013년 12월 3일
대동정사에서 연기영

스포츠법학 연구
Framework of Sports Law

◎ CONTENTS

제2장 스포츠기본권과 스포츠기본법

제4장 스포츠계약법과 사고법

제5장 학교체육진흥의 법적 과제

제1절 「학교체육진흥법」 제정을 위한 과제 __ 197

제7장 남북스포츠교류와 스포츠법

제8장 스포츠법의 비교연구

이 장에서는 스포츠법의 개념과 체계, 스포츠관계법의 현황과 문제점, 스포츠의 법정책적 과제, 스포츠법학의 향후과제에 대하여 서술하고자 한다. 특히 스포츠와 스포츠법의 개념을 명확히 밝히고 향후 스포츠법제의 정비에 필요한 정책방향을 제시하였다.

스포츠법은 독립된 법학분야로서 스포츠에 내재하는 자치규범과 스포츠를 둘러싼 외부적인 법적 규범의 총체라고 할 수 있다. 내부적인 자치규범으로서는 경기규칙, 대회규정, 참가자격 등이 포함된다. 외부적인 스포츠 규범으로서는 스포츠활동과 직접 또는 간접적으로 관련되는 각종 법규범이 포함된다. 스포츠법은 스포츠 기본기본권의 보장과 국가와 지방자치단체의 스포츠정책에 관한 헌법과 행정법의 내용을 이루는 스포츠 공법, 스포츠계약과 사고법을 중심으로 하는 스포츠 사법, 스포츠범죄와 형벌에 관한 스포츠 형사법, 스포츠국제기구의 조직과 활동에 관한스포츠 국제법 등으로 나누어진다.

또한 스포츠법학의 연구과제로서 스포츠에 대한 국가의 권한과 규제에 관한 법제연구, 스포츠법철학과 스포츠법사회학의 연구, 스포츠과학의 학제적 연구의 활성화, 통일스포츠법의 체계적 연구, 국제스포츠법의 연구, 아시아스포츠법학회의 활성화와 과제 등을 제시하였다.

제1절 스포츠법의 개념과 체계

Ⅰ. 스포츠의 개념

스포츠법은 스포츠에 관한 법규의 총체라고 할 수 있다. 그러면 우선 "스포츠"란 무엇인가? "스포츠"라는 용어는 매우 다양하게 사용되고 있으며, 스포츠과학에서도 아직까지 일반적으로 인정되는 정확한 개념정의는 내리지 못하고 있는 실정이다.[1] "스포츠"는 문화적·사회적·경제적인 영향을 받고 발전하여 왔기 때문에 통일된 개념정의를 내리기가 어려운 것이다.

스포츠(Sports)란 영어에서 온 외래어로서 운동경기(運動競技)라고 불리기도 한다. 본래 여가를 뜻하는 옛 프랑스어 desport에서 유래한 단어이다.[2] 어원적으로는 라틴어의 '물건을 운반한다'라는 portre의 뜻에서 유래한 것이며, 13세기경에는 프랑스어인 de(s) port=disport로 되었고, 여기에서 파생된 중세영어인 desport, disport에서 sport, sports로 변화한 것이다.[3] 그 시대는 중세봉건사회에서 부분적이나마 서민들의 권리의식이 싹트기 시작한 무렵이었고, '엄하고 가혹한 작업이나 노동에서 잠시 벗어나 기분전환을 한다'는 뜻으로 쓰였다. 그 당시에 억압된 사회현실속에서 농민·기술자 등 일반 서민들이 잠시나마 달리고 뛰고, 헤엄을 치고, 공을 차고, 힘을 겨루고 한 모든 행위가 스포츠였으며, 가끔 도박도 이에 속했다고 볼 수 있다. 이러한 스포츠는 점차 거리에서 거리로, 마을에서 마을로 번졌고, 종교행사나 마을축제에서 우승자에게 상금이나 상품을 주기도 하여 경쟁심을 불어 넣기도 하였다.

---

1) Fritzweiler/Pfister/Summerer, Praxishandbuch Sportrecht, 2.Auflage, München : Beck, 2007, S.2;이에 관하여 상세한 논의는 Holzke, Der Begriff Sport im deutschen und europaeischen Recht, Diss. Uni. Köln, 2001를 참조할 것.
2) http://ko.wikipedia.org/wiki(2013.11.30.방문)
3) 어원과 사전적인 정의에 관하여는 연기영 외 3인 공저, 『스포츠법의 이론과 실제-스포츠와 법』, 형설출판사, 2010, 21-22면을 참조할 것.

스포츠가 조직과 규칙을 정비하고 크게 발전하게 된 것은 1987년 영국에서 크리 켓본부를 창설함으로써 전환기를 맞이하게 되었다고 한다. 그래서 백과사전적으로 는 스포츠를 "체력이나 기술을 필요로 하는 활동으로서, 오락으로 즐기거나 승부를 겨루기 위한 신체 운동"이라고 정의하고 있는 것이다.[4]

스포츠과학 및 체육평의회(ICSSPE)에서는 1964년 스포츠선언에서 스포츠를 "놀 이성격의 신체적 운동이나 자기 힘의 한계를 시험하는 신체활동으로서, 다른 사람 과 경쟁하는 신체활동"[5]이라고 정의하였다. 스포츠는 어원적으로도 유희성에 본질 이 있으나, 조직성과 규칙성, 그리고 사회성을 바탕으로 발전되어 왔다.[6] 대체로 스 포츠는 여가활동, 운동경기 등의 총칭이라고 생각된다. 그러나 아직도 스포츠의 개 념은 불명확하며, 정확한 정의는 내리지 못하고 있는 듯하다.[7]

스포츠를 연구하는 학자들은 "경쟁적인 경기를 포함한 플레이로서의 모든 신체 활동"이라고 넓은 의미로 규정하는가 하면, "신체활동 중 경쟁적인 것"이라고 좁은 의미로 정의하기도 한다.[8] 유럽스포츠헌장에서는 "스포츠는 사회적 관계를 형성하 거나 경쟁적 수준에 있어 결과를 도출하기 위해서 통상적 또는 조직화된 참가를 통 하여 신체적 건강과 정신적 만족을 얻고 증진할 목적으로 행하여지는 모든 형태의 신체적 활동"이라고 규정한다.

스포츠가 문화의 중요한 부분이라는 점에서 스포츠의 개념을 정의할 필요가 있 다. 이러한 문화적 인식을 바탕으로 할 때 현대적 의미의 스포츠는 여가선용을 포함 하게 된다.[9] 현대스포츠의 개념은 그 목적에 따라서 구분될 수 있다. 순수하게 건강

---

4) http://100.nate.com/dicsearch(2013.11.30.검색)
5) 손석정, 『스포츠법－이론과 실제』, 태근, 2011, 2면.
6) 스포츠의 어원에 관하여는 방영철·홍순모, 『스포츠법학』, 동방도서, 1999, 49면; 김상겸, 「스포츠권 의 헌법적 보장」, 『스포츠와 법』 창간호, 한국스포츠법학회, 60면 주 5) 참조.
7) 이는 어원적 연구와 함께 체육학, 스포츠사회학, 스포츠경영학, 스포츠철학, 스포츠법학 등에서 다각 적인 연구가 필요하지만, 스포츠과학이라는 측면에서 각 분야의 전문가들이 공동으로 학제적 연구 를 통해 보다 명확한 개념을 정립해야 한다고 생각한다.
8) 신성휴·한왕택, 『현대스포츠론』, 1993, 17-18면.
9) 김상겸, 「헌법국가에서 스포츠의 보장」, 『비교법연구』 창간호, 동국대학교 비교법문화연구소, 2000, 73면.

을 위한 스포츠와 경쟁을 위한 스포츠, 아마추어적 여가선용을 위한 스포츠와 직업적 스포츠, 국민의 대다수가 즐기는 운동과 고도의 능력과 기술이 요구되는 직업스포츠 등으로 구분할 수 있다.[10]

여기서는 독일의 스포츠과학과 스포츠사회학에서 일반적으로 인정되고 있는 스포츠의 개념을 파악해 보기로 한다.[11]

첫째, 스포츠는 신체적 활동이다. 그러나 오늘날 바둑, 장기, 체스 등은 두뇌스포츠로서 스포츠경기대회의 종목으로 인정하고 있기 때문에 이러한 정의가 한계를 보여준다. 물론 이러한 게임은 운동보다는 전술전략이 중요하다. 이러한 두뇌스포츠가 전통적인 스포츠는 아니라고 할 수도 있지만 현대사회에서는 스포츠로서 중요한 위치를 차지하고 있기도 하다는 것을 지나칠 수 없다. 최근에 <바둑진흥에 관한 법률>이 국회에서 발의되고 입법적인 대책이 강구되고 있는 것을 보면 쉽게 알 수 있다.[12] 바둑은 스포츠와 기예적 성질을 아울러 갖고 있으면서도 창조적·전략적 사고를 필요로 하는 마인드스포츠의 일종이라고 한다.[13]

둘째, 스포츠는 비생산적이다. 그러나 오늘날 프로구단의 탄생과 프로스포츠의 발전은 경제적인 측면을 강조하게 되므로 스포츠의 노동생산성을 무시할 수 없게 되었다.

셋째, 스포츠는 경쟁성을 특징으로 한다. 업적이나 성과를 내기 위한 노력이 중요하며 여러 사람이 균등하게 참여하는 원칙이 확립되어 있다. 물론 자신이 설정한

---

10) 김상겸, 위의 글, 73면.

11) Fritzweiler/Pfister/Summerer, a.a.O. SS 2-5; 김용섭, 「스포츠행정법의 현황과 과제」, 『스포츠와 법』 창간호, 한국스포츠법학회, 2000, 88-90면; 장재옥·김용섭·김은경·윤석찬·윤태영, 『스포츠엔터테인먼트법』, 법문사, 2010, 2면; 독일 스포츠단체연합(Deutsche Sportbunde)학술자문회의 결과에 대하여는 Der wissenschaftliche Beirat des DSB, Sportswissenschaft, 1980, S. 437; Holzke, a.a.O. S. 119ff. 을 참조할 것.

12) 이 법률안은 2013년 8월에 이인제 의원이 대표 발의하였고, 2013.9.25. 공청회에서 김용섭 교수가 법안연구 결과를 발표하였으며, 그 내용은 「바둑진흥에 관한 법률의 제정 필요성과 입법방향」, 『스포츠법학의 새로운 지평(대동 연기영교수 화갑기념논문집)』, 역락, 2013, 611-636면에 상세히 기술되어 있다.

13) 김용섭, 앞의 논문, 613면; 이 논문 주6)에 2008.10.3.부터 10.18.까지 북경에서 바둑과 더불어 브릿지, 체스, 체커, 중국장기 등 5개 종목의 제1회 마인드스포츠대회가 개최되었다는 것을 소개하고 있다.

업적을 지향하는 경우에도 스포츠로 인정된다. 그러나 등산, 체조 등은 경쟁을 수반하지 않고 나홀로 스포츠도 생활스포츠의 중요한 부분을 차지하고 있는 실정이다.

넷째, 규칙과 조직이 필요하다. 특히 각종 경기대회에서 업적을 중시하는 경쟁스포츠는 더욱 엄격한 규칙과 조직력이 필요하다. 여기에 국가나 지방자치단체의 지원과 장려가 뒷받침 되어야 한다. 법적인 제도정비도 필요하게 되었다. 스포츠는 각종 경기규칙에 따라 이루어지며 참가자는 그 규칙을 준수할 의무를 진다. 또한 거의 모든 스포츠는 국내외적인 스포츠단체의 조직을 통하여 경기를 개최하고 평가를 받는다.

이러한 스포츠는 사실적 측면과 규범적 측면이 있다. 사실적 측면에서는 스포츠의 대중화·조직화·상업화·정치화 등을 통하여 일반사람들의 관심과 참여를 유도한다. 규범적 측면에서는 문화적 인프라의 구축을 통하여 삶의 질을 높여주는데 공헌한다. 이는 문화적 가치로서 공익성이 있으므로 국가적 과업으로서 스포츠의 육성과 발전을 도모하는 정책을 펴야 한다.

흔히 스포츠와 혼동해서 쓰는 용어로 <체육>이 있다. 신체와 교육의 합성어인 체육(Physical Education)은 신체활동적 측면에서는 같은 의미를 담고 있는 것이 사실이다. 그러나 <체육>은 앞에서 밝힌 <스포츠> 가운데에서 교육적·사회적 의미가 강조되어 있는 것이다. 1895년(고종 32) 2월 2일 고종이 발표한 우리나라 최초의 근대교육에 관한 조서(헌장)에서도 오륜의 행실을 닦는 덕양(德養), 체력을 기르는 체양(體養), 격물치지(格物致知)의 지양(智養)을 교육의 3대 강령으로 삼았다. 이렇게 체육은 지·덕·체의 이념적 측면을 강조한 용어이다.[14] 즉 스포츠는 체육을 포함한 개념으로 이해할 수 있다. 체육은 주로 학교를 통한 교육으로 실시된다. 스포츠는 운동경기를 통해 실행되며 체육보다 넓은 개념임을 알 수 있다.

우리나라 법에서는 체육과 스포츠를 정확히 구별하지 않고 사용하고 있다. 예를 들면 <국민체육진흥법>, <체육시설의 설치·이용에 관한 법률> 등을 살펴보면 체

---

14) 김용섭, 앞의 글, 90면; 성균관대, 『대학체육』, 성균관대 교재편찬위원회, 1983, 18면 이하.

육을 스포츠와 동일한 개념으로 취급하고 있다.[15)]

Ⅱ. 스포츠법의 개념

스포츠법은 비교적 새로운 학문영역이라고 말할 수 있다. 스포츠법을 계약법, 불법행위법, 형법 등과 같이 독립된 법영역으로 인정할 것인가? 이에 대한 논의는 대체로 세 가지 학설이 주장되고 있다.[16)]

첫째는 전통적인 견해로 스포츠법은 존재하지 않는다는 부정설이다. 이 학설은 스포츠법은 기존의 여러 가지 법영역에 흩어져서 존재할 뿐 특별한 독자적인 법원리를 가지고 있다고 볼 수 없다는 것이다. 이러한 주장은 스포츠법의 특성을 이해하지 못하고 있다는 비판을 받을 수밖에 없다. 특히 스포츠자치법(Les Sportiva)분야의 발전과 관련하여 타당성이 부족한 주장이다.

둘째는 스포츠법이 새로운 법영역을 형성하면서 발전하고 있는 단계라고 주장하는 학설이다. 스포츠에 관한 국가정책의 변화와 법정책적인 대응으로 국가의 스포츠관련법령이 증가하고 있다는 점을 주목하면서 점차 스포츠법전(Sports-only Corpus)의 탄생을 기대하게 된다는 것이다. 스포츠법은 변화와 변혁의 과정에 있다는 주장이다. 점차적으로 독립된 법영역이 될 것으로 확신한다는 것이다.

셋째는 스포츠법은 현실적으로 독립된 법영역으로 확고히 자리잡고 있다는 학설이다. 특히 스포츠산업의 발전과 프로스포츠의 확산, 국제경기대회의 확대 등을 통하여 많은 스포츠관련 법규의 제정과 판례의 축적으로 독립된 법영역이 되었다는 것이다.

국내외적인 법적 환경으로 볼 때 스포츠법은 이미 독립된 법학분야로 인정받고

---

15) 일본은 <국민스포츠진흥법>을 2012년에 <스포츠기본법> 제정으로 폐지하였는데 일본 법령에 스포츠라는 용어를 보편적으로 쓰고 있으며, 우리나라는 스포츠산업진흥법을 제정하여 제2조 1호에 스포츠라는 용어의 정의를 하였다.

16) Matthew J. Mitten/Timothy Davis/Rodney K. smith/Robert C. Berry, Sports Law and Regulation-Cases, materials and Problems, 2nd Ed., Wolters Kluwer, 2009, pp.1-5.

있다고 본다.[17]

독립법학으로서 스포츠법은 스포츠에 내재하는 자치규범과 스포츠를 둘러싼 외부적인 법적 규범의 총체라고 정의할 수 있다. 내부적인 자치규범으로서는 경기규칙, 대회규정, 참가자격 등이 포함된다. 외부적인 스포츠 규범으로서는 스포츠 활동과 직접 또는 간접적으로 관련되는 각종 법규범이 포함된다. 이에는 스포츠 공법, 스포츠 사법, 스포츠 형사법, 스포츠 국제법 등으로 나누어진다.

물론 스포츠의 자치규범도 규정상 결함이 있거나 반사회적인 운동규칙은 법적 규율의 대상이 될 수 있다. 오늘날 거의 모든 종목은 국제적으로 통용되는 단일화된 규칙이 확립되어 있다. 이러한 범위 내에서 국가가 제정한 법의 개입은 매우 제한된다고 볼 수 있다.[18] 국가권력이나 법원은 스포츠 자치단체의 활동을 최대한 보장하고 자유롭게 스포츠 활동을 할 수 있도록 여건을 마련해 주는 것이 중요하다. 또한 국가는 스포츠 선수들의 경제적 이익을 법적으로 보호하여야 한다.

제2절 스포츠관계법의 현황과 문제점

이 절에서는 한국의 스포츠관계법의 현황과 문제점을 밝히고 스포츠법제의 정비를 위한 법정책적 과제를 제시하고자 한다.[19]

Ⅰ. 스포츠법의 기본체계

이미 언급한 바와 같이 스포츠는 국민생활의 중요한 부분을 차치하고 있으며,

---

17) 같은 취지로는 앞의 책, p.2 참조.
18) 김용섭, 위의 글, 93면.
19) 이 절의 내용은 필자의 논문「한국에 있어서 스포츠의 법정책적 과제」(『스포츠와 법』제6권, 한국스포츠법학회, 2005, 39-57면) 중에서 <Ⅱ. 스포츠관계법의 현황과 문제점>을 바탕으로 수정 보완한 것임을 밝힌다.

국가는 문화국가의 원리를 구현하기 위하여 스포츠관계법을 제정할 책무를 부담하고 있다. 우리나라에서 직접 또는 간접적으로 스포츠에 관한 규율을 하고 있는 스포츠관련법령은 대략 50여 개가 넘는다.[20)]

현재 스포츠 및 체육행정의 주무관청은 문화체육관광부(이하 문체부)라고 볼 수 있다. 문체부에는 체육국이 있고, 소관 스포츠법률로는 국민체육진흥법(제정 1962. 9.17. 법률 제1146호, 그 후 30차례 개정됨), 스포츠산업진흥법(제정 2007.4.6. 법률 제8333호), 태권도진흥 및 태권도 공원조성 등에 관한 법률(2007.12.21. 법률 제8746호)), 전통무예진흥법(2008.3.28. 법률 제9006호), 씨름 진흥법(시행 2012.4.18 법률 제11168호, 2012.1.17 제정), 체육시설의 설치이용에 관한 법률(1989.3.31. 법률 제4106호), '경륜경정법'(시행 1992.7.1, 법률 제4476호, 1991.12.31, 제정; 시행 법률 제8342호, 2007.4.11, 전부개정), 사행산업통합감독위원회법(시행 2007.7.27. 법률 제8279호, 2007.1.26., 제정), 이스포츠(전자스포츠) 진흥에 관한 법률(시행 2012.8.18. 법률 제11315호, 2012.2.17 제정), 국제경기대회 지원법 (시행 2012.11.24., 법률 제11425호, 2012.5.23, 제정), 학교체육 진흥법(시행 2013.1.27, 법률 제11222호, 2012.1.26. 제정, 이 법은 교육부와 공동주관부처임) 등이 있다. 그리고 '2011대구세계육상선수권대회, 2013충주세계조정선수권대회, 2014인천아시아경기대회, 2014인천장애인아시아경기대회 및 2015광주하계유니버시아드대회 지원법'(법률 제8687호, 2007.12.14,그 후 개정 2010.1.27, 2011.9.16, 2012.2.17, 2013.3.23.), '2013 평창 동계스페셜올림픽 세계대회 지원법'(시행 2011.7.14., 법률 제10828호, 2011.7.14, 제정), '2018 평창 동계올림픽대회 및 장애인동계올림픽대회 지원 등에 관한 특별법'(시행 2012.1.26, 법률 제11226호, 2012.1.26 제정), 포뮬러원 국제자동차경주대회 지원법(2009.10.9. 법률 제9789호) 등 국제경기대회를 지원하기 위한 특별법이 제정되어 있다.[21)]

---

20) 연기영·김상겸, 「체육관계법 정비 및 보완연구」, 체육과학연구원 연구보고서2000-05, 국민체육진흥공단 체육과학연구원, 2000, 30면.

21) 2009년도까지 제정·시행되고 있는 스포츠법률에 관하여는 손석정·백우열, 「우리나라 스포츠관계법 정비 방안」, 『스포츠와 법』 제13권 4호(통권 제25호), 한국스포츠엔티테인먼트법학회, 2010, 85면을 참조할 것.

　　그 밖에 스포츠관련법규들이 교육부, 보건복지부, 여성가족부, 해양수산부, 국토교통부, 안전행정부, 농림축산식품부, 환경부 등에서 관장하는 법령에 혼재해 있다. 따라서 스포츠관련법령을 종합적이고 체계적으로 관리할 수 있는 이른바 <스포츠기본법>의 제정이 필요하다고 볼 수 있다.

　　일반적으로 스포츠법은 스포츠에 내재하는 자치규범과 스포츠를 둘러싼 외부적인 법적 규범의 총체라고 정의할 수 있다. 내부적인 자치규범으로서는 경기규칙, 대회규정, 참가자격 등이 포함된다. 외부적인 스포츠 규범으로서는 스포츠 활동과 직접 또는 간접적으로 관련되는 각종 법규범이 포함된다. 이는 실정법의 체계에 따라 스포츠공법, 스포츠사법, 스포츠형사법, 스포츠국제법 등으로 분류해 볼 수 있다. 여기에서는 스포츠국가법 내지 스포츠실정법에 대하여 살펴보기로 한다.

〈표 1〉 소관부처별 스포츠법률 현황(2013년 현재)

소관부처	법 률 명	관련 내용 및 조항
문화체육관광부	국민체육진흥법 경륜경정법 스포츠산업진흥법 전통무예진흥법, 씨름 진흥법 체육시설의 설치이용에 관한 법률 태권도진흥 및 태권도공원 조성 등에 관한 법률 학교체육 진흥법 포뮬러원 국제자동차경주대회 지원법 국제경기대회 지원법 2013 평창 동계스페셜올림픽 세계대회 지원법 2011대구세계육상선수권대회,　2013충주세계조정선수권대회, 2014인천아시아경기대회, 2014인천장애인아시아경기대회 및 2015광주하계유니버시아드대회 지원법, 이스포츠(전자스포츠) 진흥에 관한 법률 사행산업통합감독위원회법	

소관부처	법 률 명	관련 내용 및 조항
교육부	· 교육기본법	제22조의 2 학교체육
	· 학교보건법	건강
	· 학교안전사고 예방 및 보상에 관한 법률, 학교체육 진흥법	학교체육
보건복지부	· 국민건강증진법	건강
	· 장애인복지법	제28조의 문화환경
	· 장애인차별금지 및 권리구제 등에 관한 법률	제25조 체육활동의 차별금지
여성가족부	· 청소년복지지원법	제3장 체력향상과 체력검사
해양수산부	· 낚시어선업법	바다낚시
	· 수상레저안전법	수상스포츠
국토교통부	· 도시공원 및 녹지 등에 관한 법률	제15조 체육공원
안전 행정부	· 사격 및 사격장단속법	클레이, 라이플, 권총, 공기총, 석궁 사격장
	· 어린이 놀이시설 안전관리법	놀이시설
	· 자전거이용 활성화에 관한 법률	자전거도로시설 및 이용방법
	· 총포도검화약류 등 단속법	엽총, 공기총, 도검(검도의 진검), 석궁, 불꽃류 등
농림축산 식품부	· 전통소싸움경기에 관한 법률	소싸움
	· 한국마사회법	경마
환경부	· 야생동식물보호법	제4장(수렵)

Ⅱ. 스포츠공법

스포츠공법은 스포츠헌법과 스포츠행정법으로 나누어 볼 수 있다. 스포츠헌법은 스포츠기본권을 비롯하여 스포츠정책에 관한 국가정책에 관한 헌법적 규범을 말한다. 또한 스포츠행정법은 스포츠 진흥과 지원을 위한 행정조직 및 행정작용을 규율하는 법규와 행정통제 및 행정구제에 관한 분야가 있다.

한국헌법에는 아직까지 스포츠기본권이나 스포츠에 관하여 직접적인 명문규정은 두고 있지 않다. 그러나 스포츠기본권을 문화국가의 입장에서 볼 때 스포츠의 개념 설정에 있어서 문화국가적 관련성을 인식하여야 한다. 헌법상 기본원리인 문화국가의 원리에 바탕을 두어 행복추구권의 내용으로 문화의 일부인 스포츠를 기본권으로 보장하고 있다고 볼 수 있다.[22] 즉, 모든 국민에게 스포츠의 자유와 평등이 보장되고, 국가와 지방자치단체는 스포츠를 보호·육성·지원하기 위한 적극적인 정책을 수립하여 인간다운 생활을 영위할 수 있는 환경을 만들어야 할 책무를 지고 있는 것이다.[23] 국가의 주요정책으로서 스포츠의 발전과 장려, 스포츠시설의 확충, 스포츠의 대중화와 국제화, 전문체육의 육성과 진흥, 생활체육의 진흥, 학교체육의 진흥, 스포츠산업의 진흥 등에 관한 사항이 다루어지는 것은 당연하다. 이러한 스포츠관련 정책을 수행하기 위한 법제도의 확립은 당연히 국가의 책무가 될 것이다.

스포츠는 헌법국가에서 인간의 존엄과 가치를 보장하기 위해 필요한 문화의 중요부분이다. 한국헌법 제10조에 "모든 국민은 인간으로서 존엄과 가치를 가지며, 행복을 추구할 권리를 가진다"고 선언하고 있다. 그럼으로 스포츠기본권은 행복추구권의 일환으로 보장되는 헌법상의 기본권이라고 할 수 있다.[24] 스포츠인의 자유로

---

22) 헌법상 문화국가의 원리에 대하여는 김수갑, 「문화국가원리에 관한 연구」, 고려대 대학원 박사학위논문, 1993; 전광석, 「헌법과 문화」, 『공법연구』 제18집, 한국공법학회, 1990, 161-178면; 권영성, 『헌법학원론』, 법문사, 2000, 144-147면 등을 참조할 것.

23) 문화국가에 있어서 스포츠기본권에 관해서는 김상겸, 「스포츠권의 헌법적 보장」, 『스포츠와 법』, 창간호, 2000, 57-82면; 김상겸, 「헌법국가에서 스포츠의 보장, 동국대학교 비교법문화연구소」, 『비교법연구』, 창간호(2000), 69-94면; 김상겸, 「프로스포츠와 직업의 자유」, 「한국스포츠법학회, 제2회 학술발표회」, 2000.4, 1-15면; 김상겸, 「교육권과 학교스포츠」, 『스포츠와 법』 제3권, 2002, 72면 이하를 참조할 것.

운 활동을 보장하는 헌법상 규정은 신체의 자유권에서 찾을 수 있다(헌법 제12조 제
1항). 스포츠협회와 스포츠연맹 등 단체의 조직과 활동에 관하여는 집회결사의 자유
권(헌법 제21조 제1항), 스포츠를 직업으로 하는 자에게는 직업선택의 자유권(헌법
제15조)과 근로의 권리 및 노동3권(헌법 제32조, 제33조)이 보장된다. 스포츠교육에
관하여는 교육을 받을 권리(헌법 제31조)가 보장된다. 또한 스포츠는 인간다운 생활
을 할 권리(헌법 제34조제1항), 보건권·건강권(헌법 제36조 제3항)에 따라 인간의
무한한 잠재력을 향상시키고 심신단련과 건강증진의 수단으로 활용될 수 있다. 비
록 헌법상 명문으로 스포츠기본권을 규정하지 않았다고 하여도 위와 같은 헌법규정
에 의하여 보장하고 있다고 해석할 수 있다.[25] 물론 국민의 자유와 권리는 헌법에
열거되지 아니한 이유로 경시되지 아니한다(헌법 제37조 제1항). 그러나 모든 국민
이 스포츠를 향유할 권리를 보다 확실히 보장하여 건강하고 행복한 생활을 영위할
수 있도록 보다 적극적인 국가의 대응이 필요함으로 스포츠기본권을 헌법에 개별적
인 기본권으로 명문화해야 할 것이다.[26]

　　스포츠행정법은 스포츠행정의 조직과 작용, 행정통제 내지 행정구제에 관한 법
령을 말한다.[27] 정부조직법 제35조에서 문화체육관광부장관이 체육에 관한 사무를
관장하도록 규정하고 있다. 연혁적으로는 1980년대 이전에는 교육부(당시 문교부)에
서 관장하면서 교육행정의 일부분으로 스포츠행정을 지행하여 왔다. 그 후 1982년
체육부로 독립되어 1실 3국 8담당관 9과의 대규모 조직으로 출범하였다. 1988년 서
울올림픽을 마치고 1990년에는 체육청소년부로 되어 3국 9과로 시작하여 1993년에
는 문화체육부로 개편되어 나중에는 2국 7과로 축소되었으며, 1998년 이후에는 문
화관광부에 체육국을 두고 산하에 4개과로 시작하여 3개과(체육정책과, 체육진흥과,
체육교류과)로 축소된 적이 있다. 2007년부터는 국민체육진흥법의 전면개정으로 대

---

24) 이에 관하여는 권영성, 전게서, 363면; 김상겸, 앞의 논문, 『스포츠와 법』 창간호, 2000, 73면 이하
　　참조.
25) 이에 대하여 상세한 내용은 김상겸, 앞의 논문, 『스포츠와 법』 창간호, 2000, 73면 이하 참조.
26) 같은 취지로는 장재옥·김용섭·김은경·윤석찬·윤태영, 전게서, 6면 참조.
27) 이에 대하여 상세한 내용은 김용섭, 「스포츠행정법의 현황과 과제」, 『스포츠와 법』 창간호, 2000,
　　83면, 특히 95면 이하 참조.

한장애인체육회가 문화체육관광부의 인가단체로 되면서 체육국 산하에 장애인체육과가 신설되어 체육정책과, 체육진흥과, 국제체육과 와 함께 4과가 설치되어 오늘에 이르고 있다.

역사적으로 스포츠를 관장하는 행정조직이 심한 조직변동을 겪었으며, 축소 일변도의 길을 걸어 왔다고 볼 수 있다. 체육활동은 기본적으로 민간스포츠단체를 통하여 자율적으로 이루어지는 것이 바람직한 측면도 있다. 그러나 스포츠가 차지하는 국민생활의 비중을 고려할 때 스포츠의 국가행정조직이 지나치게 축소되어 국민들이 충분한 서비스를 제공받지 못하는 경우가 증가하게 됨으로 적절한 조직의 확대가 필요할 것이다.

스포츠 행정작용법에는 국민체육진흥법, 체육시설의 설치이용에 관한 법률, 스포츠산업진흥법, 학교체육진흥법, 국제경기대회지원법 등이 있다.

국민체육진흥법[28]은 "국민체육을 진흥함으로써 국민의 체력을 증진하고 건전한 정신을 함양하여 명랑한 국민생활을 영위하게 하며, 나아가 체육을 통하여 국위선양에 이바지함을 목적으로 한다"고 규정하였다(동법 제1조). 이법은 생활스포츠와 프로스포츠에 국가가 관여할 수 있도록 근거규정을 두고 있다. 즉 선수의 자격 및 경기단체(동법 제2조 4호, 10호), 선수의 보호와 육성(제15조), 체육진흥에 필요한 국가의 지원(동법 제17조), 국민체육진흥기금의 설치·조성·지원(동법 제18조-20조), 대한체육회와 국민체육진흥공단에 대한 정부의 감독(동법 제24조, 28조, 29조) 등을 규정하고 있다.

'체육시설의 설치 이용에 관한 법률'[29]은 "체육시설의 설치·이용을 장려하고 체육시설업을 건전하게 발전시켜 국민의 건강증진과 여가선용에 이바지함을 목적으로 한다"고 규정하고 있다(동법 제1조). 이 법이 제정되어 종래에 여러 부처에 흩

---

28) 이 법은 1962년 9월 17일 제정·공포된 후에 1982년 12월 31일 전문개정 되었고, 그 후 30차례 개정되어 시행되고 있다. 이 법은 일본에서 작년에 스포츠기본법의 제정으로 폐지된 스포츠진흥법을 모방하여 제정된 것으로 스포츠기본법으로서의 역할을 기대하기는 어렵다.

29) 이 법은 총 44개 조문으로 1989년 3월 31일 제정·공포되어 1994년 1월 7일 전문개정 되었다. 그 후 1997년, 1999년 이루 여러 번 개정되어 시행되고 있다.

어져 있던 체육시설의 기능을 통합하여 민간체육시설을 등록시설업과 신고시설업으로 구분하여 법적인 근거를 마련하였다. 스포츠시설을 설치하여 국민이나 주민의 건강증진과 여가선용을 위하여 스포츠 활동을 할 수 있는 환경을 조성하는 것이 국가나 지방자치단체의 고유한 책무이지만, 보충성의 원칙에 따라 민간체육시설업자에게 이를 대신하도록 하고 있다. 그러나 전문 스포츠선수의 육성이나 전문체육시설 및 생활체육시설은 국가 또는 지방자치단체가 직접 설치·운영하도록 하고 있다(동법 제5조). 생활체육시설은 지방자치단체가 전적으로 설치·운영하도록 하고, 국위선양을 위한 엘리트선수의 양성이나 국제경기를 치르는데 필요한 전문체육시설은 국가가 직접 설치·운영하도록 하는 것이 바람직 할 것이다.

스포츠산업진흥법은 스포츠산업의 기반 조성과 경쟁력 강화를 통해 국내 스포츠산업을 진흥하고, 나아가 국민경제 발전에 이바지하기 위하여 제정(법률 제8333호, 2007.4.6. 공포, 2007.10.7. 시행)되었다.

학교체육진흥법(시행 2013.1.27. 법률 제11222호, 2012.1.26. 제정)은 "학생의 체육활동 강화 및 학교운동부 육성 등 학교체육 활성화에 필요한 사항을 정함으로써 학생들이 건강하고 균형 잡힌 신체와 정신을 가질 수 있도록 하는 데 기여함을 목적"으로 제정되었다.

국내에서 개최되는 국제경기대회는 국민체육 진흥, 관련 산업 발전 및 국가 이미지 제고 등을 통해 국가발전에 기여하는 주요 행사인 바, 이러한 국제경기대회의 성공적인 개최를 지원하기 위한 법률 제정의 필요성이 제기되었다. 그 결과 「국제경기대회 지원법」(법률 제11425호, 2012.5.23.)이 제정되어 2012.11.24.부터 시행되고 있다. 그동안 서울올림픽대회, 월드컵축구대회 등 국가차원의 지원이 필요한 국제경기대회를 유치할 때마다 한시적인 특별법을 제정하는 개별입법 추진의 행정낭비를 개선하고, 국제경기대회 지원 기준 등에 대한 일반원칙을 확립하려는 것이다.

그밖에 경륜경정법, 수상레저안전법, 한국마사회법, 자전거이용 활성화에 관한 법률, 사격 및 사격장단속법 등이 있다. 일반 행정관계법에 스포츠에 관련된 규정을 두고 있는 법으로는 청소년기본법, 청소년보호법, 국민건강증진법, 장애인복지법,

도시계획법, 도시개발법, 국토이용관리법, 자연공원법, 도시공원법, 건축법, 하천법, 조세법 등이 있다.

국제경기대회를 유치하여 지원하기 위하여 한시적으로 제정하여 시행되었던 법률로는 2002년 월드컵축구대회지원법, 제14회 아시아경기대회지원법, 제18회동계유니버사이드대회및동계아시아경기대회지원법 등이 있었다. 또한 '2011대구세계육상선수권대회, 2013충주세계조정선수권대회, 2014인천아시아경기대회, 2014인천장애인아시아경기대회 및 2015광주하계유니버시아드대회 지원법'(법률 제8687호, 2007.12.4,그 후 개정 2010.1.27, 2011.9.16, 2012.2.17, 2013.3.23.), '2013 평창 동계스페셜올림픽 세계대회 지원법'(시행 2011.7.14., 법률 제10828호, 2011.7.14, 제정), '2018 평창 동계올림픽대회 및 장애인동계올림픽대회 지원 등에 관한 특별법'(시행 2012.1.26, 법률 제11226호, 2012.1.26 제정), 포뮬러원 국제자동차경주대회 지원법(2009.10.9. 법률 제9789호) 등 국제경기대회를 지원하기 위한 특별법이 제정되어 있다.

Ⅲ. 스포츠사법

스포츠사법은 스포츠단체법, 스포츠계약법, 스포츠사고법, 스포츠보험법 등이 포함된다.

스포츠산업이나 프로스포츠 분야에서는 특히 프로선수와 구단간의 법률관계는 실제로 계약의 형태로 이루어진다. 그러나 스포츠 계약에 관한 여러 가지 문제들이 규범적이고 종합적으로 체계화되어 있지 못한 것이 현실이다.

최근에 스포츠와 관련한 법률적인 문제가 대두되어 그 분쟁의 해결을 위하여 법적인 해결을 구하는 분야가 많아졌다. 프로야구선수들의 선수협의회가 결성되어 선수들의 권리보호와 관련된 갈등과 대립이 발생하고 법적인 분쟁도 일어나게 된다. 또한 선수계약의 법적 성질과 함께 선수의 근로자성 인정여부와 법적 지위도 문제된다.

선수와 구단간의 선수계약은 선수계약서를 작성하고 당사자가 서명 날인하여 체결하는 것이 일반적이다. 그런데 선수계약의 효력이 발생하면 야구위원회의 정관이나 규약을 지켜야 하기 때문에 문제가 발생한다. 특히 야구규약과 같은 스포츠규약은 관련 스포츠의 회원 및 그 스포츠에 참가하는 자간의 관계뿐만 아니라 관련 스포츠단체의 운영전반을 규율하는 자치적인 규범으로서 법령이 인정한 범위 내에서 그 효력이 인정된다.[30] 스포츠선수와 스포츠단체를 규율하는 자치법규는 스포츠자치법인 동시에 계약법의 성격을 함께 가진다고 볼 수 있다.

한편, 야구위원회 정관과 야구규약은 야구위원회의 조직 및 활동은 물론이고 선수의 스포츠 활동에 관한 여러 가지 권리의무관계를 규율한다. 이러한 스포츠단체의 정관과 스포츠규약이 약관성을 가지고 있으므로 약관규제법의 적용을 받는다고 보는 것이 일반적인 견해이며[31] 타당하다고 하겠다.

그밖에도 스포츠시설이용계약, 스포츠에이전트계약, 스폰서계약, 광고계약, 스포츠마케팅계약, 방송출연계약 등이 스포츠계약법의 범주에 속한다고 볼 수 있다.

스포츠에이전트계약은 우리 민법상 위임계약의 성질을 가진다고 볼 수 있다. 위임계약이란 위임인이 수임인에 대하여 사무의 처리를 위탁하고 상대방이 이를 승낙함으로써 성립하는 낙성계약이다(한국민법 제680조). 위임도 노무공급계약에 해당하지만 위임인이 수임인의 능력과 인격을 신뢰하여 맡긴 사무를 수임인이 자주적으로 처리하게 된다.

최근 스포츠의 생활화로 인하여 수영장, 테니스장, 헬스클럽, 스키장, 골프장 등 스포츠시설의 이용과 관련하여 법률적인 문제가 자주 발생한다.[32] 스포츠시설의 이용자가 증가함에 따라 이용자와 시설업자간의 스포츠시설이용계약이 체결되는데 그 법적 성질이 문제이다. 스포츠시설을 이용하는 방법이 아주 다양하기 때문이다.

---

30) 김은경, 「스포츠규약의 법적 문제」, 『스포츠와 법』 제2권, 2001, 471면.
31) 이에 관하여는 김은경, 앞의 논문, 476-477면; 장재옥·김용섭·김은경·윤석찬·윤태영, 전게서, 9면 참조.
32) 체육시설의 설치·이용에 관한 법률(이하 체육시설법이라고 한다)은 "체육시설"이라는 용어를 사용하는데, 이것은 체육활동에 지속적으로 이용되는 시설과 그 부대시설을 말한다(제2조 제1호).

회원으로 가입하여 일정한 기간 동안 우선권을 가지고 이용하기도 하고. 수시로 이용요금을 내고 이용하는 경우도 있다.[33] 골프회원권 같은 경우에는 고가이기 때문에 투자의 목적으로도 거래되는 경우가 있다. 이에 관한 분쟁이 많이 발생하여 판례도 축적되어 가고 있는 실정이다.[34]

스포츠사고에 대한 책임은 여러 가지 측면에서 생각할 수 있다. 우선 운동선수, 관람객, 운동경기 주최자, 경기장 운영자 등의 스포츠 관련자 상호간의 문제를 정확하게 파악하고 이에 대한 법적 문제를 합리적으로 해결하는 것이 중요하다. 또한 스포츠소음이나 스포츠시설물로 인한 상린권·환경권침해에 대한 사법적 구제, 스포츠용구 내지 시설물의 위험성에 수반하는 제조물책임·공작물책임, 스포츠보험 등의 법적인 문제가 발생될 수 있다. 여기에서는 일반 민사책임과 마찬가지로 계약책임과 불법행위책임으로 나누어 볼 수 있다.

스포츠경기나 생활스포츠관계에서 이해관계 당사자 사이에 계약관계가 존재하는 경우에는 그 계약내용에 따라 직접적인 권리와 의무를 부담한다. 예외적으로 계약의무의 보호를 목적으로 계약당사자 이외의 제3자를 보호하기 위한 효력이 확장되는 경우도 생각할 수 있다.

계약상의 위반으로 인한 손해발생에 대하여는 한국민법 제390조에 따라 채무불이행으로 인한 손해배상책임의 문제가 발생한다. 스포츠당사자관계에서 발생하는 계약상의 손해배상 청구권은 주로 불완전이행이나 적극적 채권침해의 법리에 의하여 해결될 것이다. 물론 경기단체가 계약당사자인 경우에는 운동선수는 이행보조자로서 채무불이행 책임을 진다(한국민법 제391조).

스포츠경기에 있어서 고의 또는 과실로 인하여 타인의 생명·신체·건강·재산 기타의 권리를 침해한 경우에는 가해자는 불법행위책임법리에 따라 해결될 것이다. 한편, 스포츠사고와 관련하여 여러 가지 보험제도가 도입되고 있다. 운동선수와 스

---

33) '체육시설의 설치·이용에 관한 법률'에서 "회원"이라 함은 체육시설업의 시설설치에 투자된 비용을 부담하고 그 시설을 우선적으로 이용하기로 체육시설업자(제12조의 규정에 의한 사업계획승인을 얻은 자를 포함한다)와 약정한 자를 말한다(제2조 제4호).

34) 대판 1996.2.27., 95다35098;서울고등법원 1999.3.24., 98나16694 등.

포츠인을 위한 개인책임보험, 상해보험 등을 비롯하여 프로스포츠인을 위한 건강보험, 연금보험, 실업보험 등의 사회보험이 있다.

Ⅳ. 스포츠형사법

스포츠형사법은 스포츠와 관련된 범죄행위와 형벌의 법규를 말한다. 타인의 고의 또는 과실에 의하여 스포츠와 관련하여 범죄행위가 발생한 경우 실정법상 처벌의 대상이 되는 경우가 있다. 여기에는 개인적 법익 침해범죄, 사회적 법익 침해범죄, 국가적 법익 침해범죄로 나누어 볼 수 있다.[35]

단순히 경기규칙을 위반하여 타인의 법익을 침해한 경우에는 대부분 형사법상의 위법성은 정당화 이론에 따라 인정되지 않을 수 있다. 운동선수가 경기규칙을 준수한 상태나 경기의 특성상 예견되는 경미한 규칙위반의 상태에서 행한 경미한 가해행위는 사회적상당성을 벗어나지 아니하는 행위로서 범죄가 성립되지 않는다. 이때 피해자의 '추단적 승낙'(推斷的 承諾), '허용된 위험'(erlaubtes Risko) 등의 법리가 원용된다.[36]

도핑규제는 1962년부터 국제올림픽위원회(IOC)가 중심이 되어 많은 나라에서 법령으로 규제하고 있으나, 약물검사를 실시하고 자격제한 및 박탈 등의 징계만을 한다. 운동선수가 스포츠단체에서 정한 도핑 규정을 위반한 경우 경기단체는 해당 선수에게 일정한 제재를 가한다. 그러나 도핑으로 인한 제재의 방법과 정도에 대해서는 최종적으로 민사법원 또는 스포츠중재법원이 판단하며 그에 따라 경기단체는 선수에 대해 다양한 종류의(출장정지처분, 자격정지, 자격박탈 및 벌금 등) 처벌을 가한다. 도핑에 대한 형사처벌 법규가 마련되어 보다 엄격한 규제필요성이 제기되고

---

35) 이에 대하여 구체적인 범죄유형과 사례에 관하여는 최병문, 「스포츠형사책임론」, 『스포츠와 법』 창간호, 2000, 137면 이하 참조.
36) 이형국, 「스포츠에 있어서의 범죄와 그 형사책임: 특히 경기 중인 선수의 행위를 중심으로」, 『한독법학』 제7호, 1988, 61면, 75면; 정철호, 「운동경기중 상해행위에 대한 형법적 평가」, 『스포츠와 법』 제12권 1호(통권 제18권), 한국스포츠엔터테인먼트법학회, 2009, 135면.

있다.

V. 국제스포츠법

국제스포츠법은 국제올림픽위원회(IOC)와 FIFA 등 국제스포츠기구와 관련된 국제법규와 국제관습법이 포함된다. 국제올림픽위원회는 국제적으로 활동을 하는 대표적인 비영리 민간기구(NGO)이며 스위스법상 법인격을 부여받은 조직체인 올림픽운동단체(The Olympic Movement)의 집행기구이다. FIFA는 스위스 민법 제60조에 따라서 설립된 단체로서 각국의 축구협회로 구성되어 있다. FIFA는 올림픽운동단체의 하계국제올림픽스포츠연맹(International Olympic Summer Sports Federations) 중의 하나로서 올림픽 축구 경기 및 다른 국제축구경기대회에서 축구경기를 운영하는데 필요한 경기운영 규칙, 선수자격에 관한 규칙, 운동경기 일정 확정, 심판 및 기타 임직원의 선출 등을 맡고 있다.

한국과 일본이 2002년 월드컵을 공동 개최하면서 구성된 한국월드컵조직위원회는 FIFA 및 일본월드컵조직위원회와 긴밀한 관계를 유지하고 있다.

앞으로 국제경기와 관련된 국제사법적인 분쟁과 국제스포츠기구의 조직 및 활동과 관련된 법규의 해석, 적용 등을 중점적으로 연구해야 할 것이다.

국제스포츠분쟁의 해결을 위하여 스위스 로잔에 국제스포츠중재재판소(CAS : Court of Arbitration for Sport)가 활동하고 있다.[37]

제3절 스포츠의 법정책적 과제

이 절에서는 한국의 스포츠관계법의 현황과 문제점을 밝히고 스포츠법제의 정

---

37) 이에 관한 상세한 내용은 제6장 3절을 참조 바람.

비를 위한 법정책적 과제를 제시하고자 한다.[38]

Ⅰ. 헌법상 스포츠기본권의 명문화

한국헌법은 스포츠권이나 스포츠와 관련된 내용을 담은 조항을 직접적인 명문규정으로 두지 않고 있다. 그러나 국가정책에 의하여 스포츠를 장려하고 발전시키며, 스포츠의 대중화와 국제화를 촉진시킨다. 스포츠는 우리 문화생활의 중요한 영역을 형성하고 있다는 관점에서 헌법적 명문규정을 두는 것이 바람직할 것이다. 스포츠는 문화헌법의 내용을 이루며, 인간의 존재와 삶의 중요한 부분에 관한 권리로서 법적 보호를 받아야 할 대상이 되는 것이다. 1976년 채택된 유럽스포츠헌장에서는 스포츠를 사회적, 문화적 관점에서 인간발전의 중요한 요소라는 점을 강조한 바있다.[39]

1960년대 이후에 국가의 경제발전과 더불어 복지국가의 이념을 실현하기 위하여 국민의 건강증진과 여가활동 또는 직업으로서의 스포츠에 대한 인식이 높아지면서부터 국가정책에서 차지하는 비중이 급증하게 되었다. 이러한 추세에 따라 나라의 기본법인 헌법에 스포츠에 관한 사항을 규정해야 한다는 목소리가 높아지기 시작하였고 1970년대부터 명문규정을 두기에 이르렀다.

스포츠에 대한 명문규정을 둔 최초의 문화헌법은 1970년대의 그리스헌법이다. 이 헌법 제16조 제1항은 예술과 학문의 자유를 규정하고, 제2항은 스포츠와 관련된 내용을 언급하고 있다. 즉 "교육은 국가의 기본과제이며, 그리스인의 윤리적, 정신적, 직업적, 신체적 교육을 목표로 한다."고 체육을 규정하고 있다. 또한 제16조 제9항은 "스포츠는 국가의 보호와 통제 아래에 있다. 국가는 법률이 정한 바에 의하여

---

38) 이 절의 내용은 필자의 논문 「한국에 있어서 스포츠의 법정책적 과제」(『스포츠와 법』 제6권, 한국스포츠법학회, 2005 39-57면) 중에서 <Ⅲ. 스포츠의 법정책적 과제>을 바탕으로 수정 보완한 것임을 밝힌다.

39) 변해철, 「스포츠분야에서의 국가권력 개입의 법적 근거와 개입형태」, 『법과 스포츠 세미나자료집』, 한국외국어대학교 법학연구소, 1999, 3면 이하.

각 스포츠 협회에 속하는 모든 스포츠 단체를 재정적으로 지원하고 통제한다. 법률은 재정지원을 받은 협회의 목적규정에 의하여 각각 보장된 재정지원의 적용을 규정한다."라고 규정하고 있다.[40]

그 후 포르투갈은 1976/1982년 헌법에 스포츠에 관한 규정을 체계적으로 두었고, 스페인은 1978년 헌법에 포괄적인 스포츠권을 규정하였다. 스위스 연방헌법, 1983년 네덜란드 헌법, 1982년 터키 헌법, 1971년 불가리아 헌법, 1974년 구 동독 헌법, 1976년 알바니아 헌법, 1972년 북한 헌법, 1975년 루마니아 헌법, 1976년 폴란드 헌법, 독일의 구 서독지역의 주(州)헌법 등에서도 스포츠에 대한 헌법적 명문규정을 찾아볼 수 있다.[41]

스포츠 기본권에 대한 직접적 규정이 없다 하더라도 거의 모든 헌법국가에서는 인간의 존엄과 가치, 행복추구 등을 규정한 헌법적 기본권 조항에서 스포츠권을 보장하고 있는 것으로 해석한다. 한국 헌법 제10조에서 규정하고 있는 인간의 존엄과 가치와 행복추구권에서 스포츠기본권이 보장되어 있다고 헌법학자들은 설명한다.[42]

또한 자유로운 스포츠활동을 보장받는 것은 신체의 자유를 규정한 한국헌법 제12조 제1항이 근거가 될 수 있다. 그밖에도 스포츠협회와 스포츠단체의 활동의 근거로는 집회결사의 자유를 규정한 한국헌법 제21조, 직업적인 프로스포츠인에게는 직업선택의 자유를 규정한 한국헌법 제15조와 근로의 자유를 규정한 한국헌법 제32조, 인간다운 생활권을 규정한 한국헌법 제34조 제1항, 보건권과 건강권을 규정한 한국헌법 제36조 제3항 등이 스포츠기본권을 구성하고 있다고 할 수 있다.

그러나 보다 확실하게 스포츠기본권과 스포츠자치권을 보장하고 스포츠에 관한 국가정책을 적극적으로 추진하기 위해서는 헌법개정을 통하여 명문화해야 한다고 생각한다. 마치 환경권이 1980년대 헌법개정시에 독립된 기본권으로 명문화되었던 것처럼, 스포츠권도 앞으로 헌법개정에 반드시 반영되어야 한다고 생각한다.

---

40) 김상겸, 「헌법국가에서 스포츠의 보장」, 『비교법연구』 창간호, 동국대 비교법문화연구소 2000, 82-83면.
41) 김상겸, 위의 글, 82-85면.
42) 스포츠기본권의 헌법적 구성원리에 대하여 구체적인 설명은 김상겸, 위의 글, 87-90면을 참조할 것.

Ⅱ. 스포츠기본법의 제정

한국에는 아직 "스포츠기본법"이 없다. 물론 이러한 역할을 부분적으로나마 하고 있는 법은 「국민체육진흥법」(1982년 12월 31일 법률 제3612호로 제정)이다.

국민체육진흥법은 1980년대 국제대회인 '86아시안게임'과 '88 서울올림픽'을 준비하면서 일본의 "국민스포츠진흥법"을 모방하여 만든 법이다. 그 후에 이 법률은 여러차례 개정되어 왔다. 이 법은 제1조 목적에서 '국민체육을 진흥함으로써 국민의 체력을 증진하고 건전한 정신을 함양하여 명랑한 국민생활을 영위하게 하며, 나아가 체육을 통하여 국위선양에 이바지함을 목적으로 한다.'고 선언하고 있다. 이 법의 내용은 주로 체육진흥을 위한 국가의 정책추진, 국민체육진흥기금의 조성과 운용, 체육단체의 육성 등에 관한 사항이다.

이 법은 <체육>에 한정된 국가의 정책추진과 진흥을 도모하는 데 기여하고 있다는 한계를 가지고 있다.

이러한 한계를 극복하기 위해서 가칭 「스포츠기본법」을 제정하는 문제를 신중히 검토하여야 할 단계라고 생각한다.[43] 일본에서도 이와 같은 법의 제정을 위한 제안과 입법운동이 진행되고 있다.[44]

이 기본법에 담아야 할 내용은 국민의 스포츠기본권에 관한 사항과 스포츠기본정책의 기본틀과 기본이념 등을 제시하는 것이다. 그야말로 명실상부한 스포츠에 관한 기본법이 되어야 한다. 헌법상의 스포츠기본권을 좀더 구체적으로 다시 한번 선언하고 영역별 개별 스포츠법을 총괄하는 상위법적 성격을 갖도록 하여야 한다.[45]

---

43) 이 스포츠기본법의 제정의 필요성과 입법방안에 대하여는 제2장에서 자세히 다루기로 한다.

44) 일본에서는 1988년 개최된 제5회 일본스포츠법학회에서 나가이겡이찌(永井憲一) 교수가 <스포츠기본법요강안>을 발표하였다. 그 내용에 관하여는 日本スポ－ツ學會, 「スポ－ツの 理念とスポ－ツ事故問題」, 日本スポ－ツ學會年報 第5會, 早稻田大學出版部, 1988, 48면 이하 참조바람. 그 후 스포츠기본법의 제정을 위한 입법운동이 꾸준히 전개되었고, 드디어 일본에서는 2012년 <스포츠기본법>이 제정 공포되었다.

45) 예를 들면, 사회보장기본법, 환경정책기본법, 문화산업신흥기본법, 농업·농촌기본법, 과학기술정책기본법 등과 같은 역할을 담당할 수 있는 스포츠의 기본법을 말한다.

　　스포츠기본권은 스포츠선수의 기본권과 스포츠단체의 기본권, 국민개개인이 향유하는 스포츠기본권 등이 포함되어야 한다. 여기서 스포츠선수는 아마추어와 프로를 가릴 것 없이 모두 포함되어야 한다.

　　특히 프로 스포츠 선수는 스포츠 활동에 있어 많은 제약을 받는다. 그가 속한 구단 또는 프로 스포츠협회에서 만든 스포츠 자치규율에 종속된다. 스포츠 자치규율과 스포츠자치권은 결사의 자유의 보장차원에서 인정되지만, 선수의 기본권을 침해해서는 아니 된다. 이러한 사항을 스포츠 기본법에 규정하는 것이 필요하다. 스포츠 단체 및 조직은 선수에 대하여 강자의 입장에 있으며 마치 국가권력과 유사한 기능을 행사하기 쉽다. 거대한 기구를 가지고 독점 속에서 권력남용의 가능성이 상존한다. 스포츠 단체나 조직과 선수 간에는 이미 불평등관계가 존재한다. 스포츠 선수가 자유스러운 자기 권리를 주장하기 어려운 것이 현실이다.

　　스포츠 선수는 스포츠 종목의 선택권만 행사할 수 있고, 그 외에는 독점적인 단체에 종속된다. 스포츠에 있어서 선수와 소속 단체 내지 스포츠 조직 간에 민주성의 원칙이 보장되지 않고 있다. 스포츠 선수의 경기 참가는 경제적 지원, 훈련에의 허용, 일정한 지위의 보장 그리고 자아실현으로서의 스포츠 성과에 이르기까지 문제가 된다. 국가는 이 문제를 사적 자치에만 맡길 수 없고 이를 보장하기 위하여 개입의 필요성이 제기된다.[46)]

　　이 법에는 스포츠분쟁을 신속하고 공정하게 해결할 수 있는 분쟁조정기구와 준사법기관인 스포츠선수 징계심의위원회를 설치할 수 있는 근거규정을 두어야 할 것이다. 각종 스포츠 조직의 징계에 대하여 스포츠 선수 등이 불복하여 재심을 받을 수 있는 길을 열어 두는 것이 필요하다. 스포츠 단체의 자치권과 스포츠 선수의 기본권 보장간의 긴장·갈등관계를 합리적으로 해결하기 위하여 <스포츠선수징계심의위원회>의 설치·운영이 필요하다. 이러한 국가행정기구를 통하여 국가는 조정자로서의 역할을 수행할 수 있을 것이다.

---

46) 김용섭, 앞의 글, 105-106면.

Ⅲ. 학교스포츠관계법의 정비

스포츠관계법령의 정비와 함께 학교스포츠의 진흥을 위한 법령의 제정을 오래 전부터 제안한 결과 2011년 12월 <학교체육진흥법>이 국회를 통과하여 2012년 1월 26일 공포되었고, 2013년 1월 27일부터 시행되고 있다.

그동안 입시위주의 교육으로 체육활동이 경시되어 국가미래의 주역인 청소년들의 체력저하가 심각한 사회현상으로 대두되고 있으며, 학생선수들의 학습권과 인권의 보장이 지속적으로 요구되어 왔다. 이러한 학교체육을 정상화시키고 학생들이 건강하고 균형잡힌 신체와 정신을 함양하기 위하여 <학교체육진흥법>이 제정되었다.[47]

이 법은 국가와 지방자치단체에 학교체육 활성화 시책을 수립하여 시행할 의무를 부과하고, 이를 위한 예산을 확보하여 학교의 장이 매년 학생건강체력을 평가하고, 저체력 또는 비만학생들을 위한 건강체력교실을 운영하고, 학교스포츠클럽을 운영하는 것 등을 의무화하는 내용을 담고 있다. 또한 학생선수의 기초학력보장제도, 학교운동부의 합리적인 운영, 운동부지도자와 스포츠전문강사의 직무와 보수에 관한 사항, 학교체육진흥원의 설립근거 등을 규정하였다. 학교스포츠의 사고와 안전대책, 학교체육행정 전담기구의 설치, 학교체육기금의 확보 등을 규정하는 방안이 제시되었으나, 이 법에 반영되지는 않았다.

학교체육진흥법 제정의 의의는 1)스포츠기본권 가운데 스포츠교육권의 확립, 2)학교체육의 정상화와 활성화를 위한 제도의 확립, 3)국민체육과 스포츠의 새로운 패러다임의 구축, 4)국민스포츠복지의 실현을 위한 기반조성 등에서 찾아 볼 수 있다.

스포츠의 발전과정을 보면 국민의식의 고취와 윤리적 가치의 증진을 위하여 교육의 중요성이 인식되어 왔다. 교육은 인간의 사회화에 중요한 역할을 한다. 사람들은 교육을 통하여 공동체의 일원으로서 타인을 존중하고 관용을 배운다. 타인을 존중하는 태도는 교육의 전통적인 목표 중에 하나라고 할 수 있다. 이러한 교육목표인

---

47) 이 법에 대한 상세한 내용은 제5장에서 다루기로 한다.

관용은 스포츠에서 말하는 예의바른 행위(Fairness)인 것이다. 스포츠의 교육적 가치
는 곧바로 국가의 문화적 가치와 연결된다. 문화의 중요한 부문으로서 국가는 스포
츠를 장려·육성하지 않으면 안된다. 또한 스포츠의 육성은 공공복리의 관점에서
국민의 건강증진에 기여한다.[48]

Ⅳ. 스포츠자치권의 보장과 스포츠행정법의 정비

스포츠의 영역은 가능하면 법적 규제를 받지 말아야 한다. 법으로부터 자유로운
영역으로 인정될 때 스포츠 활동이 보다 원활하게 이루어질 수 있을 것이다. 이른바
스포츠자치의 보장은 자기결정권에 기초한다. 스포츠단체를 자유롭게 결성하고 경
기규칙과 단체조직 규정을 제정하며, 단체에 가입하여 활동하는 것은 자기결정권의
구체적 행사인 것이다.[49]

한국헌법은 이러한 스포츠자치권을 명문으로 규정하고 있지는 않다. 그러나 인
간의 행동을 자유롭게 결정하는 것은 인간다운 생활을 영위하는 것이며, 인간의 존
엄과 가치를 구체화시킨 것이라고 볼 수 있다. 한국헌법 제10조와 제37조 제1항이
근거가 될 수 있다.[50]

스포츠자치권은 스포츠에 참여하는 모든 사람들의 이해관계를 조정하기 위하여
필요하다. 스포츠단체와 각종 스포츠협회는 규칙을 제정하고 스포츠자치조직과 활
동을 한다. 스포츠 참여자들의 이해관계가 충돌하거나 상치될 경우에는 우선 사지
직인 해설이 바람직하다. 스포츠자치권의 범위안에서 자치규정을 적용하여 분쟁을
해결하는 것이 1차적인 방법이다. 그러나 스포츠 참여자들이 타인이나 스포츠단체
에 의하여 법적인 권리를 침해당하는 경우에는 결국 국가의 권리보호절차를 밟아야
한다. 여기에 스포츠 자치권의 한계가 있다.

---

48) 김상겸, 앞의 글, 「比較法硏究」 창간호, 2000, 92-93면.
49) 김상겸, 위의 글, 77면.
50) 김상겸, 위의 글, 77면.

국가나 지방자치단체가 스포츠자치권을 제한할 경우에는 구체적인 법률의 규정이 필요하다. 물론 스포츠에 대한 행정분야에도 법치행정의 원리가 적용된다. 문화행정으로서의 스포츠행정은 전적으로 법률에 근거 없이는 행하여질 수 없는가? 이에 대한 해답은 스포츠에 대한 국가 또는 지방자치단체의 관여가 침해행정인가 급부행정인가에 따라 달라질 수 있다.[51]

한편 스포츠에 대한 국가의 지원은 반드시 개별법규가 있어야 되는 것은 아니다. 지원예산의 규모와 지원목적 등에 따라 다르게 취급할 필요가 있다. 올림픽이나 월드컵 대회 등에 있어서는 막대한 비용이 소요되기 때문에 당연히 개별법규의 근거가 요망된다.

또한 스포츠활동과 관련하여 많은 위험성이 상존한다. 관중과 선수들의 난동, 경기방해, 위험한 스포츠 시설물(골프장, 스키장 등) 등으로 예기치 않은 사고가 발생할 수 있다. 이러한 위험에 대하여는 적절한 국가 공권력의 규제가 불가피하다고 볼 수 있다.

V. 통일스포츠법의 정비

2000년 6월 15일 역사상 처음으로 남북정상회담이 열리고 <남북공동선언>이 채택되었다. 그후 남북장관급회담과 남북국방장관회담이 열려 한층 남북교류 협력의 분위기가 잘 조성되어 오고 있다.

이러한 남북관계의 급속한 변화 속에서 스포츠(체육)분야의 교류 협력은 대단히 중요한 의미를 지닌다. 남북한 사회의 동질성을 회복하고 상호이해의 폭을 넓히기 위한 비정치적 민간차원의 교류 협력분야 가운데에서 스포츠만큼 효과적인 분야는 없기 때문이다. 스포츠교류는 상호 적대감을 해소하고 민족의 동질성을 증대시켜 사회문화통합의 기반을 조성하는데 초석이 될 수 있기 때문이다.

---

51) 김용섭, 위의 글, 96면.

그러나 남북한 스포츠교류를 위한 법적 기반이 미비한 것이 현실이다. 남북한 상호 주권을 부인하고 타방의 영역을 미수복지역 등으로 규정하고 있는 현행법으로서는 여러 가지 문제가 많다. 이러한 경우에 남북한간의 스포츠교류에 있어서 민간인 교류라는 측면에서 현행 섭외사법 즉 국제사법의 일반원칙과 법규를 적용해서 처리하기는 어렵다. 민사문제의 처리과정에서는 필수적으로 민사사법의 공조 및 상대방 판결의 상호 승인집행보장 등이 문제가 된다. 그리고 스포츠교류에 있어서는 특히 금강산 관광 및 관광객들의 관광 중 발생하는 여러 가지 분쟁과 유사하게 여러 가지 문제가 발생하는 것이다. 남한의 운동선수와 스포츠 단체가 북한지역에서 여러 가지 활동을 할 경우에 상대측의 지역을 방문하는 주민이 범죄를 저지르거나 범법행위를 할 경우에 형사사법상의 공조체계가 이루어져야 한다. 남북한간의 특수관계를 인정하면서 형사 관할권을 어떻게 배분할 것이지 등이 문제가 되고 있다.

이러한 분쟁의 원만한 해결을 위해서는 여러 가지 세부적인 규정이 마련되어야 한다. 물론 남북기본합의서 및 부속 합의서에서는 남북법률실무법률협의회를 구성해서 세부적인 합의서를 채택할 수 있는 근거가 마련되었으나 이러한 협의회는 아직까지 설치되고 있지 않은 것이 문제다. 남북한이 서로 전혀 다른 법체계를 가지고 있기 때문에 특히 문제가 된다. 법률문제를 처리하기 위해서는 결코 공동의 대안이 마련되어야 한다. 2000년 11월 남북한 사이에 상사중재위원회의 구성을 합의하였지만 지속적인 노력을 기울여서 스포츠교류에 있어서도 분쟁 발생시 <남북한스포츠중재위원회>나 <스포츠사고 분쟁조정위원회> 같은 것을 구성할 수 있는 법적 제도를 만들어야한다. 그리고 일반적으로 인사관할권에 관한 문제, 준거법, 민사사법공조, 판결의 승인·집행보장문제, 형사관할권문제, 상사분쟁문제(스포츠상사거래)에 있어서의 해결방안이 법 체계적으로 정비되지 않으면 안 된다.

또한 남북한관계는 기본합의서에 의해서 특수한 민족적 내부관계가 인정되었다고 볼 수 있다. 재판관할권은 영토문제와 직결될 수 있지만 대한민국의 주권범위 안에서 북한의 재판관할권만을 소극적으로 인정하는 해석론이 가능하다. 남북한 기본합의서의 이행으로 상호체제 및 관할 구역을 인정·존중하는 것이 국가승인은 아니고 그 체제 속에서 민사재판권관할까지 포함하는 것으로 해석해야하기 때문이다.

제4절 스포츠법학의 향후과제

Ⅰ. 스포츠에 대한 국가의 권한과 규제에 관한 법제연구

스포츠의 장려와 육성은 국가의 과제이다. 문화로서의 스포츠는 헌법국가의 중요한 행정분야이다. 이러한 스포츠행정의 중요성에 상응하는 국가의 권한이 헌법적 근거아래에서 부여되어야 한다는 것은 당연하다.[52]

국가는 헌법 제40조에 의하여 입법권을 행사하여 스포츠에 관한 중요한 관련사항을 법률로 제정할 수 있다. 특별한 사안에 해당되는 사항을 한시적으로 규정한 법으로는 2002년 월드컵의 성공적 개최를 위한 "2002년 월드컵축구대회지원법"과 "제14회 아시아경기대회지원법" 등이 있다. 일반적인 스포츠정책이나 체육진흥에 관하여는 "국민체육진흥법", "체육시설의 설치 이용에 관한 법률" 등이 있다. 스포츠 행사와 연관된 경품 내지 사행성과 관련된 법으로는 "한국마사회법", "경륜·경정법" 등이 있다. 경마와 경륜도 스포츠의 일부로 인정하고 있다.

또한 국가는 행정조직과 행정작용을 통하여 스포츠행정을 총괄한다. 스포츠에 대한 국가의 행정작용은 한국헌법 제75조와 제95조에 의하여 법률적인 수권을 받아서 행사하는 것이 법치행정의 원칙에 부합된다. 그러나 스포츠에 대한 지원은 예산편성 및 집행에 정당한 근거가 있는 경우에는 개별적인 법률근거가 없더라도 급부행정의 수행상 인정될 수 있다.

스포츠에 대한 국가적 규제는 법률이 정한 범위안에서 인정된다. 스포츠인의 약물복용은 건전한 스포츠문화형성을 저해하므로 법적 규제가 불가피 하다. 이 문제는 국제 스포츠조직에서 문제가 제기되었고, 국내에서는 스포츠 단체와 국가권력간

---

52) 김상겸, 앞의 글, 『스포츠와 법』 창간호, 2000, 79-80면.

의 정치적·법적 문제로 비화되었다. 스포츠에서 금지된 약물복용이라는 관점에서 볼 때 국가의 법적 규제는 불가피하다. 따라서 반도핑법의 제정을 통한 법적 근거가 마련되어 있다. 다만 이러한 도핑문제는 단지 스포츠 단체의 자치권에 의해 해결되어야 한다는 주장도 있기 때문에 각국의 입법정책에 따를 수밖에 없다.

이러한 스포츠에 대한 국가권한과 규제에 관한 현행법제는 좀더 과학적이고 체계적인 정비가 필요하다. 우선 국민체육진흥법을 살펴보면 생활스포츠와 전문스포츠에 획일적으로 적용되는 것은 문제이다. 선수를 보호·육성하는 데 필요한 지원수단은 이 법 제15조에 규정되어 있고, 선수의 범위는 이 법 제2조 제4호에 규정되어 있다. 이 규정에 의하면 아마추어 선수의 보호는 규정하고 있으나, 프로선수들의 보호는 보장되어 있지 못하다. 현대판 노비문서라는 비난을 받고 있는 프로선수계약서나 비민주적인 구단·연맹의 규정들을 규제할 수 있는 법적 제도를 확립할 필요성이 있다. 선수의 권익보호와 신분보장을 위한 구체적 사항을 명시하는 규정도 필요하다고 본다.

스포츠 단체에 대한 국가 또는 지방자치단체의 감독권은 국민체육진흥법 제 28조, 29조에 규정하고 있다. 이 규정들은 지극히 형식적인 수준에 머물고 있으며, 감독권을 실질적으로 행사할 수 있는 인적자원이 부족한 편이다. 실질적인 감독이 이루어질 수 있도록 스포츠옴부즈만이나 감독기관의 확충 등 제도적인 보완이 요망된다.

체육시설의 설치 이용에 관한 법률은 제10조에 체육시설의 기능을 등록체육시설과 신고체육시설로 나누어 규정하고 있다. 여기서 신고제는 사실상 허가제로 운영되어 불합리하다는 지적을 받아 왔다.[53] 대부분의 스포츠시설은 민간이 자유롭게 설치 운영할 수 있도록 규제를 완화하는 것이 필요하다. 다만 위험성이 높은 스포츠시설은 설치기준을 강화하고 위험방지에 관한 행정규제와 지도를 적절히 실시하도록 하여야 한다.

---

53) 김용섭, 앞의 글, 104면.

Ⅱ. 스포츠법철학과 스포츠법사회학의 연구

스포츠법의 개념, 이념, 법원(法源), 효력 등과 관련된 존재론적·인식론적인 연구가 필요하다. 또한 살아 있는 스포츠법의 탐구를 위해 법사회학적 연구도 요구될 것이다. 여기에는 스포츠관습법의 조사 연구도 이루어져야 할 것이다.

Ⅲ. 스포츠과학의 학제적 연구의 활성화

스포츠의 종합과학적·학제적 연구에 스포츠법학자들도 적극적인 연대와 협력을 통하여 참여해야 할 것이다. 특히 스포츠의 개념정립, 스포츠자치권의 내용과 보장, 스포츠자치규범, 스포츠관습 등을 연구하는데 실증적 방법이 필요할 것이다.

Ⅳ. 통일스포츠법의 체계적 연구

남북한 스포츠 민사문제를 처리하기 위해서 준거법으로 남한민법을 무제한으로 적용하는 것을 생각해 볼 수 있다. 이것은 대한민국 헌법 제3조 영토규정에 따라서 한반도의 정통성을 갖는 유일한 국가라고 보고 군사분계선 이북지역 은 북한이 불법으로 점거하고 있는 미 수복지역이기 때문에 사실상 재판관할권이 없다고 주장하는 것이다. 그러나 이는 남북한관계의 현실적·기능적 상황을 무시한 법적용·운용으로서 문제점이 야기된다. 남북한기본합의서와 남북한정상간에 합의문의 정신에도 위반되는 것이다. 남북한간의 민사문제의 처리에 있어서는 북한을 외국에 준하는 지역으로 유추해서 해석할 수밖에 없다.

완전한 화해·협력단계에서도 남북관계를 순수한 국내문제로 파악하는 것은 헌법현실과 남북기본합의서 정신에 배치되어 부당하고 통일을 지향하는 과정에서 잠정적으로 형성되는 특수관계이므로 국제법원칙이 그대로 타당할 수 없다. 따라서 서로의 사법규정을 직접적으로 적용하는 것은 곤란하지 않는가 생각한다. 그러나 통일 전 서독이 사실상 국제사법을 유추적용 하였고 다민족의 이질적 법률문제가 국제사법에 적용되기 때문에 이것은 꼭 맞지 않는 방법이라고는 할 수 없다.

스포츠교류협력에 있어서도 이러한 법적 분쟁처리방안을 다각적으로 연구해서 앞으로 더욱더 새로운 방안을 모색해야한다고 본다.

V. 국제스포츠법의 연구

최근 국제스포츠의 경제적 규모는 유례가 없을 정도로 커졌다. 국가간의 스포츠 교류가 늘고 국제적인 경기대회가 많이 거행되면서 운동선수 개개인이 갖는 경제적 부가가치도 매우 커졌다.

특히 한국과 일본이 공동으로 개최하는 2002년 월드컵 축구 대회는 국제방송센타(IBC)를 통해서 전세계에 방영되었으며, 전세계인의 관심이 한국과 일본에 집중되어 월드컵 축구대회가 가져온 상업적 효과는 대단한 것이었다.

국제스포츠법은 국제올림픽위원회(IOC)와 FIFA 등 국제스포츠기구와 관련된 국제법규와 국제관습법이 포함된다. 국제올림픽위원회는 국제적으로 활동을 하는 대표적인 비영리 민간기구(NGO)이며 스위스법상 법인격을 부여받은 조직체인 올림픽 운동단체(The Olympic Movement)의 집행기구이다. FIFA는 스위스 민법 제60조에 따라서 설립된 단체로서 각국의 축구협회로 구성되어 있다. FIFA는 올림픽운동단체의 하계국제올림픽스포츠연맹(International Olympic Summer Sports Federations) 중의 하나로서 올림픽 축구 경기 및 다른 국제축구경기대회에서 축구경기를 운영하는데 필요한 경기운영 규칙, 선수자격에 관한 규칙, 운동경기 일정 확정, 심판 및 기타 임직원의 선출 등을 맡고 있다. 한국과 일본이 2002년 월드컵을 공동 개최하면서 구성된 한국월드컵조직위원회는 FIFA 및 일본월드컵조직위원회와 긴밀한 관계를 유지하고 있다.

앞으로 국제경기와 관련된 국제사법적인 분쟁과 국제스포츠기구의 조직 및 활동과 관련된 법규의 해석, 적용등을 중점적으로 연구해야 할 것이다.

VI. 아시아스포츠법학회의 탄생과 과제

일본, 한국, 중국을 중심으로 아시아지역에서 이루어지고 있는 스포츠의 교류와 협력은 대단히 폭이 넓고 빈번하다.

아시아지역의 스포츠경기에 따른 경제적 파급효과는 대단히 크다. 아시아 국가 간의 스포츠 교류가 늘고 있다. 프로스포츠 분야에 있어서는 운동선수들의 이동도 증가하고 있다. 스포츠산업분야에 있어서도 많은 교류와 협력이 필요하다.

아시아지역스포츠법의 공동연구와 연대사업을 위한 <아시아스포츠법학회>의 창설이 필요하다는 주장을 필자는 2002년부터 하였다.[54] 그 후 2005년 10월 서울에서 <아시아스포츠법의 과제>라는 대주제를 가지고 국제학술대회를 개최하였으며, 드디어 <아시아스포츠법학회(ASLA : Asia Sports Law Association)>이 창립되었다.

따라서 장차 아시아지역공동체 형성을 위한 스포츠법분야의 통일과 스포츠법제의 비교연구가 절실히 요구된다.

---

54) 2002년 12월 14일 일본 早稻田大學 국제회의장에서 열린 일본스포츠법학회 창립 10주년 학술대회에서 본인은 <한국의 스포츠법의 현황과 과제>라는 주제발표를 한 바 있다. 그 자리에서 <아시아스포츠법학회>의 창설을 제안하였고, 대부분의 참석자들이 동의하였다.

제2장
스포츠기본권과 스포츠기본법

이 장에서는 헌법상의 스포츠기본권의 보장과 스포츠기본법의 제정방안에 대하여 밝히고자 한다.

국가의 중요정책에 스포츠분야가 포함되는 것은 당연하다. 올림픽 등 각종 경기대회에서 국위선양을 하고 국민화합과 삶의 질을 높이는 데 스포츠계의 공헌·공로는 대단하다고 누구나 인정한다. 그러나 법을 통한 제도적 뒷받침은 참으로 열악하고, 50대 중요 국정과제에 들어가지 못하고 있다. 또한 스포츠행정 분야는 여러 부처에 분산되어 있으므로 정책의 기획이나 집행이 어려운 경우가 많다.

스포츠기본법의 제정이 시급한 실정이다. 이법의 내용은 이 법은 국민의 스포츠기본권의 보장, 스포츠선수의 보호, 스포츠정책의 종합화, 스포츠단체의 올바른 위상정립, 학교스포츠의 정상화, 스포츠시설의 설치와 이용의 적정화, 스포츠행정조직의 효율화, 스포츠안전과 사고대책, 스포츠를 통한 국제협력과 남북교류협력, 스포츠의 물적·인적자원의 합리적 관리 등을 포괄적으로 규율해야 할 것이다.

이 장에서는 현행스포츠관련법령의 문제점을 밝히고, 스포츠기본법이 필요한 이유와 법제정의 타당성, 그리고 법에 담겨야 할 구체적인 내용을 제시하려고 한다.*

* 이 장은 필자의 논문 「스포츠기본법의 제정방안」(『스포츠와 법』 제11권 4호, 한국스포츠엔터테인먼트법학회, 2008, 113-141면)을 바탕으로 수정보완 한 것임을 밝힌다.

제1절 스포츠기본권의 보장

Ⅰ. 국가생활과 스포츠의 중요성

오늘날 스포츠는 우리 생활의 중요한 부분을 차지한다. 스포츠가 생활필수품으로 자리 잡게 되었다는 점을 남녀노소를 막론하고 부인할 사람은 아무도 없다. 정치적인 민주화는 권력의 분권화·지방화를 요구하고, 국경없는 무한경쟁의 정보화·세계화시대의 거대한 흐름 속에서 스포츠의 기능과 역할은 매우 다양해지고 있다. 나라의 민주화는 스포츠의 자율성을 신장시켰고, 스포츠는 문화의 중심을 차지하면서 인간의 삶의 질을 향상시키는 문화국가, 복지국가의 원동력이 되고 있다. 스포츠를 통한 건강한 삶은 의료비 등 복지비용을 절감하여 국가예산에 큰 여향을 미친다는 연구성과가 나오면서 스포츠에 대한 국가정책은 변화하지 않으면 안 되고, 이른바 "스포츠복지"라는 새로운 국가운영철학이 필요한 시대에 우리가 살고 있는 것이다.

스포츠의 개념도 경쟁적·신체적인 전통적 스포츠 활동뿐만이 아니라 여가시간을 이용하여 기분전환과 자기계발을 위한 각종 레저스포츠, 건강과 체력증진을 위한 생활스포츠, 바둑이나 체스 등의 두뇌스포츠, 컴퓨터·비디오게임을 통한 e스포츠(e-sports, electronic sports) 등을 총칭하는 것으로 확대되고 있다. 올림픽경기, 월드컵경기, 세계선수권대회 등 각종 국제경기를 통해 스포츠는 세계가 하나의 운동장이 되는 국제화·세계화를 촉진시키는 촉매역할을 담당하여 왔으며, 국가의 스포츠에 대한 지원과 진흥의 책무는 더욱 커질 수밖에 없는 것이다.

또한 프로스포츠의 발전에 따라 스포츠산업의 부가가치는 날로 증가하여 스포츠가 국가경제에 미치는 영향도 커지고 있는 것이다.

스포츠영역이 확대되고 경제적 부가가치가 높아지면서 스포츠분쟁도 증가하지하고 있는 추세이다. 어느 분야보다도 자치권이 존중되어야 하는 스포츠분야의 분쟁은 원칙적으로 스포츠자치권에 바탕을 두어 해결하는 방안이 강구되어야 할 것이다.

Ⅱ. 스포츠기본권의 헌법적 보장

1. 스포츠의 헌법적 가치

한국헌법은 스포츠권이나 스포츠와 관련된 내용을 담은 조항을 직접적인 명문 규정으로 두지 않고 있다. 그러나 국가정책에 의하여 스포츠를 장려하고 발전시키 며, 스포츠의 대중화와 국제화를 촉진시킨다. 스포츠는 우리 문화생활의 중요한 영 역을 형성하고 있다는 관점에서 헌법적 명문규정을 두는 것이 바람직할 것이다. 스 포츠는 문화헌법의 내용을 이루며, 인간의 존재와 삶의 중요한 부분에 관한 권리로 서 법적 보호를 받아야 할 대상이 되는 것이다. 1976년 채택된 유럽스포츠헌장에서 는 스포츠를 사회적, 문화적 관점에서 인간발전의 중요한 요소라는 점을 강조한 바 있다.[1]

2. 스포츠권을 인정한 나라의 헌법

1960년대 이후에 국가의 경제발전과 더불어 복지국가의 이념을 실현하기 위하 여 국민의 건강증진과 여가활동 또는 직업으로서의 스포츠에 대한 인식이 높아지면 서부터 국가정책에서 차지하는 비중이 급증하게 되었다. 이러한 추세에 따라 나라 의 기본법인 헌법에 스포츠에 관한 사항을 규정해야 한다는 목소리가 높아지기 시 작하였고 1970년대부터 명문규정을 두기에 이르렀다.

스포츠에 대한 명문규정을 둔 최초의 문화헌법은 1970년대의 그리스헌법이다. 이 헌법 제16조 제1항은 예술과 학문의 자유를 규정하고, 제2항은 스포츠와 관련된

---

1) 변해철, 「스포츠분야에서의 국가권력 개입의 법적 근거와 개입형태」, 「법과 스포츠 세미나자료집」, 한국외국어대학교 법학연구소, 1999, 3면 이하.

내용을 언급하고 있다. 즉 "교육은 국가의 기본과제이며, 그리스인의 윤리적, 정신적, 직업적, 신체적 교육을 목표로 한다"고 체육을 규정하고 있다. 또한 제16조 제9항은 "스포츠는 국가의 보호와 통제 아래에 있다. 국가는 법률이 정한 바에 의하여 각 스포츠 협회에 속하는 모든 스포츠 단체를 재정적으로 지원하고 통제한다. 법률은 재정지원을 받은 협회의 목적규정에 의하여 각각 보장된 재정지원의 적용을 규정한다."라고 규정하고 있다.[2]

그 후 포르투갈은 1976/1982년 헌법에 스포츠에 관한 규정을 체계적으로 두었고, 스페인은 1978년 헌법에 포괄적인 스포츠권을 규정하였다. 스위스 연방헌법, 1983년 네덜란드 헌법, 1982년 터키 헌법, 1971년 불가리아 헌법, 1974년 구 동독 헌법, 1976년 알바니아 헌법, 1972년 북한 헌법, 1975년 루마니아 헌법, 1976년 폴란드 헌법, 독일의 구 서독지역의 주(州)헌법 등에서도 스포츠에 대한 헌법적 명문규정을 찾아볼 수 있다.[3]

3. 헌법상 보장된 스포츠기본권

스포츠기본권에 대한 직접적 규정이 없다 하더라도 거의 모든 헌법국가에서는 인간의 존엄과 가치, 행복추구 등을 규정한 헌법적 기본권 조항에서 스포츠권을 보장하고 있는 것으로 해석한다. 한국 헌법 제10조에서 규정하고 있는 인간의 존엄과 가치와 행복추구권에서 스포츠 기본권이 보장되어 있다고 헌법학자들은 설명한다.[4]

또한 자유로운 스포츠활동을 보장받는 것은 신체의 자유를 규정한 한국헌법 제12조 제1항이 근거가 될 수 있다. 그밖에도 스포츠협회와 스포츠단체의 활동의 근거로는 집회결사의 자유를 규정한 한국헌법 제21조, 직업적인 프로스포츠인에게는

---

2) 김상겸, 「헌법국가에서 스포츠의 보장」, 『비교법연구』 창간호, 동국대 비교법문화연구소, 2000, 82-83면.
3) 김상겸, 위의 글, 82-85면.
4) 권영성, 『헌법학원론』, 2008, 384면에서는 스포츠권을 행복추구권에서 도출되는 기본권으로 보고 있다. 스포츠기본권의 헌법적 구성원리에 대하여 구체적인 설명은 김상겸, 위의 글, 87-90면을 참조할 것.

직업선택의 자유를 규정한 한국헌법 제15조와 근로의 자유를 규정한 헌법 제32조, 인간다운 생활권을 규정한 한국헌법 제34조 제1항, 보건권과 건강권을 규정한 한국헌법 제36조 제3항 등이 스포츠 기본권을 구성하고 있다고 할 수 있다.

그러나 보다 확실하게 스포츠기본권과 스포츠자치권을 보장하고 스포츠에 관한 국가정책을 적극적으로 추진하기 위해서는 헌법개정을 통하여 명문화해야 한다고 생각한다. 마치 환경권이 1980년대 헌법개정시에 독립된 기본권으로 명문화되었던 것처럼, 스포츠권도 앞으로 헌법개정에 반드시 반영되어야 한다고 생각한다.

Ⅲ. 헌법개정에 있어서 스포츠기본권의 도입 필요성

1987년도 헌법개정 이후 2007년경부터 다시 헌법개정의 필요성이 제기되고 있다. 주로 정부형태의 변경에 초점을 두고 논의되는 것은 정치인들의 현실적인 문제이기 때문이다. 권력구조의 변경도 중요하겠지만 스포츠의 헌법적 가치를 생각할 때에 헌법상 기본권 편에 스포츠기본권의 명문화가 필요하다고 생각한다. 국민이 건강하고 행복하게 살아가는데 있어서 스포츠의 중요성은 물론이고 국가정책의 중요한 분야임을 누구나 인식하고 있는 것이다.

스포츠권의 명문화는 중요한 의미를 갖는다. 스포츠권을 헌법에 명문으로 도입하는 경우에 어떤 성질을 가진다고 볼 것인가? 스포츠를 향유할 수 있는 권리에 초점을 맞추어 생각한다면 당연히 자유권적 기본권의 성질을 가진다고 볼 수 있다. 그러나 한편으로는 국가나 지방자치단체가 스포츠를 위하여 보다 적극적인 진흥과 육성해야 할 책무를 부담하고 있다는 점에서 사회권적 기본권의 성질도 가지고 있는 것이 분명하다.[5]

---

5) 헌법개정과 스포츠기본권의 도입에 관하여는 김상겸, 「헌법개정과 스포츠기본권의 보장」, 『스포츠와 법』 제11권 4호(통권 17권), 한국스포츠엔터테인먼트법학회, 2004, 69-137면을 참조바람.

제2절 현행 스포츠관련법령의 문제점

I. 태생적인 한계

　한국의 스포츠정책과 법제는 불행하게도 특정정권을 유지하거나 장기집권을 유지하기 위한 홍보수단으로 마련되었다는 한계를 지니고 있다.[6] 독재정권시대에는 "제도적"인 틀 속에서 행정편의와 통치수단으로 스포츠를 이용하기 위해서 스포츠자치권이나 자율권이 극도로 제한당하여 왔다. 대다수 국민 스스로가 건강과 행복을 추구하는 역할을 할 수 있는 의사소통은 차단되고, 스포츠행정 전문가나 스포츠계 일부 권력자의 공권력행사를 정당화시켜주는 법령에 지나지 않았다는 비판의 목소리가 크다.[7] 스포츠법령이 정치성을 탈피하지 못하고 국제경기를 유치하고 임기응변적인 필요에 따라 법령이 제정 또는 개정되어 왔다.[8]

　이제 스포츠기본권를 향유하는 주체가 모든 국민이며, 스포츠정책과 행정이 주권자인 국민의 의사에 따라 합리적이고 과학적으로 이루어질 수 있는 법제도가 마련되어야 할 시점에 서 있다. 스포츠와 직접·간접으로 관련되어 있는 약 50여 개 법령을 체계적으로 정비하고, 스포츠기본권을 보장하여 국민의 의사가 최대한 반영될 수 있는 스포츠기본법의 제정이 요구되는 것이다.

II. 국민체육진흥법의 문제점

　국민체육진흥법은 '전문체육, 학교체육, 생활체육의 지원'과 '국민체육진흥기금

---

6) 장재옥, 『스포츠 법제의 개선 방향에 관한 연구—스포츠기본법 제정방향을 중심으로』, 한국법제연구원(현안분석 2005-22), 2005, 13면.
7) 연기영 외, 『체육관계법 정비 및 보완연구』, 국민체육진흥공단 체육과학연구원(연구보고서 2000-05), 2-3면.
8) 김상겸, 「한국헌법상 스포츠기본권과 스포츠기본법 제정」, 『스포츠와 법』 제6권, 한국스포츠엔터테인먼트법학회, 2005, 148면.

의 관리·운용'을 위한 스포츠정책과 행정에 관한 법이다. 이 법의 목적은 "국민체육을 진흥하여 국민의 체력을 증진하고, 건전한 정신을 함양하여 명랑한 국민생활을 영위하게 하며, 나아가 체육을 통한 국위선양에 이바지 함"에 있다(동법 제1조). 이 법은 1962년 9월 17일(법률 제1146호) 제정·공포된 후에 1982년 12월 31일(법률 제3612호) 전문개정 되었으며, 2008년 2월까지 24차례 개정되었다.

이 법은 제1장 총칙(목적, 용어의 정의, 체육진흥의 시책과 권장, 기본시책의 수립, 지역체육진흥협의회, 협조), 제2장 체육진흥을 위한 조치(체육의 날과 체육주간, 지방체육의 진흥, 학교체육의 진흥, 직장체육의 진흥, 체육지도자 양성, 부정행위자에 대한 자격취소, 체육시설의 설치, 선수 등의 보호·육성, 도핑 방지 활동, 여가체육의 육성, 체육용구의 생산장려, 지방자치단체와 학교 등에 대한 보조), 제3장 국민체육진흥기금, 제4장 체육진흥투표권의 발행, 제5장 체육단체의 육성(대한체육회, 도핑방지위원회, 대한장애인체육회, 서울올림픽기념 국민체육진흥공단), 제6장 보칙 등 총 55조로 구성되어 있다.

이 법이 스포츠에 관한 "기본법"으로서의 역할과 기능을 수행하기 어려운 문제점을 간단히 살펴본다.

첫째, 이 법의 목적에는 스포츠에 관한 포괄적인 기본법적 성격을 담고 있으나 그 내용을 자세히 살펴보면 기본법으로서의 기능과 역할을 담당하기 어렵다는 점을 쉽게 발견할 수 있다. 우선 이법은 1961년 동경올림픽을 성공적으로 개최하기 위하여 제정된 일본의 '스포츠진흥법'을 모방하여 만든 일제잔재가 담겨진 법제라는 점이다.[9] 또한 그 당시 군사구테타로 정권을 잡은 군사정부가 체제유지를 위한 일환으로 이법이 제정되었다는 주장도 있다. "체력은 국력"이라는 구호아래 국가안보의 수단으로 스포츠를 정치도구화하고, 엘리트스포츠를 이용하여 외교관계를 유리하게

---

9) 이에 대한 상세한 내용은 손석정·신현규, 「국민체육진흥법 제정의도와 배경에 관한 연구」, 『스포츠와 법』 제11권 3호(통권 제16호), 한국스포츠엔터테인먼트법학회, 2008, 139-141면 참조. 그 밖에도 김경수·서상옥, 「국민체육진흥법 제정 배경에 과한 연구」, 『한국체육학회지』 제32권 제2호, 1993, 187-192면; 森川貞夫·서상옥, 「일본 스포츠정책의 역사적 고찰」, 『한국체육정책학회지』 제2호, 2003, 167-176면 등을 참조할 것.

이끌기 위하여 이법을 제정하게 되었다는 것이다.[10] 연혁적으로 친일적인 요소와 독재정권 유지를 위해 제정된 태생적 한계를 지니고 있다.

둘째, 이 법에는 기본법에 포함되어야 할 스포츠기본권의 구체적인 내용이 전혀 규정되어 있지 않다. 또한 스포츠단체를 지나치게 규제하여 스포츠자치권을 침해하는 내용이 많다. 예를 들면, 대한체육회와 대한장애인체육회가 사업내용을 엄격히 법정화 하고 있고, 수익사업을 하거나 임원(회장)을 선출할 때에는 주무관청의 인가(사실상 허가)를 받도록 하는 규정을 두고 있는 것이다(이법 제33조, 제34조). 이는 헌법에서 보장하는 집회·결사의 자유(헌법 제21조 1항)를 침해할 수 있다는 문제제기를 받을 수도 있다. 이법 시행령에도 모든 사업을 문화체육관광부장관의 승인을 받도록 규정하여 스포츠단체의 자치권을 침해하는 지나친 규제를 하고 있다는 비판을 면할 수 없다(예를 들면 이법 시행령 제43조-44조). 따라서 스포츠"진흥"법령이 아니라, 스포츠"규제"법령이라는 근본적인 문제가 있다.

셋째, 법률용어의 비통일적 사용으로 혼란이 야기될 수 있다. 이 법의 제목부터 "체육"이라는 용어를 사용하지만 "스포츠"라는 의미로 사용하는 경우가 대부분이며, 용어의 혼란을 초래하고 있다. 여가체육, 레저체육, 생활체육 등의 유사개념이 혼동되어 사용되고 있다.

넷째, 소관부처간의 분쟁을 초래할 수 있다는 우려가 제기되고 있다.[11] 여가체육과 레크리에이션, 경마, 경정, 경륜 등의 관계가 애매모호하게 규정되어 있고, 관할부처가 다르기 때문에 분쟁이 초래될 수 있고, 행정업무가 비효율적으로 수행될 수 있다.

다섯째, 법의 체계성이 미약하다. 이 법이 제정된 후 24차례나 개정되면서 누더기 법이 되었고, 앞뒤 법체계가 맞지 않는 규정들이 드러나고 있다.

---

10) 손석정·신현규, 위 논문, 146면.
11) 장재옥, 앞의 논문, 52면. 특히 동법 제16조에는 여가체육의 육성을 규정하고 있는데, 제1항에는 "국가와 지방자치단체는 국민의 여가체육활동의 시책을 강구해야 한다"고 규정하고, 제2항에는 "레크리에이션, 프로경기, 경마, 경륜, 경정 등이 건전하게 시행되도록 지도하여야 한다"고 규정하여 혼란을 초래하고 있다.

여섯째, 다른 스포츠관련법령과의 관계가 명시되지 않아서 법제실무적인 측면에서 기본법의 기능과 역할을 하지 못한다. 물론 기본법을 여러 가지 측면에서 분류하지만[12] 일반적으로 기본법은 규율대상의 특정 분야에 대한 국가정책의 기본이념과 기본방향, 법적용의 우선적 효력, 관련법규의 통일적·조화적인 해결 등을 담고 있는 법이어야 한다.[13]

물론 기본법의 기능은 여러 가지로 논의된다. 일반적으로는 특정분야의 국가정책의 계획성·종합성을 바탕으로 방향제시와 추진, 제도·정책의 체계화와 종합화, 정책의 일관성·계속성 확보, 행정의 감시·통제, 해석상 지침, 입법정책의 기본적인 방향제시 등의 기능을 가져야 한다고 생각한다.[14] 또는 보충적인 법형성의 기능, 해석적 통제기능, 체계형성의 기능 등을 말하기도 한다.[15] 국민체육진흥법은 명칭 여부와 관계없이 이러한 기본법의 기능을 수행하기는 어렵다고 판단된다. 특히 이 법은 스포츠의 "진흥"을 목적으로 제정되었는데 오히려 스포츠단체에 대한 과도한 행정규제와 감독으로 스포츠자치권을 침해한다는 근본적인 문제를 지니고 있다.

Ⅲ. 스포츠관련법령의 비체계성

현행 스포츠관련법령은 체계성이 없이 임기응변식으로 제정 또는 개정되었기 때문에 스포츠행정을 효율적으로 집행하기 어렵다.[16] 현행 스포츠관련법은 앞에서

---

12) 조정찬, 「법령상호간의 체계에 관한 연구」, 법제 제268호, 1989.6, 17면; 박영도, 『기본법의 입법모델연구』, 한국법제연구원(연구보고 2006-03), 2006, 19-22면.

13) 기본법의 기능에 관하여는 특히, 박영도, 앞의 책, 24-34면을 참고할 것.

14) 박영도, 앞의 책, 24-30면.

15) 이상돈, 「법을 통한 보건과 의료의 통합 : 보건의료기본법의 체계기획에 대한 비판과 전망」, 『고려법학』 36호, 고려대 법학연구소, 2001, 119-154면.

16) 이에 관한 상세한 내용은 연기영 외, 앞의 책, 54-56면; 장재옥, 앞의 책, 51-55면; 김상겸, 「스포츠기본법 제정을 위한 시론적 연구」, 『스포츠와 법』 제4권, 한국스포츠엔터테인먼트법학회, 2003, 226-229면; 拙稿, 「국민체육기본법의 필요성과 제정방안」, 『한국체육학회보』, 79호, 2001, 50-57면; 「한국에 있어서 스포츠의 법정책적 과제」, 『스포츠와 법』 제6권, 한국스포츠엔터테인먼트법학회, 2005, 40-47면; 「스포츠법의 현황과 과제」, 『법과 사회』 19호, 법과 사회 이론연구회, 2000, 165-193면 등 참조.

살펴본 국민체육진흥법을 비롯하여 체육시설의 설치·이용에 관한 법률, 경륜·경정법, 한국마사회법, 수상레저안전법, 자전거이용 활성화에 관한 법률, 사격 및 사격장 단속법, 항공법, 청소년기본법, 청소년보호법, 국민건강증진법, 장애인복지법, 도시계획법, 도시개발법, 국토이용관리법, 건축법, 하천법, 조세법 등이 있다. 이러한 관련법규에는 주로 "체육"이란 용어를 사용하면서 실질적으로는 "스포츠"의 개념을 혼용하고 있는 것을 알 수 있다. 또한 최근에 만들어진 스포츠산업진흥법(2007년 제정)이나 법률의 하위규범인 시행령, 시행규칙 또는 지침에 "스포츠"라는 용어를 사용하는 경우가 늘어나고 있다.[17]

또한 법률목적의 일관성의 결여, 스포츠 행정조직의 체계성 결여, 국가의 지원체제의 미흡 등의 문제점도 지적되고 있다.[18]

제3절 외국의 입법례

Ⅰ. 프랑스

프랑스는 1984년 제정된 "신체·스포츠 활동의 조직 및 진흥에 관한 법률"이 스포츠기본법의 내용을 담고 있다.[19] 이법은 국민의 스포츠기본권, 교육으로서의 스포츠, 스포츠단체, 스포츠에이전트 자격 등 국가의 프로스포츠관련 계약의 간섭, 스포츠연맹과 올림픽스포츠위원회, 직장스포츠와 전문스포츠, 스포츠지도자 자격, 스포츠시설의 안전과 보험제도 등이 비교적 상세히 규정되어 있다.[20]

---

17) 이에는 항만시설의 기술기준에 관한 규칙, 고용보험법 시행령, 해양수산발전법 등 약 23개 법규에 "스포츠"라는 용어가 사용되고 있다. 상세한 내용은 장재옥, 전게서, 14면 주1 참조.

18) 김상겸, 앞의 논문, 『스포츠와 법』 제4권, 226-229면.

19) 이 법은 1984년 7월 16일 법률 제84-610호로 제정된 후 2000년 7월 6일 법률 제2000-627호로 대폭 개정된 바 있다. 장재옥, 앞의 책, 65-73면; 齊藤健司, 「フランスのスポーツ基本法」, 『季刊 教育法』 第104号, 1995,12, 78 페이지 이하; www.sports.gouv.fr/sport/L84consolide.pdf. 등 참조.

20) 자세한 내용의 소개는 장재옥, 앞의 책, 67-73면 참조.

Ⅱ. 독일

독일은 연방제(Bundesland) 국가이므로 교육·문화에 관한 권한은 각 주(Land)에서 행사한다. 물론 입법권 행사에 있어서는 외교, 국방, 체신 등 11개 분야는 연방의회가 입법전속권을 가지며, 경합적 입법권도 일부 인정하고 있다. 문화, 교육, 지방자치, 경찰 분야는 각 주가 입법전속권을 가지고 있다. 스포츠분야도 문화나 교육의 한 영역으로 각 주에서 입법권을 가지고 있다.

스포츠기본법을 제정하여 시행하고 있는 주는 베를린, 브레멘, 라인란트-팔츠, 쾰른 시 등이다.[21] 예를 들면, 베를린 주는 "스포츠진흥법" 제정되어 시행되고 있는데 스포츠진흥의 목적, 스포츠단체, 스포츠시설, 스포츠재정의 진흥과 프로그램개발, 스포츠행정 등을 5장 24조문으로 규정하고 있다.[22]

한편 1970년 독일스포츠회의가 스포츠단체대표자, 연방정부, 주정부, 지방의회관계자, 정당대표로 구성되어 스포츠정책과 진흥에 대한 권고와 협력을 요청한 바 있다. 이 회의는 1972년 뮌헨올림픽을 성공적으로 개최하는데 공헌했으며, '트림운동', '제2의 길', '황금계획' 등의 캠페인을 일으키는데 중요한 역할을 했다.

Ⅲ. 캐나다

캐나다는 2003년 "산체활동과 스포츠에 관한 법률"을 제정되어 스포츠기본법의 역할을 담당하고 있다. 총 40개 조문으로 구성되어 있으며, 신체활동과 스포츠를 분리하여 정책을 수립하고 집행하는 것이 특징이다. 국가의 국민에 대한 건강증진의무와 스포츠정책에 있어서 반도핑·차별금지와 공정한 스포츠분쟁해결의무를 규정하고 있다. 이법은 9조-35조까지 스포츠분쟁해결에 대한 규정을 아주 상세히 둔 것

---

21) 이에 관한 개략적인 소개는 장재옥, 앞의 책, 73-79면 참조.

22) 독일에서 스포츠분야의 국가적 책무와 법적기반에 대한 논의는 Martin Nolte, Staatliche Verantwortung im Bereich Sport, Lorenz-von-Stein-Institut Schriftenreihe Bd. 23, Kiel, 2004 참조.

이 특징이다.

Ⅳ. 남아프리카공화국

남아프리카공화국은 1998년 "국가스포츠와 레크리에이션법"이 제정되어 스포츠기본법으로서의 기능을 하고 있다. 이법은 스포츠와 레크리에이션의 균형적인 발전을 위하여 각종 정부정책과 행정관청의 권한, 스포츠위원회, 스포츠연맹, 스포츠분쟁해결기구와 절차 등을 상세히 규정하고 있으며,[23] 총 16개 조문으로 구성되어 있다.

Ⅴ. 유럽연합

2007년 12월 13일 27개 유럽연합 국가의 정상이 리스본에서 새로운 <유럽연합헌법>에 서명하였다. 이 유럽연합헌법은 2009년 연말까지 각 가맹국에서 비준절차를 완료하도록 조약에 명시하였다. 이 새로운 조약 제165조에는 "유럽연합은 스포츠의 사회·교육적 기능을 바탕으로 유럽스포츠진흥에 이바지할 책무가 있다"는 내용을 명시적으로 밝히고 있다.[24]

이 조약의 구체적인 내용은 스포츠기본권의 보장, 선수보호, 유럽스포츠단체(협회)와 개별 가맹국스포츠단체 및 국제스포츠단체의 관계, 프로스포츠와 관련된 선수와 코치 등의 법적 지위를 비롯한 방송미디어, 광고와 스폰서십, 스포츠산업의 진흥, 스포츠분쟁의 공정한 해결 등에 관한 법적인 근거를 제공하게 되었다. 아울러이미 시행되고 있는 반도핑, 모든 사람을 위한 스포츠(스포츠클럽)운동, 스포츠관련 생명윤리 등에 관한 유럽연합의 입법지침이나 결정 등을 통한 법의 통일과 동화에

---

23) 상세한 법의 해설은 Basson·Loubser, Sport and the Law in South Africa, Butterworths, 2005 참조.

24) "The Union shall contribute to the promotion of European sporting issues, while taking account of the specific nature of sport, its structures based on voluntary activity and its social and educational function." Article 165 of the new Treaty on the functioning of the European Union. (OJ C115, 9.5.2008)

더욱 박차를 가할 수 있게 되었다.

제4절 스포츠기본법 제정의 필요성

Ⅰ. 스포츠기본법이 필요한 이유

스포츠기본법이 필요한 근거는 여러 가지 측면에서 살펴볼 수 있다.

첫째, 스포츠관련법령이 50개에 달하는데 비체계적이고 관련법령을 총괄하는 기본법(基本法)이 없다. 현재 이러한 기능을 담당하는 국민체육진흥법의 문제점과 한계는 앞서 지적한 바와 같다.[25]

둘째, 국가의 중요정책에 스포츠분야가 포함되는 것은 당연하다. 올림픽 등 각종 경기대회에서 국위선양을 하고 국민화합과 삶의 질을 높이는데 스포츠계의 공헌·공로는 대단하다고 누구나 인정한다. 그러나 법을 통한 제도적 뒷받침은 참으로 열악하고, 50대 중요 국정과제에 들어가지 못하고 있다. 또한 스포츠행정 분야는 여러 부처에 분산되어 있으므로 정책의 기획이나 집행이 어려운 경우가 많다.[26]

셋째, 스포츠분야를 총괄하면서 업무영역을 종합적·체계적으로 규율하는 기본법이 필요한 것이다. 스포츠관련 다른 법령의 총괄적 원칙을 정하는 것이 시급하기 때문이다.

기본법은 그 법률과 관련된 다른 많은 법령의 총괄적 원칙, 제도·정책의 체계화·종합화를 통한 기본 방향을 정하는 것이 일반적이다. 기본법이 다른 관련법령에 대하여 우월적 우선적 효력을 인정하는 경우가 많다.

이러한 기본법은 1966년에 "중소기업기본법"이 제정되기 시작하여 2008년 10월

---

25) 이에 관한 자세한 내용은 위 "제2절 현행 스포츠관련법령의 문제점" 참조.
26) 예를 들면 학교체육, 스포츠산업, 프로스포츠, 스포츠복지, 여성스포츠, 남북스포츠 교류, 국제스포츠 등의 분야에서 부처간의 이해와 협력, 그리고 업무조정 등이 필요하다.

10일 현재 50개의 기본법이 제정되어 시행되고 있다.[27] 1987년 민주항쟁이후에 국민의 권리의식이 높아지면서 기본법이 증가하기 시작하였고, 2000년 이후 시대의 흐름에 따라 사회구조와 국민의식의 변화에 수반하는 국가의 과제를 실천하기 위하여 많은 기본법이 제정되었다.

현재 시행되고 있는 50개 기본법은 제도와 정책에 관한 기본원칙과 이념 등을 주로 정하는 이념형,[28] 국가의 제도와 정책의 목표·방향 등을 제시하고 정부의 책무를 정하는 정책형[29] 등으로 나누어 볼 수 있다. 이러한 기본법들은 중요한 국정과제의 정책방향을 제시하고 추진하며, 이를 체계화하여 행정을 적절히 통제하는 기능을 수행한다. 특히 행정부에 권력과 정보가 집중되어 행정국가현상이 나타나므로 기본법을 통하여 행정통제기능을 수행하는 것이 필요하다. 최근에 기본법이 의원입법으로 제정된 경우가 많은 것은 지극히 바람직한 모습이며, 의원입법의 활성화를 위해서도 필요한 것이다.

Ⅱ. 입법의 필요성

1. 현행 스포츠 관련법령 정비의 필요

현행스포츠법령을 정비하기 위하여 용어의 통일, 스포츠 정책의 효율화·종합화 등이 필요한 실정이다. 그리고 앞으로 관련법령의 체계화·종합화에 기여할 수 있다.

---

27) 50개 기본법의 현황에 관하여는 연기영, 「스포츠기본법의 제정방안」, 『스포츠기본권의 보장과 국민체육진흥의 법적 과제』(제6회 스포츠법 국제학술대회 자료집), 한국스포츠엔터테인먼트법학회, 2008 참조. 2008년 이후에도 지속적으로 기본법이 제정되어 2013년 12월 현재 63개 기본법이 있으며, 그 현황에 관하여는 이 장의 끝부분 <참고자료 : 기본법의 현황>을 참고할 것.

28) 관광기본법, 교육기본법, 국토기본법 등이 대표적으로 이 유형에 속한다고 할 수 있다. 상세한 내용은 박영도, 앞의 책, 119면 참조.

29) 중소기업기본법, 과학기술기본법, 환경정책기본법, 건강가정기본법, 여성발전기본법 등이 대표적으로 이 유형에 속한다. 그밖에 대책형, 개혁추진형 등도 있다고 볼 수 있다. 상세한 내용은 박영도, 앞의 책, 119-121면 참조.

2. 스포츠정책의 종합화

앞서 살펴본 바와 같이, 여러 부처에 산재되어 있는 스포츠정책을 종합적이고 총괄적으로 기획하여야 하며 이해관계를 조정하는 역할을 담당하는 기구의 창설이 필요하다.

3. 스포츠기본권과 스포츠자치권의 보장

헌법상 보장되는 국민의 스포츠기본권을 상세히 규정하고, 스포츠단체들의 조직과 활동을 위한 스포츠자치권의 보장을 규정할 필요가 있다.[30]

4. 스포츠진흥을 위한 학교와 지역사회의 협력

스포츠시설의 설치와 이용, 스포츠선수의 양성, 생활스포츠와 스포츠클럽의 활성화, 프로그램의 개발 등을 위한 학교와 지역사회의 긴밀한 협력을 도모할 필요가 있다.

5. 학교체육과 엘리트선수 양성의 정상화

잘못된 입시정책으로 학교체육이 황폐화되었으며 그로 인하여 국민체력이 저하되는 등 많은 문제를 낳고 있다는 점은 누구나 알고 있다. 현재 시행되고 있는 제7차 교육과정과 앞으로 시행될 제8차 교육과정을 살펴보면 체육교과에 대한 비중이

---

30) 스포츠기본권과 스포츠자치권의 보장은 이미 현행헌법상 문화국가의 원리, 행복추구권(헌법 제10조), 신체의 자유(헌법 제12조 1항), 집회결사의 자유(헌법 제21조 1항), 교육권(헌법 제31조1항), 직업선택의 자유(헌법 제15조), 근로의 자유(헌법 제32조), 보건권·건강권(헌법 제36조 3항) 등의 해석을 통하여 인정하고 있다. 연기영 외, 앞의 책, 26면; 김상겸, 앞의 논문, 『스포츠와 법』 제6권, 133-136면; 윤용택, 「스포츠권과 스포츠기본법의 시론적 고찰」, 『스포츠와 법』 제6권, 2005, 106-108면(채우석, 번역문, 118-120면) 참조.

매우 빈약하다고 볼 수 있다. 영어, 수학, 국어 등 주요교과 위주의 입시준비 교육에 의해 체육 교육과정이 비정상적으로 운영되어지고 있는 것이다. 이는 인간이 평생 동안 건강하게 살 권리를 가로막고, 의료비 등 복지비용을 높여 국가경쟁력을 저하 시키는 결과를 가져오게 된다. 학교체육은 심신의 발달과 운동기능의 향상, 올바른 인격형성을 하여 유능한 인격자를 육성하는데 목적이 있다. 청소년기에는 다양한 체육 활동을 함으로써 튼튼한 신체를 기르고 이를 바탕으로 건전한 가치관을 형성 하게 하며 원만한 인간관계를 형성할 수 있는 바람직한 사회성을 기를 수 있다. 하 지만 현실은 어떠한가? 체육에 대한 인식 부족 문제, 턱없이 부족한 체육시간, 운동 장은 좁고 체육용품 또한 미비하거나 거의 없다.

현재 시행되고 있는 제7차 고교교육과정에서 고등학교 1학년은 주 2시간, 2,3학 년은 선택과목으로 밀려나있는 실정이다. 이러한 상황에서 과연 학생들이 체력을 향상시킬 수 있으며, 신체 건강하고 행복한 삶을 살아갈 수 있을지 의문이다. 주 당 2시간으로 학생들의 체육활동에 대한 근본적인 욕구조차 채워주지 못하고 있다. 물 론 이 문제는 대학입시제도와 깊이 연관되어 있다. 선진국들은 일류대학에 입학하 려면 스포츠활동 내용이 대단히 중요하게 작용한다.

뿐만 아니라 엘리트 선수의 양성에도 큰 문제가 내재되어 있다. 우선 엘리트선 수들의 수업결손과 예산의 편중배분으로 비정상적으로 학교체육이 운영되는 실정 이다. 초·중·고등학교의 체육특기자 선발과 입학에 있어서 문제점이 발견된다.[31]

---

31) 초중등학교교육법 시행령제69조 (중학교 체육특기자 등의 입학방법) ①교육장은 제68조의 규정에 불구하고 체육특기자에 대하여 당해 교육장 관할지역의 당해 학년 입학정원중 교육감이 정하는 범위안에서 입학하게 할 수 있다. 이 경우 체육특기학교와 종목별 정원은 교육장이 지정하여 배정 한다.
　② 교육장은 제68조의 규정에 불구하고 지체부자유자에 대하여 당해 학교군내의 중학교를 지정하 여 입학하게 할 수 있다.
　③ 제1항 및 제2항의 규정에 의한 체육특기자의 범위·입학방법과 절차 및 지체부자유자의 인정방 법은 교육장이 정한다.
　제87조 (고등학교 체육특기자 등에 대한 배정) ①교육감은 입학전형에 응시한 자 중 체육특기자에 대하여는 입학전형결과에 불구하고 그 관할지역의 당해 학년 입학정원 중 그가 정하는 범위안에 서 입학을 허가하되, 제77조제2항의 규정에 의하여 교육과학기술부령이 정하는 지역의 후기학교 의 경우에는 교육감이 제84조제1항 및 제2항의 규정에 불구하고 학교군에 제한없이 체육종목별로 체육특기학교와 종목별 정원을 정하고 이에 따라 체육특기자를 배정한다. <개정 2001.1.29,

체육특기자의 범위·입학방법과 절차를 중학교는 교육장, 고등학교는 교육감이 단독으로 정하도록 한 것은 문제의 소지가 있다.[32]

그동안 대학입학 체육특기자 제도가 수십 년간 잘못 운영되고 1988년 현행 고등교육법이 시행된 이후에는 아무런 법적 규정이 없어서 문제가 될 수 있다.[33] 엘리트선수양성의 문제는 대학입학 체육특기자제도와 밀접한 관련성이 있으며 국가경쟁력과 직결되는 문제인데 완전히 대학의 자율에 맡겨 두는 것이 바람직한 것인지를 생각해 보아야 할 시점이다.

최근에도 각종 비리의 온상처럼 부정부패사례가 매스컴에 보도되는 것을 보고 있다. 일부 스포츠선수와 지도자들의 불법적이고 부도덕한 행위로 스포츠계가 온통 비리의 온상처럼 여론의 비난을 받기도 한다. 초·중·고등학교에서 기본적인 교양 교과목의 학습은 하지 않고, 운동실기만 열심히 하고 대학에 들어오면 학생이란 신분을 가지고 운동경기에만 출전하는 "운동선수"의 기능만 수행하게 된다. 운동선수들이 학교에서는 일등주의, 메달지상주의의 노예가 되어 상급학교진학을 위하여 운동에만 전력하고 다른 공부를 할 권리를 박탈당하고 있는 것이다.[34] 엘리트선수양성 제도의 법적 근거확립과 스포츠선수의 윤리의식 고취를 위한 방안이 강구되어야 한다고 생각한다. 올림픽경기, 월드컵대회 등 국제경기와 전국체전 등 국내경기에

2008.2.29>
② 교육감은 입학전형에 응시하여 선발된 지체부자유자 중 통학상 불가피하다고 인정되는 자에 대하여는 제84조제1항 및 제2항의 규정에 불구하고 학교를 지정하여 입학하게 할 수 있다.
③ 제1항의 규정에 의한 체육특기자의 범위 및 제2항의 규정에 의한 지체부자유자의 인정방법은 교육감이 정한다.
32) 스포츠관련단체나 전문가가 참여하는 위원회를 구성하는 방법도 생각해 볼 수 있다.
33) 이 체육특기자 대학입시특례 제도는 법적근거가 1981년 당시 문교부 훈령 제344호로 공포된 '대학입학학력고사 특기자 심사규정'이며, '대학입학학력고사령 제16조 제2항에 규정되어 있었다. 교육관계법령이 개정과정을 거치면서 1997년 12월 13일 법률제5439호로 고등교육법이 제정되어 1998년부터 시행되면서 1998년까지 존치하던 정원외 체육특기자 제도가 폐지되었다. 고등교육법 시행령 부칙 제12조 제1항에는 "1988년도 이전에 고등학교를 졸업한 자가 체육특기자 등으로 입학하려는 경우에 관하여는 구 교육법 시행령 제2조가 적용된다"고 하는 규정이 있을 뿐 현재는 아무런 법적 근거도 없으므로 대학의 자율에 맡기고 있는 실정이다.
34) 이에 관하여 상세한 문제점과 대응방안에 대하여는 이학준, 『현대스포츠의 도덕성 회복방안 모색 －스포츠의 사회윤리』, 북스힐, 2003, 83면 이하 참조.

서 우승이 중요하다. 그러나 승리만을 위해 수단과 방법을 가리지 않는 운동선수의 윤리의식 결어는 승부조작·폭력·약물복용·성추행 등의 사회문제를 유발시키게 된다. 또한 선수생활을 은퇴하고 코치·감독 등 스포츠지도자로 일할 수 있는 교양과 자질의 함양도 학교 교육을 통하여 당연히 이루어져야 할 것이다.[35]

6. 스포츠지도자의 자격과 연수제도

스포츠 지도자의 자격·연수에 관련된 법규로는 국민체육진흥법 제11조에 근거하여 동법시행령 제22조-24조에 자세히 규정하고 있다. 또한 동법 시행규칙 제9조(체육지도자 연수 및 자격 검정), 체육지도자연수 및 자격검정에 관한 규칙(문화체육관광부령)이 마련되어 있다. 그러나 스포츠지도자의 자격제도 전반에 관한 입법체계가 위임입법의 한계를 넘어서 하위법령인 대통령령이나 부령에 지나치게 포괄적으로 위임하고 있어서 문제가 있다. 결격사유, 자격취소, 자격정지 등에 관한 규정도 규정이 미비하여 입법적 흠결이 지적되고 있다.[36]

또한 국가비공인 민간자격증에는 한국스포츠마사지협회, 한국여가레크리에이션협회, 한국포크댄스협회 등이 비공인 민간자격발급단체로 등록되어 있고, 스포츠단체들이 민간자격증을 남발하는 사례가 늘고 있다.[37] 스포츠지도자는 안전교육을 의무화하고 일정한 교육과정을 이수한 후 자격증을 수여하는 등 법적인 근거를 명확히 할 필요가 있다.

---

35) 교육과학기술부(당시 교육인적자원부)가 발표한 "2005년 학교체육기본방향"에는 "체육교육과정의 내실화, 학생 자율체육활동의 활성화, 학교체육시설·교구의 확보 및 효율적 관리" 등 3가지 방향을 설정하고 있다.

36) 이에 관하여 상세한 내용은 김용섭, 「생활체육지도자 자격제도의 문제점과 개선방안」, 『복지국가 실현을 위한 스포츠의 법정책적 과제』(2006스포츠법학 국제학술대회 논문집), 2006, 185-209면 참조.

37) 1997년 제정된 자격기본법은 제3장 15조에 국가이외의 법인, 단체 또는 개인은 누구든지 민간자격을 신설하여 운영·관리힐 수 있도록 규정하여 많은 자격증 발급단체가 난립하고 있으며, 검증되지 않은 자격증을 양산하고 있는 실정이다.

7. 프로스포츠와 스포츠산업의 발전에 관련한 규정 정비

프로스포츠의 발전과 함께 스포츠산업의 진흥, 레저스포츠진흥을 위한 기본법적인 근거가 필요하다.

8. 장애인스포츠의 법제도적 정비

2005년도 국민체육진흥법을 개정하여 장애인체육회를 신설하고 장애인의 전문체육과 생활체육의 진흥과 육성을 주요사업으로 규정하였다(동법 제34조). 또한 생활체육시설을 장애인이 쉽게 이용할 수 있도록 시설 또는 기구를 마련하는 시책을 국가 및 지방자치단체가 강구하도록 하고 있다(체육시설의 설치 및 이용에 관한 법률 제6조 제2항).

그러나 장애인스포츠와 재활스포츠, 장애인 학교스포츠와의 관계를 규정할 필요가 있다. 장애인 스포츠의 문제는 문화체육관광부, 교육과학부, 보건복지가족부의 3개부처가 관련되어 있어 업무조정과 협조가 필요하다. 장애인체육회 정관에 사업내용의 하나로 '장애학생 체육진흥을 위한 협력 및 교류'를 규정하고 있으나 소관부처가 명확하지 않아서 문제이다.

9. 스포츠분쟁해결기구의 법정화 필요

스포츠영역의 확대와 프로스포츠의 발전으로 스포츠분쟁도 다양하게 발생하고 증가하기 마련이다. 스포츠분쟁의 특수성에 따라 분쟁해결도 독립성·전문성·신속성을 요구하게 된다. 스포츠분야의 분쟁을 사법부의 재판에 의존하지 않고, 독자적인 재판외분쟁해결(ADR : Alternative Dispute Resolution)기구를 통하여 조정·중재제도 등을 활용함으로써 스포츠계의 화합과 국민통합의 기반을 조성할 수 있다.[38]

---

38) 스포츠분쟁해결기구의 설립에 관하여는 졸고, 「스포츠분쟁해결기구의 설립방안」, 『스포츠와 법』 제5권, 한국스포츠엔터테인먼트법학회, 2004, 61-74면; 「한국스포츠중재위원회의 설립과 활동」,

현재 대한체육회의 정관에 근거를 두고 한국스포츠중재위원회가 설립되어 활동하고 있다.[39] 그러나 법적인 기반이 미약하며, 국제스포츠중재재판소(CAS : Court of Arbitration for Sport)와 같은 전속관할권이 없고 대한체육회로부터 독립성이 문제될 수 있다. 스포츠기본법에 이 기구를 법정화시킬 필요성이 있다.[40]

10. 국제스포츠교류와 통일스포츠에 대한 법적 근거 필요

국제스포츠 교류와 협력은 민간외교활동이지만 국가 간의 사회·경제·정치적 의미가 날로 증가하고 있다. 국제대회의 지원도 한시법을 제정하여 대응할 것이 아니라[41], 통상적인 행정이 이루어져야 한다. 민족의 통일과 화해협력을 위해 남북통일스포츠의 교류와 협력도 대단히 중요하다.[42]

『스포츠와 법』 제10권 4호(통권 13호), 2007, 415-433면; 양병회, 「한국에서 스포츠분쟁해결을 위한 ADR제도」, 『스포츠와 법』 제5권, 2004년, 413-424면; 정승재, 「스포츠 조정·중재제도의 법적 과제」, 『스포츠와 법』 제1권 1호(통권 14호), 2008, 61-77면 참조. 그 밖에도 김상겸, 「스포츠분쟁해결에 관한 헌법적 연구」, 『스포츠와 법』 제5권, 한국스포츠엔터테인먼트법학회, 2004, 11-41면; 정승재, 「스포츠자치권과 스포츠분쟁」, 『스포츠와 법』 제5권, 한국스포츠엔터테인먼트법학회, 2004, 11-41면을 참조할 것.

39) 대한체육회는 2006년 1월 제6차 이사회에서 정관 제10장을 신설하여 '한국스포츠중재위원회'의 설치근거를 마련하였고, 동년 2월에 2006 정기대의원총회에서 이사회의결사항을 승인하고, 동연 3월 29일 주무관청의 정관변경허가를 받아 시행되었다. 또한 대한체육회 이사회는 동년 5월 '한국스포츠중재위원회 규정'을 제정하여 5월 16일부터 시행하고 있다. 이러한 과정을 거쳐 2006년 5월 17일 한국스포츠중재위원회가 문을 열고 활동 하고 있다.

40) 이에 관하여 상세한 내용은 졸고, 「국제스포츠중재재판소에 비추어 본 한국스포츠중재위원회의 역할과 과제」, 『스포츠와 법』 제11권 제1호(통권14호), 한국스포츠엔터테인먼트법학회, 2008, 91-125면을 참조할 것.

41) 그동안 국제대회 지원을 위해 제정된 한시법으로는 '서울아시아경기대회·올림픽대회 운영규정' '서울아시아경기대회·올림픽대회조직위원회 지원법', '서울올림픽대회조직위원회조직법', '올림픽의 평화를 지키기 위한 법률', '제14회 아시아경기대회지원법', '제18회 동계유니버시아드대회 및 제4회 동계아시아경기대회 지원법'. '제2회유니버시아드대회 지원법', '제8회 부산아시아태평양장애인경기대회 지원법 시행령' 등이 있었다.

42) 이에 관하여는 민족통일체육연구원에서 2001년도에 "남북통일체육의 법적 과제"를 대주제로 스포츠를 통한 인적·물적 교류의 법적토대를 독일통일과 비교하여 학술세미나를 개최한 바 있다. 이 세미나에서 발표되고 토론뒤 내용을 책으로 출판한 바 있다. 민족통일연구원 엮음, 『남북통일체육의 법적과제』, 도서출판 사람과 사람, 2001, 1-325면 참조.

제5절 스포츠기본법의 구성 체계와 내용

Ⅰ. 스포츠기본법의 본질적인 성격

1. 이념적·헌장적 성격

스포츠와 스포츠정책의 이념이나 정신을 규정하여 국민통합과 사회통합의 기반을 조성한다는 의미를 담는 것이 필요하다.

2. 스포츠종합법전

스포츠분야의 제도·정책을 포괄적·체계적·종합적으로 제시하고 명실공히 스포츠관련법령의 일반법적 성격을 규정한다.

3. 국가 스포츠정책의 총괄규범

스포츠정책의 계속성·일관성·안정성을 확보할 수 있는 총괄규범적 성격을 갖도록 한다.

Ⅱ. 입법방안

1. 기존 관련법(특히 국민체육진흥법)의 일부를 흡수통합

국민체육진흥법, 체육시설의 설치 및 이용에 관한 법률 등에 규정되어 있는 내용 중에서 기본법적인 규정들을 이법에 흡수 통합할 필요가 있다.

2. 국가스포츠정책위원회를 대통령 또는 국무총리산하에 두는 방안

스포츠와 관련된 행정업무는 주무관청인 문화체육관광부를 비롯하여 교육과학기술부(체육교육), 외교통상부(국제스포츠교류와 협력), 통일부(남북스포츠 교류와 협력), 농림수산식품부(경마), 지식경제부(스포츠산업), 보건복지가족부(스포츠복지, 노인·장애인 스포츠), 여성부(여성스포츠), 국토해양부(스포츠시설)에 관련되어 있다. 이러한 스포츠정책과 업무를 통합적으로 심의·결정하는 '국가스포츠정책위원회'의 설치가 필요하다고 생각한다. '국가스포츠정책위원회'가 각 부처에 관련된 스포츠관련 업무를 통합적으로 심의·조정·결정하기 위해서는 상위기관인 대통령 혹은 국무총리 산하기관으로 설치하여야만 가능한 일이다.

Ⅲ. 기본법의 법체계상의 위치

1. 헌법과의 관계

기본법은 헌법을 보완하고 헌법과 개별법 간을 연계하는 매개법으로 볼 수 있다.[43] 고전적인 법단계설[44]에 따르면 헌법·법률·명령이라는 단계가 있는데 오늘날 사회가 복잡하고 다양화되어 법 구조와 체계가 헌법·기본법·개별법·명령으로 변화되었다고 설명한다. 이미 일부 기본법에는 헌법이 정하는 기본권 등과 관련되는 규정을 두고 있으며, 기본법에서 규정하는 이념이나 원칙 등이 통상의 법률규정에 비하여 고차원적·원리적·일반적·종합적인 것이 보통이다.[45]

---

43) 박영도, 전게서, 328면.
44) Hans Kelsen, Reine Rechtslehre, 1934, 2. Aufl.; Norbert Horn, Einführrung in die Rechtswissenschaft und Rechtsphilosophie, 1996, S. 92f.
45) 이러한 대표적인 법으로는 교육기본법, 여성발전기본법 등이 있다. 이에 관한 상세한 설명은 박영도, 전게서, 329-33면 참조.

2. 기본법과 개별법의 관계

기본법이 해당분야의 상위법으로서 개별법을 유도하고 우월성을 인정하는 경우가 많다. 물론 기본법의 우월적 성격에 대하여는 긍정설과 부정설과 부정설, 한정적 긍정설 등이 대립되고 있다.[46] 그러나 해당분야의 국가의 정책을 종합하고 조정하는 역할을 담당할 뿐만아니라, 시대변화에 적절히 대응하기 위해서는 기본법의 우월적 성격을 긍정해야 한다는 것이 법의 지배가 확립된 선진국의 현상이다.[47]

3. 스포츠기본법의 법체계상의 위치

새로 제정될 스포츠기본법은 헌법과 개별스포츠관계법령(스포츠진흥관계법령, 스포츠시설관련법령, 스포츠교육관련법령, 스포츠단체와 선수관련법령, 스포츠산업 관련법령, 스포츠복지(스포츠인의 복지, 여성·장애인·노인·청소년 스포츠 등)관련법령, 국제스포츠·통일스포츠관련법령)의 매개법이고 총괄하는 우월적 지위에 있는 법이라고 할 수 있다.

Ⅳ. 스포츠기본법 시안의 내용과 해설

제1장 총칙

- 해설 : 총칙은 이 법 전체를 총괄하여 적용되는 일반적인 규정이다. 총칙의 구성요소는 그 법령의 목적, 기본이념, 용어의 정의, 스포츠기본권의 보장, 스포츠자치권의 보장, 다른법률과의 관계 설정 등이 된다.

---

46) 박영도, 전게서, 332-343면.
47) 각국의 기본법의 현황과 역할분석에 관하여는 박영도, 전게서, 197-324면을 참조할 것.

제1조 (목적) 이 법은 스포츠에 관한 국민의 권리를 보장하고 스포츠의 진흥을 위한 국가와 지방자치단체의 책임을 명확히 하며, 스포츠의 기본정책 수립과 집행에 기본이 되는 사항을 정함으로써 스포츠를 통하여 모든 국민이 건강하고 행복한 생활을 영위하고 사회문화의 발전과 인류공영에 이바지함을 목적으로 한다.

- 해설 : 이 법의 목적을 1)스포츠를 통한 국민의 건강하고 행복한 생활터전 마련 2) 사회문화발전 3)인류공영에 기여 등 3가지로 설정하였다. 이러한 목표를 달성하기 위하여 1)스포츠기본권의 보장 2)스포츠진흥을 위한 국가와 지방자치단체의 책임 3)스포츠 기본정책의 수립과 집행에 필요한 기본사항 등을 정하도록 하였다.

제2조(기본이념) 이 법은 스포츠의 정신을 바탕으로 국민의 삶의 질을 높이고, 인간존엄을 바탕으로 스포츠를 진흥·발전시키고 자연환경과 사회윤리를 존중하면서 스포츠국제교류와 협력을 통하여 국민화합과 국위선양을 도모하며 평화로운 인류사회를 건설하는 것을 기본이념으로 한다.

- 해설 : 모든 국민은 스포츠의 페어플레이 정신을 함양하고 몸과 마음을 정화시켜 개인의 삶의 질을 향상시키고, 인간존엄·자연환경·사회윤리를 존중하여 인류공영에 이바지하여야 한다. 국제경기대회의 개최와 선수들의 출전으로 국위선양과 국민화합에 힘쓴다. 또한 세계평화와 인류공영에 이바지 한다.

제3조(용어의 정의) 이법에서 사용하는 용어의 정의는 다음과 같다.
  1. "스포츠"라 함은 심신의 단련과 여가활동 등을 위하여 하는 신체활동과 인간의 정신적 활동을 까지 포함하는 활동을 말한다.
  2. "체육"이라 함은 스포츠를 통하여 건전한 몸과 마음을 바탕으로 운동능력을

향상시키는 교육을 말한다.

    3. 아마추어스포츠

    4. 프로스포츠

    5. 위험스포츠

    6. 레저스포츠

    7. 스포츠선수

    8. 스포츠단체

    9. 스포츠시설

    10. 스포츠기금

    11. 스포츠지도자

    12. 스포츠산업

제4조(스포츠권의 보장) 모든 국민은 다음 각 호의 기본적 권리를 가진다.

1. 스포츠를 향유하면서 행복하게 살 권리

2. 스포츠에 관한 필요한 지식이나 정보를 제공받을 권리

3. 스포츠를 위하여 필요한 교육을 받을 권리

4. 스포츠시설을 제공받을 권리

5. 스포츠단체를 조직하고 활동할 권리

－해설 : 1) 스포츠활동의 자유권을 규정한 것이다. 이를 보장하고 행복추구권의
     중요한 내용임을 표현하였다. 2)지식정보화사회에서 알권리를 인정해야
     한다. 3)학교, 사회(평생교육 등)를 통한 스포츠교육권을 명시할 필요가
     있다. 4) 국가와 지방자치단체는 적절한 스포츠시설을 갖추어 국민들 누
     구나 그 시설을 안전하고 평등하게 이용할 권리를 보장해 주어야 한다.
     5) 스포츠단체를 결성하고 조직·운영하는 스포츠자치권을 인정해야 한다.

제5조(스포츠단체의 조직과 활동) ① 국민은 누구나 스포츠단체를 자유롭게 결성하여 활동할 수 있으며, 그 단체의 구성원은 자유롭고 안전하게 스포츠활동을 할 수 있다.

② 국가는 스포츠단체의 자주적이며 자율적인 활동을 최대한 보장해야 하며, 행정적인 지원을 하여야 한다.

③ 국가를 대표하여 국내외 경기를 주최하거나 참여하고 스포츠를 통한 국제적 교류와 협력을 도모하며, 자유롭게 설립되어 활동하고 있는 스포츠단체들을 총괄하기 위하여 법인으로 한국스포츠단체총연합회를 설립한다.

④ 국가는 스포츠에 관한 행정기관을 설치하고 전 항의 규정에 따라 설립하는 법인에 대하여 적절한 재정적인 지원을 하여야 하며, 이 법인에 속하는 스포츠단체의 설립을 보장하여야 한다.

- 해설 : 현재 조직과 활동에 있어서 영향력을 가진 대표적인 스포츠단체로는 국민체육진흥법에 근거하여 설립된 대한체육회(동법 33조)와 대한장애인체육회(동법 제34조)가 있으며, 민법상 사단법인으로 설립된 국민생활체육회가 있다. 또한 민법에 규정된 법인으로 설립되어 활동하는 단체와 비법인으로 활동하는 단체도 수없이 많다. 이러한 단체를 총괄할 수 있는 연합체가 필요하며, 그 법적 근거에 관한 규정을 둘 필요성이 있다.

  이는 스포츠기본법을 가지고 있는 프랑스의 "프랑스 스포츠 올림픽위원회" 또는 민법상 사단법인으로 설립된 독일의 "독일올림픽스포츠총연합(Der Deutsche Olymische Sportbund : German Olympic Sport Cofederation)" 등을 모델로 연구할 필요가 있다.

제6조 (다른 법률과의 관계) ① 스포츠에 관하여 다른 법률에서 특별한 규정을 두고 있는 경우를 제외하고는 이 법을 적용한다.

② 스포츠에 관하여 다른 법률을 제정하거나 개정할 경우에는 이 법에 부합하도

록 하여야 한다.

－해설 : 이 법은 이념적·헌장적 성격을 가진 총괄법의 역할을 해야 한다. 또한 헌법과 개별법간의 매개법의 기능도 담당할 필요가 있다.

제2장 스포츠정책의 수립과 진흥

제7조 (국가와 지방자치단체의 책무) ① 국가와 지방자치단체는 제4조의 규정에 따른 스포츠에 관한 기본적 권리가 실현되도록 하기 위하여 다음 각 호의 책무를 진다.

1. 관계 법령 및 조례의 제정 및 개정·폐지
2. 필요한 행정조직의 정비 및 운영 개선
3. 스포츠에 관한 정책의 수립과 실행
4. 건전하고 자주적인 스포츠 조직 활동의 지원·육성
5. 교육을 통한 스포츠의 진흥과 학교체육의 내실화
6. 스포츠산업의 진흥에 필요한 정책수립과 실행
7. 국내외 경기대회의 지원

② 국가와 지방자치단체는 스포츠정책을 수립하고 집행함에 있어서 스포츠의 자주성과 창의성에 우선적인 가치를 부여하여야 한다.

제8조 (스포츠발전 기본계획) ① 정부는 이 법의 목적을 효율적으로 달성하기 위하여 스포츠발전에 관한 중·장기 정책목표 및 방향을 설정하고, 이에 따른 스포츠발전기본계획(이하 "기본계획"이라 한다)을 세우고 추진하여야 한다.

② 문화체육관광부장관은 5년마다 관계 중앙행정기관의 스포츠관련 계획과 시책 등을 종합하여 기본계획을 세우며, 제9조제1항의 규정에 따른 국가스포츠정책위원회의 심의를 거쳐 이를 확정한다.

③ 기본계획에는 다음 각호의 사항이 포함되어야 한다.

1. 스포츠의 발전목표 및 정책의 기본방향

2. 스포츠권의 보호를 위한 제도적 장치 강구

3. 학교스포츠의 진흥방안

4. 프로스포츠의 발전방안

4. 스포츠단체의 조직과 활동의 활성화 방안

5. 스포츠클럽의 활성화 방안

6. 국가대표선수의 선발과 양성방안

7. 스포츠관련 지식과 정보의 유통체계구축방안

8. 스포츠산업의 진흥방안

9. 남북스포츠교류협력의 촉진방안

10. 국제 스포츠교류협력 방안

11. 스포츠연구기관의 지원과 스포츠지도자 육성방안

12. 스포츠발전에 필요한 재원확충과 조달방안

13. 그 밖에 대통령령이 정하는 스포츠발전을 위한 중요사항

④ 관계 중앙행정기관의 장 및 지방자치단체의 장은 기본계획에 따라 연도별 시행계획을 세우고 추진하여야 한다.

⑤ 문화체육관광부장관은 매년 제4항의 규정에 따른 다음 해 시행계획 및 지난 해 추진실적을 종합하여 제9조제1항의 규정에 따른 국가스포츠정책위원회의 심의를 받아야 한다. 이에 관한 세부적인 사항은 대통령령으로 정한다.

⑥ 관계 중앙행정기관의 장 및 지방자치단체의 장은 스포츠발전 관련 계획을 세울 때에는 제1항의 중·장기 정책목표 및 방향에 따라야 한다.

⑦ 문화체육관광부장관은 제1항에 따른 중·장기 정책목표 및 방향을 설정하거나 기본계획을 세우기 위하여 필요한 때에는 관계 중앙행정기관, 지방자치단체, 관련 교육·연구기관 및 국가연구개발사업에 참여하는 법인·단체에 필요한 자료의 제출을 요청할 수 있다.

제9조 (지방스포츠발전종합계획) ① 정부는 지방의 스포츠발전을 촉진하기 위하여 5년마다 지방스포츠발전종합계획을 제10조제10항의 규정에 따른 지방스포츠발전협의회 및 제10조제1항의 규정에 따른 국가스포츠정책위원회의 심의를 거쳐 세우고 이를 지방자치단체의 장에게 알려주어야 한다.

② 지방과학기술진흥종합계획에는 다음 각호의 사항이 포함되어야 한다.

1. 지방스포츠 지원 방안

2. 지방스포츠 산업의 진흥 방안

3. 지방의 스포츠 전문 인력의 양성과 스포츠 정보유통체제 구축 등에 대한 지원

4. 그 밖에 지방스포츠의 발전을 위하여 필요한 사항

③ 정부는 지방스포츠발전 종합계획의 연도별 시행계획을 제10조제10항의 규정에 따른 지방스포츠발전협의회의 심의를 거쳐 세우고 추진하여야 한다.

제10조 (국가스포츠정책위원회) ① 정부는 스포츠발전을 위한 주요정책을 심의하고 조정하고, 효율적인 스포츠행정을 수행하기 위하여 국가스포츠정책위원회를 둔다.

② 국가스포츠정책위원회는 다음 각호의 사항을 심의한다.

1. 스포츠발전을 위한 주요정책 및 계획을 세우고 조정하는데 관한 사항

2. 기본계획 및 지방스포츠발전 종합계획에 관한 사항

3. 제8조제5항에 따른 다음 해 시행계획 및 추진실적에 관한 사항

4. 중·장기 국가 스포츠 발전관련 계획의 수립에 관한 사항

5. 스포츠관련분야 연구기관의 육성 및 발전방안에 관한 사항

6. 관계 중앙행정기관의 장이 심의를 요청하는 사항

7. 그 밖에 위원장이 의제로 부치는 사항

③ 국가스포츠정책위원회는 위원장 1인과 부위원장 1인을 포함한 25인 이내의 위원으로 구성한다.

④ 위원장은 대통령이 되고, 부위원장은 문화체육관광부장관이 되며, 위원은 다음 각호의 자가 된다.

    1. 대통령령이 정하는 관계 중앙행정기관의 장과 이에 준하는 기관의 장

    2. 제5조 제3항에 따라 설립된 한국스포츠단체총연합회 대표

    3. 스포츠에 관한 전문지식 및 경험이 풍부한 자중 위원장이 위촉하는 자

    ⑤ 위원장은 회의를 소집·주재한다.

    ⑥ 위원장은 필요한 경우에는 부위원장으로 하여금 그 직무를 대행하게 할 수 있다.

    ⑦ 국가스포츠정책위원회의 사무를 처리하기 위하여 간사 1인과 사무국을 둔다. 이 경우 간사는 대통령실의 과학교육문화 분야를 보좌하는 정무직 비서관이 된다.

    ⑧ 사무국은 문화체육관광부에 두고, 그 운영에 필요한 사항은 대통령령으로 정한다.

    ⑨ 국가스포츠정책위원회에 상정할 안건을 미리 검토하고 대통령령이 정하는 바에 따라 국가스포츠정책위원회가 위임한 안건을 심의하기 위하여 국가스포츠정책위원회에 운영위원회와 특별위원회를 두며, 운영위원회에는 분야별 전문위원회를, 특별위원회에는 실무위원회를 둘 수 있다.

    ⑩ 다음 각호의 사항을 심의하기 위하여 대통령령이 정하는 바에 따라 국가스포츠정책위원회에 지방스포츠발전협의회를 둔다.

    1. 지방스포츠발전 종합계획 및 연도별 시행계획의 수립에 관한 사항

    2. 관계 중앙행정기관 또는 지방자치단체가 지방스포츠발전을 위하여 추진하는 시책 또는 사업의 조정에 관한 사항

    3. 지방자치단체간 스포츠의 교류 및 협력에 관한 사항

    4. 그 밖에 지방스포츠발전협의회의 위원장이 의제에 부치는 사항

    ⑪ 국가스포츠정책위원회의 구성 및 운영에 관하여 필요한 사항은 대통령령으로 정한다.

    제11조 (국가스포츠정책위원회 심의결과의 활용) ① 국가스포츠정책위원회는 심의한 결과를 관계 중앙행정기관의 장과 지방자치단체의 장에게 알려주어야 한다.

② 관계 중앙행정기관의 장과 지방자치단체의 장은 직접 관할하고 있는 스포츠 정책과 행정집행에 국가스포츠정책위원회의 심의 결과를 반영하여야 한다.

제12조 (스포츠지도자의 양성) ① 국가는 스포츠의 발전을 위하여 스포츠지도자를 양성하여야 한다.

② 스포츠지도자의 양성체계와 종류·등급·자격·연수·검정 등에 관한 사항은 법률로 정한다.

제13조 (스포츠관련지식 정보의 유통체계 구축 및 관리) ① 국가는 지식정보사회에 부응하여 스포츠관련 지식·정보를 수요자와 공급자간에 원활한 유통과 공유를 충족시킬 수 있는 종합적인 체제를 구축하고 지속적인 관리를 실시하여야 한다.

② 제1항의 사업을 추진하기 위하여 스포츠정보센터를 설치·운영하여야 하며, 이에 필요한 구체적인 사항은 대통령령으로 정한다.

제14조 (학교체육 및 스포츠의 진흥) ① 국가는 모든 국민이 교육을 통하여 스포츠를 연마하여 건강한 사회생활을 영위할 수 있도록 필요한 정책을 강구하여야 한다.

② 국가는 학교교육을 통한 전문스포츠인 양성을 위하여 선발기준, 교과과정, 훈련지침 등을 마련하여야 한다.

③ 학교체육 및 스포츠진흥에 관한 사항은 법률에 따로 정한다.

제3장 스포츠의 안전과 보호

제15조 (스포츠선수의 보호) 국가는 스포츠선수를 보호하는 정책을 시행하여야 하며, 선수의 권리가 침해되었을 때에 적절한 조치를 취할 수 있는 방안을 강구하여야 한다.

제16조 (스포츠의 안전과 보험제도) ① 국가와 지방자치단체는 스포츠사고를 예방

하기 위하여 각종 조치를 취하여야 하며, 스포츠의 안전한 환경을 제공하여야 한다.

② 스포츠단체는 스포츠사고에 따른 손해를 전보하기 위하여 스포츠보험에 가입하여야 하며, 이에 관한 상세한 사항은 대통령령으로 정한다.

제17조 (스포츠와 환경보호) 스포츠는 자연환경과 생활환경을 고려하여 환경 친화적으로 실시하여야 한다.

제4장 스포츠산업의 진흥

제18조 (스포츠산업의 진흥) ① 국가와 지방자치단체는 스포츠산업의 진흥을 위하여 필요한 정책을 수립·시행하여야 한다.

② 국가 및 지방자치단체는 스포츠산업의 진흥을 위하여 기술의 개발과 조사, 연구사업의 지원, 외국 및 스포츠산업 관련 국제기구와의 협력체제 구축 등을 위하여 필요한 노력을 하여야 한다.

제19조 (경륜, 경정사업) ① 정부는 경륜(競輪) 및 경정(競艇)을 공정하게 시행하고 원활하게 보급하여 국민의 여가 선용과 스포츠산업의 진흥을 도모하고 스포츠발전기금을 조성하는데 사용하도록 한다.

② 제1항의 사업시행에 관한 구체적인 내용은 법률로 정한다.

③ 제1항에 따른 승자투표권의 발행 사업에 관하여는 「사행행위 등 규제 및 처벌특례법」을 적용하지 아니한다.

제20조 (스포츠투표권의 발행) ① 정부는 스포츠 진흥과 스포츠발전기금 등에 필요한 재원 조성을 위하여 스포츠 진흥투표권 발행 사업을 시행할 수 있다.

② 스포츠투표권의 종류, 투표 방법, 단위 투표 금액, 대상 운동경기, 그 밖에 필요한 사항은 법률로 정한다.

③ 제1항에 따른 스포츠투표권의 발행 사업에 대하여는 「사행행위 등 규제 및 처벌특례법」을 적용하지 아니한다.

제21조 (경마사업) ① 정부는 경마사업의 공정한 시행과 원활한 보급을 통하여 축산의 발전에 이바지하고 스포츠 진흥을 도모하는 정책을 시행하여야 한다.

② 경마장의 설치, 경마장별 경마개최의 범위, 경주의 종류 및 경주마의 출주기준, 승마투표권의 발행 등에 관한 사항은 법률로 정한다.

③ 제1항에 따른 승마투표권의 발행 사업에 대하여는 「사행행위 등 규제 및 처벌특례법」을 적용하지 아니한다.

제5장 스포츠발전기금

제22조 (스포츠발전기금의 설치) ① 정부는 스포츠육성을 위한 정책을 효율적으로 추진하기 위하여 필요한 경우에는 스포츠발전기금(이하 "발전기금"이라 한다)을 설치할 수 있다.

② 발전기금은 다음 각 호의 재원으로 조성한다.

1. 정부 및 정부 외의 자의 출연금

2. 기금의 운용으로 생기는 수익금

3. 스포츠투표권, 승마투표권, 승자투표권 발행의 수익금

4. 공공단체 등의 스포츠산업 지원금

5. 기타 대통령령이 정하는 수입금

③ 문화체육관광부장관은 스포츠발전기금의 확충을 위하여 관계중앙행정기관의 장과 협의를 거쳐 정부투자기관 및 정부출자기관 등에 대하여 스포츠발전기금에의 출연을 권고할 수 있다.

④ 스포츠발전기금의 운용·관리에 관하여 필요한 사항은 법률로 정한다.

제23조 (스포츠문화재단의 설립) ① 정부는 스포츠문화활동의 육성·지원, 스포츠환경의 혁신 등을 통한 스포츠문화의 창달에 기여하기 위하여 스포츠문화재단을 설립할 수 있다.

② 제1항에 따라 설립되는 재단의 사업추진에 필요한 안정적 재원확보를 위하여 스포츠문화기금을 설치한다.

③ 제1항에 따른 스포츠문화재단의 설립과 운영에 필요한 사항은 법률로 정한다.

제24조 (스포츠연구개발사업의 지원) ① 국가는 스포츠육성·발전을 위하여 연구사업계획을 수립·실시한다.

② 국가는 제1항에 따른 사업계획을 실시하기 위하여 스포츠연구사업의 효율적 추진을 위하여 그 기획·평가 및 관리 등의 업무를 담당할 전문기관을 설립 또는 지정할 수 있다.

③ 정부는 제2항의 규정에 따라 소요되는 비용을 출연한다. 이 경우 다른 법률이 정하는 연구과제에 대한 출연에 관하여는 문화관광부의 섭외를 거쳐야 한다.

④ 스포츠연구사업과 연구비용의 지급·사용·관리 등에 관하여 필요한 사항은 법률로 정한다.

제6장 스포츠분쟁의 해결

제25조 (스포츠중재위원회) ① 스포츠분쟁 해결을 위하여 스포츠중재위원회를 둔다.

② 스포츠중재위원회는 위원장 1인을 포함한 20인 이내의 위원으로 구성한다.

③ 위원회를 조직과 활동에 관하여 필요한 사항은 대통령령으로 정한다.

제7장 스포츠의 국제교류와 남북한 교류협력

제26조 (스포츠의 국제교류협력) ① 정부는 국제평화와 국위선양을 위하여 국제

경기에 적극 참여하고 스포츠관련 국제기구와 외국 스포츠단체와 교류협력에 필요한 시책을 세우고 추진하여야한다.

② 문화체육관광부장관은 제1항의 규정에 따른 교류협력 시책을 효율적으로 추진하기 위하여 이를 전문적으로 지원할 기관을 지정하고 그 지원업무 수행에 필요한 경비의 전부 또는 일부를 출연하거나 보조할 수 있다.

③ 제2항의 규정에 따른 전문기관의 지정과 국제공동연구의 추진 등 스포츠 교류협력에 관하여 필요한 사항은 대통령령으로 정한다.

제27조 (남북간 스포츠의 교류협력) ① 정부는 남북간 스포츠분야의 상호교류 및 협력을 증진시키는 데 필요한 시책을 추진하여야 한다.

② 정부는 대통령령이 정하는 바에 따라 제1항의 규정에 따른 교류협력사업과 조사·연구 등을 담당할 전문기관을 지정하고 그 사업수행에 필요한 경비의 전부 또는 일부를 출연할 수 있다.

부칙

제1조 (시행일) 이 법은 공포후 ○○월이 경과한 날부터 시행한다.
제2조 (경과조치)

참고자료 : 기본법 현황(2012.12.31 현재)

법 률 명	제정일자	제 정 목 적	비 고
(1) 건강가정 기 본 법	2004.2.9 법 률 제7166호	건강한 가정생활의 영위와 가족의 유지 및 발전을 위한 국민의 권리·의무와 국가 및 지방자치단체 등의 책임을 명백히 하고, 가정문제의 적절한 해결방안을 강구하며 가족구성원의 복지증진에 이바지할 수 있는 지원정책을 강화함으로써 건강가정 구현에 기여함을 목적으로 제정	
(2) 건설산업 기 본 법	1996.12.30 법 률 제 5230호 (전문개정)	건설공사의 조사·설계·시공·감리·유지관리·기술관리등에 관한 기본적인 사항과 건설업의 등록, 건설공사의 도급 등에 관하여 필요한 사항을 규정함으로써 건설공사의 적정한 시공과 건설산업의 건전한 발전을 도모함을 목적으로 제정	건설업법에서 명칭변경
(3) 건강검진 기 본 법	2008.3.21 법 률 제 8942호	다양한 건강검진을 실시하고 있으나 검진사업 간의 연계가 이루어지지 않고 보건학적 타당성을 가진 검진프로그램(검사항목·검진주기)의 부재 및 성·연령별 특성을 고려하지 아니한 획일적인 건강검진 실시로 검진제도 자체의 실효성 문제가 제기되고 있음에 따라 국가건강검진에 관한 국민의 권리·의무와 국가 및 지방자치단체의 책임을 정하고 국가 건강검진의 계획과 시행에 관한 기본적인 사항을 규정함으로써 국민의 보건 및 복지의 증진에 이바지함을 목적으로 제정	
(4) 건 축 기 본 법	2007.12.21 법 률 제 8783호	국민의 기본적인 생활공간인 동시에 다양한 사회적 요구를 조정하고 수용하는 공적공간이며 나아가 장차 미래세대에게 계승되는 문화유산으로서의 공공성을 지니는 건축물에 관한 기본법 제정을 통하여 건축분야의 기본적인 정책이념을 제시하고 그에 따른 국가 및 지방자치단체와 국민의 책무를 밝히고 필요한 시책을 수립·추진하기 위한 기반을 마련하여 건축문화를 진흥하고 국민의 삶의 질과 복리향상에 이바지함을 목적으로 제정	
(5)	2012.2.22.	각종 범죄로부터 국민의 생명과 재산을 보호하는	

경찰공무원 보건안전 및 복지 기본법	법 률 제11334호	경찰업무의 특성상 경찰공무원들은 일반직 공무원과 달리 항상 위험한 근무환경에 노출되어 있고 그 근무강도도 높은 편이어서 경찰의 위험하고 열악한 근무환경과 과도한 업무 및 스트레스에 대해 어려움을 호소하는 경우가 많은바, 이를 개선하기 위하여 경찰공무원 보건안전 및 복지증진 기본계획 수립, 경찰공무원의 보건안전 및 복지 현황 조사, 경찰공무원에 대한 의료지원, 주거안정 지원, 복지시설의 설치·운영, 퇴직경찰공무원에 대한 취업 지원 등 경찰공무원의 보건안전 및 복지증진에 관한 법적·제도적 장치를 마련함으로써 경찰공무원이 긍지와 자부심을 갖고 안정적으로 경찰업무에 전념할 수 있도록 하려는 목적으로 제정	
(6) 고용정책 기 본 법	1993.12.27 법 률 제 4643호	국가가 고용에 관한 정책을 종합적으로 수립, 시행함으로써 국민 개개인이 그 능력을 최대한 개발, 발휘할 수 있도록 하고, 노동시장의 효율성의 제고와 인력의 수급균형을 도모하여 고용의 안정, 근로자의 경제적, 사회적 지위의 향상 및 국민경제, 사회의 균형있는 발전에 이바지함을 목적으로 제정	
(7) 과학기술 기 본 법	2001.1.16 법 률 제 6353호	과학기술발전을 위한 기반을 조성하여 과학기술을 혁신하고 국가경쟁력을 강화함으로써 국민경제의 발전을 도모하고 나아가 국민의 삶의 질 향상과 인류사회의 발전에 이바지함을 목적으로 제정	과학기술혁신을 위한 특별법 및 과학기술진흥법 을 폐지하고 제정
(8) 관 광 기 본 법	1975.12.31 법 률 제 2877호	관광진흥의 방향과 시책에 관한 사항을 규정함으로써 국제친선의 증진과 국민경제 및 국민복지의 향상을 기하고 건전한 국민관광의 발전을 목적으로 제정	
(9) 교 육 기 본 법	1977.12.13 법 률 제 5437호	교육에 관한 국민의 권리, 의무와 국가 및 지방자치단체의 책임을 정하고 교육제도와 그 운영에 관한 기본적 사항을 규정함을 목적으로 제정	교육법을 폐지하고 제정
(10) 국가보훈 기 본 법	2005.5.31 법 률 제 7572호	국가보훈에 관한 기본적인 사항을 정함으로써 국가를 위하여 희생하거나 공헌한 사람의 숭고한 정신을 선양하고 그와 그 유족 또는 가족의 영예로운 삶	

		을 도모하며 나아가 국민의 나라사랑정신 함양에 이바지함을 목적으로 제정	
(11) 국가정보화 기본법	2009.5.22. 법 률 제9705호	2008년 2월 정부조직 개편으로 정보화 기능이 다수 부처로 분산되고 세계적으로 국가정보화의 패러다임이 정보화 촉진에서 정보 활용 중심으로 변화하는 등 국가정보화의 추진 환경이 급격히 변화하고 있어, 이에 부응하는 새로운 국가정보화의 기본이념 및 원칙을 제시하고 관련 정책의 수립·추진을 위한 사항을 규정하여 지식정보사회의 실현에 이바지하려는 목적으로1996년 제정된 정보화촉진기본법을 전면개정한 것임.	정보화촉진기본법을 폐지하고 제정
(12) 국가표준 기 본 법	1999.2.28 법 률 제 5930호	국가표준제도의 확립을 위한 기본적인 사항을 규정함으로써 과학기술의 혁신과 산업구조고도화 및 정보화 사회의 촉진을 도모하여 국가경쟁력 강화 및 국민복지 향상에 기여함을 목적으로 제정	
(13) 국 세 기 본 법	1974.12.21 법 률 제 2679호	국세에 관한 기본적인 사항 및 공통적인 사항과 위법 또는 부당한 국세처분에 대한 불복절차를 규정함으로써 국세에 관한 법률관계를 확실하게 하고, 과세의 공정을 도모하며, 국민의 납세의무의 원활한 이행에 기여함을 목적으로 제정	국세심사청구법을 폐지
(14) 국 어 기 본 법	2005.1.27 법 률 제 7368호	국어의 사용을 촉진하고 국어의 발전과 보전의 기반을 마련하여 국민의 창조적 사고력의 증진을 도모함으로써 국민의 문화적 삶의 질을 향상하고 민족문화의 발전에 이바지함을 목적으로 제정	한글전용에 관한 법률을 폐지
(15) 국제개발협력 기본법	2010.1.25. 법 률 제9938호	국제개발협력에 관한 기본적인 사항을 규정하여 국제개발협력정책의 적정성과 집행의 효율성을 제고하고 국제개발협력의 정책목표를 효과적으로 달성하게 함으로써 국제개발협력을 통한 인류의 공동번영과 세계평화의 증진에 기여함을 목적으로 제정	
(16) 국 토 기 본 법	2002.2.4 법 률 제 6654호	국토에 관한 계획 및 정책의 수립·시행에 관한 기본적인 사항을 정함으로써 국토의 건전한 발전과 국민의 복리향상에 이바지함을 목적으로 제정	국토건설종합계획법을 폐지
(17)	2007.12.21	군인은 근무형태의 특성상 일반 국민과 함께 대규	

법률명	제정일자	제 정 목 적	비 고
군인복지 기 본 법	법 률 제 8731호	모 밀집지역에서 함께 어울려 생활하기보다는 소규모 독립적인 생활을 영위할 수밖에 없어 자녀의 교육·의료·주거 등 모든 면에서 어려움을 겪고 있음에 따라 군인의 생활환경에 맞는 주거·교육·의료 등에 관한 복지정책의 지원 근거를 마련함으로써 군인이 일상생활에서 겪고 있는 고충을 해소하고 군인 본연의 전투력 향상에 전념할 수 있도록 하려는 목적으로 제정	
(18) 근로자복지기 본 법	2001.8.14 법 률 제 6510호	근로자복지정책의 수립 및 복지사업의 수행에 필요한 사항을 규정함으로써 근로자의 삶의 질을 향상시키고 국민경제의 균형 있는 발전에 기여함을 목적으로 제정	중소기업근로자복지진흥법, 근로자의 생활향상과 고용안정지원에 관한법률을폐지
법 률 명	제정일자	제 정 목 적	비 고
(19) 농업, 농촌 및 식품산업 기 본 법	1999.2.5 법 률 제 5758호	국가와 국민경제의 기반인 농업과 농촌의 발전을 도모하기 위하여 농업,농촌이 나아갈 방향과 국가의 정책방향에 관한 기본적인 사항을 규정함을 목적으로 제정	농업기본법, 농산물가격유지법, 농수산물수출진흥법을 폐지 농업·농촌기본법에서 명칭변경
(20) 문화산업 진흥 기 본 법	1999.2.8 법 률 제 5927호	문화산업의 지원 및 육성에 필요한 사항을 정하여 문화산업발전의 기반을 조성하고 경쟁력을 강화함으로써 국민의 문화적 삶의 질 향상과 국민경제의 발전에 이바지함을 목적으로 제정	
(21) 물류정책 기 본 법	1991.12.14 법 률 제 4433호	물류체계의 효율화, 물류산업의 경쟁력 강화 및 물류의 선진화·국제화를 위하여 국내외 물류정책·계획의 수립·시행 및 지원에 관한 기본적인 사항을 정함으로써 국민경제의 발전에 이바지함을 목적으로 제정	2007.8.3 제8617호 화물유통촉진법에서 법명변경
(22) 민 방 위	1975.7.25 법 률	적의 침공이나 전국 또는 일부지방의 안녕질서를 위태롭게 할 재난으로부터 주민의 생명과 재산을	

기 본 법	제 2776호	보호하기 위하여 민방위에 관한 기본적인 사항과 민방위대의 설치·조직·편성과 동원 등에 관한 사항을 규정함을 목적으로 제정	
(23) 방송통신발전 기본법	2010.3.22. 법 률 제10165호,	이 법은 방송과 통신이 융합되는 새로운 커뮤니케이션 환경에 대응하여 방송통신의 공익성·공공성을 보장하고, 방송통신의 진흥 및 방송통신의 기술기준·재난관리 등에 관한 사항을 정함으로써 공공복리의 증진과 방송통신 발전에 이바지함을 목적으로 제정	
(24) 보건의료 기 본 법	2000.1.12 법 률 제 6150호	보건의료에 관한 국민의 권리·의무와 국가 및 지방자치단체의 책임을 정하고 보건의료의 수요 및 복지의 증진에 이바지함을 목적으로 제정	
(25) 부담금관리기 본 법	2001.12.31 법 률 제 6589호	부담금의 설치·관리 및 운용에 관한 기본적인 사항을 규정함으로써 부담금운용의 공정성과 투명성의 확보를 통하여 국민의 불편을 최소화 하고 기업의 경제활동을 촉진함을 목적으로 제정	
(26) 사회보장 기 본 법	1995.12.30 법 률 제 5134호	사회보장에 관한 국민의 권리와 국가 및 지방자치단체의 책임을 정하고 사회보장제도에 관한 기본적인 사항을 규정함으로써 국민 복지증진에 기여함을 목적으로 제정	사회보장에 관한 법률을 폐지
(27) 산 림 기 본 법	2001.5.24 법 률 제 6477호	산림정책의 기본이 되는 사항을 정하여 산림의 다양한 기능을 증진하고 임업의 발전을 도모함으로써 국민의 삶의 질 향상과 국민경제의 건전한 발전에 이바지함을 목적으로 제정	
(28) 소방공무원 보건안전 및 복지 기본법	2012.2.22. 법 률 제11341호	소방공무원에 대한 보건안전 및 복지 정책의 수립·시행 등에 필요한 사항을 규정함으로써 소방공무원의 근무여건 개선과 삶의 질 향상을 도모하는 한편, 소방공무원이 긍지와 자부심을 갖고 소방업무에 전념할 수 있도록 하여 소방서비스의 질 향상에 이바지함을 목적으로 제정	
(29) 소 방 기 본 법	2003.5.29 법 률 제 6893호	화재를 예방·경계하거나 진압하고 화재·재난·재해 그 밖의 위급한 상황에서의 구조, 구급활동 등을 통하여 국민의 생명·신체 및 재산을 보호함으로써	소방법을 폐지

		공공의 안녕질서 유지와 복리증진에 이바지함을 목적으로 제정	
(30) 소 비 자 기 본 법	1980.1.4 법 률 제 3257호	소비자의 권익을 증진하기 위하여 소비자의 권리와 책무, 국가·지방자치단체 및 사업자의 책무, 소비자단체의 역할 및 자유시장경제에서 소비자와 사업자 사이의 관계를 규정함과 아울러 소비자정책의 종합적 추진을 위한 기본적인 사항을 규정함으로써 소비생활의 향상과 국민경제의 발전에 이바지함을 목적으로 제정	소비자보호법에서 법명변경
(31) 식품안전 기 본 법	2008.6.13 법 률 제 9121호	수입식품의 증가 등으로 새로운 위해식품이 출현할 가능성이 높아지고 국민들의 식품안전에 대한 불안도 커짐에 따라 식품안전관리기본계획의 수립·시행 등 식품안전정책의 체계적인 추진체계를 구축하고, 위해 우려 식품에 대한 생산·판매의 금지 등 위해식품의 출현에 신속히 대응할 수 있는 제도를 마련하는 한편, 소비자가 식품에 대한 시험·분석을 요청할 수 있도록 하여 식품안전관리에 소비자의 참여를 촉진함으로써 국민들의 건강하고 안전한 식생활을 보장하려는 목적으로 제정	시행일 2008.12.14
(32) 에 너 지 법	법 률 제9931호, 2010.1.13	이법은 법률 제7860호, 2006.3.3. 제정되었던 에너지기본법을 법명변경하고, 안정적이고 효율적이며 환경친화적인 에너지수급구조를 실현하기 위한 에너지정책 및 에너지 관련 계획의 수립·시행에 관한 기본적인 사항을 정함으로써 국민경제의 지속가능한 발전과 국민의 복리향상에 이바지함을 목적으로 제정	에너지기본법의 명칭변경
(33) 여성발전 기 본 법	1995.12.30 법 률 제 5136호	헌법의 남녀평등이념을 구현하기 위한 국가와 지방자치단체의 책무등에 관한 기본적인 사항을 규정함으로써 정치·경제·사회·문화의 모든 영역에 있어서 남녀평등을 촉진하고 여성의 발전을 도모함을 목적으로 제정	
(34) 영상진흥 기 본 법	1995.1.5 법 률 제 4882호	여상문화의 창달과 영상산업의 진흥을 위한 시책의 기본이 되는 사항을 정함으로써 국민의 문화생활향상 및 영상산업의 경쟁력강화에 이바지함을 목적으	

		로 제정	
(35) 인적자원 개발 기 본 법	2002.8.26 법 률 제 6713호	인적자원개발정책의 수립·총괄·조정 등에 관하여 필요한 사항을 정하여 인적자원개발을 효율적으로 추진하도록 함으로써 국민의 삶의 질 향상과 국가 경쟁력강화에 이바지함을 목적으로 제정	
(36) 자 격 기 본 법	1997.3.27 법 률 제 5314호	산업사회의 발전에 따른 다양한 자격수요에 부응하 여 자격제도에 관한 기본적인 사항을 정함으로써 자격제도의 관리·운영을 체계화·효율화하고 자격 제도의 공신력을 높여 국민의 직업능력개발을 촉진 하고 사회경제적 지위향상에 이바지함을 목적으로 제정	
(37) 자원봉사 활동 기 본 법	2005.8.4 법 률 제 7669호	자원봉사활동에 관한 기본적인 사항을 규정함으로 써 자원봉사활동을 진흥하고 행복한 공동체 건설에 기여함을 목적으로 제정	시행일 2006.2.5
(38) 재난 및 안전관리 기 본 법	2004.3.11 법 률 제 7188호	각종 재난으로부터 국토를 보존하고 국민의 생명, 신체 및 재산을 보호하기 위하여 국가 및 지방자치 단체의 재난 및 안전관리체제를 확립하고, 재난의 예방·대비·대응·복구 그 밖에 재난 및 안전관리 에 관하여 필요한 사항을 규정함을 목적으로 제정	재난관리법을 폐지
(39) 재한외국인처 우 기 본 법	2007.5.17 법 률 제 8442호	재한외국인을 그 법적지위에 따라 적정하게 대우함 으로써 재한외국인이 대한민국 사회에 빨리 적응하 도록 하고, 대한민국국민과 재한외국인이 서로의 문 화와 역사를 이해하고 존중하는 사회 환경을 조성 함으로써 국가의 발전과 사회통합에 이바지하기 위 한 목적으로 제정	
(40) 저출산, 고령사회 기 본 법	2005.5.18 법 률 제 7496호	저출산 및 인구의 고령화에 따른 변화에 대응하는 저출산·고령사회정책의 기본방향과 그 수립 및 추 진체계에 관한 사항을 규정함으로써 국가의 경쟁력 을 높이고 국민의 삶의 질 향상과 국가의 지속적인 발전을 목적으로 제정	
(41) 저탄소	2010.1.13. 법 률	경제와 환경의 조화로운 발전을 위하여 저탄소(低炭 素) 녹색성장에 필요한 기반을 조성하고 녹색기술과	

녹색성장 기본법	제9931호	녹색산업을 새로운 성장동력으로 활용함으로써 국민경제의 발전을 도모하며 저탄소 사회 구현을 통하여 국민의 삶의 질을 높이고 국제사회에서 책임을 다하는 성숙한 선진 일류국가로 도약하는 데 이바지함을 목적으로 제정	
(42) 전기통신 기 본 법	1983.12.30 법 률 제 3685호	전기통신에 관한 기본적인 사항을 정하여 전기통신을 효율적으로 관리하고 그 발전을 촉진함으로써 공공복리의 증진에 이바지함을 목적으로 제정	
(43) 전자문서 및 전자거래 기본법	2012.6.1. 법 률 제11461호	1999.2.8.법률 제 5834호로 제정되었던 전자거래기본법의 명칭을 변경하여 전자문서 및 전자거래의 법률관계를 명확히 하고 전자문서 및 전자거래의 안전성과 신뢰성을 확보하며 그 이용을 촉진할 수 있는 기반을 조성함으로써 국민경제의 발전에 이바지함을 목적으로 제정	전자거래 기 본 법 명칭변경
(44) 정부업무등의 평가에 관한 기 본 법	2001.1.8 법 률 제 6347호	정부업무 등의 평가에 관한 기본적인 사항을 정함으로써 업무추진의 효율성을 높이고 책임성을 확보하며 정부업무등에 대한 국민의 신뢰를 높임을 목적으로 제정	
(45) 제품안전기본법	2010.2.4. 법 률 제10028호	제품의 안전성 확보를 위한 기본적인 사항을 규정함으로써 국민의 생명을 보호하고, 건강과 재산에 대한 피해를 예방하여 국민의 삶의 질 향상과 국민경제의 발전에 이바지함을 목적으로 제정	
(46) 중소기업 기 본 법	1966.12.6 법 률 제 1840호	중소기업이 나아갈 방향과 중소기업의 육성을 위한 시책의 기본적인 사항을 규정함으로써 창의적이고 자주적인 중소기업의 성장을 조장하고 나아가 산업구조의 고도화와 국민경제의 균형 있는 발전을 도모함을 목적으로 제정	
(47) 지방세 기본법	2010.3.31. 법 률 제10219호	지방세에 관한 기본적 사항과 부과·징수에 필요한 사항 및 위법 또는 부당한 처분에 대한 불복절차와 지방세 범칙행위에 대한 처벌에 관한 사항 등을 규정함으로써 지방세에 관한 법률관계를 확실하게 하고, 공정한 과세를 추구하며, 지방자치단체 주민의 납세의무의 원활한 이행에 기여함을 목적으로 제정	

(48) 지방자치단체 기금관리기 본 법	2005.8.4 법 률 제 7664호	지방자치단체에 설치하는 기금의 관리 및 운용에 관한 기본적인 사항을 규정함으로써 지방자치단체 기금운용의 공공성과 지방재정의 효율성 증진에 기여함을 목적으로 제정	
(49) 지속가능 발전 기 본 법	2007.8.3 법 률 제 8612호	현재 세대와 미래 세대가 보다 나은 삶을 이룩할 수 있도록 국가와 지방자치단체의 지속가능한 발전전략을 수립·추진하고, 지속가능발전을 위한 국제사회의 노력에 동참하기 위하여, 국가와 지방자치단체의 지속가능발전 기본전략과 그 이행계획의 수립·추진, 지속가능발전지표의 운용 등 국가와 지방자치단체의 지속가능발전을 위한 제도적 기반을 마련하여 경제성장·사회통합·환경보전의 균형을 이루기 위하여 지속가능발전에 관한 기본법을 제정	2008.4.16 시행령
(50) 지식재산 기본법	2011.5.19. 법 률 제10629호	지식재산의 창출·보호 및 활용을 촉진하고 그 기반을 조성하기 위한 정부의 기본 정책과 추진 체계를 마련하여 우리 사회에서 지식재산의 가치가 최대한 발휘될 수 있도록 함으로써 국가의 경제·사회 및 문화 등의 발전과 국민의 삶의 질 향상에 이바지하는 것을 목적으로	
(51) 진실,화해를 위한 과거사정리기 본 법	2005.5.31 법 률 제 7542호	항일독립운동, 반민주적 또는 반인권적 행위에 의한 인권유린과 폭력·학살·의문사 사건 등을 조사하여 왜곡되거나 은폐된 진실을 밝혀냄으로써 민족의 정통성을 확립하고 과거와의 화해를 통해 미래로 나아가기 위한 국민통합에 기여함을 목적으로 제정	
(52) 철도산업 발전 기 본 법	2003.7.29 법 률 제 6955호	철도산업의 경쟁력을 높이고 발전기반을 조성함으로써 철도산업의 효율성 및 공익성의 향상과 국민경제의 발전에 이바지함으로 목적으로 제정	
(53) 청 소 년 기 본 법	1991.12.31 법 률 제 1477호	청소년의 권리 및 책임과 가정·사회·국가 및 지방자치단체의 청소년에 대한 책임을 정하고 청소년육성정책에 관한 기본적인 사항을 규정함을 목적으로 제정	청소년육성법을 폐지
(54)	2005.12.7	토지이봉과 관련된 지역·지┼능의 지정과 관리에	시행일 2006.6.8

토지이용 규제 기 본 법	법 률 제 7715호	관한 기본적인 사항을 규정함으로써 토지이용규제 의 투명성을 줄이고 국민경제의 발전에 이바지함을 목적으로 제정	
(55) 해양수산 발전 기 본 법	2002.5.13 법 률 제 6700호	해양 및 해양자원의 합리적인 관리·보전 및 개발· 이용과 해양산업의 육성을 위한 정부의 기본정책 및 방향을 정함으로써 국가경제의 발전과 국민복지 의 향상에 이바지함을 목적으로 제정	해양개발기본법 을 폐지
(56) 행정규제 기 본 법	1997.8.22 법 률 제 5368호	행정규제에 관한 기본적인 사항을 규정하여 불필요 한 행정규제를 폐지하고 비효율적인 행정규제의 신 설을 억제함으로써 사회·경제활동의 자율과 창의 를 촉진하여 국민의 삶의 질을 높이고 국가경쟁력 의 지속적인 향상을 도모함을 목적으로 제정	행정규제관리법 을 폐지
(57) 행정조사 기 본 법	2007.5.17 법 률 제 8482호	정책수립 등을 위하여 지금까지 행정기관이 실시하 여 온 행정조사는 조사요건이 포괄적으로 되어 있 고, 절차규정이 미흡하며, 조사활동에 대한 통제장 치가 제대로 마련되어 있지 아니하여 조사의 투명 성과 예측가능성이 낮아 조사대상이 되는 기업 등 에게 적지 아니한 부담을 주어 왔다는 지적에 따라 행정조사에 관한 원칙·방법 및 절차 등에 관한 기 본적인 사항을 정함으로써 절차적 정의를 실현하는 한편, 행정조사의 공정성·투명성 및 효율성을 확보 함으로써 행정조사의 대상이 되는 기업 등에게 행 정조사에 대한 부담을 덜어주고 국민의 권익을 보 호하려는 목적으로 제정	시행일 2008.8.18
(58) 협동조합 기본법	2012.1.26 법 률 제11211호	협동조합의 설립·운영 등에 관한 기본적인 사항을 규정함으로써 자주적·자립적·자치적인 협동조합 활동을 촉진하고, 사회통합과 국민경제의 균형 있는 발전에 기여함을 목적으로 제정	
(59) 환경정책 기 본 법	1990.8.1 법 률 제 4257호	환경보전에 관한 국민의 권리·의무와 국가의 책무 를 명확히 하고 환경정책의 기본이 되는 사항을 정 하여 환경오염과 환경훼손을 예방하고 환경을 적정 하고 지속가능하게 관리·보전함으로써 모든 국민 이 건강하고 쾌적한 삶을 누릴 수 있도록 함을 목적 으로 제정	환경보전법을 폐지

이 장에서는 스포츠산업의 발전과 법적 과제, 대중골프장 조성비로 설립하는 법인의 법적 환경과 운영의 효율화방안, 스포츠산업의 발전에 따른 스포츠제조물의 위험성, 스포츠제조물의 범위와 결함유형, 제조물책임법의 적용문제 등을 밝히려고 한다.

우리나라 스포츠산업은 1988년 서울올림픽의 성공적 개최 이후에 본격적으로 등장하여 비교적 높은 성장을 거듭하고 있다. 이는 물론 국가경제의 고도화에 따른 국민복지(삶의 질)의 향상과 밀접한 관련을 맺는다. 국가의 체육진흥정책에 수반하여 프로스포츠가 활성화되고, 국민들의 참여 및 관람스포츠도 비약적인 증가세를 보이고 있다. 스포츠가 국민생활의 중요한 구성요소로 자리잡음으로써 스포츠산업의 발전기반이 어느 때보다도 성숙되었다고 할 수 있다.

한시적으로 시행된 대중골프장 병설의무제도와 병설의무를 이행하지 못한 골프장 사업자가 출연한 대중골프장 조성비 예치금제도에 대한 현황과 법적인 문제점을 살펴보았다. 또한, 조성비 법인의 운영의 효율화를 기하기 위해 관련 법령의 정비방안을 제시하였다.

스포츠제조물도 다른 분야의 제조물처럼 설계단계에서 제조·유통과정을 거치면서 결함이 발생할 수 있으며, 이에 따른 피해자가 손해를 입을 수 있는 것이다. 이러한 손해배상제도인 스포츠용품의 제조물책임에 대하여 서술하였다.

제1절 스포츠 산업의 발전과 법적 과제

이 절에서는 스포츠산업의 발전에 따른 법적인 과제를 제시하고자 한다.[1]

스포츠활동은 시대적 상황에 따라 변화하고 그 자체의 다층성·이질성으로 인하여 일의적 정의를 내리기란 여간 어려운 일이 아니다. 하지만 스포츠산업이 포섭하는 스포츠의 영역은 가장 넓은 의미의 것임이 분명하다. 따라서 개개의 인간이 육체적·정신적 건강을 증진할 목적으로 행하는 모든 형태의 신체활동이 스포츠산업의 대상이 될 것이다.

현대 산업사회에 있어서 스포츠는 생산적 노동과 함께 생활의 필수품이 되었다. 기술 집약적 생산양식, 펜과 컴퓨터에 의존하는 지식산업의 발전, 과도한 업무와 누적된 스트레스, 심신을 압박하는 환경파괴의 폐해 등은 인간 본연의 욕구인 육체적 활동을 새로운 차원에서 요구하게 되었다. 스포츠는 이러한 현대인들의 육체활동에 대한 수요를 충족시켜 주기 위한 수단으로서 새로운 각광을 받고 있다.

특히, 스포츠의 생활화·직업화·국제화는 스포츠산업을 광역화·전문화하는데 크게 기여하였다. 참여 스포츠의 폭발적 증가로 인하여 이제 스포츠용품의 제조는 단순히 직업선수만을 대상으로 하는 특성화된 상품이 아니라 생활필수품으로 일반화되었다. 가정마다 스포츠용품은 즐비할 정도이다. 또한 관람 스포츠를 통한 대리만족의 욕구가 팽배해지면서 직업스포츠가 활성화되고 전문 스포츠시설이 확충되고 있는 실정이다.

이에 따라 국가의 전체적 산업구조 속에서 스포츠산업이 차지하는 비중이 날로 늘어나면서 국내적·국제적 경쟁도 치열한 양상을 보이고 있다. 스포츠산업은 여타 산업에 비하여 높은 부가가치를 보장해 줄뿐만 아니라, 스포츠 제조업 등 특별한 영

---

[1] 이 절은 필자의 「스포츠 산업의 발전과 법적 과제」(『스포츠와 법』 제2권, 한국스포츠법학회, 2001, 1-8면)라는 논문을 약간 수정 보완한 것임을 밝힌다.

역을 제외하고는 환경파괴 등의 문제가 없다.

이러한 다양한 이점에도 불구하고 스포츠 산업에 대한 국내의 인식은 여전히 초보적이며, 이에 대한 법적 대응도 미비한 것이 현실이다. 이 절에서는 우리 스포츠산업의 실상과 정책적 과제를 간단히 소개하고, 스포츠산업의 활성화와 국제경쟁력의 강화를 위한 몇 가지 법적 대응문제를 원론적 수준에서 살펴보기로 한다.

I. 한국 스포츠산업의 현황과 문제점

1. 스포츠산업의 의의와 중요성

스포츠산업이란 스포츠를 기업활동의 대상으로 하는 스포츠관련 재화와 서비스의 생산 및 유통을 통해서 부가가치를 창출하는 활동을 총칭한다.[2] 우리 나라에서는 아직까지 스포츠산업이라는 단일한 산업구분은 없으나, 통계청의 신산업분류표에 따르면 스포츠와 관련된 각종 제조업, 시설 및 교습 서비스업, 이벤트 및 여행업, 광고업, 정보통신업, 건설업, 보험업 등이 스포츠 산업에 포함될 수 있다.[3] 스포츠산업의 범위를 구획하는 기준에 대해서는 국가 및 학자마다 다소 차이가 있지만, 이 글에서는 스포츠산업을 스포츠용품 제조업, 스포츠서비스업, 스포츠시설업으로 대별하기로 한다.

흔히 스포츠산업을 '굴뚝없는 21세기형 고부가가치산업'이라고 표현한다. 국가주도의 수출지향적 성장전략이 지배하던 1970년대에는 스포츠산업이 주로 스포츠의류나 신발 등의 제조업에 집약되었다. 그러나 1980년대 이후 초고속 경제성장의 결과로서 국민 개개인의 가처분소득의 증가와 근로시간의 단축 등으로 인하여 여가욕구가 증폭하면서 스포츠에 대한 가치인식이 확산되기 시작하였고, 이에 따라 스

---

2) 한국체육과학연구원, 『한국 스포츠산업 육성방안 연구』, 1998, 18면.
3) 참고적으로 일본 통상산업성의 분류에 따르면, 스포츠산업은 크게 ① 스포츠용품 제조업, ② 스포츠서비스업, ③ 스포츠스페이스산업(시설업)으로 구분된다. 한국체육과학원, 앞의 책, 20면 참조.

포츠용품의 수요가 확대되었을 뿐만 아니라 스포츠 시설이나 서비스에 대한 수요도 급증하였다.[4]

오늘날 세계의 공통된 경향은 스포츠산업의 규모가 거대화해지고, 전체산업구조 속에서 스포츠산업이 차지하는 비중이 날로 증가하고 있다는 점이다. 우리 나라에 서는 아직까지 스포츠산업의 전체적인 규모나 내용에 대한 구체적인 보고가 발견되 지 않고 있지만, 미국의 경우 연간 스포츠산업의 규모가 1520억 달러에 이르러 전체 산업규모에서 정보통신산업에 뒤이은 11번째 순위를 기록하고 있다. 이는 미국경제 에 있어서 자동차, 석유, 항공수송 분야보다도 우월한 순위이다.[5]

또한, 스포츠산업이 특히 각광을 받는 이유는 미디어가치의 급등과 맞물려 상품 으로서의 부가가치가 여타의 상품과 비교가 되지 않을 정도로 높다는 데 있다. 몇 가지의 예를 들어보면 스포츠산업의 가치를 보다 쉽게 이해할 수 있다. 다양한 마케 팅 비즈니스를 동원하는 미국 **NBA** 29개 소속팀들의 연간 흥행 총수입은 이미 2조 5천억 원을 넘어섰다. 그리고 전문직업선수 1인이 미치는 경제적 파급효과도 상상 을 초월한다. 선수 개개인의 소득[6]을 떠나 스폰서 기업의 광고효과를 통한 매출신 장도 경이적이다.

이처럼 21세기에 있어서 스포츠산업이 차지하게 될 산업구조적 위치와 경제적 매력은 매우 뚜렷하다. 우리나라에서 '88 서울올림픽의 성공적 수행경험이 스포츠 산업 전반에 눈을 뜨게 한 동기가 되었다면, 2002년도에 개최된 월드컵축구대회는 스포츠산업의 선진화를 촉진할 분수령이 되었다고 할 것이다. 월드컵은 단일종목의

---

4) 우리나라 국민들의 생활체육참여율은 1994년 66.7%에서 1997년 72.2%로 증가하였고, 생활체육동호 인들의 클럽 및 회원수도 1997년 현재 35,800개/1,282,937명에 달하는 것으로 보고되고 있다. 한국 체육과학연구원, 『한국의 체육지표』, 1999, 91면, 110면 참조.

5) 김병식, 「스포츠산업의 이론적 접근」, 『한국 스포츠산업의 발전과 그 과제』(스포츠산업 세미나자료), 1997, 33면; 한국체육과학연구원, 『한국 스포츠산업 육성방안 연구』, 1998, 39면.

6) 예컨대 골프천재 Tiger Woods가 NIKE사로부터 받는 전속광고액만 무려 3천만불이며, 골프산업에 미친 영향력은 1억 7천만달러 규모라고 한다. 또한 NBA의 우상 Michael Jordan이 Sports Maker사로 부터 받았던 전속모델료는 자신의 팀연봉 3천만불의 수배에 달하는 천문학적 액수였고, 스포츠용품 제조업을 포함하여 미국 경제 전반에 미친 영향력은 100억달러 규모로 추산되었다. 한국체육과학연 구원, 『한국스포츠마케팅 발전과제 연구』, 1998, 19면 참조.

경기임에도 불구하고 올림픽을 크게 능가하는 경제적 파급효과를 지녔기 때문이
다.[7]

2. 한국 스포츠산업의 현황과 문제점

(1) 스포츠산업의 현황

주지하다시피 한국의 스포츠산업은 1988년 서울올림픽의 성공적 개최 이후에
본격적으로 등장하여 비교적 높은 성장을 거듭하고 있다. 이는 물론 국가경제의 고
도화에 따른 국민복지(삶의 질)의 향상과 밀접한 관련을 맺는다. 국가의 체육진흥정
책에 수반하여 프로스포츠가 활성화되고, 국민들의 참여 및 관람스포츠도 비약적인
증가세를 보이고 있다. 스포츠가 국민생활의 중요한 구성요소로 자리잡음으로써 스
포츠산업의 발전기반이 어느 때보다도 성숙되었다고 할 수 있다.

우리 나라 스포츠산업의 현황과 관련한 몇 가지 지표를 간략하게 소개하면 다음
과 같다.

첫째, 급성장을 거듭해 온 레져스포츠시장의 규모는 1995년의 12조원에서 2005
년에는 38조 1천억 원에 이를 것으로 추산되어 연평균 10% 이상의 성장세를 유지
할 것으로 보인다.[8]

둘째, 1997년 현재 스포츠용품의 생산업체 수와 생산규모는 총 1,365개, 2조7천1
백억 원을 상회하고 있다.[9] 그리고 스포츠용품의 수출입액을 비교해보면, 1996년의
수출액 5447억 5천만 원 대 수입액 3897억 1천만 원, 1998년의 수출액 6161억 대 수
입액 2290억으로 경상수지 흑자의 보고가 되는 사업임을 확인할 수 있다.[10]

셋째, GDP에 대비한 체육재원의 규모는 1996년의 3조 4,932억 원에서 1997년에

---

7) 이에 대한 상세는 김화섭, 「2002 월드컵 축구대회 한·일 공동개최와 스포츠산업」, 『월간 스포츠비
즈니스』, 2000. 11, 34면 이하 참조.
8) 김종, 「사회체육을 통한 스포츠산업 발전방향」, 『한국 스포츠산업의 발전과 그 과제』, 한국체육학
회, 1997, 85면.
9) 한국체육과학연구원, 『한국의 체육지표』, 1999, 271면.
10) 앞의 책, 273면.

는 4조 1,938억 원으로 확대되었고, 정부예산 대비 체육예산비율은 1995년의 0.102%에서 1998년에는 0.280%로 크게 향상되었다.[11]

기타 스포츠서비스산업에 대한 현황은 계량화의 곤란성으로 인하여 정확한 산정이 어렵지만, 그 규모는 엄청날 것으로 추정된다.

(2) 스포츠산업의 육성 필요성과 그 문제점

스포츠산업의 밝은 장래성이나 무한한 잠재력에도 불구하고, 한국 표준산업분류표에 의하면 스포츠산업은 대분류에서 '기타 공공사회 및 개인서비스업'으로, 소분류에서는 '오락문화 및 운동관련사업'으로 분류된다. 이는 스포츠산업에 대한 현실적 인식의 후진성·낙후성을 반영하는 것이고, 스포츠산업의 육성에 대한 정책의 부재로 이어진다.

먼저 스포츠산업을 육성하여야 할 필요성 내지 당위성은 채육정책적 관점 및 산업정책적 관점에서 검토될 수 있다.[12]

첫째, 체육정책적 관점에서 스포츠는 개인의 육체적·정신적 건강에 기여하며, 개인의 중요한 여가유형으로서 주관적 행복감을 고양시켜 주고, 사회의 통합 내지 공동체의식을 배양하는데 매우 효과적인 수단으로 작용한다. 둘째, 산업정책적 관점에서도 스포츠 산업의 육성은 절실하다. 스포츠산업은 세계적으로 이미 22위의 산업규모를 자랑하며, 스포츠용품의 소비시장은 연간 6% 정도의 성장세를 기록하고 있다. 특히 관람스포츠산업은 미디어가치의 급상승으로 인하여 스포츠용품제조업이나 스포츠서비스업에 비하여 성장속도가 빠르다. 관람 스포츠산업은 새로운 산업영역(스포츠마케팅 컨설팅, 스포츠광고, 선수에이전트 등)을 창출한다는 점, 고부가가치의 잠재력이 크다는 점, 다른 스포츠산업에 대한 수요를 유도한다는 점 등에서 정책적 관심이 고조되고 있다.

이상과 같은 복합적 이점에도 '불구하고 국내 스포츠산업의 국제경쟁력이 열세

---

11) 앞의 책, 283면, 285면.
12) 한국체육과학연구원, 『한국 스포츠산업 육성방안 연구』, 1998, 31면 이하.

인 이유는 무엇일까? 크게는 정부조직의 축소개편에 따른 행정지원체계의 빈약함과 재정지원의 감소, 그리고 정책프로그램의 부재에 그 원인이 있다고 지적할 수 있다. 그러나 스포츠산업의 구조적·내재적 한계에서도 그 원인을 찾을 수 있다. 이를 스 포츠산업 분야별로 검토해 보면 다음과 같다.[13]

첫째, 스포츠제조업은 중장기적으로 성장세의 완만한 지속이 기대되지만, 국내 에서는 상대적으로 후퇴국면을 보이고 있다. 스포츠제조업의 활성화를 위해서는 ① 업종의 생산적 특성상(다종소량) 효율적인 분업체계를 구축하고, ② 내수시장의 협 소성에 따른 수출지원체계를 강화하며, ③ 디자인 및 기능의 고급화를 위해 연구개 발을 강화하고, ④ 혼란한 유통질서 및 체계를 바로잡을 필요가 있다.

둘째, 스포츠시설업은 참여스포츠의 확산으로 급속한 발전을 이루었고, 현재에도 꾸준한 성장을 유지하고 있다.[14] 그러나 스포츠시설업의 지속적인 발전을 위해서는 ① 과잉·불균형투자의 개선,[15] ② 소비계층의 단절을 촉진하는 시장의 양극화 방지, ③ 업종의 공익성 강화,[16] ④ 스포츠시설업에 대한 정책적 역차별화의 시정,[17] ⑤ 선진 적 마케팅전략의 습득·구사와 경영전문성의 확보 등의 문제가 선결되어야 한다.

---

13) 이에 대해서는 한국체육과학연구원, 앞의 책, 43면 이하가 상세하다.
14) 스포츠시설 서비스시장의 규모는 1997년 현재 1조 9466억 원으로 스포츠용품시장의 규모인 1조 4657억 원을 넘어섰고, 성장세도 가파르다. 이에 대한 상세는 한국체육과학연구원, 앞의 책, 74-75 면 참조.
15) 스포츠시설업에 대한 투자가 본격화된 것은 1990년대에 들어서부터이다. 등록시설업에 포함되는 골프장업, 스키장업, 자동차경주업, 승마장업, 종합체육시설업에는 대규모 자본이 투자되었고, 신 고시설업에 해당하는 수영장업, 볼링장업, 골프연습장업, 체육도장업, 에어로빅장업 등에는 중소규 모의 자본이 투하되었다. 과잉투자의 대표적인 예로는 에어로빅업과 볼링장업을 들 수 있는데, 이 들 업종에서는 1987년 대비 1997년에 업체수가 각 2,444% 및 1,171% 증가하여 실질적인 소비자 증가율을 크게 하회하고 있고, 과당경쟁 및 수익률 저하로 시설해체가 우려되고 있는 실정이다.
16) 스포츠시설은 국민들의 건강을 담보하는 준공공재로서의 성격이 강하다.
17) 1996년까지 골프장, 종합스포츠시설은 호화사치성 서비스업으로 구분되어 제도권 금융기관의 여 신금지업종으로 취급되었으며, 오늘날까지도 완만하나마 규제가 계속되고 있다. 또한 스포츠시설 업체가 근린생활시설로서 인구밀집지역에 자리잡게 됨에 따라, 투기 및 인구집중을 방지하기 위한 목적에서 만들어진 각종 법령에 의해 세제상의 불이익을 받고 있다. 가령 지방세법 제102조 제2항 에서 스포츠시설은 대도시 부동산으로 분류되어 일반세율 3% 보다 5배에 가까운 조세부담을 지고 있다. 기타 공공요금(수영장의 수돗물, 스키장의 전기요금 등)의 부과에 있어서도 아무런 혜택을 주지 않고 있다. 이는 스포츠시설의 이용부담을 전적으로 소비자에게 전가하게 함으로써, 시설이 용의 저변확대에 커다란 장애가 되고 있다.

셋째, 관람스포츠산업은 미디어산업의 발달, 프로스포츠의 정착 등으로 발전속도가 매우 빠르고, 시장의 잠재력이나 가치도 뛰어나다. 관람스포츠산업의 선진화를 위해서는 ① 산업의 토대가 되는 1차 시장의 활성화를 위한 대안의 마련,[18] ② 관련 정책 및 제도의 개선,[19] ③ 마케팅 및 선수에이전트와 관련된 전문인력의 확보와 업무영역의 확대 등의 문제가 시급히 해결되어야 한다.

스포츠산업의 발전을 위한 논의는 단순히 산업정책적 차원을 넘어서 체육정책과 필연적 연계성을 가져야 한다. 또한 스포츠산업의 선진화를 지향하기 위해서는 여러 가지 종합적 과제를 선정할 수 있다. 예컨대 조세·금융지원의 강화, 시장수요의 창출, 사회인프라의 구축, 경쟁의 촉진과 산업간 협력체계의 구축 등이 그것이다. 이러한 문제들을 합리적이고도 포괄적으로 해결하기 위해서는 스포츠산업과 관련된 법정책적·법제도적 여건의 조성과 정비가 가장 시급한 선행과제가 된다.

Ⅲ. 스포츠 산업의 발전과 법적 과제

스포츠산업의 선진화를 위한 법적 과제는 법분야별로 매우 다양하게 고려 될 필요가 있다. 오늘 학술대회의 개별주제가 이러한 과제들을 대부분 포섭하고 있으므로 여기에서는 몇 가지 법적 쟁점들에 대한 논의사항을 개괄적으로 제시하는데 그치기로 한다.

1. 헌법적 과제

스포츠와 관련된 국민들의 권리를 헌법상의 기본권으로 격상시킬 수 있는지, 헌

---

18) 관람스포츠산업은 경기장 관람객이나 시청자 수의 증가가 전제되어야만 입장료수입, 광고수입, 중계료수입, 스폰서쉽의 가치증대를 도모할 수 있기 때문이다.

19) 경기장의 확충, 조세정책 및 미디어정책의 개선, 프로선수와 관련된 외국인고용관련법의 정비, 저작권보호법의 보완, 선수회 또는 선수노조에 대한 법적 조치의 강구 등이 여기에 해당한다.

법상의 기본권으로 볼 수 있다면 그 근거는 어디에서 발견할 수 있는지, 헌법상 스포츠기본권을 새롭게 명문화할 필요는 있는지, 기본권으로서의 헌법적 한계와 제한의 범위를 어떻게 구획하여야 하는지, 기본권의 성격이 순수한 자유권인지 아니면 사회권으로서의 성격을 병유하는지 등의 문제가 검토되어야 한다.[20] 스포츠를 헌법적 가치로 승인하고, 스포츠권의 헌법적 근거를 확인하는 작업은 법제도의 틀을 재편하는데 중요한 단서가 되기 때문이다.

2. 스포츠기본법의 제정

개별법률로 산재해 있는 스포츠관련 법제를 통일적으로 정비하고 스포츠 및 스포츠산업의 효율성을 확보하기 위하여 가칭 "스포츠 기본법"의 제정은 절실하다고 할 것이다.[21] 헌법상에 보장된 스포츠관계 기본권을 좀더 구체적으로 규정하고, 스포츠산업과 정책 등에 관한 기본적인 국가계획과 국가·지방자치단체 등의 권한·의무 등에 관한 사항을 이 기본법에 규정하여야 한다. 사회보장기본법, 건설산업기본법이나 환경정책기본법 등과 같이 이 법의 성격을 보면 될 것이다.

3. 행정법적 과제

스포츠산업의 육성을 위한 법제도적 정비의 중심적 과제는 행정법질서의 개편에 있다. 대부분의 스포츠관련 법률이 행정법의 영역에 속해 있기 때문이다.[22] 스포츠행정법에서는 스포츠와 관련한 정부조직구성, 국가에 의한 각종 지원과 규제, 스

---

20) 스포츠권의 헌법적 근거와 규정형식의 비교법적 연구에 대해서는 김상겸, 앞의 논문, 70면 이하가 상세하다.
21) 제2장 제4절 48면 이하 참조.
22) 국민체육진흥법, 체육시설의설치·이용에관한법률, 각종 경기대회의 지원에 관한 법률, 청소년기본법, 국민건강증진법, 스포츠시설과 관련한 도시계획법, 도시개발법, 건축법, 하천법, 그리고 스포츠와 관련한 조세법 등이 스포츠행정법의 영역에 속한다. 스포츠행정법의 정비방안에 대해서는 김용섭, 앞의 논문, 95면 이하 참조.

포츠시설물에 대한 규제와 세제 등에 관한 문제점이 심도 있게 검토되어야 한다. 예컨대 스포츠정책의 전문성을 기하기 위하여 현재 문화체육관광부 1개 국으로 축소되어 있는 스포츠 담당 행정기구를 스포츠청으로 확대·승격할 필요는 없는지, 국고 및 각종 지원금의 효율적 배분과 기금운용의 형평성을 확보하기 위한 법적 방안은 무엇인지, 스포츠시설에 대한 규제 및 조세에 관한 정책을 스포츠산업의 활성화와 연계지어 어떻게 개정하여야 하는지가 중심적인 논의대상이 된다.

4. 스포츠사법의 과제

스포츠산업과 관련하여 사법상 법제의 정비를 요구하는 영역은 뚜렷하지 않다. 사법상 스포츠 내지 스포츠산업과 관련하여서는, 스포츠소음이나 스포츠시설물로 인한 상린권·환경권침해에 대한 사법적 구제,[23] 프로선수의 이적 및 에이전시 그리고 스포츠광고 및 스폰서쉽과 관련한 계약법상의 문제,[24] 스포츠용구 내지 시설물의 위험성에 수반하는 제조물책임·공작물책임, 스포츠활동으로 인한 사고 책임의 법적 구제, 스포츠보험 등이 논의의 쟁점이 될 수 있다.

5. 국제스포츠법의 과제

스포츠활동의 국제화로 인하여 스포츠산업과 관련한 국제적 분쟁도 날로 증가하고 있다. 국제스포츠법은 국제공법과 국제사법의 문제를 포괄한다. 스포츠와 관련하여 국제사법상 문제가 될 수 있는 것은 국제적인 스폰서계약, 경기중계계약, 광고계약, 선수고용계약, 에이전시계약에 기한 분쟁, 각종 불법 행위로 인한 분쟁 등에 적용될 준거법의 결정이 중요한 쟁점으로 등장한다. 또한 국제공법의 영역에서

---

23) 이에 대해서는 이상영, 「독일의 스포츠 상린권·환경침해에 대한 민사책임」, 『스포츠와 법』, 2000. 2, 111면 이하가 상세하다.
24) 스폰서계약의 문제점에 대해서는 김동훈, 「스폰서계약의 법적 고찰」, 『스포츠와 법』 창간호, 2000. 2, 197면 이하 참조.

는 분쟁에 대한 재판관할권의 문제, 외국판결의 승인 및 효력에 관한 문제, 국제스포츠단체의 법적 지위의 문제, 국제중재재판 제도의 문제 등이 논의의 대상이 될 수 있다.

Ⅳ. 요약 및 결론

현재로서는 스포츠산업의 발전가능성이 무한하다고 하여도 지나친 표현은 아니다. 누차 강조하였듯이 스포츠산업은 높은 부가가치성으로 인하여 국부의 창출에도 매우 유익할 뿐 아니라 국민들의 삶의 질을 향상시키는 행복추구의 수단으로서의 기능도 함께 갖고 있다는 점에서 강한 유인력을 갖는다. 어느덧 스포츠는 현대적 문화생활의 핵심적 구성요소가 되었으며, 스포츠산업은 스포츠활동을 선도한다는 점에서 그 중요성이 보다 부각될 필요가 있다.

스포츠산업은 다른 산업분야와 달리 고유의 독자성을 갖지 못하고 개별산업과의 유기적 협력 속에서만 그 성장이 가능하기 때문에, 각별한 정책적 관심을 기울여야 한다. 현재로서는 스포츠산업 자체의 복잡다변함과 이를 뒷받침하는 제도의 산만함으로 인하여, 스포츠산업의 육성과 선진화에 상당한 한계가 있다. 이러한 한계를 극복하고 스포츠산업의 효율성을 극대화하기 위해서는 체육학·행정학·경제학·법학의 학문적 공조가 절실하다.

모든 스포츠에 관련된 국가정책의 수립과 집행은 법적 근거를 가져야 하고, 이는 법치주의 실현의 기본이 된다. 그 동안 반복 되었던 스포츠 정책의 졸속과 비효율을 불식하고, 보다 안정적이고 통일적인 정책의 수립과 시행에 조력할 수 있는 법제도의 정비가 모색되기를 기대한다.

제2절 대중골프장 조성비 법인의 법적 환경과 운영효율화 방안

이 절에서는 대중골프장 조성비로 설립하는 법인의 법적 환경과 운영의 효율화 방안을 제시하려고 한다.[25]

이 연구는 1989년 9월부터 1999년 2월까지 한시적으로 시행된 대중골프장 병설의무제도와 병설의무를 이행하지 못한 골프장 사업자가 출연한 대중골프장 조성비 예치금제도에 대한 현황과 법적인 문제점을 살펴보았다. 또한, 조성비 법인의 운영의 효율화를 기하기 위해 관련 법령의 정비방안을 제시하는데 목적을 두었다.

대중골프장 병설제도는 오늘날 골프의 대중화를 위한 대중골프장 확충의 계기가 되었다. 대중골프장 병설제도가 시행된 1989.9.19.부터 1999.2.8.까지 대중골프장 병설의무 이행에 관한 서류를 제출한 사업자는 43개사이며, 직접 대중골프장 병설이 곤란하다고 하여 대중골프장조성비를 예치한 사업자가 31개사이며, 예치중인 사업자는 2개사에 이른다.

예치된 대중골프장 조성비로는 제1차로 한국체육진흥주식회사를 설립하여 경기도 여주에 18홀 규모의 남여주대중골프장을 건설·운영하고 있으며, 제2차로 5개사가 공동으로 퍼블릭개발을 설립하여 경주에 9홀 규모의 우리대중골프장을 건설·운영하고 있다. 3차로 9개사가 공동으로 주식회사 뉴퍼블릭골프클럽을 설립, 경기도 파주에 18홀 규모의 대중골프장을 건설하여 시범운영 중에 있으며, 나머지 12개 주주사가 공동으로 제4차로 주식회사 한올을 설립하여 대중골프장을 건설하여 "사천골프장" 개장을 눈앞에 두고 있다.

그러나 조성비로 설치된 법인들은 문화체육관광부 고시에 의하여 상법상의 주식회사의 형태로 설립되도록 되어 있을 뿐만 아니라 「체육시설의 설치·이용에 관

---

25) 이 절은 2009년도 문화체육관광부 정책과제 "대중골프장 조성비 법인 운영효율화를 위한 법정책적 연구" 연구결과보고서의 일부를 바탕으로 한국스포츠엔터테인먼트법학회에서 발간하는 학술지 『스포츠와 법』 제11권 1호(통권26호), 2011, 149-179면에 발표했던 논문을 수정 보완하였음을 밝힌다.

한 법률」에서 상세하게 법적 규율을 하고 있지 아니하는 관계로 이 제도를 도입한 정책목표와 입법취지인 골프의 대중화와 법인의 공익성을 무시하는 민원이 제기되고 있는 실정이다. 또한 주무관청의 승인을 받지 아니하고 이용료를 인상하거나 이익잉여금의 주주배당을 하더라도 이에 대하여 행정상 제재수단이 마련되어 있지 아니하며, 아울러 벌칙을 부과하기도 어려운 실정이어서 공익적 성격의 법인으로 설립한 취지가 몰각하는 것이 아닌가 하는 문제점이 지적되고 있다. 더구나 본래의 도입취지에 따라 조성비로 공익법인을 설립하여 골프대중화를 위해 누구나 저렴한 이용료를 지불하고 대중골프장을 이용할 수 있도록 법제도를 확립했어야 했으나, 여러 가지 정치적인 환경 속에서 문화체육관광부의 고시로 법인의 형태를 상법상의 주식회사로 하도록 한 것도 문제점으로 지적될 수 있다. 따라서 이미 설립운영중인 법인은 지속적으로 규제완화를 요구하면서 자율적인 운영을 요구하고 있는 실정이다.

이에 대하여 현행 규제제도를 계속하여 실시하는 것이 타당한 것인지, 아니면 현행 제도상 규제의 문제점을 보완하여 더욱더 강화된 규제필요성이 있는 것은 아닌지 여부를 법정책적으로 판단하여야 할 시점에 이르렀다. 즉, 보다 객관적인 현행 법상의 법적인 환경과 문제점을 파악하여 향후 법적 제도적인 측면에서 정책적인 대안을 마련할 필요성이 제기되고 있는 것이다.

다른 한편으로는 아직 집행되지 않은 예치금으로 새로운 법인인 제4법인을 설립하는 과정에서 법인에 참여하는 것을 기피하면서 예치금의 반환을 요구하는 회원제 골프장 사업자도 있기 때문에 대중골프장조성비로 예치한 금액의 반환문제를 둘러싼 법적인 해결이 필요하게 되었다. 이러한 예치금 반환여부와 관련되어 조성비의 법적 성질의 규명과 아울러 이에 관한 적절한 처리방안의 모색이 필요한 것이다.

또한, 그 동안 대중골프장 조성비로 설립된 법인의 주주들은 그 골프장의 법적 성격이 상법상 주식회사인 점을 이유로 대표자 자체선임, 이익잉여금 배분요구 등 경영의 자율성보장을 주장하는 한편, 「체육시설의 설치·이용에 관한 법률」 등 관련 법령상에 규정된 문화체육관광부장관의 승인사항(사업계획서, 수지예산서, 잉여금 처분계획서 등)도 과도한 규제이므로 이에 대한 완화를 요구하고 있다. 한편 주무부서인 문화체육관광부로서는 비록 편의상 상법상의 주식회사 형태로 설립되었다고 할지라도 당초 회원제 골프장 사업자들에게 대중골프장 조성비를 예치하도록 한 것은 대중골프장 병설의무를 면제해 주는 조건으로 회원제 골프장을 승인하여 준 것이다. 조성비를 다른 용도가 아닌 대중골프장의 설립·운영에 사용하도록 하는 제도적 취지가 골프의 대중화라고 하는 공익적 요청을 달성하기 위한 것이므로 규제완화로 정책방향을 모색할 것인지 현행 규정상의 미비점을 개선하고 법제도적인 개선의 필요성이 대두되는 등 주무부처로서는 법정책적인 검토가 요망되고 있는 것이다.

따라서 이 연구는 1989년 9월부터 1999년 2월까지 한시적으로 시행된 대중골프장 병설의무제도와 병설의무를 이행하지 못한 골프장 사업자가 출연한 대중골프장 조성비 예치금제도에 대한 현황과 법적인 문제점을 분석·정리하고, 조성비 법인의 운영의 효율화를 기하기 위해 「체육시설의 설치·운영에 관한 법률」 등 관련 법령상에서 규정한 조성비 예치제도, 조성비 및 법인에 대한 성격 등을 면밀히 검토하여 향후 조성비 법인 운영의 효율화를 위한 법 정책적 방안을 제시하는데 목적을 두고자 한다. 우선 법인 미참여 대중골프장 조성비에 대한 법령상 사후처리 문제를 검토하여 보고, 조성비로 설립된 법인에 대한 운영의 문제점 및 향후 효율적 운영방안을 제시하여 보기로 한다.

이 연구는 다음과 같은 기대효과를 생각해 볼 수 있다.

첫째로, 대중골프장 조성비 법인의 운영에 관하여 비체계적으로 대응해 오던 행정지도와 감독의 운영현실을 개선하고 바람직한 정책방향을 제시하여 법인의 운영 활성화를 꾀하고 조성비법인의 운영효율화 정책에 기여할 것으로 기대된다.

둘째로, 대중골프장 조성비 법인의 경우에는 당초 제도 도입의 취지를 살려 공익적 성격의 법인인 점을 감안하여 통상적인 대중골프장과는 달리 이용료 등에 있어서 적절한 규제를 가하여 이용료의 인하를 도모하고, 이를 통하여 다른 대중골프장에도 적절한 행정지도를 할 수 있는 등 골프의 대중화에 기여할 것이 기대된다.

셋째로, 제4법인이 설립되고 골프장이 건설·운영되는 시점에서 조성비법인에 대한 문화체육관광부의 승인제도를 전면 재검토하고, 그 법적 지위도 상법상의 주식회사로 할 것인지 사단법인으로 할 것인지 검토할 필요가 있으며, 만약에 감독관청의 규제를 철폐할 경우에는 상법상 주식회사의 형태로 운영되는 조성비 법인의 운영활성화에 이바지할 뿐만 아니라 민원해소에도 크게 기여할 것으로 기대된다.

Ⅰ. 법인 미참여 대중골프장 조성비에 대한 법령상 사후처리 문제

1. 대중골프장 조성비의 관리 및 사용

「체육시설의 설치·이용에 관한 법률」 제15조 제1항에서는 "대중골프장 조성비는 그 예치자가 공동으로 대중골프장의 설치·운영을 위한 사업에 투자하여야 한다"고 규정하고 있다. 동조 제2항에서는 "제1항에 따른 대중골프장 조성비의 투자·관리와 대중골프장의 설치·운영에 필요한 사항은 대통령령으로 정한다"고 규정하고 있다.

위 법률의 규정의 위임을 받아 「체육시설의 설치·이용에 관한 법률 시행령」 제15조 제1항에서 "대중골프장 조성비의 예치자는 법 제15조 제1항에 따라 대중골프장 조성비를 예치자 공동으로 대중골프장의 설치·운영에 관한 사업에 투자하려면 문화체육관광부령으로 정하는 바에 따라 그 예치자가 공동으로 대중골프장의 설치·운영을 목적으로 하는 법인을 설립하여야 한다."고 규정하고 있다. 아울러 위 규정에 위임받아 「체육시설의 설치·이용에 관한 법률시행규칙」 제13조 제1항에서는 "법 제15조 제1항 및 영 제15조 제1항에 따라 법인을 설립하려는 예치자는 법인의 설립시기 및 종류와 그 법인에 참여하는 예치자의 범위 등에 관하여 문화체육관광부장관이 정하는 기준에 따라야 한다. 이 경우 그 기준은 대중골프장 조성비 예치금액의 규모를 고려하여 정한다"고 규정하고 있다. 위 시행규칙의 규정에 위임을 받아 문화체육관광부 고시로 대중골프장조성비 예치자의 법인설립 및 대중 골프장의 규모에 관한 기준을 정하여 1998. 11. 1부터 시행하고 있다.[26] 위 기준 제3조에서는 법인의 종류를 상법상 주식회사로 한다고 규정하고 있어, 위임입법의 한계를 벗어난 것이라고 볼 여지가 있다. 오히려 상위법령에서 법인의 종류를 명확히 하는 것이 법체계적으로 바람직하다고 할 것이다.

기본적으로 체육시설의 설치·이용에 관한 법령상의 대중골프장 조성비의 관리와 사용에 관한 규율과 관련하여, 실정법 체계가 법률에서 정할 중요한 사항을 대통령령으로 위임하고, 대통령령에서도 일부만 정하고 부령으로 다시금 위임하였으며, 부령에서도 다 정하지 않고 다시 문화체육관광부 고시로 정하도록 순차적으로 위임하는 방식으로 규정하고 있다. 따라서 상위 법률에서 하위 법령의 규정에 위반하는 사항이 있더라도 이에 관하여 아무런 제재조치나 벌칙을 규정할 수 없는 문제가 야기되며, 규제는 있어도 실효적인 제재를 가할 수 없는 기형적인 입법이 되었다고 할 것이다. 아울러 「체육시설의 설치·이용에 관한 법률시행규칙」 제13조 제3항 제3호에서 대중골프장의 이용료에 관하여는 문화체육관광부장관이 정하도록 하였음에도, 문화체육관광부장관이 이에 관하여 아무런 구체적인 기준을 정하지 않고 운영하고 있는 실정이다. 이에 대한 실태조사와 연구를 통하여 적정한 이용료의 기준이 마련되어야 할 것이다.

2. 대중골프장 조성비 관리기관(한국골프장경영협회)의 관리의무

「체육시설의 설치·이용에 관한 법률 시행령」 제14조 제1항에서 대중골프장 조성비 관리기관은 대중골프장 조성비를 예치 받았을 경우 지체 없이 문화체육관광부장관이 정하는 바에 따라 금융기관에 예입할 것을 의무화하고 있다.

동법 제14조 제4항에서 대중골프장 관리기관과 법인의 대중골프장 조성비 관리 방법에 관하여 규정하고 있다. 먼저 대중골프장 조성비 관리기관은 제14조 제1항에

---

26) 이 문화체육관광부 고시는 당초에 1994. 7. 15.부터 시행하도록 되어 있는데, 일부조항을 개정하여 1998. 11. 1.부터 시행되고 있으며 현재까지 더 이상 개정되지 아니한 채 시행되고 있다.

따라 대중골프장 조성비를 예치 받았을 때에는 지체 없이 문화체육관광부장관이 정하는 바에 따라 금융기관에 예입하여야 하고, 다음으로 대중골프장 조성비관리기관은 제1항에 따른 법인에 문화체육관광부장관이 정하는 바에 따라 그 법인에 참여한 예치자가 에치한 대중골프장 조성비(이자를 포함한다. 이하에서 이항과 같다)를 이관하여야 하며, 나아가 대중골프장 조성비 관리기관과 제1항에 따른 법인은 법 제31조에 따라 회원제 골프장업의 사업계획 승인이 취소된 경우 외에는 예치 받거나 이관 받은 대중골프장 조성비를 예치자(그의 지위를 승계한 자를 포함한다)에게 반환할 수 없다.

끝으로, 대중골프장 조성비 관리기관은 예치된 대중골프장 조성비의 관리책임을 보장하기 위하여 보증보험에 가입하는 등 필요한 재정보증조치를 해야 한다(「체육시설의 설치·이용에 관한 법률 시행령」 제15조 제4항 제1호 내지 제4호).

3. 법인의 조성비 사용용도 및 준수사항

「체육시설의 설치·이용에 관한 법률시행령」 제15조 제2항에서 "법인은 대중골프장 조성비관리기관으로부터 이관 받은 대중골프장 조성비를 1. 대중골프장의 조성을 위한 부동산의 매입 또는 임차 2. 대중골프장시설의 설치·관리·운영 등 3. 법인의 설립·운영을 위하여 사용할 수 있다"고 규정되어 있다. 이 규정의 취지는 한정적 열거규정으로 보아 위 용도 이외에는 사용할 수 없다고 보는 것이 합리적일 것이다.

아울러 「체육시설의 설치·이용에 관한 법률시행령」 제15조 제5항에서 "제1항에 따른 법인은 대중골프장의 설치장소, 설치규모, 이용료 및 이용방법 등에 관하여 문화체육관광부령으로 정하는 사항을 지켜야 한다"고 규정하고는 있으나, 이를 지키지 않을 경우에 제재규정이 없어 실효적인 규정이라고 보기 어려워 이를 법률에 규정함과 아울러 제재규정도 마련할 때 비로소 위 규정이 소기의 성과를 낼 수 있으리라고 본다.

4. 법인 미참여 회원제 골프장 사업자에 대한 예치금 반환여부

법인 미참여 회원제골프장 사업자에게는 이미 납입 출연한 예치금은 반환할 필요가 없다. 「체육시설의 설치 · 이용에 관한 법률시행령」 제15조 제4항 제3호에서 "대중골프장 조성비 관리기관과 제1항에 따른 법인은 법 제31조에 따라 회원제 골프장업의 사업계획 승인이 취소된 경우 외에는 예치 받거나 이관 받은 대중골프장 조성비를 예치자(그의 지위를 승계한 자를 포함한다)에게 반환하지 말 것"이라고 규정되어 있다.

또한, 대중골프장 조성비 예치금은 법령상 용도가 엄격히 한정되어 있으므로 법령상의 의무를 이행하지 않으면서 즉, 대중골프장 병설의무가 있으면서 이를 이행하지 않고 법인에 참여하지 않는 골프장사업자에게 반환하는 것은 허용되지 않는다고 할 것이다. 다만 회원제골프장업의 사업계획승인이 취소된 경우에만 대중골프장 조성비 관리기관이 예치금을 법인에게 이관한 경우에는 대중골프장 조성비를 예치자에게 반환할 수 있을 뿐이다.

이와 관련되는 하급심 판례[27] 의 판시태도에 비추어, 만약에 회원제 골프장건설 사업계획승인 시에 대중골프장 설치기금을 납부하라는 부관을 대중골프장을 건설하라는 부관으로 변경하였을 경우에는 종전의 대중골프장 설치기금납부라는 부관은 실효된 것으로 보아, 이미 대중골프장을 건설한 회원제골프장사업자에 대하여는 부당이득이 되므로, 이러한 예외적인 경우에 한하여만 대중골프장설치 조성비를 반환할 수 있을 뿐 그 밖의 경우에는 반환할 수 없다고 보아야 할 것이다.

---

27) 서울지방법원 2000. 8. 16. 선고 2000가합 17167 판결.

5. 현행법제상 법인의 주식을 양도하여 1인의 회사에 의한 법인 운영이 가능한가의 여부

(1) 제1설 : 주식회사이므로 가능하다는 설

외부에 주식을 양도하는 방식에 의하여 지리적 여건이 좋은 골프장을 만들 수 있으며, 참여법인은 법인 운영에서 벗어날 수 있는 장점이 있다. 이를 규제할 이유가 없다고 주장한다.

공익상의 목적으로 예치금을 조성하여 대중골프장을 건립하는 것은 비영리법인에 해당하는 것이 타당하지만, 영리법인으로 주식회사의 형태로 법적 지위를 지니고 있는 이상 주식회사를 규정하고 있는 상법의 규정이 적용되어야 마땅하다. 그런 측면에서 특별법상의 규정이 존재하지 않는 이상 주식의 양도는 원칙적으로 제한이 없다고 할 것이며, 단체의 구성원들이 지분을 가지고 있는 이상 주주로서의 지위를 가져야 할 것이다.

주식회사의 형태를 띠고 있다면 법인의 주식을 양도하여 1인이 모두 주식(100% 소유)을 가지고 있는 회사의 형태인 1인 주식회사를 인정하지 못할 이유가 없다.

주식회사의 형태를 띠고 있는 이상 주주에 의하여 이사를 선임하여야 할 것이고, 이사에 의하여 대표이사를 선임하여 회사의 업무집행을 하면 될 것이다. 이상 모두 주식회사를 규정하고 있는 상법의 규정에 따라야 할 것이다.

(2) 제2설 : 공익적 기능을 수행하는 법인이므로 불가능하다는 설

하나의 단체가 주식회사로 설립된 이상 주식회사의 주식은, 법률행위에 의하여 자유로이 양도가 가능하다(상법 제33조 제1항 본문). 하지만 주식의 양도는 정관에 의하여 제한을 받기도 하고, 주주간의 양도에 대한 제한을 약정함으로써 발생하기도 하며, 법정책인 이유에서 주식의 양도를 법에서 제한하는 경우(특히 「증권거래법」에서 양도를 제한하는 경우가 발생함)도 발생하기도 한다. 본 사안에서도 특별법상 양도를 제한한다고 하는 규정이 있다고 한다면, 공공복리와 공익적인 이유에서 주식의 양도가 제한될 수 있다는 주장은 타당성을 갖게 된다.

만약에 주식의 양도가 무제한으로 허용된다면 조성비 법인제도의 근본적 문제점이 대두될 수 있다. 탈법행위의 가능성이 야기된다고 보고 있다.

⑶ 검토의견

양 견해가 모두 일장일단은 있으나, 현행법령의 체계적 해석을 토대로 면밀히 검토해 볼 때, 위 법인이 주식회사의 형태를 띠고 있는데, 특별법상의 제한이 어느 정도 있다고 볼 수 있는가의 여부에 달려있다고 할 것이다. 그 이유는 비록 주식회사라고 할지라도 법령이나 정관에 의하여 주식의 양도가 공공복리와 공익적인 이유에서 적절한 규제를 받을 수 있다고 보기 때문이다. 즉, 체육시설의 설치·이용에 관한 법령에 의하여 예치금기탁의무를 이행하여 설립된 법인으로 공익적 성격을 갖고 있으며 사업계획서, 수지예산서, 잉여금처분계획서 등을 작성하여 문화체육관광부장관의 승인을 받도록 하는 등 상당한 정도의 공익적 측면이 무시될 수 없기 때문이다. 만약에 제3자에게 주식의 전부양도를 가능하려면 체육시설의 설치·이용에 관한 법령에서 예치금관련 제도를 완전히 폐지하고, 법인 정관을 개정하여 이를 규정해야 할 것이다. 이러한 조치가 이루어지지 않고 현행법의 해석론적 관점에서는 1인회사의 형태로 운영하는 데에는 한계가 있다. 문화체육관광부의 고시를 개정하거나 정관을 변경하여 주식양도가 가능하도록 해결하는 방법도 모색할 필요가 있다.

Ⅱ. 조성비로 설립된 법인에 대한 운영의 문제점

1. 조성비로 설립된 법인의 운영과 규제 현황

⑴ 법인의 운영 적절한 지도와 지원

조성비로 설립된 법인에 대한 운영의 효율화를 위한 관련조문으로는 「체육시설의 설치·이용에 관한 법률」제4조를 들 수 있다. 여기서 "국가와 지방자치단체는 국민의 체육활동에 필요한 체육시설의 적정한 설치·운영과 체육시설업의 건전한 육성을 위하여 필요한 시책을 강구하고 적절한 지도와 지원을 하여야 한다"고 규정하고 있는 바, 별도의 규정이 없더라도 이 규정을 근거로 법인에 대한 운영의 효율화를 위한 시책을 강구하고 적절한 지도와 지원을 하는 것이 허용된다.

실제로 조성비로 설립된 법인의 설립과정에서부터 문화체육관광부의 적극적인 관여와 지원이 있는데, 이를 통하여 자율적인 법인 설립을 할 경우 파생되는 제반 문제점을 극복하기 위한 장점도 있으나, 현실적으로는 과도한 관의 개입이라는 비판도 없지 않다.

그렇지만 골프의 대중화를 위하여 행정지도의 방식으로 조성비법인에 대한 적절한 행정지도는 허용된다고 할 것이다.

(2) 법인에 대한 규제내용

조성비로 설립된 법인은 문화체육관광부령이 정하는 바에 따라 대중골프장의 조성비의 사용계획서, 사업계획서, 수지예산서 및 잉여금처분계획서를 작성하여 문화체육관광부장관의 승인을 받아야 한다. 이를 변경하려는 경우에도 또한 같다(동법시행령 제15조 제3항, 동법시행규칙 제13조 제2항). 문화체육관광부 장관승인사항은 구체적으로 다음과 같다.

    가. 대중골프장 조성비의 사용계획서 : 대중골프장 조성비의 이관 요청 시까지
        제출
    나. 사업계획서 및 수지예산서 : 매년 12월 15일까지
    다. 잉여금처분계획서 : 매년 2월말까지

또한 조성비로 설립된 법인은 대중골프장의 설치장소, 설치규모, 이용료 및 이용방법 등에 관하여 문화체육관광부령으로 정하는 다음과 같은 사항을 지켜야 한다.

(동법시행령 제15조 제5항, 동법시행규칙 제13조 제3항)

　가. 대중골프장의 설치장소 : 교통, 입지여건, 지역 간 균형개발 등을 종합적으로 고려하여 일반인이 쉽게 이용할 수 있는 지역에 설치하되, 특정지역에 편중되어서는 아니 된다.

　나. 대중골프장의 설치규모 : 대중골프장의 조성비의 예치금액과 설치장소 등을 고려하여 문화체육관광부장관이 정하는 기준에 따라야 한다.

　다. 대중골프장의 이용료 : 설치장소, 설치규모 및 다른 대중골프장의 이용료 등을 고려하여 문화체육관광부장관이 정하는 금액의 범위에서 이용료를 받아야 한다.

　라. 대중골프장의 이용방법 : 특별한 사유가 없으면 이용자의 예약순서에 따르되, 예약자가 없는 경우에는 이용자의 도착 순서에 따라 골프장을 이용하게 하여야 한다.

다음으로, 조성비로 설립된 법인은 매 회계연도가 끝난 후 2개월 이내에 다음 각 호의 서류를 문화체육관광부장관에게 제출하여야 한다. (동법시행령 제15조 제5항)

　가. 전 사업연도의 사업실적 및 수지결산서 각 1부

　나. 전 사업연도 말의 재산목록(현금이 있는 경우에는 금융기관의 잔고증명서를 첨부한 다) 1부

한편, 담당공무원은 위 서류를 받은 경우 「전자정부법」에 따른 법인등기부 등본의 확인할 수 있으며, 해당 법인이 확인에 동의하지 않는 경우 그 법인의 등기부 등본을 첨부하도록 하고 있다(동법시행령 제15조 제6항).

⑶ 상법상 주식회사이지만 법령에 기초하여 설립된 공익적인 성격을 인정할 수 있는지 여부

이 법인을 상법상 주식회사로 한 근거를 살펴보면 다음과 같다. 즉, 공익상의 목적으로 예치금을 조성하여 대중골프장을 건립하는 것은 본래 비영리법인으로 법적

인 지위를 인정하는 것이 타당하지만, 회원제골프장에 병설된 골프장과 같은 맥락
에서 상법상의 법인으로 정한 것에 불과하다고 보여 진다. 그러므로 「대중골프장조
성비 예치자의 법인설립 및 대중골프장의 규모에 관한 기준」제3조에서 법인의 종류
를 상법상의 주식회사로 한다고 밝히고 있는 것이다.

다만, 주식회사 퍼블릭개발, 한국체육진흥주식회사, 주식회사 파주컨트리클럽의
3개 법인의 정관을 보면, 목적 조항에서 각각 「체육시설의 설치·이용에 관한 법률」
제15조의 규정에 따라 대중골프장을 설치·운영과 그 목적달성에 필요한 부대사업
을 할 수 있도록 하였다.

3개 법인의 정관을 분석한 결과, 이 법인들은 각각 「체육시설의 설치·이용에
관한 법률시행령」 제15조 제3항과 거의 같은 내용을 정관에서 규정하고 있다. 이들
법인의 정관규정을 살펴보면, "회사는 대중골프장조성비 사용계획서, 사업계획서,
수지예산서 및 잉여금처분계획서를 작성하여 문화체육관광부장관(체육시설관련 주
무부장관)의 승인을 얻어야 한다. 이를 변경하고자 하는 경우에도 또한 같다"고 규
정하고 있다.

그러나 「체육시설의 설치·이용에 관한 법률 시행규칙」 제13조 제2항에 규정된
제출시기에 관하여는 이 법인들의 정관에서 제대로 규정하고 있지 않다고 할 것이다.

또한, 3개법인의 정관에서 「체육시설의 설치·이용에 관한 법률 시행령」 제15조
제6항과 동일하게 규정하고 있다. 이에 관한 정관의 규정을 보면, "회사는 매 회계
연도 종료 후 2월 이내에 전 사업년도의 사업실적(서) 및 수지결산서 1부와 전 사업
연도말의 재산목록 및 등기부등본 (현금이 있는 경우에는 금융기관의 잔고증명서
첨부) 1부를 문화체육관광부장관(체육시설관련 주무부장관)에게 제출하여야 한다"
고 되어 있다.

조성비 법인들의 정관에는 주식회사의 법적 지위를 가지면서도 공익상의 여러
가지 규제를 받을 수 있도록 규정하여 공익적 성격을 인정하였다. 이 법인설립의 근
거가 되는 조성비의 예치제도가 골프의 대중화라는 공익적인 국가정책에 있다는 점
을 쉽게 알 수 있다.

Ⅲ. 향후 법인의 효율적 관리운영방안 및 기대효과

1. 법령에서 문화체육관광부 장관이 정하도록 규정한 사항에 대한 검토

(1) 시행규칙 제13조 제1항 관련 사항

대중골프장 조성비로 법인을 설립하려는 예치자는 법인의 설립시기 및 종류와 그 법인에 참여하는 예치자의 범위 등에 관하여 문화체육관광부장관이 정하는 기준에 따라야 한다. 이 경우 그 기준은 대중골프장조성비 예치금액의 규모를 고려하여 정한다.

이에 관하여는 「대중골프장조성비 예치자의 법인설립 및 대중골프장의 규모에 관한 기준」이 1994. 7. 15. 문화관광부고시로 제정되었고, 그 후 1998. 11. 1. 개정되어 시행되고 있으나, 대중골프장의 이용료를 정하는 내용의 고시가 없기 때문에 이용요금에 대한 승인을 당해 법인이 제시하고 있는 금액을 기준으로 승인해 주고 있어, 특정 법인의 경우에는 잉여금이 과다하게 있는 반면에 이용자에게 저렴하게 이용할 수 있도록 하려는 당초의 입법취지가 몰각되고 있다. 조성비로 건설되어 운영되고 있는 대중골프장의 이용료를 적정하게 책정하여 문화체육관광부장관의 고시로 제정하여야 할 것이다.

(2) 시행령 제15조 제4항 제1호 및 제2호

대중골프장조성비 관리기관은 대중골프장 조성비를 예치 받았을 경우 지체없이 문화체육관광부장관이 정하는 바에 따라 금융기관에 예입하도록 규정되어 있다.

또한, 대중골프장 조성비 관리기관은 제1항에 따른 법인에 문화체육관광부장관이 정하는 바에 따라 그 법인에 참여한 예치자가 예치한 대중골프장조성비(이자를 포함한다. 이하에서 이항과 같다)를 이관하여야 한다.

(3) 시행규칙 제13조 제3항 제2호 및 제3호

대중골프장의 설치규모는 대중골프장의 조성비의 예치금액과 설치장소 등을 고려하여 문화체육관광부 장관이 정하는 기준에 따라야 한다.

대중골프장의 이용료는 설치장소, 설치규모 및 다른 대중골프장의 이용료 등을 고려하여 문화체육관광부장관이 정하는 금액의 범위에서 이용료를 받아야 한다. 적정한 이용료를 책정하고 고시하기 위하여 실태조사와 연구가 이루어져야 하고 이를 문화체육관광부장관의 고시로 제정하여야 할 것이다.

2. 효율적 관리운영을 위한 법적 기초

효율적 관리운영을 위하여 체육시설의 설치·운영에 관한 법령에서 문화체육관광부장관이 정하도록 위임하는 경우 대외적 구속력이 미치도록 정할 필요가 있다.

문화체육관광부 장관이 정하는 지침, 고시 등은 행정규칙으로, 이와 같은 행정규칙은 기본적으로는 행정내부에서만 효력이 미치는 행정입법의 일종이다. 행정규칙이 행정내부에서 담당공무원에게 효력이 미치는 내부적 구속력을 넘어서서 일반국민에게 구속력이 미치게 되고, 그 결과 법원을 구속하는 대외적 구속력을 인정할 것인가에 관하여 문제가 제기된다. 여기서 더 나아가 국민에게 구속력이 있다는 의미와 법원을 구속하는 의미 사이에 어떤 차이가 있는 것인지 논의하기로 한다.

행정규칙이 대외적 구속력이 없고 내부적 효력에 그치는 일반적인 경우에는 비록 행정규칙에 위반된 처분이라고 할지라도 무조건 위법하게 되는 것은 아니고, 반대로 행정규칙에 따른 처분이라고 하여 언제나 적법하게 되는 것은 아니게 되며, 처분의 적법여부는 행정규칙에 따른 것인지가 아니라 법령에 적합한지 여부에 따라 판단하여야 한다. 그러나 대외적인 구속력을 가지지 않는 재량준칙의 경우에는 그 행정규칙이 재량행위의 기준이 될 경우에는 그 기준이 객관적으로 합리적이 아니라거나 타당하지 않다고 볼만한 다른 특별한 사정이 없는 한, 행정청의 의사는 가급적 존중되어야 한다는 것이 대법원판례의 입장이므로 행정규칙에 따른 재량행위는 특

별한 사정이 없는 한 재량권의 일탈·남용이 없는 적법한 처분이 될 것이다.[28]

다시 말하면 행정규칙이 국민과 법원을 구속한다는 의미는 일단 행정규칙이 국민을 구속하고, 법원에서 행정규칙이 재판의 준거가 되는 것을 말한다. 국민을 구속하고 법원의 준거가 되는 것만으로는 설명이 부족하다.

법령 보충적 행정규칙[29]이라 함은 형식적으로는 고시나 훈령 등 행정규칙 형식으로 제정되었으나, 내용적으로 법령의 위임에 의하여 법령의 보완적인 사항을 정하는 것을 말한다.[30] 판례에 의하면, 법령 보충적 행정규칙이 성립하기 위해서는 기본적으로 다음과 같은 형식과 요건을 갖추어야 한다.

첫째로, 법령의 규정이 특정 행정기관에게 그 법령 내용의 구체적 사항을 정할 수 있는 권한을 부여하면서 그 권한 행사의 절차나 방법을 특정하고 있지 않아야 한다.

둘째로, 수임행정기관이 행정규칙의 형식으로 그 법령의 내용이 될 사항을 구체적으로 정하고 있을 것을 요하고 그 형식은 고시, 훈령, 지침 등 이를 불문한다.

그와 같은 행정규칙은 위에서 본 행정규칙이 갖는 일반적 효력으로서가 아니라 행정기관에 법령의 구체적 내용을 보충할 권한을 부여한 법령 규정의 효력에 의하여 그 내용을 보충하는 기능을 갖게 된다. 따라서 이와 같은 행정규칙은 당해 법령의 위임 한계를 벗어나지 않는 한 그것들과 결합하여 대외적인 구속력이 있는 법규

---

28) 김동건, 대법원판례에 비추어본 법규명령과 행정규칙, 고시계 43권 11호, 42면. 비록 부령형식이지만 제재적처분기준과 관련된 대법원 2007. 9. 20.선고 2007두 6946판결[과징금부과처분취소]에서 "제재적 행정처분의 기준이 부령의 형식으로 규정되어 있더라도 그것은 행정청 내부의 사무처리준칙을 정한 것에 지나지 아니하여 대외적으로 국민이나 법원을 기속하는 효력이 없고, 당해 처분의 적법 여부는 위 처분기준만이 아니라 관계 법령의 규정 내용과 취지에 따라 판단되어야 하므로, 위 처분기준에 적합하다 하여 곧바로 당해 처분이 적법한 것이라고 할 수는 없지만, 위 처분기준이 그 자체로 헌법 또는 법률에 합치되지 아니하거나 위 처분기준에 따른 제재적 행정처분이 그 처분사유가 된 위반행위의 내용 및 관계 법령의 규정 내용과 취지에 비추어 현저히 부당하다고 인정할 만한 합리적인 이유가 없는 한 섣불리 그 처분이 재량권의 범위를 일탈하였거나 재량권을 남용한 것이라고 판단해서는 안 된다."고 판시하고 있다.

29) 행정규칙의 유형중에는 조직규칙과 행위유도규칙으로 구분이 가능하고, 행위유도규칙은 재량준칙, 규범구체화 규칙, 규범해석규칙, 규범보충규칙 등으로 구분이 가능한 바, 여기서 법령 보충적 행정규칙은 규범보충규칙의 범주에 속한다고 할 것이다.

30) 김동희, 『행정법 I』, 2008, 165면.

명령으로서의 효력을 가진다.

법령 보충적 행정규칙은 판례를 통하여 형성된 법리로서, 법령의 위임에 의해 법령을 보충하는 법규사항을 정하는 행정규칙을 말한다. 물론 법령 보충적 행정규칙도 행정규칙으로 보며 법령 보충적 행정규칙은 그 자체로서 직접적 대외적 구속력을 갖는 것이 아니라 상위법령과 결합하여 상위법령의 일부가 됨으로써 대외적 구속력을 가질 뿐이라고 보는 것이 일반적이다.[31] 그러나, 법령 보충적 행정규칙은 대외적 구속력이 인정되는 행정규칙이라고 할 수 있는 바, 여기에서 대외적 구속력을 인정한 근거가 상위법령의 위임을 통하여 구체적 내용을 보충하는 권한이 존재해야 한다. 적어도 근거법령이 구체적인 범위를 정하여 위임하여야 할 것이 요구된다.

그런데, 「체육시설의 설치·이용에 관한 법률시행령」 제15조 제5항에서 "제1항에 따른 법인은 대중골프장의 설치장소, 설치규모, 이용료 및 이용방법 등에 관하여 문화체육관광부령으로 정하는 사항을 지켜야 한다고 규정하고 있는데, 「체육시설의 설치·이용에 관한 법률시행규칙」 제13조 제1항에서 "법 제15조 제1항 및 영 제15조 제1항에 따라 법인을 설립하려는 예치자는 법인의 설립시기 및 종류와 그 법인에 참여하는 예치자의 범위 등에 관하여 문화관광부장관이 정하는 기준에 따라야 한다"고 되어 있어 상위법령의 위임의 한계를 벗어나서 부령에서 정하지 아니하고 이를 고시로 정하도록 한 것은 적절하지 않은 측면이 없지 않으므로, 위와 같은 사항은 고시에서 정할 것이 아니라 상위법령인 부령으로 끌어 올려 규정할 필요가 있다고 할 것이다.

3. 효율적 법인 운영을 위한 지도·감독권한의 강화의 타당성

(1) 완전한 자율적 운영으로 나아갈 것인지 규제적 성격을 유지할 것인지 정책적 판단사항

대중골프장 조성비로 설립된 법인의 운영을 완전한 자율적 운영으로 나아가도

---

31) 헌법재판소 1990. 9. 3, 90헌마13, 결정.

록 하려면 기존의 체육시설의 설치·이용에 관한 법령상의 규제 제도를 완전히 폐지하는 정책적 결단을 내려야 하고, 정관이나 문화체육관광부의 지침 등을 전면적으로 개정하여야 할 것이다.

그러나 대중골프장 병설의무제도와 이를 이행하지 않은 경우에 조성비 납부의무를 부과하도록 한 당초의 법정신에 비추어 보면 공익적 성격의 법인을 설립하여 골프의 대중화를 실현하도록 정책을 수행하였어야 하는데 주식회사의 형태로 운영을 하게 되었다.

따라서 조성비로 설립된 대중골프장은 완전한 자율적 운영에 맡기는 것은 시기상조이고, 최근에 설립된 제4법인이 골프장을 건설하여 운영하면서 당초의 정책목표와 입법목적이 달성된 후에 비로소 자율적 운영을 검토하는 것이 타당하다고 볼 것이므로 우선은 규제의 실효성을 확보하는 내용의 법령정비가 선행될 필요가 있다.

⑵ 효율적인 법인 운영을 위해 지도·감독권한 강화에 따른 사항

1999년 2월까지 한시적으로 운영된 대중골프장 병설의무제도와 이 제도와 함께 시행된 조성비로 설립된 법인에 대한 성격 규명 후 운영 효율화를 위한 법령개정 가능 여부를 판단하여야 할 것이다.

이 법인의 형태는 상법상의 주식회사이지만 「체육시설의 설치·이용에 관한 법률시행령」에 그 설립근거가 있는 공익적 관점에서 설립된 법인으로 완전한 자율적 운영을 염두에 두고 설립된 것은 아니라는 것을 쉽게 알 수 있다. 대중골프장 병설의무에 갈음하여 조성비를 예치하여 공동으로 법인을 설립하도록 한 것이 분명하므로 효율적인 법인 운영을 위해 적절한 행정적 지도감독을 수반하게 되는 것은 당연하게 받아들여지는 것이다.

이러한 공익적 성격을 가진 법인을 운영하여 발생한 이익잉여금이 누적되고 있는 경우라면 당초의 입법목적에도 수익성을 전제로 대중골프장을 건설하도록 한 것이 아니므로, 이러한 잉여금이 이 제도의 본래 목적인 골프의 대중화에 올바르게 쓰여질 수 있도록 정책을 수립하여야 할 것이다. 한 가지 대안으로는 행정지도를 통하여 별도의 공익법인(민법상의 사단법인 또는 재단법인)을 설립하여 조성비로 설립된 법인의 운영으로 발생하는 잉여금을 합리적으로 관리 운영할 수 있도록 하는 것을 제안할 수 있다.

지금까지 일각에서는 「체육시설의 설치·이용에 관한 법률시행령」 및 시행규칙에서 정하고 있는 문화체육관광부장관 승인사항이 과도한 규제사항이라고 주장하는데 대하여 법논리상 규제를 강화하는 벌칙조항을 두자는 의견도 제시되었다. 이러한 조항을 「체육시설의 설치·이용에 관한 법률」에 신설하는 방향의 개정이 가능하지만 그와 같은 규제의 강화를 할 것인지는 정책당국의 입법정책적인 문제이다.

새로운 내용의 규제를 강화하는 입법을 추진하기는 현실적으로 어렵다고 보지만 시설이용료 등에 대하여 문화체육관광부장관의 승인을 받지 않고 인상하는 등의 경우에 제재수단을 마련하여 제도운영상의 미비점을 보완하는 차원에서의 법률을 개정하는 것은 법이론적으로나 법정책적으로 타당한 입법이라고 할 것이다.

(3) 조성비 법인의 자율화를 위해 문화체육관광부장관의 승인 등의 규제를 풀어야 하는 시점 검토

조성비 법인의 자율화를 위해 문화체육관광부장관의 승인 등의 규제를 완화해야 하는 시점은 조성비로 마지막 설립된 제4법인이 골프장을 건설하여 운영하면서 당초의 정책목표와 입법목적이 달성된 후로 정책방향을 설정하는 것이 형평성의 관점에서도 바람직할 것이다. 만약에 제4법인이 골프장 건설하여 운영하기 전에 규제를 풀 경우에는 제4법인에 대한 특혜시비가 일어날 수 있기 때문이다.

회원제 골프장의 대중골프장 병설의무조항도 삭제하고, 경과규정도 없애는 방향으로 제도 자체를 폐지하는 것이 필요한지는 당초의 입법목적이 달성된 후에 가능하다고 할 것이다. 조성비 법인의 설립시까지는 규제가 필요하더라도 상법상의 주식회사로 설립되는 관계로 설립이후에는 자율적 운영을 하는 것이 바람직하다는 견해도 있지만, 오히려 「체육시설의 설치·이용에 관한 법률시행령」에 규정되어 있는 문화체육관광부의 승인 등의 규제조항을 보다 실효성 있게 법령을 개정을 하는 것이 이 제도의 도입목적에 부합된다고 할 것이다. 다만, 제4법인이 골프장을 건설하여 운영하면서 대중골프장의 경쟁체제로 돌입하여 시장의 자율적 운영에 맡기는 것이 정부의 규제에 의하여 운영되는 것보다 효율적이라고 판단되는 시점 또는 조성비 법인을 통한 대중골프장의 운영이 비효율적이고, 문화체육관광부장관의 승인절차가 없더라도 골프의 대중화에 역행하지 않는다고 판단되는 시점에서 점진적으로 체육시설의 설치·이용에 관한 법령의 관련 규정을 정비하도록 한다면 법적으로도 큰 문제가 없을 것이다.

(4) 현행 법인의 임원의 선임 및 임기

현재 법인 정관에 따라 약간씩 다르며, 이를 통일적으로 규율할 필요는 없다고 보여 진다.

(가) 주식회사 퍼블릭개발 : 임원은 대표이사 1인을 포함한 3인이상 7인 이내의 이사와 1인 이내의 감사, 이사와 감사는 주주총회에서 선임, 대표이사와 상임이사는 이사회의 의결로써 이사 중에서 선임하도록 규정하고 있다.

(나) 한국체육진흥주식회사 : 임원은 대표이사 1인을 포함한 5인 이상 12인 이내의 이사와 2인 이내의 감사를 두며, 이사의 정원범위 내에서 이 회사의 경영에 필요한 전문적인 지식과 경륜이 있는 1인을 이사로 둘 수 있다. 이사와 감사는 주주총회에서 선임, 대표이사의 선임에 관한 규정은 삭제하여, 대표이사를 어떻게 선임하는 것인지 규정이 없다.

(다) 주식회사 파주컨트리클럽 : 임원은 대표이사 1인을 포함한 3인 이상 15인 이

내의 이사와 2인 이내의 감사를 두며, 이사의 범위 내에서 이회사의 경영에 필요한 전문적인 지식과 경륜이 있는 1인을 이사로 둘 수 있다. 이사와 감사는 주주총회에서 선임, 대표이사와 상임이사는 이사회의 의결로써 이사 중에서 선임한다고 규정하고 있다.

(5) 법인의 운영상 주식의 발행 및 취득 사항 등

3개 법인의 정관에서 이에 주식의 발행과 양도 등에 관하여 규정하고 있으나, 약간 통일성이 결여되어 있으나 법리적으로 큰 문제가 없다고 할 것이다.

(6) 효율적 법인 운영을 위한 체육시설의 설치·이용에 관한 법령상 지도·감독 관련사항

(가) 「체육시설의 설치·이용에 관한 법률시행령」 제15조 제3항에서 규정하고 있는 문화체육관광부장관승인 사항으로는 다음과 같다.

· 대중골프장 조성비의 사용계획서 : 대중골프장 조성비의 이관요청시
· 사업계획서 및 수지예산서 : 매년 12.15까지 제출
· 잉여금처분계획서 : 매년 2월말까지 제출

(나) 잉여금처분계획서는 문화체육관광부장관의 승인을 받도록 되어 있는 부분을 삭제하자는 주장도 있을 수 있으나 받아드릴 수 없다. 조성비로 설립된 법인이 비록 주식회사의 형태이지만 「체육시설의 설치·이용에 관한 법률」 등 공법적인 규제를 받는 공익적 성격의 법인인 점을 감안할 때 잉여금을 주식 배당식으로 나누어 갖도록 하는 것은 조성비 법인제도의 정책목표와 「체육시설의 설치·이용에 관한 법률」의 입법취지로 보아 타당하지 않다. 대안으로는 별도의 공익법인을 설립하여 잉여금을 골프대중화를 위하여 사용할 수 있도록 하는 방안을 제안하고자 한다.

4. 지도 및 감독의 필요성과 문화체육관광부의 관여수단

(1) 문화체육부장관의 승인을 받지 않고 시설이용료를 인상하거나 잉여금을 처분하는 경우

조성비 법인과 대중골프장 이용자와의 관계는 공법상의 법률관계가 아니라 사법상의 법률관계에 해당하고 비록 문화체육관광부장관의 승인을 받지 않고 시설이용료를 인상하거나 잉여금을 처분한다고 하더라도 사법상의 행위가 무효로 된다고보기는 어렵다.

따라서 「체육시설의 설치·이용에 관한 법률」 제22조에 체육시설업자의 준수사항에 이와 같은 사항을 명확히 규정할 필요가 있다. 동법 제22조 세1항 제3호에서 "이용약관 등 회원 및 일반이용자와 약정한 사항을 지킬 것"의 규정만으로는 이용료를 인상하는 경우에 위 규정을 적용하는 것이 어렵다고 할 것이다. 이와 같이 입법의 공백으로 인하여 행정상 제재수단을 강구하거나 형사 처벌하기 어려우므로 법령상의 미비점을 보완할 필요성이 있다.

(2) 제3자에게 조성비 법인 골프장의 주식을 전부 양도하는 경우

현행법의 체계적 해석과 법인의 정관의 규정에 비추어 제3자에게 주식 전부를 양도하는 것은 위법 부당하며, 그 효력이 부인될 가능성이 높다. 한편, 법인의 공익적인 성격을 바탕으로 문화체육관광부장관의 승인을 받도록 법령에 명문의 규정을 마련하는 방안을 검토될 수 있다. 이 경우에는 객관적인 기준을 제시해야 하며, 그렇지 않은 경우에는 특혜시비가 야기될 수 있을 것이다. 또한, 법령상 규정의 정비를 전제로 정관에서 그 허용을 인정하여야 할 것으로 보이므로 정관의 주식양도 규정의 개정이 선행되어야 할 것으로 사료된다.

5. 효율적 관리운영에 따르는 기대효과

먼저, 대중골프장 조성비 법인이 운영에 관하여 비체계적으로 대응해 오던 행정지도와 감독의 운영현실을 개선하고 바람직한 정책방향을 제시하여 법인의 운영활성화를 꾀하고 조성비법인의 운영효율화 정책에 기여할 것으로 기대된다.

다음으로, 「체육시설의 설치·이용에 관한 법률 시행령」에 규정되어 있는 조성비 관리 등에 관한 사항을 법률로 끌어 올려 규정함으로써 행정상 제재를 할 수 있는 근거를 마련함과 아울러 위임입법의 한계를 벗어나 의회유보의 원칙에 반하는 위헌시비를 벗어날 수 있고, 아울러 문화체육관광부 고시 등에 규정되어 있는 사항을 보다 명확히 상위법령에 근거규정을 두게 된다면 법적 근거 미비의 시비를 사전적으로 차단할 수 있을 것으로 기대된다.

끝으로, 대중골프장 조성비 법인의 경우에는 당초 제도 도입의 취지를 살려 비록 상법상의 주식회사 형태이지만 법령상 주무관청의 승인을 받도록 되어 있는 공익적 성격의 법인인 점을 감안하여, 통상적인 대중골프장과는 달리 이용료 등에 있어서 적절한 규제를 가하여 이용료의 인하를 도모하고, 이를 통하여 다른 대중골프장에도 적절한 행정지도를 할 수 있는 등 골프의 대중화에 기여할 것이 기대된다.

IV. 법인 운영의 효율화를 위한 법제 정비방안

1. 기본적 방향

이 연구를 통하여 법해석적·법리적인 문제를 검토한 결과, 향후 대중골프장 조성비로 설립된 법인의 운영 효율화를 위한 법제정비방안과 관련하여 다음 2가지의 법정책적 방향을 제시할 수 있다.

(1) 제1안 : 현 상태를 유지하면서 조성비 법인의 공익적 성격에 비추어 법적 근거 등을 보완하는 방안

현행 「체육시설의 설치·이용에 관한 법률 시행규칙」 제13조 제3항 제3호에 따

라 조성비로 건설된 대중골프장의 이용료는 문화체육관광부장관이 정한 범위 안에서 받도록 다음과 같이 규정되어 있다.

"대중골프장의 이용료 : 설치장소, 설치규모 및 다른 대중골프장의 이용료 등을 고려하여 문화체육관광부장관이 정하는 금액의 범위에서 이용료를 받아야 한다."

따라서 적정한 이용료를 책정하고 고시하기 위하여 실태조사와 연구가 이루어져야 하고 이를 문화체육관광부장관의 고시로 제정하여 이용료를 규제하는 것이 합법적이다.

또한 이러한 고시의 내용을 준수하지 않았을 경우에 제재방법이 현행법에는 없기 때문에 법령개정을 통하여 보완이 필요하다. 우선 「체육시설의 설치·이용에 관한 법률」상 조성비 및 조성비 법인 관련 조항을 공익적 관점에서 현 상태를 유지하면서 법령정비가 모색될 수 있다. 이는 법적 근거 미비 등을 보완하거나 벌칙 등의 규제를 강화하는 방안이다. 문화체육관광부 장관의 승인을 받지 않고 이용료를 인상한 경우와 잉여금의 처분 등에 대하여 입법적으로 흠결이 있어 이에 대한 제재조치를 강구할 수 없는 문제가 야기되므로, 법령을 개정하여 미비점을 보완하는 방안을 모색해야 할 것이다.

(2) 제2안 : 자율적 운영을 도모하는 방향의 법령을 정비하는 방안

근본적으로는 체육시설의 설치·이용에 관한 법령에서 대중골프장의 병설의무와 이를 둘러싼 조성비와 조성비로 설치된 법인제도 전반을 전면적으로 재검토하고, 규제완화 차원에서 이를 삭제하여 자율적인 운영체제로 전환하는 방안이다. 다만, 제3자에게 주식의 양도 등 법인의 자율적 운영을 도모하기 위하여 법령 등의 개정을 할 필요가 있다.

(3) 검토의견

앞의 2가지 방안 중에서 어느 방향을 선택할 것인가는 주무부처인 문화체육관광부의 정책적 판단사항에 달려 있다. 즉, 대중골프장 정책을 어떤 방향으로 추진해 나갈 것인가의 정책적인 문제로서 바람직한 대안모색이 필요하다.[32] 비록 조성비법 인의 형태가 문화체육관광부의 고시에 의하여 상법상 주식회사 형태로 운영되고 있 다고 할지라도 공익적 성격을 지니고 있기 때문에 자율적 운영으로 규제를 완화하 는 것은 제4법인이 설립되고 운영이 정착화 되어 입법목적이 달성된 후에 검토할 수 있을 것이다. 종합적으로 살펴 볼 때, 현행 규정의 미비점을 보완하고 일부 미비 한 사항에 대한 법령개정이 필요하므로 제1안이 더욱 바람직한 입법정책적 방향이 라고 할 것이다.

사업계획승인은 재량행위이므로 법령의 근거가 없더라도 조성비로 설립된 법인 에 대하여 동의가 있으면 사후부관을 붙이는 것은 허용된다고 할 것이다.

현행 체육시설의 설치·이용에 관한 법령의 규정에 따라 조성비로 설립되어 운 영중인 법인에 대하여 사업계획서, 잉여금처분계획서, 이용료 등에 대한 문화체육 관광부장관의 승인을 받도록 하는 것은 골프의 대중화를 실현하고자 회원제골프장 사업자에게 대중골프장병설의무와 조성비 납부의무를 부과하여 대중골프장을 건설 한 정책취지와 입법목적으로 보아 그 법인의 형태가 비록 상법상의 주식회사라 하 더라도 지나친 규제라 할 수 없다.

이러한 공익상의 목적으로 설립·운영하여 법인에서 발생한 이익잉여금은 행정 지도를 통하여 별도의 공익법인(민법상 사단법인 또는 재단법인)의 설립에 필요한 기본재산으로 편입되어 예치금제도의 본래 목적인 골프의 대중화 사업에 환원될 수 있도록 조치가 필요하다고 사료된다.

---

32) 우선은 이용료의 기준을 문화체육관광부에서 정하는 것이 중요하다. 아울러 사업계획 승인에 덧붙 여 이용료 등을 준수할 것은 부관으로 붙이는 방법이 있을 수 있다. 사업계획승인은 재량행위이므 로 법령의 근거가 없더라도 부관을 붙이는 것은 허용된다고 할 것이다. 다만 이미 사업계획승인을 얻은 경우에는 사후부관이 문제된다.

2. 법정책적 정비방안

(1) 제1안에 따르는 정비방안

현행 「체육시설의 설치·이용에 관한 법률 시행규칙」 제13조 제3항 제3호에 따라 조성비로 건설된 대중골프장의 이용료는 문화체육관광부장관이 정한 범위 안에서 받도록 다음과 같이 규정되어 있다.

"대중골프장의 이용료 : 설치장소, 설치규모 및 다른 대중골프장의 이용료 등을 고려하여 문화체육관광부장관이 정하는 금액의 범위에서 이용료를 받아야 한다."

따라서 적정한 이용료를 책정하고 고시하기 위하여 실태조사와 연구가 이루어져야 하고 이를 문화체육관광부장관의 고시로 제정하여 이용료를 규제하는 것이 합법적이다. 다만, 이용료 등 문화체육관광부 장관의 승인을 받지 아니한 경우에는 시정명령이나 과태료의 부과근거조항을 마련하는 등 제재방법이 마련되어야 할 것이다.

(가) 이용료 등 문화체육관광부 장관의 승인을 받지 아니한 경우에 대한 제재규정 마련

먼저 「체육시설의 설치·이용에 관한 법률」의 개정을 통하여 현행제도를 보완하는 방안이다.

체육시설업자의 준수 사항 중에 이용약관 등 회원 및 일반이용자와 약정한 사항을 지킬 것만으로는 이용료를 일방적으로 인상하거나, 주주의 이익 배당을 내용으로 하는 잉여금처분에 있어 문화체육관광부장관의 승인을 받지 아니한 경우 이에 대한 제재가 미흡하므로, 일부조항을 입법적으로 보완할 필요가 있다.

제22조 제1항 제4호 및 제5호를 다음과 같이 신설하는 방안이 제재의 실효성을 위하여 바람직하다.

제22조(체육시설업자의 준수 사항) ① 체육시설업자는 다음 각 호의 사항을 지켜야 한다.

4. 문화체육관광부장관의 승인을 받도록 법령이 정한 사항을 지킬 것
또는,

4. 대중골프장 조성비로 설립한 법인이 대중골프장의 설치장소, 설치규모, 이용료 및 이용방법 등에 관하여 법령이 정한 사항을 지킬 것 (법 시행령 제15조 제3항 규정의 법률로 승격)

제38조 제2항 제1-2호를 다음과 같이 신설하여, 1년 이하의 징역이나 300만원 이하의 벌금에 처하도록 제재처분을 강화할 필요가 있다.

만약에 이와 같은 벌칙을 통한 제재수단이 과도하다면 제40조에 100만원 이하의 과태료에 처하도록 제2-1호를 다음과 같이 신설하는 방안이 모색될 수 있다.

1-2. 제22조 제1항 제4호에 따른 법령상의 문화체육관광부장관의 승인절차를 받지 아니한 경우

또는,

1-2. 제22조 제1항 제4호에 따른 법령이 정한 사항을 지키지 아니한 경우

(나) 대통령령에 규정되어 있는 사항을 법률로 승격하여 규정

이는 법률에서의 위임이 포괄적이라서 위임입법의 한계를 벗어나 위헌의 여지가 있으므로, 위헌성 시비를 차단하고 중요한 입법사항이 하위법령에 규정되어 있는 경우에 법률로 승격하여 규정할 필요가 있다.

가령, 「체육시설의 설치·이용에 관한 법률 시행령」 제15조의 대중골프장 조성비의 관리 및 사용에 관한 사항중 제1항 내지 제5항에 관한 규정을 체육시설의 설치·이용에 관한 법률에서 규정하고, 다만, 「체육시설의 설치·이용에 관한 법률시행령」 제15조 제6항에 대하여만 비교적 중요도가 떨어지므로 대통령령에 위임하는

방안이 고려될 수 있다.

(다) 문화체육관광부 장관의 고시에 규정된 것 중에 부령이상으로 올려 규정하는 방안

「대중골프장조성비예치자의 법인설립 및 대중골프장의 규모에 관한 기준」 제3조를 「체육시설의 설치·이용에 관한 법률시행령」이나 동법 시행규칙에 규정하는 방향이 모색될 수 있다.

「체육시설의 설치·이용에 관한 법률 시행규칙」 제12조에 제5항을 다음과 같이 신설한다.

제12조(대중골프장 조성비의 예치방법) ① - ④ (생략)

⑤ 영 제15조 제1항의 규정에 의한 법인의 종류는 상법상 주식회사로 한다. 다만, 위 법인은 문화체육관광부장관의 승인을 얻어 잉여금을 사용하여 법인을 설립하는 등 골프의 대중화 정책을 추진하도록 할 수 있다.

(2) 제2안에 따르는 정비방향

(가) 조성비로 마지막 설립된 제4법인이 골프장을 건설하여 운영이 정상궤도에 오른 다음 당초의 정책목표와 입법목적이 달성된 것으로 판단되는 경우에는 그 운영은 자율적으로 하도록 하는 전제하에서, 현행 「체육시설의 설치·이용에 관한 법률」과 동법 시행령 및 동법시행규칙의 관련 규정을 전체적으로 삭제하여 제도를 폐지하는 방향의 제도개선이 필요하다.

(나) 위와 같은 전면적인 삭제가 무리라고 생각되면, 「체육시설의 설치·이용에 관한 법률시행령」 제15조 제3항에서 문화체육관광부장관의 승인사항 중에서 잉여금처분계획서 부분은 조성비로 설립된 법인이 상법상 주식회사 형태인 점을 감안할

때 이를 삭제하는 방향으로의 개정하면 된다.

(다) 문화체육관광부의 지침이나 조성비로 설립된 법인의 정관을 개정하여 자율적 운영의 폭을 넓히는 방향성을 모색할 필요가 있으나, 예치금을 반환받기 위한 방편으로 제3자에게 주식 전부를 양도하는 것이 허용될 것인지는 약간의 논란이 야기될 수 있을 것이다. 가령, 한국체육진흥주식회사 정관 제9조의 2(주식 양도 상대방의 제한) 제9조의 1 제1항의 경우에는 주식의 양도 상대방은 이 회사 주주명부에 기재된 주주에 한한다고 규정하고 있으나, 이 부분을 삭제하여 제3자에게 매각할 수 있는 여지를 마련하도록 규정되어 있다면 제3자에게 매각할 수 있는 여지가 있으나, 그렇다고 하더라도 법인이 설립된 이후에 이를 타인에 양도할 수 있는 법령상의 제도를 설계한 후에 가능하다고 보는 것이 타당할 것으로 사료된다. 물론, 한국체육진흥주식회사의 정관 제9조의 6(주식보유의 제한)에서 보는 바와 같이 "이 회사의 주식은 1개의 주주사가 발행 주식총수의 20%를 초과하여 보유하여서는 아니 된다"고 되어 있는 규정과 같은 정관의 규정은 주식양도의 걸림돌로 작용하므로 이와 같은 정관의 규정의 정비가 선행되어야 할 것이다

(라) 아울러 조성비 법인에 참여한 회사가 제3자에게 주식 전부를 양도하는 것이 문화체육관광부장관의 승인을 받을 경우에 허용되도록 하는 내용의 제도개선을 검토할 수 있다. 다만, 대중골프장 예치금 조성비로 설립된 법인을 둔 제도적 취지가 몰각될 위험성이 있어 법리적으로 문제가 될 수 있다. 만약에 법령을 개정하게 된다면 「체육시설의 설치·이용에 관한 법률시행령」 제15조 제1항 및 제4항 제3호의 규정을 개정하여 일부사항을 아래와 같이 추가 신설하는 것이 필요하다고 할 것이다.

제15조(대중골프장 조성비의 관리 및 사용) ① 대중골프장 조성비의 예치자는 법 제15조 제1항에 따라 대중골프장 조성비를 예치자 공동으로 대중골프장의 설치·운영에 관한 사업에 투자하려면 문화체육관광부령으로 정하는 바에 따라 그 예치자가

공동으로 대중골프장의 설치·운영을 목적으로 하는 법인을 설립하여야 한다. 다만, 그 예치자의 경영난 등으로 인하여 부득이 법인설립에의 참여가 곤란하다고 인정하는 경우에는 문화체육관광부장관의 승인을 얻어 다른 예치자나 제3자에게 그 지위를 양도할 수 있다.

②-③ (생략)

④ 대중골프장 조성비 관리기관과 제1항에 따른 법인은 대중골프장 조성비를 다음 각호에 따라 관리한다.

1.-2. (생략)

3. 대중골프장 조성비 관리기관과 제1항에 따른 법인은 법 제31조에 따라 회원제 골프장업의 사업계획 승인이 취소된 경우와 예치자가 회원제 골프장의 운영의 적자 등으로 인하여 법인설립 시에 법인의 설립에 참여하는 것이 곤란하여 문화체육관광부장관의 승인을 얻은 경우 외에는 예치받거나 이관 받은 대중골프장 조성비를 예치자(그의 지위를 승계한 자를 포함한다)에게 반환하지 말 것

V. 요약 및 결론

체육시설의 설치·이용에 관한 법령상으로 대중골프장 조성비로 설립된 법인의 운영과 관련하여 지도·감독적 차원에서 일부 입법정책상의 보완필요성이 있다. 조성비로 설립된 법인의 형태가 상법상의 주식회사이지만 「체육시설의 설치·이용에 관한 법률시행령」에 그 설립근거가 있는 공익적 관점에서 설립된 법인으로 완전한 자율적 운영을 염두에 두고 설립된 것은 아니라는 것을 쉽게 알 수 있다. 대중골프장 병설의무에 갈음하여 조성비를 예치하여 공동으로 법인을 설립하도록 한 것이 분명하므로 효율적인 법인 운영을 위해 적절한 행정적인 지도·감독을 수반하게 되는 것은 당연하게 받아들여지는 것이다.

이러한 공익적 성격을 가진 법인을 운영하여 발생한 이익잉여금이 누적되고 있

는 경우라면 당초의 입법목적에도 수익성을 전제로 대중골프장을 건설하도록 한 것이 아니므로, 이러한 잉여금이 이 제도의 본래 목적인 골프의 대중화에 올바르게 쓰여질 수 있도록 정책을 수립하여야 할 것이다. 비록 조성비법인의 형태가 문화체육관광부의 고시에 의하여 상법상 주식회사 형태로 운영되고 있다고 할지라도 공익적 성격을 지니고 있기 때문에 자율적 운영으로 규제를 완화하는 것은 제4법인이 설립되고 운영이 정착화 되어 입법목적이 달성된 경우에 검토할 수 있으므로, 현행 규정의 미비점을 보완하고 일부 미비한 사항에 대한 법령개정이 바람직한 입법정책적 방향이라고 할 것이다.

사업계획승인은 재량행위이므로 법령의 근거가 없더라도 부관을 붙이는 것은 허용된다고 할 것이며, 이미 사업계획의 승인을 받은 법인의 경우에도 동의를 얻어 이에 관한 사항을 사후부관을 붙이는 것도 가능할 것이다.

현행 체육시설의 설치·이용에 관한 법령의 규정에 따라 조성비로 설립되어 운영중인 법인에 대하여 사업계획서, 잉여금처분계획서, 이용료 등에 대한 문화체육관광부장관의 승인을 받도록 하는 것은 골프의 대중화를 실현하고자 회원제골프장 사업자에게 대중골프장병설의무와 예치금납부의무를 부과하여 대중골프장을 건설한 정책취지와 입법목적으로 보아 그 법인의 형태가 비록 상법상의 주식회사라 하더라도 지나친 규제라 할 수 없다.

대안으로는 행정지도를 통하여 별도의 공익법인(민법상의 사단법인 또는 재단법인)을 설립하여 조성비로 설립된 법인의 운영으로 발생하는 잉여금을 합리적으로 관리 운영할 수 있도록 하는 것을 제안하였다.

규제완화차원에서의 자율적 운영에 대한 기대에 따라 이러한 민원을 해소하는 방안을 강구하는 것은 조성비로 설립된 마지막 법인인 제4법인이 골프장을 건설하여 정상적인 운영이 되고 난 후에 전면적인 검토를 하더라도 늦지 않을 것이다.

현행법의 해석론(de lege lata)으로서는 비록 주식회사 형태로 운영되고 있다고 하지만, 대중골프장 조성비로 설립된 법인은 설립 근거가 「체육시설의 설치·이용에 관한 법률시행령」의 규정이고 골프장 대중화라고 하는 공익적 측면이 강조될 수밖에 없는 연혁적 이유 등에 비추어 현행 법령체계를 전제로 할 때 완전한 민간자율적인 운영을 허용하는 방향으로 해석하는 것은 무리가 따른다고 보여 진다. 해석론에서 금기시 하는 것은 해석가능한 의미를 넘어서는 과도한 확장해석으로 만약에 확장해석을 통하여 문제를 해결하려고 할 경우에는 기왕에 형성된 법적 안정성을 유지하기 어렵고, 국민적 신뢰를 잃을 수 있기 때문이다.

결국 입법론적 내지 법정책적 관점(de lege ferenda)에서 접근하는 것이 필요하다. 대중골프장의 병설의무제도가 국민의 재산권침해우려 등의 차원에서 한시적으로 운영되어 왔으나, 이로 인하여 대중골프장이 확산되는 계기로 작용한 점이라거나 조성비로 설립한 법인이 운영하는 대중골프장은 그야말로 저렴한 가격으로 일반인이 이용할 수 있도록 행정적 규제를 좀 더 철저히 하면서 앞에서도 검토한 바와 같이 법치주의의 관점에서 위헌성의 시비를 불식시키면서 입법적으로 미비된 사항을 보완하는 제도개선 노력을 기울일 필요가 있다.

아울러 문화체육관광부는 대중골프장 조성비로 설립된 법인에 대하여 「체육시설의 설치·이용에 관한 법률시행령」 제15조 및 동법 시행규칙 제15조에서 규정하는 바에 따라 대중골프장 조성비 사용계획이 적정한지 또한, 사업계획의 타당성이 있는지 등을 사전에 검토해서 대중골프장 조성비가 목적대로 쓰이고 있는지 등을 지도·감독하는데 있다 할 것이며, 일반 서민들이 저렴한 이용료로 이용할 수 있도록 하기 위하여 골프장의 설치장소, 설치 규모, 이용료 및 이용방법에 관한 사항을 규정하여 관리하는데 있다 할 것이다.

다만, 조성비로 대중골프장을 건설하여 영업을 개시하는 법인이 제시하는 이용료에 대해서 승인하는 방식으로 대처할 것이 아니라 문화체육관광부에서는 법령에서 정하도록 되어있는 이용요금의 구체적인 기준을 마련하여 고시로 제정할 필요가 있으며, 대중골프장이 사실상 회원제로 운영되는 폐단을 시급히 차단하는 것이 문화체육관광부의 역할이라고 보여진다.[33] 이용료를 무단으로 인상하거나 잉여금을

---

33) 정정일, 「골프장 회원의 권익보호를 위한 법적고찰」, 『법학연구』 제33집, 2009. 2, 153-154면.

주무관청의 승인을 받지 않고 배당하는 경우에 실효적인 제재수단을 마련할 필요가 있다.

중기적으로는 대중골프장 병설의무를 이행하지 못하여 조성비를 납부한 회원제 골프장 사업자가 주식을 다른 예치자나 제3자에 전부 양도하기 위해서는 문화체육관광부 장관의 승인사항으로 규정을 보완하거나 조성비 설립 법인의 정관을 개정하여 주식의 양도의 제한을 완화하는 등 선행조치를 마련할 필요가 있으며, 현행법의 해석만으로는 주식의 양도 등을 1인에게 하여 투자금을 회수하는 것은 탈법행위를 용인하는 것이 되어 법리적으로 타당하다고 볼 수 없다.

장기적으로는 체육시설의 설치・이용에 관한 법령상의 대중골프장 병설의무제도와 이에 파생된 조성비법인에 대한 운영 전반에 대한 전면적인 폐지를 할 필요가 있으며, 그 시기는 최근 설립된 제4법인이 골프장을 건설하여 어느 정도 정상적인 운영이 이루어져서 정책목표와 입법목적이 달성된 후가 되어야 할 것이다. 그 시점에서는 시장원리에 따라 자율적으로 이용료를 정하도록 하는 등 자율적 운영을 보장하는 것이 타당하다고 판단된다.

제3절 스포츠산업의 발전과 제조물책임

이 절에서는 스포츠산업의 발전에 따른 스포츠제조물의 위험성, 스포츠제조물의 범위와 결함유형, 제조물책임법의 적용문제 등을 검토하여 보기로 한다.[34]

---

34) 이 절은 필자의 논문 「스포츠산업의 발전과 제조물책임」(『스포츠와 법』 제9권, 한국스포츠엔터테인먼트법학회, 2006, 199-228면)을 수정 보완한 것임을 밝힌다.

Ⅰ. 스포츠제조물의 위험성

1. 스포츠산업과 스포츠제조물

오늘날 스포츠와 관련된 인간의 활동영역은 대단히 넓어지고 있다. 근로시간의 단축, 개인의 소득증대 등으로 스포츠는 다양한 역할과 함께 그 영역이 확대되고 있다. 스포츠는 이제 개인의 육체적·정신적 건강을 증진하고 여가와 취미의 영역에 머무르지 않고 산업구조를 변화시키는 원동력이 되고 있다. 스포츠가 사회경제적인 역할을 수행하면서 상업화의 과정을 거치면서 스포츠산업의 발전을 도모하게 된 것이다. 모든 형태의 신체활동이 스포츠산업의 대상이 되어가고 있는 것이다. 특히 스포츠의 생활화·직업화·국제화는 스포츠산업을 광역화·전문화하는데 크게 기여하였다. 스포츠산업의 내수시장은 1998년 올림픽경기대회 이후 비약적인 규모로 확대되었다.[35]

참여 스포츠의 폭발적 증가로 인하여 이제 스포츠용품의 제조는 단순히 직업선수만을 대상으로 하는 특화된 상품이 아니라 생활용품과 마찬가지로 일반화되었다. 가정마다 스포츠관련 용품의 소지가 급증하고 있다. 또한 관람 스포츠를 통한 대리만족의 욕구가 팽배해지면서 프로스포츠가 활성화되고 전문 스포츠시설이 점점 늘어나고 있는 실정이다.

스포츠사업이 활성화되면서 스포츠제조업과 스포츠시설업이 크게 발전하게 되었다. 스포츠제조업은 스포츠용품, 스포츠식품, 스포츠전기·전자제품 등의 '스포츠제조물'을 생산·유통시키면서 산업 활동을 한다. 스포츠시설업에도 여러 가지 스포츠제조물이 사용된다. 이러한 스포츠제조물도 다른 분야의 제조물처럼 설계단계에서 제조·유통과정을 거치면서 결함이 발생할 수 있으며, 이에 따른 피해자가 손해를 입을 수 있는 것이다.

여기서는 스포츠산업의 발전에 따른 스포츠제조물의 위험성, 스포츠제조물의 범

---

35) 한국체육과학연구원, 『한국 스포츠산업 육성방안 연구』, 1998, 11면.

위와 결함유형, 제조물책임법의 적용문제 등을 검토하여 보기로 한다.

2. 스포츠제조물의 위험성

스포츠용품, 서비스, 시설 등과 관련된 각종 제조물도 안정성이 결여되어 사람의 생명, 신체, 재산을 위협하는 위험성을 내포하고 있다. 스포츠제조물에는 스포츠 용품이나 장비를 비롯하여 스포츠식품·음료, 스포츠어페럴, 스포츠경기장의 시설물 등이 있다. 이러한 제조물은 생활스포츠, 프로스포츠, 학교스포츠 등에서 언제나 사용되기 때문에 그 위험성은 늘 존재한다고 볼 수 있다. 스포츠 경기 중에만 이러한 제조물로부터 위험성의 위협을 받는 것이 아니라 일상생활에 항시 내재하고 있다고 볼 수 있다.

Ⅱ. 스포츠제조물에 대한 결함책임의 법리

1. 제조물책임의 개념과 판례의 동향

(1) 제조물책임의 개념

제조물책임(PL)이란 "결함 제조물로 인하여 이용자·소비자 또는 제3자가 입은 손해에 대한 책임"이라고 일반적으로 정의한다. 「제조물책임」은 원래 1950년대 미국의 보험업계에서 처음 쓰기 시작한 "Product Liability"를 각국에서 법률용어로 수용한 것이다. 이 책임의 본질은 제조물의 결함, 즉 위험성에 수반하여 발생된 손해에 관여한 모든 사람에게 부담시키는 위험책임이라는 측면에서 파악되었다. 따라서 책임주체를 제조자에 국한시키지 않고 수입업자·상표사용자·부품생산자·설계자 등 결함생산물에 관련된 모든 사람들이라고 보아서 "생산물책임" 또는 "제조물책임"이라고 부르게 되었다. 특히 "제조물책임"이란 용어는 일본의 학계에서 사용하기 시작한 것을 한국의 학계에서 그대로 받아들여 쓰게 되었다. 한국에서는 2000년

1월 12일 제정되어 2002년 7월 1일부터 효력이 발생한 법률도 <製造物責任法>이라고 하였다.

제조물책임이란 일반적으로 「결함 있는 제조물을 통해 그 제조물의 이용자·소비자 또는 제3자가 입은 손해에 대한 책임」이라고 이해된다. 즉, 결함 제조물의 사용 및 소비로 인하여 그 제조물의 이용자, 소비자, 또는 제3자가 생명, 신체, 또는 재산상의 손해를 입었을 때, 그 제조물의 제조자에게 손해배상을 하도록 하는 민사책임이다.

한국의 제조물책임은 민법상 불법행위책임법의 일부분으로 1970년대부터 학설 및 판례에 의하여 꾸준히 발전되어 왔다. 세계적인 추세에 따라 2000년 1월 12일 <제조물책임법>이 제정되어 2002년 7월 1일부터 민법의 특별법으로 시행되고 있다.

(2) 기존 판례의 동향

1975년 이후 현재까지 제조물책임과 관련된 우리나라의 판례를 분석하여 보면, 제조물책임법이 제정되기 이전부터 제조물책임의 개념을 도입하여 불법행위에 의한 손해배상책임을 추궁하였다.

민법 제 740조에 근거한 일반불법행위책임을 묻기 위한 과실요건을 적용함에 있어서, 제조물의 결함이 인정되면 그로부터 위험방지의무의 위반을 추론한 판례가 많았고, 이 경우에 실질적으로 '결함'이 불법행위의 구성요건상 중요한 기능을 담당하여 왔다. 즉, 제조물책임의 요건으로 거론되는 제조물의 결함, 그 결함에 대한 제조자의 과실, 결함과 손해발생 사이의 인과관계 등의 해석이나 입증에 있어서 제조물책임만이 가지는 특수성을 감안하여 다른 책임에 비추어 제조자에게 무거운 책임을 부과하려는 노력이 시도되어 왔다는 것을 알 수 있다.

변압변류기폭발사건[36]이나 노래방 기기사건[37], 자동차화재사건[38] 등에서 볼 수

---

36) 대판 1992.11.24., 92다18139.
37) 대판 1999.2.5., 97다26593.

있듯이 제조물책임과 결함의 개념을 정의하고 있지만, 결함의 유형을 설정하여 제조자의 행위의무의 내용을 구별함으로써 결함의 판단기준을 정립할 수 있는 판례는 보이지 않는다.

또한 경상사료사건[39]에서는 제조상의 결함 및 그에 대한 피고의 과실과 인과관계를 추정하여 간접사실에 의한 제조자의 과실을 사실상 추정하였고, 변압변류기폭발사건에서는 내구연한이 지나기도 전에 사고가 발생하였다면 결함이 있는 것으로 추정하였다. 2000년도 TV폭발사건[40]과 자동차화재사건 등에서도 동일한 판결이 계속되었는데, 특히 TV폭발사건에서는 정상적인 사용 상태에서 사고가 발생한 경우에 그 사고가 제조자의 배타적 지배 내에서 발생하였고, 누군가의 과실에 의하지 않고서는 발생할 수 없다는 사실을 피해자가 입증한다면 그 제품에는 유통에 둔 단계에서 이미 사회통념상 당연히 구비하리라고 기대되는 합리적 안정성을 갖추지 못한 결함이 존재한다고 추정하여 피해자의 입증책임을 경감하는 명확한 태도를 보여주고 있다.

2002년 7월부터 제조물책임법이 시행된 후에 최근에 자동차급발진사고에 대한 대법원 판결이 나왔다.[41] 이 판결에서 대법원은 "급발진사고가 운전자의 액셀러레이터 페달 오조작으로 발생하였다고 할지라도, 만약 제조자가 합리적인 대체설계를 채용하였더라면 급발진을 방지하거나 그 위험성을 감소시킬 수 있었음에도 대체설계를 채용하지 아니하여 제조물이 안전하지 않게 된 경우 그 제조물의 설계상 결함을 인정할 수 있지만, 그러한 결함의 인정 여부는 제품의 특성 및 용도, 제조물에 대한 사용자의 기대의 내용, 예상되는 위험, 위험에 대한 사용자의 인식, 사용자에 대한 위험회피의 가능성, 대체설계의 가능성 및 경제적 비용, 채택된 설계와 대체설계의 상대적 장단점 등 여러 사정을 종합적으로 고려하여 사회통념에 비추어 판단하여야 한다"고 판시하였다. 이 판결이 결함의 판단기준이나 판단요소들이 너무 추

---

38) 대판 2000.7.28., 98다35525.
39) 대판 1977.1.25., 75다2092.
40) 대판 2000.2.25., 98다1593.
41) 대판 2004.3.12., 2003다17771.

상적이라는 비판도 있지만, 구체적인 기준을 제시하려는 노력이 엿보이고 있다고 볼 수도 있다. 즉 결함의 일반적인 기준으로 인정되는 '위험성' 개념이나 설계상의 결함에서 인정되는 '합리적인 대체설계'와 '소비자기대수준' 등을 판단기준으로 제시한 것은 긍정적으로 평가될 수 있다. 다만 우리나라 판결에 <과실책임>의 판단기준에서도 늘 등장하는 '사회통념에 비추어 판단하여야 한다'라는 애매모호한 추상적인 기준이 설득력이 약하다고 볼 수 있다.

2. 결함 스포츠제조물 피해자의 대한 보호범위

제조물책임법 제1조에는 "이 法은 製造物의 缺陷으로 인하여 발생한 損害에 대한 製造業者 등의 損害賠償責任을 規定함으로써 被害者의 보호를 도모하고 國民生活의 安全向上과 國民經濟의 건전한 발전에 기여함을 目的으로 한다."고 규정하였다.

이 규정을 살펴보면 제조물의 결함에 의해 피해가 발생한 경우에 「피해자의 보호」를 설정하였다. 또한 이러한 직접적인 목적을 통하여 기대되는 목적으로서 「국민생활의 안전향상과 국민경제의 건전한 발전에 기여할 것」을 들고 있다.

제조물의 결함에 의해 생명·신체 또는 재산에 손해를 입을 수 있는 주체는 소비자에 한정되지 않는다. 주로 당해 목적물을 자신을 위해서 사용·소비하는 자를 염두에 두는 것은 말할 필요도 없지만, 제3자도 해당된다. 예를 들면 스포츠경기 중에 결함 있는 스포츠용품이나 시설물로 인하여 스포츠참가자(선수)가 사고를 당하는 경우는 물론이고, 스포츠관람자, 보행자, 제3자 등과 같이 운동경기와 직간접적인 관계에서 사고를 당한 사람들도 보호된다는 것이다. 물론 이 법에 이어서 피해자라 함은 자연인뿐만 아니라 법인도 포함하는 취지이다.

따라서 이 법에서는 그 목적을 소비자이익의 옹호 또는 증진에 한정하지 않고, 넓게 「피해자의 보호를 도모함」을 목적으로 하고 있다.

3. 스포츠제조물의 범위

제조물책임법 第2條(定義) 1호에서 "'製造物"이라 함은 다른 動産이나 不動産의 일부를 구성하는 경우를 포함한 製造 또는 加工된 動産을 말한다.'고 규정하고 있다.

제조물책임은 기본적으로 현재의 대량생산·대량소비의 형태를 가지고 있는 제조물을 대상으로 하고 있다. 이 조항에서 제조물의 범위를 「제조 또는 가공된 동산」으로 제한하고 있다.

여기에서 「제조」라 함은 제조물의 설계·가공·검사·표시를 포함한 일련의 행위로서 일반적으로 원재료에 손을 가하여 새로운 물품을 만드는 것을 의미하며 생산보다는 좁은 개념이다. 즉 제2차 산업에 관계있는 생산행위를 가리키며 1차 산업이나 제3차 산업에서의 사용되는 생산행위는 포함하지 않는다. 따라서 서비스의 제공으로 인하여 발생한 피해에 대하서는 본법의 적용이 없다.

또한 「가공」이라 함은 재료에 공작을 가하여 새로운 속성을 부가하거나 가치를 더하는 것을 의미한다. 예컨대 식품의 조미·냉동·건조 등이 가공에 해당한다고 하겠다. 따라서 전혀 이러한 의미의 제조·가공이 가해지지 않은 천연적인 산물 즉 미가공 농산물·축산물·임산물 등은 동산임에도 불구하고 본법의 적용대상인 제조물에는 포함되지 않는다.

그리고 우리 민법은 「본법에서 물건이라 함은 유체물 및 전기 기타 관리할 수 있는 자연력을 말한다」(민법 제98조)고 하여 「물건」을 정의하고, 나아가서 「부동산 이외의 물건은 동산이다」(민법 제99조 제2항)라고 하여 「동산」을 정의하고 있다. 따라서 본법의 대상이 되는 제조물은 부동산을 제외한 모든 유체물과 무체물이더라도 관리할 수 있는 자연력, 즉 전기·가스 등을 포함한다.

어떠한 제품이 본 법의 적용대상인 '제조물'에 포함되느냐의 문제는 구체적인 경우에 법의 목적인 피해자구제를 고려하여 개별적으로 확정해야 한다. 일반적으로 스포츠에 사용되는 용구(볼, 라켓, 스케이트, 스키, 골프채, 낚시용품 등), 경기장의 시설물로 이동이 가능한 경기시설(넷트, 골대, 탁구대 등), 스포츠식품·음료 등은 이법의 '제조물'이 분명하다. 그런데 다음과 같은 특수한 스포츠 제조물은 논란이 있을 수 있다.

(1) 스포츠시설물의 전기 등의 에너지

일반적으로 스포츠시설물에 설치된 전기 등 에너지의 결함은 에너지 발생장치의 결함으로부터 기인하므로 피해자는 에너지 발생장치의 결함에 대해 그 제조자에게 손해배상을 청구할 수 있다. 그러나 에너지의 경우도 품질을 가지고 있으므로 이러한 에너지 자체의 결함이 에너지를 사용하는 전기제품 등을 통해 소비자에게 손해를 입힐 수 있다.

미국의 경우 대다수의 주에서 전기의 공급행위를 서비스로 보아 엄격책임의 적용대상에서 제외하였다. 그러나 판례 중에는 고객에게 공급된 전기 자체는 제조물이라고 보는 견지에서 고압전류를 가정에 공급하였기 때문에 발생한 화재 등에 대하여 소비자기대기준을 적용하여 전력회사에게 엄격책임을 인정한 것도 있으며,[42] 제조물책임법 리스테이트먼트 "전기 기타 유형통산이 아닌 물건이라도 그 공급과 사용이 유형동산의 경우와 유사"한 경우에는 제조물로 보고 있다.[43] EC지침의 경우는 제2조에서 전기를 제조물의 범위에 포함시키고 있으나, 열·자기·방사선 등 다른 에너지에 대해서는 언급이 없다. 일본은 민법에서 물건을 유체물에 한정하고 있고, 제조물책임법에서도 전기를 제조물에 포함한다는 규정을 두고 있지 않다.[44]

---

42) Dan B. Dobbs, The Law of Torts(West Group, 2000), p.1041 ; Stein v. Southern California Edison Co., 7 Cal. App. 4th 565, 8 Cal.Rptr. 2d 907 (1992) ; Beacon Bowl, Inc. v. Wisconsin Elec. Power Co., 176 Wis. 2d 740, 501 N.W. 2d 788 (1993).

43) Restatement of Products Liability §19(a).

44) 이러한 일본민법 제조물책임법의 해석으로도 배타적 지배가 가능한 전기 등의 에너지나 磁氣情報는 유체물로써 제조물책임법의 대상에 포함시킬 수 있다고 보는 견해와 가스와 달리 전기는 저장이 불가능하므로 부정적으로 보는 견해 등이 있다. 松本恒雄, 「製造物の意義と範圍」, 『ジュリスト』 No.1051(1994. 9. 1), 28면 이하.

(2) 스포츠관련 소프트웨어 등 지적재산

과학화 · 정보화 사회가 전개되면서 지적산물인 소프트웨어가 직 · 간접적으로 우리 사회와 개인에게 미치는 영향은 막대하다. 예컨대 스포츠시설을 제어하는 소프트웨어의 결함으로 큰 사고를 일으킬 수도 있으며, 결함 있는 소프트웨어가 유통 · 판매되어 개인의 컴퓨터에 들어가 다른 재산적 손해를 가져올 수도 있는 것이다. 여기서 소프트웨어에 대한 제조물책임법의 적용 여부가 문제된다.

정보나 소프트웨어는 그 자체로 인해 인적 손해 또는 화재 등의 위험성이 없고 계약법상의 하자담보책임으로 구제받을 수도 있으며, 더욱이 정보나 소프트웨어의 개념 · 내용 · 기능 등이 다양하여 정보 일반에 대하여 무과실책임을 지우면 자유로운 정보유통과 언론 · 학문의 발전에 저해요소가 될 수 있다고 하여 제조물책임법의 적용대상이 아니라고 하는 견해가 있다.[45][46]

또한 플로피디스켓이나 **CD-ROM** 등에 저장되어 유통되는 형태의 소프트웨어에 대해 用役이라고 하는 견해가 있으나, 이 역시 제조물로 인정할 수 있다고 본다.

소프트웨어에 관한 논란과 관련하여 독일에서는 전기가 제조물에 해당된다는 점을 중시하여 소프트웨어도 전기의 흐름이라는 판단하에 제조물의 개념에 포함시켜야 한다는 논의가 심도 있게 거론되고 있다. 이를 고려하면서, 전기도 동산에 포함시키고 있는 우리 제조물책임법에서 소프트웨어를 동산으로 해석하는데 별 문제는 없다고 본다.[47]

상업용 소프트웨어는 제조물을 포함시키는 데 별 문제가 없겠으나 일정기간 사용해 본 뒤에 대금을 지불하는 셰어웨어 소프트웨어란 무료로 공개된 소프트웨어는 지시 · 경고의 표시가 제대로 갖추어진 이상 제조물책임법의 대상에서 제외시키는

---

45) 권태승, 「소프트웨어와 제조물책임법」, 『정보산업』 제173호, 1996. 9, 31면 ; 박영식, 「소프트웨어의 하자와 제조물책임법」, 『월간 코머스』, 2000. 10 참조.

46) 지적산물의 하나인 서적인 유체물로서 하나의 제품이므로 제조물책임법이 적용될 수 있지만, 서적의 내용에 의해 손해가 발생한 경우에 그 저자 · 출판사 · 판매업자 등에게 손해배상을 청구할 수는 없다는 것이 일반적이다.

47) 第208回 국회 재정경제위원회회의록 第8號, 12면 참고.

것이 바람직하다고 생각한다. 이는 일종의 시험제품의 성격을 가지는 것으로 상업성이 약하며, 자유로운 정보유통과 과학기술의 발전 등을 고려해야 하기 때문이다.

(3) 스포츠를 위한 혈액과 혈액제제 및 신체장기

혈액과 혈액제제 또는 신체장기가 제조물책임과 관련하여 논의되는 것은 의료행위의 일환으로 수혈 등이 이루어진 경우 이를 공급받은 자가 이로 인하여 생명 또는 신체의 피해를 입을 수도 있기 때문이다. 특히 수혈된 혈액이 각종 바이러스에 오염되어 있던 경우 이로 인하여 환자는 전혀 예기치 못한 질병에 감염되는 커다란 피해를 입게 된다.

혈액이나 신체장기의 경우 신체에서 분리됨과 동시에 유체물인 동산이 되는 것은 분명하다. 그러나 이들은 제조물책임의 적용대상으로 본다면 그 제공자 또는 의료행위자에게 책임을 물을 수 있어야 하는데, 전자는 채혈 또는 장기의 적출대상일 뿐 제조자라고 할 수 없으며, 후자 또한 혈액 또는 장기의 제조·판매자가 아니라 의료행위라는 용역의 제공자로 보아야 한다. 따라서 의료행위에 대한 책임을 묻는 것과 별개의 제조물책임을 물을 수는 없는 것이다.[48] 결국 혈액이나 신체장기는 제조물책임의 대상에서 제외되어야 하고, 우리 제조물책임법의 해석도 이와 동일하다.

그러나 혈액 자체가 아니고 일부성분을 추출·가공한 혈액제제[49]는 수혈용이라고 하더라도 혈액에 보존액이나 항응고제가 첨가되는 등 인공적인 가공처리를 거친다는 점에서 제조물이라고 볼 수 있고, 그 제조공정에서 검사가 가능하여 위험을 예견할 수 있다는 점 등에서 제조물책임의 적용대상이 된다고 하여야 한다. 물론 이러한 혈액제제는 많은 경우에 의약품에 포함될 수 있을 것이다.

---

48) 朝見行弘,「製造物責任の適用範圍」, 97면 ; 松本恒雄,,「製造物の意義と範圍」,『ジュリスト』No.1051, 1994. 9, 27면. 여기서는 신체장기 뿐만 아니라 인공수정에 있어서 정자·난자·수정란에 대해서도 언급하고 있다.

49) 혈액제제를 크게 나누면 전혈제제·혈액성분제제 및 혈장분획제제가 있는데, 전혈제제라 함은 血液의 모든 성분을 포함한 자체를 말하는 것이며, 혈액성분제제는 혈액중 적혈구나 혈장·혈소판에 해당하는 성분으로 나누어지는 것이고, 혈장분획제제는 혈액중의 유효성분을 추출·가공한 것이다.

4. 결함 : 책임요건

제조물책임법 제2조 2호에는 다음과 같이 결함을 정의하고 있다. 스포츠제조물의 결함판단 기준도 이 규정을 적용해야 할 것이다.

> 第2條(定義) 이 法에서 사용하는 用語의 定義는 다음과 같다.
> 2. "缺陷"이라 함은 당해 製造物에 다음 各 目의 1에 해당하는 製造·設計 또는 表示상의 缺陷이나 기타 通常的으로 기대할 수 있는 安全性이 缺如되어 있는 것을 말한다.
>> 가. "製造上의 缺陷"이라 함은 製造業者의 製造物가에 대한 製造·加工상의 注意義務의 이행여부에 불구하고 製造物이 원래 의도한 設計와 다르게 製造·加工 됨으로써 安全하지 못하게 된 경우를 말한다.
>> 나. "設計上합의 缺陷"이라 함은 製造業者가 합리적인 代替設計를 채용하였더라면 被害나 危險을 줄이거나 피할 수 있었음에도 代替設計를 채용하지 아니하여 당해 製造物이 安全하지 못하게 된 경우를 말한다.
>> 다. "表示上의 缺陷"이라 함은 製造業者가 합리적인 說明·指示·警告 기타의 表示를 하였더라면 당해 製造物에 의하여 발생될 수 있는 피해나 위험을 줄이거나 피할 수 있었음에도 이를 하지 아니한 경우를 말한다.

(1) 결함의 개념

결함에 대하여 우리 대법원은 1992년의 변압변류기폭발사건에서 "제품의 구조, 품질, 성능 등에 있어서 현대의 기술수준과 경제성에 비추어 기대가능한 안전성과 내구성을 갖추지 못한" 결함 또는 하자로 인해 소비자에게 손해가 발생한 경우에 제조업자는 계약상의 배사의무와 별개로 불법행위로 인한 손해배상의무를 부담한다고 판시하였다.[50] 이 판결에서 결함과 하자를 구별하지는 않았지만 제조물의 구체적인 결함판단기준으로 "현재의 기술수준과 경제성"을 제시하면서, 결함의 개념을 기대가능한 안전성과 내구성을 갖추지 못한 것이라고 하여 통일적으로 접근하려

---

50) 대판 1992. 11. 24, 92다18139.

고 하였다.

동법은 제2조에서 제조상의 결함, 설계상의 결함, 지시·경고상의 결함을 포괄하여 "통상적으로 기대할 수 있는 안전성이 결여된 상태"라고 정의하고 다음과 같이 3가지 유형의 결함에 대해 예시적으로 정의하고 있다.

1) 제조상의 결함이란 "제조업자의 제조물에 대한 제조·가공상의 주의의무의 이행여부에 불구하고 제조물이 원래 의도한 설계와 다르게 제조·가공됨으로써 안전하지 못하게 된 경우"를 의미한다.

2) 설계상의 결함이란 "제조업자가 합리적인 대체설계를 채용하였더라면 피해나 위험을 줄이거나 피할 수 있었음에도 대체설계를 채용하지 아니하여 당해 제조물이 안전하지 못하게 된 경우"를 의미한다.

3) 지시·경고상의 결함이란 "제조업자가 합리적인 설명·지시·경고 기타의 표시를 하였더라면 당해 제조물에 의하여 발생될 수 있는 피해나 위험을 줄이거나 피할 수 있었음에도 이를 하지 아니한 경우"를 의미한다.

이처럼 3가지 결함유형에 대한 각각의 개념을 예시적으로 규정하면서 다시 포괄적인 기타의 결함을 정의함으로써, 알려지지 않았거나 장차 나타날 수 있는 새로운 유형의 결함에 대비하고 있다.

(2) 결함의 판단기준

기존의 우리나라 판례는 민법상의 과실 책임에 근거한 불법행위의 범위를 이탈하지 않으려는 태도를 보여 왔다. 따라서 결함의 개념이나 유형, 결함의 판단기준을 제시한 사례를 찾기도 어렵다. 다만, 1992년 '변압변류기폭발사건'[51]에서 "제품의 안전성과 내구성을 갖추지 못하였을 때"에 결함이 있다고 하여 결함개념을 정면으로 인정하면서, "현대의 기술수준과 경제성에 비추어 제조자에게 요구되는 책임을 다하였는가"라고 하는 결함의 판단기준을 제시한 바 있다. 또한 1995년의 'TV폭발

---

51) 大判 1992. 11. 24, 92다18139.

사전Ⅰ[52]에서는 "현대의 기술수준과 경제성에 비추어 기대 가능한 범위 내의 안전성과 내구성을 갖추지 못한 결함"이라고 하여, 결함판단기준에 관하여 표면상으로는 소비자기대기준을 언급하고 있다.

이에 대해 제조물책임법은 제2조에서 결함을 "통상적으로 기대할 수 있는 안전성이 결여되어 있는 것"이라고 규정하고, 이어서 제조상의 결함, 설계상의 결함, 지시·경고상의 결함에 대하 각각 정의하고 있는데 역시 결함의 판단기준에 대해서는 상세하게 규정하지 않고 있다. 이하에서 우리 제조물책임법상 언급되고 있는 결함의 판단기준을 살펴본다.

1) 통상적으로 기대할 수 있는 안전성의 결여

제조물책임법은 제2조 제2호에서 "통상적으로 기대할 수 있는 안전성이 결여되어 있는 것"이 결함이라고 규정하였다. 일반적으로 '기대할 수 있는'이라는 표현은 소비자기대기준을 채용한 것이라고 해석되지만, '통상적'이라는 용어를 통해 위험효용기준의 채용했다고 해석할 수 있다. 이는 사회통념상 인정되는 합리적인 판단으로 보아야 할 것이며, 이는 제조물의 위험과 효용가치를 합리적으로 판단한다는 의미로 해석할 수 있는 것이다.

이 규정은 각 유형의 결함을 판단하는데 있어서 공통적으로 적용되는 일반기준으로써, 합리적 인간의 행위에서 판단하여 설계·제조·표시 등의 각 과정에서 결함을 결정할 때 적용시켜야 한다. 특히 제조물책임법 제정 이전부터 제조물 안전성 결여로 인한 소비자의 피해를 방지하기 위해 정부가 사업자를 규제하는 각종 법률이 제정되었는데,[53] 이러한 법률들은 제조물의 결함을 판단하는데 하나의 기준으로 역할을 할 것으로 생각된다.

---

52) 束草支判 1995. 3. 24, 94가합131.
53) 소비자보호법, 식품위생법, 약사법, 위생사 등에 관한 법률, 공중위생법, 향정신성의약품관리법, 공산품질관리법, 전기용품안전관리법, 전기공사업법, 고압가스안전관리법, 농산물검사법, 수산물검사법, 농약관리법, 축산물위생처리법 등.

2) 합리적인 대체설계의 채용

우리 제조물책임법상 설계상의 결함에서는 합리적인 대체설계의 채용 여부를 가지고 결함을 판단한다. 이 경우 어떤 면에서 합리적인 대체설계라고 평가할 것인지를 명확하게 제시하여야 할 것이며, 합리적인 대체설계가 거의 유일한 기준이 되고 있다는 점에서 이 대체설계에도 위험이 존재하는 경우에는 어떻게 해결할 것인가의 문제와 합리적인 대체설계가 존재하지 않는다면 언제나 결함이 부정될 것인가 등의 문제를 연구 검토하여 그 방향을 제시하여야 할 것이라고 생각된다.

설계상의 결함을 판단하는 기준으로써, '합리적'이라는 용어 속에는 합리적 인간의 행동 관점에서 대체설계의 여부를 결정해야 한다는 의미를 포함하고 있고, 또한 합리적인 대체설계라는 것은 결국 위험과 효용을 비교형량한다는 의미를 포함하고 있다. 따라서 이 기준에 의한 설계상의 결함을 판단함에는 다음 몇 가지의 요소들이 고려될 수 있을 것이다.

첫째, 대체설계의 효용성의 문제로서, 효용성이 우수하다면 해당 제조물에 다소의 결함이 있다고 하여도 이를 결함으로 판단할 수 없는 경우도 있을 것이다. 대체설계 자체로도 제거할 수 없는 위험이 존재할 수 있는 것이므로, 이 경우에는 그 위험에 대한 지시·경고를 통해 손해를 방지할 수밖에 없는 것이고, 이에 위반하는 경우에는 지시·경고상의 결함의 문제가 된다.

둘째, 개발위험의 항변과 관련하여 대체설계는 당시의 최고수준의 기술적 가능성이 고려되어야 한다. 이론적으로 가능한 대체설계라 하더라도 채택하는데 현실적·기술적으로 불가능하다면 이를 채택하지 않은데 결함이 있다고 할 수 없는 것이다.[54] 이는 특히 제조자의 면책사유 중 개발위험의 항변과 관련하여 해석되는 요소이다.

---

54) 이 경우에는 동일한 업종 또는 산업에서 통상적으로 사용되는 기술이나 지식의 활용정도를 고려해야 하는데, 이를 위해 국제표준화기구(International Organization for Standardization, ISO), 국제전기표준회의(International Electrotechnical Commission, IEC) 등의 기술적 표준을 활용하여야 할 것이다. 이재호, 『품질보증과 제조물책임[PL]』, JH경영관리컨설팅그룹, 2000, 94-95면.

셋째, 대체설계에 소요되는 비용을 고려하여야 한다. 기술적으로 대체설계의 채용이 가능하다고 하여도 경제성이 확보되지 않는다면 제조자는 개발을 포기할 것이고, 소비자는 제품사용기회를 박탈당하게 될 것이다. 따라서 개발에 따른 경제성의 분석도 결함을 판단하는 중요한 기준으로 작용하는 것이다.[55]

넷째, 대체설계에 따른 새로운 위험에 대해서도 평가하여야 한다. 대체설계가 채용되더라도 또 다른 위험이 존재할 수 있는 것이므로, 기존의 위험과 새로운 위험도 비교형량되어야 하는 것이다.

3) 합리적인 설명·지시·경고 기타의 표시

설계상의 결함과 마찬가지로 표시·경고상의 결함판단에 있어서도 '합리적'이라는 용어를 사용함으로써, 합리적 인간의 행동 관점에서 사용자에 대한 표시·경고의 의무를 다하지 못하는 경우에 결함을 인정하여야 한다.

이 경우에 지시·경고는 예견 가능한 오용까지도 고려하여 해당 제조물을 사용하는 평균적 이용자의 주의를 집중시킬 수 있는 적절한 방법으로 행해져야 한다. 특히 우리 제조물책임법은 면책사유와 관한 제4조 제2항에서 제조물을 공급한 후에 밝혀진 해당 제조물의 결함에 대해서도 적절한 조치를 취할 의무를 부과하고 있는데, 이는 지시·경고의 표시도 상당히 광범위하여야 한다는 것으로 해석할 수 있겠다.

4) 판단의 시기

제조물책임법은 결함을 판단함에 있어서 일본 제조물책임법과 같이 직접적은 판단시기를 규정하고 있지는 않다. 그러나 제조자의 면책사유에 관한 제4조 제1항의 규정에서 "공급한 때"의 과학기술수준을 고려하고 있으므로, 결함도 해당 제조물을 공급한 때를 기준으로 판단하여야 할 것이다. 이 경우에 일본 제조물책임법상의 "인도한 시기"의 규정과 마찬가지로 공급이 없었다면 결함에 대한 책임이 없는

---

55) 우리 법원도 현대의 기술수준과 경제성에 비추어 기대가능한 안전성과 내구성을 갖추지 못한 것을 결함이라고 판단하고 있다. 大判 1992. 11. 24, 92다18139.

것으로 해석될 여지도 있다. 그러나 '공급'의 개념을 넓게 해석한다면[56] 제조업자가 공급 내지는 유통의 의사를 가지고 제조물을 완성시킨 이후에는 결함에 대한 책임을 인정할 수 있을 것이다.

5. 책임주체의 주체 : 스포츠제조업자

제조물책임법 제2조 3호에 스포츠제품의 결함에 대한 책임을 부담할 제조업자의 범위를 규정하고 있다. 즉, "製造業者"라 함은 다음 各 目의 者를 말한다.

가. 製造物의 製造·加工 또는 輸入을 業으로 하는 者

나. 製造物에 姓名·商號·商標 기타 識別可能한 記號 등을 사용하여 자신을 가 目의 者로 표시한 者 또는 가 目의 者로 誤認시킬 수 있는 표시를 한 者

(1) 제조업자 및 수입업자

제조물의 결함책임이 공업적인 대량생산 및 대량소비의 형태에서 발전된 법리라는 점에서, 본 법은 제조업자를 제조·가공 또는 수입을 업으로 하는 경우에 한하고 있다. '업으로'라 함은 동종의 행위를 반복적으로 계속하는 것을 말한다. 어떤 기간 계속할 의사를 가지고 행한 것이라면 최초의 행위도 업으로써 한 것으로 해석된다. 또한 동종의 행위가 반복·계속해서 행하게 되면 반드시 영리를 목적으로 행해질 필요는 없는 것이지만,[57] 비영리 중에서도 특히 공익을 목적으로 한 행위에 있어서는 구체적인 사정을 고려하여 판단하여야 할 것이다.[58]

제조업자에는 완성품의 제조자뿐만 아니라, 부품이나 원재료의 제조자도 포함된

---

56) 이 점에 관해 EC지침은 제조물이 '유통된 시기'에 결함을 판단하고, 일본 제조물책임법은 '인도된 시기'에 결함을 판단하는 것으로 규정하고 있다.

57) 예컨대 처음부터 무상의 사은품을 제공할 것을 예정하고 있는 제조물이라도 본 법의 책임대상에서 제외된다고 해석되지 않는다.

58) 예컨대 공공기관이 비영리적으로 운영하는 혈액은행이 헌혈로 수집된 혈액을 '수혈용 혈액'으로 제조하여 공급한 경우에는 비록 무상으로 제공하였다고 하더라도 제조물책임이 성립하지만, 자원봉사자로 구성된 비영리단체에서 계속적으로 봉제완구를 제작하여 보육시설 등에 공급하는 경우에 이를 제조업자로 인정하기는 곤란하다고 본다.

다. 따라서 제조물의 결함이 그 제조물을 구성하는 부품이나 원재료에 기인하고 있는 경우에는 부품 및 원재료 제조자가 제조물책임을 부담한다. 완성품 제조자와의 관계에 있어서는 제조물책임법 제5조에 의한 연대책임을 지는 경우가 많을 것이다. 다만 부품이나 원재료의 결함이 완성품 제조자의 지시에 의하여 발생한 경우에는 부품 및 원재료 제조자에게 책임을 물을 수 없다.

(2) 표시제조자인 공급자

OEM(Original-Equipment Manufacturing)이라 함은 자기가 제조한 제조물에 공급선의 다른 사업자를 제조자로 표시하고, 그 공급자의 유통경로를 통해 판매한 제조형태를 말한다. OEM제조물의 결함으로 인한 피해가 발생한 경우에는 그 공급원인 제조업자의 제조물책임과 제조자로서 표시된 공급자의 제조물책임이 문제된다.

또한 공급원인 제조업자에 관해서는 그 제조물을 자신들이 설계 제조하는 한 제조자로서의 표시의 유무와 관계없이 통상의 제조업자와 같은 제조물책임을 지지 않을 수 없다. 그러나 그 제조업자가 공급자로부터 지시된 설계와 원칙이 따른 제조물을 제조한 때에는 조립제조업자의 지시에 따른 부품을 제조한 부품제조업자의 경우와 같은 책임 문제가 발생하게 되었다.

(3) 상표권자

상표권자는 프랜차이즈 계약 등에 따라 피허락자에게 상표 등의 사용을 허락한 경우에 있어서 그 상표가 첨부된 제조물에 기인한 손해에 관하여 제조물책임을 져야하는가의 문제가 등장한다.

임대업자의 경우와 마찬가지로 상표권자에 관해서도 상표권자가 그 상표에 대한 제조물유통에 관여하고 있다고 인정되는 범위 안에서 제조물엄격책임을 부정할 이유는 없을 것이다. 따라서 다른 사업자에 대한 제조기술과 제조방법을 제공하고 그 상표의 제조물의 품질을 관리할 권리를 가지고 그 상표의 제조물에 관한 선전을 하고 있는 사업자(상표권자)는 그 제조물의 유통과정에 충분한 관여를 하고 있다고 볼 수 있다. 따라서 이 상표권자에게 그 제조물에 기인한 손해에 대한 엄격책임을 부과하는 것은 당연하다.[59]

미국 불법행위법 제2차 리스테이트먼트 제400조는 「다른 자에 의해 제조된 동산을 자기의 제조물로 표시한 자는 그 자가 제조자와 동일한 책임을 진다」[60]라고 규정하였다.

일본제조물책임법에는 표시 제조업자(제2조3항 2호)의 무과실책임을 규정하였다. 여기에는 성명 등의 표시, 상호 상표 기타의 표시로 제조자로 오인할 가능성이 있는 자는 제조물책임을 부담시키고 있다.[61]

(4) 설계업자

제조업자와 판매업자는 제조물을 유통하는 과정에서 이익을 얻고 그 제조물의 결함에 따른 소비자의 생명신체와 재산의 위험가능성이 있기 때문에 엄하게 배상책임이 부과되어야 할 것이다.

그러나 제조물의 유통과정에 깊이 관여하였음에도 불구하고 거래관계가 판매보다는 노무제공에 중점이 있는 경우에도 결함제조물책임을 인정할 것인가?

이 점에 관해 1985년 캘리포니아 최고법원은 머피사건[62]에서 처방전 약의 조제 및 판매를 한 약국에 대한 엄격책임을 부과하는 것을 부정하였다.

한편 미국법원들은 엄격책임에 기초한 설계업자의 제조물 책임은 일반적으로 부정되고 있다. 엄격책임에 기초한 제조물책임을 부과할 수 있는 것은 제조 및 유통과정에 관여하여 이익을 취하는 者로 한정하는 것이 타당하다.

---

59) Kasel v. Remington Arms Co, 24 Cal. App.3d 711, 101 Cal. Rptr.314 (1972); Hart-ford v. Associated Contsr. Co., 34. Conn. Supp.204, 384 A. 2d 390 (1978).
60) RESTATEMENT(SECOND) OF TORTS §400(1965).
61) 자세한 내용은 기田 純, 詳解 製造物責任法, 商事法務研究會, 1997, 554-585면 참조.
62) 211 Cal. Rptr. 447, 710 P. 2d 247(1985).

(5) 정보제공자

서적과 소프트웨어 등에 따라 제공된 정보에 의해 손해가 생긴 경우 제조물 책임을 정보 제공자에게 물어 손해배상을 청구할 수 있는가?

일반적으로 서적의 내용에 따라 손해가 생긴 경우에 있어서 그 서적의 소매업자와 출판사의 배상책임은 부정되고 있다. 소매업자의 책임을 부정한 판례[63]로서 다음과 같은 것이 있다. 특별한 요리의 조리법을 게재한 서적이 이 요리의 유해성에 관한 경고를 하지 않음으로서 요리의 준비 중에 이를 시식한 원고가 건강에 피해를 입었다. 이 사례에서 플로라다주 항소법원은 서적은 제조물에 해당하는 것이고, 유체물로서의 제조물로 그 제조물이 전달한 사고와 사고방식을 구별하여 유체물로서의 제조물에 적용된 묵시의 보증은 서적의 저자와 발행자에 따라 전해진 내용에 까지 미치는 것은 아니다라고 판단하였다.

또 다른 출판사의 책임에 관한 판례가 있다. <일요일 목수> 라는 책에 따른 작업을 한 원고가 그 작업의 과정에서 인신손해를 입은 사례에 관해서 그 책임을 부정하였다.[64] 그 밖에 의약품의 정보를 게재한 서적의 발행자는 그 의약품의 상용습관에 관해서의 책임을 지지 않는다.[65] 위험의 제조물의 광고를 게재한 것에 대한 잡지출판사의 책임도 부정한다.[66]

한편, 정보제공자의 책임을 긍정한 사례도 있다. 항공용 지도의 결함에 따라 생긴 항공기 사고에 대하여 틀린 지도를 작성한 지도 발행자의 책임이 인정되었다.[67]

컴퓨터 소프트웨어의 결함으로 손해가 생긴 경우에 그 소프트웨어의 개발업자와 판매업자의 책임을 물은 것이 가능한가? 이에 대하여도 미국판례는 프로그램 작성과정의 과실을 근거로 프로그래머의 제조물책임을 긍정한 것이 있다.[68]

---

63) 342 So.2d 1053(Fla. Dist, Ct. A[[/1977), cert.demoed. 353 So.2d 674(Fla. 1977).

64) Alm v. Van Nostrand Reinhold Co, 134 Ill.App.3d 716,480 N.E.2d 1263(1985).

65) Libertelli v. Hoffman-La Roche, Inc, Prod. Liab.Rep(CCH) ¶8968 (S.D.N.Y. 1981).

66) Yuhas v. Mudge, 129 N.J,Super. 207, 322 A, 2d 824 (App.Div. 1974).

67) Aetna Casualty & Sur. Co. v. Jeppesen & Co., 642 F. 2d 339, (9th Cir. 1981); Saloomey v. Jeppessen & Co., 707 F. 2d 671 (2d Cir. 1983); Brockleshy v. Jeppesen Co., Prod. Liab. Rep. (CCH) ¶10,610 (9th Cir. 1985).

소프트웨어의 결함에 기인한 손해에 대해 무과실책임을 인정하기 위해서는 다음 두 가지 점이 고려되어져야 한다. 첫째, 제공된 소프트웨어를 제조물의 범위에 포함될 수 있는가? 둘째, 특정 고객에 대해 개별적으로 설계된 소프트웨어의 작성을 「매매」성격을 가지는 것으로 볼 수 있는가? 이점에 관해서 계속적인 연구가 필요하다.

6. 스포츠 제조물책임 : 무과실책임, 위험책임, 결함책임

제조물책임법 제3조에 다음과 같이 무과실책임(위험책임, 결함책임)을 규정하고 있다.

> 第3條(製造物責任) ① 製造業者는 製造物의 缺陷으로 인하여 生命·身體 또는 財産에 損害(당해 製造物에 대해서만 발생한 損害를 제외한다)를 입은 者에게 그 손해를 賠償하여야 한다.
>
> ② 製造物의 製造業者를 알 수 없는 경우 製造物을 營利目的으로 販賣·貸與 등의 방법에 의하여 공급한 者는 製造物의 製造業者 또는 製造物을 자신에게 공급한 者를 알거나 알 수 있었음에도 불구하고 상당한 기간 내에 그 製造物者 또는 공급한 者를 被害者 또는 그 法定代理人에게 告知하지 아니한 때에는 第1項의 規定에 의한 損害를 賠償하여야 한다.

본조는 제조업자 등이 지는 제조물책임이 책임근거규정으로, 고의 또는 과실을 책임요건으로 하는 불법행위(민법 제750조)의 특칙으로서 결함을 책임요건으로 하는 손해배상책임을 규정한 것이다. 즉 제조물책임은 책임원칙을 「과실」에서 「결함」으로 변경하였지만 그 본질은 여전히 불법행위책임이다.

과실 책임은 주관적 책임인 반면에 결함책임은 객관적 책임인 점에서 그 의의는 크다고 할 수 있다. 왜냐하면 기계로 대량생산되는 제조물에 결함이 있는 경우 그 제조물을 직접 만든 종업원의 과실을 입증하는 것은 쉽지 않으며, 또한 나아가서 그

---

68) Thompson v. San Antonio Retail Mer-chant's Association, 682 F. 2d 509 (5th Cir. 1982).

사용자의 과실까지 입증하는 것은 더욱 더 어렵기 때문이다.

제조물책임은 결함제품으로 인하여 당해 제품 이외의 사람의 신체나 다른 재산에 대한 피해, 즉 확대손해의 전보를 목적으로 발전되어 왔다. 따라서 당해 제품의 결함에 의하여 발생한 손해가 그 제품 자체만에 그치는 경우에는 적용하지 않는다. 이때에는 하자담보책임이나 채무불이행책임에 의한 구제에 의한다. 다만 일단 확대손해가 발생한 경우에 확대손해는 제조물책임에 의하고, 결함제품 자체의 손해는 계약책임에 의하여 처리한다면 피해자가 입증해야 하는 책임요건이 각각 다르게 되어 피해자의 부담이 과대하게 될 우려가 있다. 따라서 확대손해가 발생한 경우에는 결함제품 자체에 대한 손해에 대해서도 본법을 적용한다.

또한 무과실책임 내지 위험책임을 규정한 특별법이 존재하더라도 민법 제750조가 적용되는 경우가 있을 것이다. 예를 들면 특별법에서 인정되는 제조물의 범위에 해당하지 않는 제조물로 피해가 발생한 경우에는 과실 책임의 법리가 적용된다.

7. 면책사유

제조물책임법 제 4조와 제6조에 다음과 같은 면책사유를 규정하고 있다.

第4條(免責事由) ① 第3條의 規定에 의하여 損害賠償責任을 지는 者가 다음 各 號의 1에 해당하는 사실을 立證한 경우에는 이 法에 의한 損害賠償責任을 免한다.

　1. 製造業者가 당해 製造物을 공급하지 아니한 사실

　2. 製造業者가 당해 製造物을 공급한 때의 科學·技術水準으로는 缺陷의 존재를 발견할 수 없었다는 사실

　3. 製造物의 缺陷이 製造物者가 당해 製造物을 공급할 당시의 法令이 정하는 기준을 준수함으로써 발생한 사실

　4. 原材料 또는 部品의 경우에는 당해 原材料 또는 部品을 사용한 製造物 製造業者의 設計 또는 製作에 관한 指示로 인하여 缺陷이 발생하였다는 사실

② 製3條의 規定에 의하여 損害賠償責任을 지는 者가 製造物을 공급한 후에 당해 製造物

에 缺陷이 존재한다는 사실을 알거나 알 수 있었음에도 그 결함에 의한 損害의 發生을 방지하기 위한 적절한 措置를 하지 아니한 때에는 第1項第2號 내지 第4號의 規定에 의한 免責을 주장할 수 없다.

第6條(免責特約의 制限) 이 法에 의한 損害賠償責任을 排除하거나 制限하는 特約은 無效로 한다. 다만 자신의 營業에 이용하기 위하여 製造物을 공급받은 者가 자신의 營業用 財産에 대하여 발생한 損害에 관하여 그와 같은 特約을 체결한 경우에는 그러하지 아니하다.

이 법 제4조는 제조자가 본법에 기하여 손해배상책임을 부담하게 되더라도 일정한 사정을 입증하는 경우에는 그 책임을 면할 수 있게 하고 있다. 다만, 이는 본조에 기한 책임을 면제한다는 것이지 민법 기타 법률에 의한 배상책임까지 면제한다는 것은 아니다. 본법에서 규정하고 있는 제조자의 면책사유는 네 가지이며 기본적으로 EC지침을 수용한 것이다. 첫째 제조자가 제조물을 영리목적으로 유통시키지 아니하였음을 입증하면 면책된다. 예컨대 제조자의 창고에 보관 중이던 제조물이 도난당하여 그 후에 사고가 발생된 것과 같은 경우에는 제조자가 책임을 부담하지 않는다. 이것은 결국 제조자가 자기의 의사에 기해 제조물을 유통시키지는 않은 경우에는 책임을 지지 않는다는 취지이다.

둘째 제조자는 제조물의 결함이 법률상의 강제기준을 준수하였기 때문에 발생하였고 이 강제기준을 준수하지 않은 제조물의 제조가 위법이 됨을 입증하면 면책된다. 일반적으로 제조물책임소송에 있어서 아무리 정부가 정하는 법적 기준에 적합하다고 하더라도 그것은 제조물의 제조·판매를 위한 최저요건이며, 이것으로 제조자가 곧바로 제조물책임을 면제받을 수는 없다. 따라서 본 면책사유가 적용되는 것은 법적인 강제기준 그 자체가 문제가 있지만, 그 기준에 따르지 않으면 법적으로 위법이 되며 따라서 이 기준에 따라 제조 또는 가공하게 되어 그로 인해 결함제조물로 되어버리는 경우라고 할 것이다. 예컨대 자동차의 후미등 내지 안개등에 대해서는 EC의 통일 기준으로 최고 광도가 정해져 있고 동 기준 이상으로 밝은 등을 제조하는 것은 금지되어 있으나, 만약 그 때문에 오히려 등이 너무 어두워 사고가 일어났다는 것을 주장하는 제조물책임소송이 제기되었을 경우에는 제조자는 본 면책 사유를 이용하여 항변할 수 있게 된다.

셋째 제조자가 제조물을 유통시킨 시점의 과학·기술수준으로는 결함의 존재를 발견할 수 없었음을 입증하면 면책된다. 본 면책사유는 이른바 「개발위험의 항변」을 규정한 것이다. 개발위험이라 함은 제조물을 유통시킨 시점에 있어서 과학·기술지식의 수준으로는 그 제조물에 내재하는 결함을 발견하는 것이 불가능한 위험을 말한다. 제조자에게 개발위험에 대해서까지 책임을 부담시키는 경우에 연구개발이나 기술개발이 저해되고 나아가서는 소비자에게도 손해가 될 수 있음을 고려한 것이다. 개발위험을 항변사유로서 규정하여 제조자는 이를 입증하면 면책되게 되는데 여기서 개발위험의 항변에 대한 판단기준과 관련하여 「과학·기술수준」의 해석이 문제된다. 여기서 과학·기술수준은 결함의 유무를 판단하에 있어서 영향을 받을 정도로 확립된 지식이며, 객관적으로 사회에 존재하는 지식의 총체를 가리키는 것이다. 즉 다른 곳에 영향을 미칠 수 있을 정도로 확립된 지식이라면 초보적인 지식에서 최고수준의 지식까지 전부 포함되며, 스스로 면책되기 위해서는 당해 결함의 유무의 판단에 필요하게 되는 입수 가능한 최고수준의 지식에 비추어 결함이라는 것을 인식할 수 없었음을 증명하는 것이 필요하다.

넷째 부품제조자의 경우는 그 부품을 조립한 완성품의 설계가 원인이 되어 결함이 발생하였거나 또는 완성품제조자의 지시에 따랐기 때문에 결함이 발생하였음을 입증하면 면책된다. 본 면책사유는 부품제조자도 자기가 제조한 제조물의 결함에 의한 손해에 대해서 책임을 지는 것은 당연하나 부품이 조립된 완성품의 설계가 원인이 되거나 완성품제조자의 지시에 따랐기 때문에 결함이 발생한 경우에는 책임을 지지 않게 된다. 이것은 중소기업에 대한 정책적인 보호규정이라고 할 수 있다.

이 법 제6조는 피해자에 대하여 제조자의 배상책임을 배제하거나 제한하는 특약은 무효로 하여 피해자를 보호하고 있다. 특약은 개별약정이나 약관에 의한 경우를 포함한다. 만약 이러한 특약이 자유롭게 이루어지도록 허용된다면 오늘날 거래가 대부분 약관의 의하여 이루어지고 있음에 비추어 소비자의 이익을 침해하게 되기 때문이다.

Ⅲ. 요약 및 결론

스포츠용품이나 시설물에 결함이 있어 운동선수나 스포츠관람자 또는 제3자가 피해를 입었을 경우에는 당연히 제조물책임의 법리가 적용될 것이다. 이 분야는 무과실책임으로 가해자(제조자)의 과실을 책임요건으로 하지 않는다. 스포츠관련 제조물이 중고품, 폐기물일 경우에도 피해에 대한 손해배상책임이 있다. 스키용품이나 골프용품, 스포츠웨어, 경기장의 시설물 중에서 동산에 해당되는 제품 등의 결함으로 이용자 또는 제3자가 생명, 신체, 재산에 피해를 입으면 당연히 제조물책임법이 적용될 수 있다. 물론 스포츠 시설 중에 부동산에 해당할 경우에는 공작물책임(민법 제758조) 또는 영조물책임(국가배상법)을 물을 수 있을 것이다.

아직은 우리나라에서 이 분야의 판례가 발견되지 않고 있다. 앞으로 이 분야의 소송이 증가하여 판례이론이 축적되길 기대한다.

이 장에서는 스포츠계약법과 스포츠사고법에 대하여 서술하고자 한다.

스포츠계약에는 스포츠규약과 스포츠전속계약의 법적인 문제들이 다양한 형태로 나타나고 있다. 여기서는 스포츠전속계약의 개념과 유형, 전속계약의 내용 등을 살펴본 후에 문제점과 과제를 밝혀보기로 한다.

스포츠 사고에 대한 책임은 기본적으로 피해자의 구제라는 측면에서 생각해 볼 수 있다. 여기에는 운동선수, 관람객, 운동경기 주최자, 경기장 운영자 등의 스포츠 관련자 상호간의 문제를 정확하게 파악하고 이에 대한 법적 문제를 합리적으로 해결하는 것이 중요하다.

스포츠는 육체적인 활동뿐만 아니라, 사회적인 연대관계를 형성하기 때문에 그 사고로 인한 손해의 이해조정이 필요하다. 여기에서는 일반 민사책임과 마찬가지로 사고당사자간의 관계를 고려하여 계약책임과 불법행위책임으로 나누어 볼 수 있다.

제1절 스포츠계약과 법

이 절에서는 스포츠선수계약을 비롯하여 스포츠계약법의 법리에 관한 연구를 다루고자 한다.[1]

Ⅰ. 개요

최근에 스포츠산업의 시장 규모가 급격히 커지고 있다. 헌법상 <문화국가>의 개념이 등장하고, 인간다운 생활을 영위하기 위하여 스포츠분야의 활동이 일상화되기에 이르렀다.[2] 여가시간을 즐겁고 재미있게 보내면서 몸과 마음을 재충전할 수 있도록 만드는 대중매체를 통한 스포츠분야의 산업은 많은 발전을 거듭하고 있는 것이다. 우리나라 스포츠산업의 규모는 2002년 기준으로 약 6만 9천 여 업체이며 약 51만 명이 종사하고 있고, 14조 751억 1000만 원 정도로 추산되며, GNP의 약 2.05%에 해당한다.[3] 미국, 유럽, 일본 등 외국에서 스포츠산업의 성장속도를 비교해 볼 때 우리나라도 급성장할 것으로 보인다. 2010년까지 약 27조원에 이를 것으로 전망하고 있다.[4]

이러한 현상 속에서 스포츠인을 둘러싼 법적인 분쟁이 증가하게 마련이다. 스포

---

1) 이 절은 필자의 논문 「스포츠선수계약의 문제점과 과제」(『비교법연구』 제9권1호, 동국대학교 비교법문화연구소, 2008, 85-112면)를 수정 보완한 것임을 밝힌다.
2) 문화국가의 개념과 원리에 관하여는 강경근, 『헌법학』, 1998, 206면; 권영성, 『헌법학원론』, 법문사, 2000, 139면 등 참조
3) 우리나라에서는 아직 스포츠산업의 전체적인 규모와 내용에 대한 구체적인 보고가 이루어지지 않고 있으나 2002 년도 통계청의 '도시가계연보'와 체육과학연구원의 '한국의 체육지표'에 따른 추정이다. 성정문, 「스포츠산업진흥법 제정 방향」, 『스포츠와 법』 제6권, 2005, 283면; 방영옥 외 7인, 『스포츠산업 진흥 중장기 계획』, 국민체육진흥공단 체육과학연구원, 2004.
4) 성정문, 앞의 논문, 287면.

츠계약에는 스포츠규약과 스포츠전속계약의 법적인 문제들이 다양한 형태로 나타나고 있다. 여기서는 스포츠전속계약의 개념과 유형, 전속계약의 내용 등을 살펴본후에 문제점과 과제를 밝혀보기로 한다.

Ⅱ. 스포츠선수 전속계약의 개념과 유형

1. 개념

일반적으로 스포츠전속계약이란 "스포츠 활동을 목적으로 하는 노무제공자(스포츠인)가 특정한 사업자에게 독점적으로 전속되어 노무제공을 하기로 하고 그에 대한 대가(전속료)를 그 사업자로부터 받는 계약"이라고 정의하고 있다.5) 개성과 전문성이 강조되는 예체능인은 능력이 월동하여 사업자와 대등하거나 우월한 입장에서 계약을 체결한다. 이 경우에는 스포츠인은 전속사에 의존하기 보다는 오히려 전속사가 전문인에게 의존하게 된다. 이때의 계약관계는 고용계약보다는 도급이나 위임계약의 성격이 많다.

이에 반해 아직은 자신의 능력이 부족한 신인은 프로구단의 의사에 따라 계약조건이 결정되며, 연봉이나 전속료, 급료 등을 요구할 수 있는 입장이 되지 못하는 경우도 많다. 그저 자신을 프로구단에 받아 주는 것만으로도 만족하는 스포츠선수도 많은 것이 현실이다. 이 경우에는 계약조건을 소속사가 정해 놓고 일방적으로 불공평한 계약이 이루어기 때문에 "노비계약", "노예계약"이라는 비난이 쏟아져 나온 적이 있다. 이때의 계약관계는 노무공급계약의 성격을 갖는다고 할 수 있다.

전속계약의 당사자 일방은 야구, 축구, 골프 등 프로선수 등이다. 상대방은 이들의 스포츠선수의 인기나 능력 등을 이용하여 상업적인 이윤을 얻고자 하는 사업자

---

5) 김동훈, 「專屬契約 및 기타 無名契約」, 『주석민법(채권각칙 5)』, 한국사법행정학회, 2002, 280면; 정경석, 『엔터테인먼트 비지니스 분쟁사례집 J』, 청림출판, 2004, 34면; 張在玉, 「專屬契約에 관한 小考」, 『中央法學』 제7집 4호, 2005, 200면.

(프로구단)이다. 이들의 거래실태를 보면 다양하다. 구단 등이 타방송사나 영상물제
작업체 등에 출연 또는 다른 경기에 출전하지 못하도록 프로선수를 일정한 계약기
간동안 출연·출전을 독점하는 전속출연계약이 있다. 그 밖에도 음반회사와 가수·
연주자와의 음반제작에 관한 전속계약, 출판사·방송사가 특정 운동선수 등과 맺는
광고모델전속계약, 특정기업에 전속되어 재정적 지원이나 의류·용품 등을 지원받
는 후원사전속계약 등이 있다.

2. 유형과 법적성질

스포츠선수의 계약형태는 다양하다. 초창기에는 간단한 계약내용만을 규정하는
신사협정이나 구두약속으로 이루어졌으나, 오늘날 전속사업자들이 증가함에 따라
계약내용도 전문화되어 다양한 형태를 띠게 되었다. 이러한 계약의 형태는 대체로
크게 두 가지로 분류할 수 있을 것이다. 첫째는 계약내용을 중심으로 완전전속계약,
준 전속계약, 우선전속계약, 회수약정 전속계약 등으로 분류하는 방법이다.[6] 판례에
서도 전속의 정도와 범위에 따라 이러한 분류방법을 지지하고 있다.[7] 그러나 실제
로는 위의 여러 가지 내용이 혼합되어 전속계약을 체결하는 것이 일반적이다. 둘째
로는 업종별로 전속계약을 분류하는 방법이다.

(1) 전속매니지먼트계약

스포츠선수가 구단과 직접 계약을 하는 것 보다는 전문지식과 정보를 가진 매니
저나 매니지먼트사에 소속되는 전속계약을 체결하여 활동하는 것을 볼 수 있다. 이
러한 매니저나 매니지먼트사들은 스포츠계에 강력한 영향력을 행사할 수 있는 능력
을 가지고 있어서 스포츠선수들이 전속되어 활동하는 것이 유리하기 때문이다.

일반적으로 전속매니지먼트계약이란 "매니저나 기획사가 스포츠선수의 활동에

---

6) 이에 대한 자세한 설명은 장재현·권기덕, 위 논문, 14-16면 참조.
7) 대판 1993.2.9., 92다33176. 이 판례평석은 정경석, 앞의 책, 32-33면 참조.

필요한 출전협상, 광고료 책정, 공연·출전일정의 조정 등 업무서비스를 제공하고, 스포츠선수는 그 계약상의 매니저나 기획사를 통해서만 활동을 해야 할 전속의무를 부담하는 계약"이라고 정의한다.[8]

매니저 또는 매니지먼트계약은 매니저 또는 기획사가 스포츠선수를 대리하여 출전 등의 활동을 주선하고 출전료 일정 등을 결정하는 포괄적인 위임을 받고 대리권을 행사하지만 출전 자체에 대한 대리권은 없으며, 출전료의 일부를 대행수수료로 지급받게 된다.[9] 이 경우에는 위임계약이나 도급계약의 성질을 갖게 된다.

(2) 스폰서계약

최근 유명프로골퍼, 축구선수, 야구선수 등과 스포츠제품업체 간에 스폰서 계약을 맺는 것이 보편화되고 있다. 선수가 스폰서기업에 전속되어 재정적 지원을 받고, 해당업체의 로고가 새겨진 복장을 착용하거나 제품을 사용하는 계약이다.[10] 이른바 움직이는 광고판계약이다.

프로스포츠와 스포츠산업의 발전으로 기업들이 스포츠경기를 통하여 소비자들에게 홍보활동을 하는 수단으로 많이 이용된다. 스포츠인이나 연예인의 명성과 이미지를 바탕으로 소비자들에게 호감을 주고 이익을 창출하기 위하여 사업주에게 노무를 독점적으로 제공하고 이에 상응하는 보수를 받는 계약이다. 스폰서 계약은 도급 위임 고용 등의 법적 성질을 가진 무명계약이라고 볼 수 있다.

(3) 에이전트계약

스포츠선수와 에이전트 사이에 체결되는 전속계약이다. 에이전트는 선수에게 연봉협상, 광고출연, 훈련프로그램, 의료·법률서비스 등 일정한 서비스를 제공하고,

---

8) 張在玉, 앞의 논문(주7) : 201면; 서울고법 2004.5.11.,2004 라 143 결정.
9) 김동훈, 앞의 논문(주7) : 정4면; 장재현·권기덕, 위 논문, 17면; 대판 1993.5.14., 93다4618, 4625.
10) 이에 대한 상세한 내용은 김동훈, 「스폰서계약의 법적 고찰」, 『스포츠와 법』 창간호, 한국스포츠법학회, 2000, 197면 이하 참조.

선수는 그에 대하여 수수료를 지급하는 쌍무계약이다. 요즈음은 팬과의 교류, 주거 알선, 은퇴 후의 대비책, 재산관리 등 아주 광범위하게 선수를 관리해 주고 모든 지원을 하는 에이전트회사가 활동하고 있다.[11]

스포츠에이전트란 선수를 대신해서 연봉협상, 광고출연 등을 처리하는 사람인데 오늘날은 이에서 나아가 선수의 훈련프로그램이나 의료혜택, 법률서비스 등을 지원하고 선수의 재산관리 팬과의 교류, 주거의 알선 심지어 선수의 은퇴 후 대비책까지 마련해 주는 등 포괄적인 개념의 업무를 수행하는 자로 정의되고 있다. 현대의 스포츠는 에이전트의 시대라고 할 정도로 그라운드 밖에서 선수들을 관리하는 에이전트의 업무가 활성화되고 있다.[12]

에이전트는 본인(선수)을 위하여 대리권을 행사하기 위하여 본인의 명시적·묵시적인 의사표시(동의)가 있어야 하며 때로는 행위로부터 추단될 수도 있다.[13] 브로커는 주로 매매 등 상거래의 당사자 사이에서 계약을 협상하고 체결을 중개하기 위해 고용되는 자이므로 에이전트의 범위 안에 들어간다고 볼 수 있다. 때로는 에이전트가 선수에 대한 포괄적인 매니지먼트까지 담당하는 경우도 있으므로 매니지먼트 계약과 유사한 계약을 하는 경우도 있을 수 있다. 또한 에이전트가 스폰서와 선수간의 계약을 주선하는 업무도 맡을 경우도 있다.

에이전트계약은 위임계약과 대리의 법리가 적용된다고 본다.[14] 따라서 수임인인 에이전트는 선량한 관리자의 주의의무를 진다(민법 제681조), 위임인인 선수의 대외적 신용 재산 생명 등과 관련된 경우가 업무의 주류를 이루기 때문에 에이전트는 그의 이익을 위해서 충실하게 사무를 처리해야 할 포괄적인 충실의무(Treupflicht)를 부담한다고 본다.[15]

---

11) 김동훈, 「스포츠에이전트계약의 법적 고찰」, 『스포츠와 법』제2호, 2001, 451면 이하.
12) 김동훈, 위 논문, 451면.
13) 장재현·권기덕, 「전문직종사자 전속계약의 효력」, 『法學論考』제23집, 경북대 출판부, 2005, 18-19면.
14) 김동훈, 앞의 논문(주 17), 456면 이하.
15) 스포츠에이전트의 역사, 기능, 사례, 법정책적 과제에 관하여는 김용섭, 「스포츠에이전트의 법적 과제」, 『스포츠와 법』제6권, 2005, 405-437면 참조.

(4) 프로스포츠전속계약

구단과 선수간의 전속계약을 말한다. 프로스포츠 구단은 관객이나 팬들의 관심을 끌고 상업적인 이익을 창출하기 위하여 프로선수들을 배타적으로 구단에 확보하여 전속시키는 것이 중요하다. 이러한 계약은 당해 소속 구단만을 위한 경기를 하고, 타구단의 경기 참여를 허용하지 않으며, 구단의 선택에 따라 계약을 연장하고 타 구단에 임대 혹은 이적 민 트레이드를 허용하는 내용이 포함되어 있는 것이 일반적이다. 이 구단전속계약을 둘러싸고 법적분쟁이 발생한 적이 있으며 그 후에 제도개선을 위한 노력이 있었다. 특히 야구선수계약서(일종의 표준계약서)와 한국야구위원회 정관 야구규약 등의 규정들은 약관성이 인정되어야 하며 부당하게 선수의 권리를 침해하는 내용들을 담고 있을 경우에는 무효가 된다고 보아야 한다.[16] 그러나 아직도 드래프트제도, 보류권제도, 트레이드제도 등이 문제가 되고 있다.[17]

Ⅲ. 전속계약의 효력

전속계약의 효력에 관하여 계약에 따른 예체능인의 의무와 사업자의 의무를 살펴볼 필요가 있다.

1. 스포츠선수의 의무

(1) 기본적 의무

전속계약의 기본적 의무는 매니지먼트사 또는 본인이 체결한 각종 계약내지 매

---

16) 김은경, 「스포츠규약의 법적 문제-야구규약을 중심으로」, 『스포츠와 법』 2권, 2001, 469면 이하 참조.

17) 이러한 문제에 대하여는 "笠井修, 일본에서의 스포츠계약의 법적 과제」, 『스포츠와 법』 제6권, 2005, 344, 355-356면 참조. 그밖에도 金載亨, 「프로스포츠 선수계약의 불이행으로 언한 손해배상 책임」, 『스포츠와 법』 제6권, 2005, 377-403 참조.

니지먼트사가 정한 활동에 협조하여 특정 경기에 출전하여 자신의 기량을 배타적으로 제공하는 출전의무이다.[18] 이러한 출전의무는 일신전속적인 성격을 띠므로 사업자(구단)의 동의 없이 제3자로 하여금 자신에 갈음하여 출전시킬 수는 없다(민법 제657조 제2항). 또한 계약의 특성상 스포츠선수는 사업자의 승낙을 얻은 경우를 제외하고는 다른 경기에 출전할 수 없다.

(2) 부수적 의무

스포츠선수의 기본적 출전의무 이행을 위한 부수적 의무로는 이미지 관리를 위하여 노력할 의무, 신체상해의 위험을 수반하는 스포츠나 정형수술 등을 하지 아니할 의무, 기획사 내부 정보 등의 비밀유지의무, 출전 프로그램의 선전에 협력할 의무 등이 있다.[19]

2. 사업재(구단)의 의무

(1) 기본적 의무

전속계약에 따른 사업자의 기본적 의무로는 보수지급의무가 있다. 보수는 일반적으로 계약금(전속료)과 출전료 또는 급료로 지급된다. 계약금(전속료)은 계약체결 시 일시불로 지급되거나 수회에 나누어 분할 지급되며, 해약에 따른 반환범위를 결정하는 기준이 되기도 한다. 출전료는 출전 회수 등을 기초로 산출된 기본 출전위험수당, 야간수당 동 제수당 및 숙·식대, 교통비 등이 포함된 기타출전료로 나뉜다. 경우에 따라서는 출전료인상에 관한 규정을 둘 수도 있다.[20]

---

18) 장재옥, 앞의 논문, 205면.
19) 구병문, 「연예인전속계약과 그 법적보호」, 경희대학교 「고황논집」 제19호, 2001, 61면.
20) 일반적으로 연예인단체와의 협상에 따른 출연료 인상이 있어도 이를 적용하지 않는다는 내용이 계약에 들어 있다.

1) 전속료

전속계약이 이루어지면 기본적으로 계약금 기타의 명목으로 전속료가 스포츠선수에게 지급된다. 기술이나 실력, 재능이나 인기에 따라 천차만별인 전속계약의 계약금은 계약체결을 유도하기 위한 증여로 지급되는 경우, 타사출전 등 부작위의무 위반에 따른 손해배상금의 기준인 경우, 일정한 고정 출전급인 경우, 위약금인 경우 등이 있지만 기본적으로는 전속계약으로 인해 타사에 출전하지 않는다는 부작위 채무의 대가의 성격으로 보는 것이 옳다고 생각한다.[21] 전속료의 성격을 무엇으로 볼 것인가에 관한 판단에 있어서 판례는 전속계약금이 기타소득이 아닌, 자유직업인 연기자로서 그 용역을 제공하고 올린 사업소득에 해당한다고 판시한 바 있다.[22]

2) 출전료

스포츠선수가 사업자의 운동경기에 출전하면 사업자는 스포츠선수에게 출전료를 지급할 의무를 가지고 있다. 보수지급의무 중 가장 기본적인 의무이다. 출전료는 스포츠선수의 재질이라는 노무를 제공하고 그 노무의 대가로서 받는 임금의 성격이 강하다. 적어도 사업자와의 사이에 사용종속관계에 있어 근로의 대가인 근로기준법상의 임금으로 볼 수 있으므로 출전료는 근로시간에 상응하여 일정액의 임금을 보장하는 소위 보장급의 성격을 가지는 것으로 보아야 한다.[23]

불가항력에 의한 출전이 불가능한 경우 스포츠선수가 예정된 보수를 청구 할 수 있는가에 관하여 종종 다툼이 생기는데, 개별 약정이나 약관으로 미리 정해둔 바가 있으면 이에 따라 처리될 것이지만 그렇지 않은 경우에는 채권자의 귀책사유로 인

---

21) 장재옥, 앞의 논문, 206면.
22) 직업 활동의 내용, 그 활동 기간 및 활동의 범위, 태양, 거래의 상대방, 주수입원,수익을 얻어온 횟수 및 규모 등에 비추어 볼 때 연기자 겸 광고모델로서의 해당 탤런트의 활동 그 자체가 수익을 올릴 목적으로 이루어져 온 것인 데다가 사회통념상 하나의 독립적인 사업활동으로 볼 수 있을 정도의 계속성과 반복성도 갖추고 있으므로 광고모델활동을 따로 분리할 것이 아니라 그 탤런트의 각종 연예계 관련활동 전체를 하나로 보아 그 직업 또는 경제활동을 평가하여야 할 것이어서 그 탤런트의 전속계약금 소득은 사업소득에 해당한다.(대판 2001. 4.24. 2000두5203)
23) 한상호, 앞의 논문, 497-498면.

한 위험부담의 법리에 따라 해결하여야 할 것이다(민법 제538조).[24]

(2) 부수적 의무

사업자의 기본적 의무인 보수지급의무 이외에 부수적 의무로는 경기에 참가할 수 있도록 노력할 배려의무 출전하는 운동선수가 출전하는 동안 신체상 안전을 기할 수 있도록 노력할 안전배려의무[25] 등이 있다.

Ⅳ. 전속계약의 문제점

1. 불공정성의 문제

계약자유의 원칙은 존중되어야 한다. 그러나 많은 전속계약이 양당사자의 불평등한 관계에서 체결되는 경우가 있기 때문에 불공정한 계약내용이었을 수 있다. 최근에 전속계약의 분쟁사례에서 보면 이러한 계약의 불공정성과 관련된 문제가 많다는 점에서 지나쳐버릴 수 없는 일이다.

연예인이나 스포츠선수가 기획사와 구단과 체결하는 전속계약서를 일종의 약관으로 보아야 마땅하다. 약관의 규제에 관한 법률 제2조 제1항에는 약관이라 함은 "그 명칭이나 형태 또는 범위를 불문하고 계약의 일방당사자가 다수의 상대방과 계약을 체결하기 위하여 일정한 형식을 미리 마련한 계약의 내용이 되는 것을 말한다"고 정의하고 있다.

구단 전속계약은 일반적으로 사업자가 일방적으로 정한 표준계약서에 내용을 가감하여 맺어지는 것이 일반적이다. 이 전속계약서는 일종의 약관으로 보아야 한

---

24) 이은영, 「엔터테인먼트계약의 다양한 모습」, 「외법논집」 제13집, 한국외국어대학교 법학연구소, 2002, 69면.

25) 2004년 9월 섯우 고 장정진씨는 KBS2 '일요일은 101%'의 한 코너 '골목의 제왕' 녹화 도중 소품용 가래떡이 기도에 막혀 사망하였다.(헤럴드경제, 「사람 잡는 방송사 오락프로」, 2004. 9. 14)

다. 따라서 공정거래위원회의 불공정약관심사나 판례에 의해 불공정한 계약으로 판단된 것은 과도한 사생활침해 조항, 포괄적인 위약금 조항, 홍보활동 출연강제조항, 과도한 손해배상조항, 부당하게 연예인의 손해배상청구권을 제한하는 조항, 사전최고절차 없이 계약을 해지하는 조항, 연예인의 동의 없는 계약 당사자지위의 양도조항, 기획사소재지법원으로의 재판관할지정 조항 등을 들 수 있다.[26]

또한 전속계약을 체결함에 있어서 구단은 스포츠선수보다 우월한 지위에 있기 때문에 그 지위를 부당하게 이용하여 체결한 계약은 '독점규제 및 공정거래에 관한 법률'의 적용을 받는다.[27]

2. 전속계약 해지의 문제

전속계약에 있어서 계약위반시의 해지에 관한 규정과 그에 대한 손해배상규정이 계약서상 명기되는 경우가 많다. 민법상의 해제에 관한 규정을 전속계약에도 적용하는 것은 당연하다.

그러나 전속계약이 당사자의 불평등·부대등한 관계에서 체결된다는 점을 고려할 때 그 특수성을 인정할 필요가 있다고 본다. 계약의 해제나 해지는 계약당사자의 이해에 중대한 영향을 미치는 사항이므로 상대방의 계약 위반이 있더라도 계약의 존속을 무의미하게 할 정도가 아니면 상당히 기간을 정하여 그 이행을 최고하고, 그 기간 내에 이행하지 아니한 때에 그 계약을 해지할 수 있음이 원칙이다. 따라서 '최고절차 없이 해지' 할 수 있도록 규정하거나 스포츠선수가 '계약서에 의하여 정한 의무를 위반한 경우', 스포츠선수가 '태만으로 계약서상의 의무를 이행할 능력이나 의사가 없다고 판단되는 경우'와 같이 포괄적이고 불분명하게 해지사유를 규정하여 자의적으로 해지권을 행사할 수 있도록 하는 것은 약관규제법 제9조제2호에 해당되

---

26) 공정거래위원회 2004.6.14, 제2004-33호 시정권고; 공정거래위원회 2002.7.19, 제2002-056호 시정권고; 공정거래위원회 2002.7. 31 의결 제2002-160호 참조.
27) 공정거래위원회 2002. 7.31 의결 제2002-160호 시정명령 참조.

어 무효라고 보아야 할 것이다.[28]

　사업자 측면에서도 스포츠선수가 전속계약을 해지하기 위해서는 단지 출전을 시키지 않는다는 사유만으로는 되지 아니하고 사업자가 결과채무가 아닌 수단채무로서 스포츠선수를 운동경기에 출전시키기 위하여 최선을 대했는가와 출전에 상응하는 보수지급의무를 다하였는가를 종합적으로 검토하여야한다.

3. 스포츠인의 근로자성

(1) 구단 전속스포츠선수

　전속스포츠선수에 대한 노동법의 적용유무는 운동선수에 대한 신분적 구속 관계에 의해 결정된다. 즉 사업자와 운동선수 사이의 사용종속관계가 실질적으로 어느 정도인가 하는 개별 계약의 구체적 내용에 의하여 정해진다. 따라서 일률적으로 말할 수는 없으나, 사업자와 대등한 지위에서 고액의 계약금, 출전료 기타 계약조건을 약정하고, 출전에 있어서도 자주성과 독립성을 보장 받고 있는 일부 스포츠선수를 제외하고는 대부분의 운동선수와 사업자와의 사이에 사용종속관계가 있는 것이 보통이다. 따라서 운동선수의 근로자성이 인정되어 근로기준법, 노동조합법 등의 노동법이 적용되는 것으로 해석해야 한다.

　대법원은 전속계약을 체결한 연예인이 근로기준법상의 근로자에 해당하는지 여부에 대해 방송사와 전속계약을 체결하고 입사한 TV관현악단원이 근로기준법상의 근로자에 해당한다고 판시한 바 있다.[29] 그러나 공채로 뽑힌 방송사의 전속 신인탤런트의 경우에는 퇴직금이 지급되지 않고 있는 것이 일반적이다.[30]

　한편 일본에서는 사업자출연계약의 성질별로 근로자성을 판단하고 있다. 텔레비전・라디오 회사의 연예인도 노동위원회와 법원에서 근로자에 해당하는지 여부가

---

28) 장재옥, 앞의 논문, 211면.
29) 대판 1997. 12. 26. 97다17575.
30) 이들은 전속료 조차 지급 받지 못하는 경우가 대부분이고 전속료를 지급 받는 경우에도 그 액수가 많지 않으며 전속기간(보통 2년)동안에는 출연여부에 관계없이 일당개념으로 임금을 지급 받는다.

논의되었으며, 이러한 자들의 출연계약에는 전속출연계약, 우선출연계약, 회수출연
계약, 자유출연계약이 있고, 그들의 계약은 시간적으로는 거의 이와 같은 순서로 변
천 하였다. 우선 전속출연계약은 연예인에게 회사의 허가가 없는 한 다른 회사출연
을 금하는 것이고, 전속에 수반하는 지휘명령·구속관계(고용계약관계와의 유사성)
에 의해 비교적 용이하게 근로자성을 인정할 수 있는 것이었다.[31]

또한 우선출연계약은 출연발주가 타사와 경합한 경우에 계약상대방인 회사로
우선적으로 출연하는 것을 의무화한 것이었는데, 현실적으로는 타사의 출연발주와
경합하지 아니하는 경우에도 악단원은 특별한 이유가 없는 한 상대방회사로부터의
출연발주를 거부할 수 없는 것이고 이와 같은 타입의 계약에서는 악단원의 근로자
성을 인정하고 있다.[32]

그리고 악단원이 출연발주에 대하여 자유로이 출연여부를 결정할 수 있는 자유
출연계약에 대해서도 최고재판소는, ① 자유출연계약도 악단원을 미리방송회사의
사업조직에 편입하여 두는 것에 의해 회사의 방송사업수행상 불가결한 연주노동력
을 항상적으로 확보하여 두려고 하는 계약인 점, ② 동계약은 그 문언상으로는 악단
원에게 출연발주거부를 허락하고 있지만 악단원은 원칙적으로 발주에 응할 의무가
있고, 다만 개개의 경우에 다른 회사 출연 등을 이유로 출연하지 않아도 당연히는
계약위반 등의 책임을 묻지 않는다는 점, ③ 회사에 있어서 필요로 할 때는 수시로
일방적 지정에 의해 악단원에게 출연을 구할 수 있고, 악단원이 원칙적으로 이에 응
해야 할 기본적 관계가 있는 이상, 악단원의 출연노동력의 처분에 대해 회사가 지휘
명령의 권능을 갖지 않는다고는 할 수 없다는 점, ④ 악단원에 대한 출연보수는 연

---

31) Radio中國事件(廣島地判1007. 2. 21)에서는 피신청인과 신청인(예능원)들 사이에 이른바 사용종속관
　 계가 인정되고 보수지급은 노무의 급부 그 자체에 대해 행해지며 또는 그것은 생활급부적 요소를
　 포함하고 있다고 인정하고 있다. 이에 대한 자세한 내용은 김재훈, '특수형태근로 종사자에 대한
　 일본에서의 취급 및 시사점」, 「특수형태근로자보호대책 관련 각국 사례」, 노사정위원회 2003,
　 69-11면, 특히 104-100면 참조.
32) NHK 廣島中央放送局事件判定(廣島地勞委 1961. 6. 30)에서는, 그밖에 악단원은 이미 방송사업의 조
　 직내로 편입되고 당시 그 조직의 일부로 되어 있던 점, 악단원은 방송국이 일방적으로 결정하는
　 시간·장소·출연내용에 따라 노동력을 제공하고 있던 점, 출연료는 업적급제와 최저보장급을 혼
　 합한 것이라고 이해할 수 있었던 점 등의 이유를 들고 있다.(김재훈, 앞의 논문, 104면에서 재인용)

주에 의해 생겨지는 예술적 가치를 평가한 것이라고 하기보다는 오히려 연주라고 하는 노무의 제공 그 자체의 대가라고 보는 것이 타당하다는 점의 4가지를 이유로 근로자성을 인정함에 이르렀다.[33] 운동선수도 위와 같이 연예인과 같은 법리가 적용될 수 있을 것이다.

(2) 전속매니지먼트계약 예체능인

전속매니지먼트계약에 대한 노동법의 적용유무는 구단전속계약에서와 마찬가지로 개별적·구체적으로 판단해야 할 것이다. 일률적으로 모든 경우에 노동법이 적용된다고 말할 수는 없다. 그러나 최근의 매니지먼트 계약이 위임계약의 성격보다 고용계약의 성격을 강하게 나타나고 있다. 예체능인과 관리상의 계약을 맺는 것뿐만 아니라 직접 선수를 발굴 육성하여 구단에 직접 취업 또는 출전시키는 전속계약이 증가하고 있기 때문이다. 매니지먼트사에 소속된 스포츠선수는 ① 매니지먼트회사에 일정기간 전속계약[34]을 하고 있다는 점 ② 매니지먼트회사의 프로그램에 의하여 스케줄 관리를 받고 있다는 점 ③ 사업자의 필요에 의하여 노동력을 제공하여야 하고 자신의 노동력을 자유롭게 처리할 수 없다는 점[35] ④ 선수활동을 통하여 받은 보수는 출전자체에 대한 평가라기보다는 노무의 제공이라는 점에서 매니지먼트사에 전속되어 있는 스포츠선수를 근로자로 보아야 할 것이다.[36]

---

33) 中部日本放送事件·最一小判 1976. 5. 6 民集 30卷 4號 437면.(김재훈, 앞의 논문, 105면에서 재인용)
34) 일반적으로 계약은 3~5년 전속계약을 맺는다.
35) 전속계약이 되어 있는 연예인의 경우 매니지먼트회사를 통하지 않고 자유롭게 계약을 맺어 노동력을 제공할 수 없다.
36) 같은 견해로 장재옥 교수는 연예인 소속기획사가 프로그램제작을 도급받고 그 프로그램에 출연할 것을 전속배우에게 명하는 경우는 물론이고 소속기획사가 전속연예인을 대신하여 출연할 회사와의 사이에서 출연시간, 출연장소, 출연내용 동을 결정하고 출연의 대가로서의 전속료와 출연료가 소속기획사로부터 지급되는 점에서 연예인은 일부 톱스타를 제외하고 근로자로 인정할 수 있다고 한다. 또한 전속료를 받지 않는 경우에도 출연료가 소속기획사로부터 지급되는 한은 실질적 고용관계를 인정하여 근로자로 판단할 수 있다고 한다.(장재옥, 앞의 논문, 216-217면)

V. 전속계약의 과제

1. 근로자성을 인정하는 입법정책적 보완

스포츠선수는 노동법적으로 보호하는데 어려움이 있기 때문에 운동선수의 기본적 권리 보호를 위하여 스포츠선수를 근로자로 추정하는 입법정책적 노력이 필요하다고 본다.

2. 근로계약서에 관한 규정

스포츠선수협의회와 같이 선수들의 이익을 도모하는 단체에서 선수와 매니지먼트사와 체결되는 표준계약서 양식을 만들어서 선수들이 계약에 있어서 일방적으로 불리한 내용으로 계약을 체결하는 사태를 미연에 방지할 필요가 있다.[37] 우리나라의 경우 모든 운동선수들이 계약을 체결할 때 변호사 등으로부터 법률적 자문을 얻기란 매우 힘들기 때문이다. 계약서에 들어갈 사항 중에서 근로기준법 제24조의 내용을 유추 적용하여 계약당사자, 계약기간, 제공서비스, 수수료 조항, 입장표명과 보증사항, 업무상 비용처리, 계약위반에 따르는 배상, 이해충돌조항, 분쟁관련, 양자합의 인정조항, 저작권에 관한 사항 등에 있어서 표준적인 계약서를 이용하도록 유도할 필요가 있다.

매니지먼트계약 중에는 운동선수와 구두계약만으로 약속을 성실히 지키는 경우도 있겠지만, 당사자 간에 언제나 우호적인 관계가 지속되는 것은 아니다. 따라서 향후 발생할지 모르는 갈등상황을 최소화하기 위해 사전에 치밀하게 검토한 후에 불리한 내용이 들어가지 않도록 계약서를 작성하는 것이 필요하다.[38]

---

37) 미국의 경우 연예인이 계약을 맺는 경우 개인매니저, 비즈니스 매니저, 변호사에게 조언을 얻거나 동석하여 계약을 체결한다.
38) 우리나라에 표준계약서가 아예 없는 것은 아니다. 한국연예인제작자협회에서 회원들에게 내놓은 표준계약서가 존재한다. 그러나 내용이 빈약하며 매니지먼트사에 유리하게 구성되어 있다.

3. 계약기간에 관한 규정

근로계약은 기간의 정함이 없는 것과 일정한 사업완료에 필요한 기간을 정한 것을 제외하고는 그 기간을 1년을 초과하여 정할 수 없다(근로기준법 제23조). 1년 이하의 근로계약기간이 종료되는 경우 당사자 간의 합의에 의하여 계약을 새로이 체결하거나 아무런 합의 없이 근로자는 근로를 계속제공하고 사용자도 상당한 기간 동안 이의를 제기하지 아니한 때에는 근로계약은 갱신된 것으로 본다. 스포츠선수 계약도 마찬가지이다. 현재 맺고 있는 스포츠선수계약은 그 기간이 3~5년으로 상당히 장기간이다. 스포츠선수가 자신의 의사에 반하여 매니지먼트사를 위하여 노무를 제공하는 것을 방지하기 위하여서라도 근로계약의 준수가 필요하다.

4. 임금보호에 관한 규정

일반적으로 근로자에게 있어서 임금은 생존을 확보하는 데 유일한 수단이기 때문에 근로기준법에서 임금지급방법과 비상시지급, 휴업시의 일정한 임금의 계속지급 및 퇴직금제도를 규정하고 있고 별도의 최저임금법을 통하여 기초적인 최저임금액을 보호하고 있다. 운동선수도 사업자로부터 획득하는 수입에 자신의 생계를 의존하고 있다는 점에서 일반근로자와 차이가 없다. 따라서 운동선수의 생계보장적 차원에서 임금보호에 관한 근로기준법 및 최저임금법의 규정은 원칙적으로 적용되어야 한다.

5. 연차유급휴가에 관한 규정

독일의 연방휴가법은 경제적 종속관계에 있는 특수형태근로종사자에 대해서도 유급휴가권을 인정하고 있다. 유사근로자도 그의 경제적 종속성으로 인하여 유급휴가에 대한 청구권을 가짐으로써 자기 노동력에 대하여 일반 근로자와 원칙적으로 동일한 보호를 필요로 하기 때문이다.[39] 다만 스포츠선수의 경우 휴가권의 사용에 있어 전속되어 있는 것만으로 근로의 제공으로 볼 수 있는지 사업주가 휴가지정권을 가지는지 아니면 스포츠선수가 휴가시기를 직접 지정할 수 있는지 문제가 될 수 있다.

그러나 근로자의 근로의무를 이행하는 것은 근로자 자신의 노동력을 사용자의 지휘·명령 하에 처분 가능한 상태에 두는 것으로 충분하므로 근로의 제공으로 볼 수 있다.[40] 운동선수가 기량을 발휘할 수 있는 상태이면 근로의 제공이라고 할 수 있다. 휴가지정권에 관하여는 운동선수는 자신 업무내용과 업무시간을 스스로 결정할 수 있는 자율적 위치에 있는 것이 대부분이기 때문에, 원칙적으로 스스로 휴가의 시기를 정할 수 있다고 보는 것이 타당하다. 다만 운동선수가 휴가권의 실행 시 민법상의 신의칙에 따라 사업주의 이해관계를 적절하게 고려해야할 의무를 부담한다고 해야 할 것이다.

6. 근로시간에 관한 규정

근로기준법상의 근로시간은 근로자가 사용자의 지휘감독 하에 근로계약상의 근로를 제공하는 시간을 말한다. 구체적인 근로시간의 결정은 원칙적으로 사용자의 지시권 행사에 의하여 결정된다. 운동선수의 경우 ① 사업주 측의 지시에 따라 움직이다보니 출퇴근시간이 불규칙하고, ② 대기시간이 많은 운동경기의 특성상 스포츠선수의 근로시간에 관한 규정을 일률적으로 적용하기는 어려울 것이다. 그러나 스포츠선수도 근로자임이 분명하며 1 일 8시간, 1 주 40시간이라는 기준시간을 정하고, 그 기준근로시간을 초과하여 근로를 시키는 경우에는 연장근로에 따르는 가산수당을 지급하여야 할 것이다.

---

39) Neumann/ Fenski, Bundesurlaubsgesetz, 9. Aufl., 2003, §2 Rn.68.
40) 대판 1965. 2. 4, 64누162.

7. 산업안전 및 재해보상에 관한 규정

사업자가 제공하는 장소 또는 그가 제공하는 수단과 재료를 가지고 업무를 수행하는 경우에는 사업자는 노무제공자의 생명과 건강을 보호해야 할 필요성이 인정된다. 스포츠선수도 마찬가지이다. 앞에서 설명하였듯이 사업자의 부수적 의무에 운동선수가 출연의무를 이행하는 동안 안전하게 할 안전의무를 지니고 있으며 민법상 의무가 아니더라도 근로자의 안전을 보호해야하는 것은 사업자의 당연한 의무이다. 재해보상제도는 모든 스포츠선수에게 적용되어야 할 것이다.

8. 사회보험법의 적용

사회보장기본법 제3조 2호에 의하면 사회보험은 국민에게 발생하는 사회적 위험을 보험방식에 의하여 대처함으로써 국민건강과 소득을 보장하는 제도를 말한다. 구체적으로 사회보험의 과제는 수급권자의 건강과 급부능력의 보호, 유지, 개선 및 재생산을 위한 불가결한 조치를 보장하고 질병, 모성, 생계능력의 감소 내지 연령으로 인한 경제적 불안정을 배려하는 데 있다. 우리의 경우 의료보험법, 국민연금법, 고용보험법 그리고 넓게는 산재보험법 등이 대표적인 사회보험으로 분류될 수 있다. 사업주만 보험가입자가 되는 산재보험법과 달리 그 밖의 사회보험에서는 근로자가 사용자와 함께 가입자가 된다. 그런데 이들 사회보험법의 적용대상이 되는 근로자는 예외 없이 사용종속관계를 전제로 한 근기법상의 근로자를 의미한다. 물론 자영사업자는 원칙적으로 자신의 비용으로 사적인 보험을 통하여 위험에 대비할 수 있다. 그러나 재정적 능력이 이에 미치지 못하고 생계수단의 대부분을 특정 사업주로부터 받는 수입에 의존하고 있는 연예인은 근로자에 준하는 사회적 보호필요성이 있다고 보아야 하기 때문에 이들에게 사회보험에 가입할 자격을 주지 않는 것은 정당하지 않다고 판단된다.

VI. 요약 및 정리

일반적으로 스포츠전속계약이란 스포츠선수와 구단과 맺는 전속계약을 말한다. 일부 톱스타 운동선수들을 제외한 대부분의 운동선수들은 사업자와 전속계약을 체결함에 있어서 계약자유의 원칙을 그대로 적용할 수 없는 힘의 불균형상태가 유지되고 있는 것이 현실이다. 구단의 전속계약은 일반적으로 사업자가 일방적으로 정한 표준계약서에 내용을 가감하여 맺어지는 것이 일반적이다. 기획사나 에이전트의 표준계약서도 마찬가지다. 이러한 표준계약서에는 스포츠사업자(구단)들이 일방적으로 작성하여 양당사자의 불평등한 관계에서 체결되는 경우가 대부분이기 때문에 불공정한 규정들이 존재한다. 이러한 계약내용을 담은 스포츠전속계약서는 약관성이 인정되며, 약관규제에 관한 법률에 따라 통제를 받아야 한다.

이러한 전속계약은 다양한 유형으로 실제거래관계를 맺고 있으며, 고용, 도급, 위임 등의 복합적인 형태로 이루어지고 있다. 모든 운동선수들이 전속계약을 체결하며, 근로자성이 인정되므로 비전형 근로계약으로 보는 것이 가장 적절하다고 생각한다.

운동선수는 사업자와의 사이에 사용종속관계가 있는 것이 보통이므로 운동선수의 근로자성이 인정되어 근로기준법, 노동조합법 등의 노동법이 적용되는 것으로 해석해야 한다.

스포츠선수의 전속계약의 형태가 다양하므로 현행 노동법을 일률적으로 적용하는데 어려움이 있다. 스포츠인들의 기본적 권리 보호를 위하여 입법정책적 노력이 필요하다고 본다.

제2절 스포츠사고와 법

Ⅰ. 스포츠사고책임의 기본문제

이 절에서는 스포츠사고에 따른 민사법적인 문제를 다루고자 한다.[41]

스포츠 사고에 대한 책임은 기본적으로 피해자의 구제라는 측면에서 생각해 볼 수 있다. 여기에는 운동선수, 관람객, 운동경기 주최자, 경기장 운영자 등의 스포츠 관련자 상호간의 문제를 정확하게 파악하고 이에 대한 법적 문제를 합리적으로 해결하는 것이 중요하다.

앞서 언급한 바와 같이 스포츠는 육체적인 활동뿐만 아니라, 사회적인 연대관계를 형성하기 때문에 그 사고로 인한 손해의 이해조정이 필요하다. 여기에서는 일반 민사책임과 마찬가지로 사고당사자간의 관계를 고려하여 계약책임과 불법행위책임으로 나누어 볼 수 있다.

1. 계약책임

스포츠 사고에 있어서 이해관계 당사자간의 계약관계가 존재하는 경우에는 서로 직접적인 권리와 의무를 부담한다. 예외적으로 계약의무의 보호를 목적으로 계약당사자 이외의 제3자도 보호되는 경우도 있다. 독일 판례에서 인정하고 있는 이른바 "제3자의 보호효를 가진 계약(Vertrag mit Schutzwirkung zugunsten Dritter)" 이론이 적용될 수 있다.[42] 예를 들면, 계약당사자가 운동경기의 주최자와 운동선수 또는 운동단체인 경우에도 관객은 제3자로서 계약의 보호를 받을 필요가 있을 수 있다.[43]

---

41) 이 절은 필자의 논문 「스포츠사고책임의 민사법적 제문제」(『비교법연구』 1호, 동국대학교 비교법문화연구소, 2000, 85-115면)를 수정 보완하였음을 밝힌다.

42) Fritzweiler/Pfister/Summerer, Praxishandbuch Sportrecht, 2.Auflage, München : Beck, 2007, S. 403f.

43) Fritzweiler/Pfister/Summerer, a.a.O., S. 403.

일반적으로 계약상의 주의의무를 위반한 당사자는 상대방에 대하여 손해배상의 의무가 한국민법 제390조에 의하여 발생한다. 스포츠 사고로 인한 계약상의 손해배상 청구권은 주로 불완전이행이나 적극적 채권침해의 법리에 의하여 인정될 것이다. 물론 경기단체가 계약당사자인 경우에는 한국민법 제391조에 의하여 운동선수는 이행보조자로서 채무불이행 책임을 진다.

2. 불법행위책임

한국민법 제750조는 고의 또는 과실로 인하여 타인의 생명·신체·건강·재산 기타의 권리를 침해한 경우에 가해자는 불법행위책임을 지도록 규정하고 있다. 이러한 법익침해는 일반적으로 위법성이 인정되며 적극적인 작위와 소극적인 부작위로 침해가 발생되는 경우를 포함한다. 또한 이러한 가해행위는 고의 또는 과실로 인한 책임성이 존재하여야 하며, 현실적으로 손해가 발생되어야 한다.

스포츠 사고에 있어서도 이러한 일반적인 불법행위 요건이 충족된 경우에 피해자는 손해배상청구권을 행사할 수 있다.

3. 손해배상의 범위

손해의 범위와 종류는 한국민법 제393조에 의하여 결정된다. 물적손해와 인적손해를 포함하며, 통상손해와 특별손해로 나누어진다. 특히 손해배상의 범위는 인과관계에 의하여 정해진다. 여기에는 기존의 상당인과관계설과 함께 규범목적설이 논의될 수 있다. 스포츠는 위험성을 수반하는 경우가 많기 때문에 가해자가 일정한 행위규범을 위반하여 손해를 발생시키는 경우에는 그 행위의 결과가 규범의 보호범위 내에 속하는 경우에 책임이 있다고 하는 것이 합리적일 것이다. 스포츠 사고에 대하여는 규범목적설을 적용하는 것이 타당하다고 본다.

4. 책임제한과 과실상계

계약자유의 원칙에 의하면 계약이나 불법행위로 인하여 책임을 제한하는 특약을 할 수 있다. 이러한 특약은 명시적으로나 묵시적으로 가능하다. 그러나 이러한 특약은 강행법규에 위반하거나 미풍양속에 위반하면 무효가 된다. 약관규제법의 규제도 받는 것은 당연하다.

스포츠는 본래 경기자 스스로 위험성을 감수한다는 의지가 담겨져 있기 때문에 피해자의 자기과실이 인정되는 경우가 많을 것이다. 운동선수 자신의 기술 미숙이나 부주의 등에 의한 사고는 면책되는 경우가 있을 것이다. 피해자 자신의 과실을 판단함에 있어서는 피해자의 위험을 판단할 수 있는 정신적인 능력과 구체적인 경기상황 등이 중요한 요소가 될 것이다.

5. 입증부담

불법행위책임의 입증부담은 피해자인 원고가 지는 것이 원칙이다. 특별히 법률적인 규정이 있거나, 피해자가 약자인 경우 피해자 보호를 위하여 필요한 경우에는 입증부담을 경감하거나 입증책임을 전환하는 법리가 적용된다. 입증부담을 경감하는 경우에는 과실의 추정이나 일응의 증명 등을 통하여 피해자를 보호한다.

스포츠 사고에 있어서는 위험책임의 법리가 적용되는 경우도 있다. 예를 들면 경기장 시설물의 하자로 인한 소유자의 책임이 여기에 해당된다. 이는 무과실책임의 법리에 따라 피해자의 입증책임이 경감되거나 특별한 위험과 손해사이의 인과관계가 추정될 수 있다.

II. 스포츠사고에 있어서 운동선수의 책임

1. 법이론적 문제

스포츠 사고시 운동선수들의 책임에 적용될 법규범은 우선 불법행위의 규정을 생각할 수 있다. 여가를 즐기고 취미로 스포츠에 관여하는 사람들 간에는 일반적으로 계약법상의 특별관계가 성립되지 않기 때문이다. 운동을 하자는 사람들 간의 약속에는 법적인 구속력을 가진 권리와 의무를 발생시키는 계약이 존재하지 않기 때문에 법적 구속력이 약하다.

그러나 경제적인 목적으로 스포츠 활동에 참여하는 운동선수들은 스포츠 단체와 계약을 맺는 것이 일반적이며, 바로 여기서 여러 가지 채권, 채무가 발생한다. 이러한 계약을 위반하면 당연히 손해배상청구권이 발생한다. 운동선수와 스포츠 단체 사이에 고용계약이나 근로계약이 체결된 프로스포츠분야가 바로 여기에 해당한다. 운동선수들이나 스포츠 단체들의 계약상 책임청구권은 이러한 계약의 내용에 따라 개별적으로 발생한다.

2. 스포츠에 있어서 "안전의무"의 개념과 내용

(1) 일반적 논의

독일에서는 스포츠 사고에 대한 판결은 1930년대부터 발전되어 오늘에 이르고 있다. 초기에는 자동차와 오토바이 경기,[44] 핸드볼,[45] 자전거 경기,[46]에 관한 것이다. 그리고 축구,[47] 승마,[48] 스키[49] 경기에 대한 하급심판례가 뒤를 이었다.

---

44) RGZ 127,313; 130,162;150, 73.
45) RG in DR 39,770.
46) RG in JW 38,2737.
47) OLG Neustadt in MDR 1956, 548, 550.
48) LG München in VersR 1953, 168.
49) OLG München in HRR 1942, 552.

당시 판결은 과실판단의 기준을 경기의 위험성과 사고의 가능성에서 찾았다. 과실의 성립을 경기에 안전성과 적합성에서 발견하려고 한 것이다. 과실의 개념을 독일민법에서는 "거래에서 요구되는 주의"라고 규정하였다. 운동경기 참가자의 사고가능성은 "전부 아니면 무(Alles-oder-Nichts)"의 원칙에 따라 "스스로 위험을 안고 하는 행위(Handeln auf eigene Gefahr)"나 "부상에 대한 동의"라는 법이론에 따라 책임이 인정되거나 완전히 부정되는 판결을 내렸다.

그에 반해 위험책임은 어떤 제한이 없이 적용되었다. 문헌들은 이런 책임법의 중요성을 상이하게 다루었다. 그러나 스포츠는 부상위험이 높기 때문에 책임을 경감하거나 책임을 배제해야 한다는 의견에는 일치를 보이고 있다.[50]

1974년 스포츠 책임에 대한 독일연방 대법원(BGH)의 판결[51]은 대대적인 토론이 줄을 잇게 하는 계기를 마련하였다. 이 소송은 축구선수가 부상을 이유로 다른 선수를 상대로 손해배상청구권을 행사한 것이다. 독일 연방 대법원은 다음과 같이 판결하였다.

> "축구경기에의 참여는 근본적으로 부상을 감수하는 것으로, 규칙을 제대로 지켰다 하여도 예방하기는 힘들다. 이런 이유에서 동료선수에 대한 손해배상청구는 동료선수가 규칙위반한 경기를 하였다는 증거를 필요로 한다."

1961년의 독일연방 대법원판결[52]은 "축구경기에 참여하는 모든 참가자들은 경기규칙을 지켜야 하며, 동료선수들이 규칙을 제대로 지켰다면 손해배상청구를 할 수 없다"고 못박았다. 경기규칙과 스포츠 규칙을 동시에 준수하고서 다른 선수를 다치게 한 경우에는 손해배상책임이 없다는 데 원칙적으로 일치하였다.

과실 있는 행동으로 인한 스포츠 사고 책임에 있어 논의의 핵심은 허가된 위험

---

50) Fritzweiler, Haftung bei Sportunfällen, München, 1978, 59ff, ; Grunsky, Haftungsrechtliche Probleme der Sportregeln, Heidelberg, 1979, S. 75.
51) BGHZ 63, 140 = NJW 75, 109ff.
52) BGHZ 34, 355 = NJW 61, 655.

또는 타인이 부상을 입을 높은 위험의 문제이다. 이와 함께 각 스포츠 종목의 경기 규칙에 있어 이러한 위험과 부상가능성에 관한 규정과 그러한 규정들의 법적 가치와 판단 여부가 중요하다.

즉, 스포츠 종류에 따라 특징적인 부상위험이 있는가? 책임위험의 분산은 어느 정도로 해야 하는가? 이러한 질문에 대한 해답은 전통적인 불법행위법 이론에서 찾는데는 한계가 있다. 독일에서는 다른 분야에서 발전된 "거래안전의무책임(Verkehrspflichtenhaftung)"의 법리를 스포츠 사고에 원용하려고 노력하여 왔다.[53]

여기서는 사실 독일 민법 제823조 제1항의 규정에 의한 법익에 대한 직접적인 침해에 대한 책임을 거래안전의무의 위반으로 넓게 이해하고 있다.

즉, 구성요건은 전혀 일반적인 손해야기의 금지에 해당되지 않고, 위법하지도 않다. 보호받는 법익에 대한 침해는 아니지만, 행동규칙 즉 안전의무를 위반했을 때에는 비로소 위법하다고 판정된다는 법리이다. 안전의무의 위반을 통해 비로소 불법이라고 간주되어 지는 것이다. (거래)안전의무는 다시 개별적인 스포츠의 유형에 따라 구체적으로 상세하게 판단기준이 설정된다.

(2) 스포츠 자치법규에 있어서 안전의무의 개념과 내용

민법 제750조에 규정된 책임의 구체적 개념의 확정은 특정한 위험상황과 관련하여 가능하다. 각 스포츠의 유형에 따라 각각 다른 위험원인이 존재한다. 문헌들은 지금까지 관련 스포츠 규정의 상해위험성과 관련하여 개인 스포츠 유형과 대결 스포츠로 구별하였다.[54]

개인종목 스포츠에는 육상, 체조, 수영, 스키, 승마, 요트, 골프 등이 속한다. 이 스포츠 유형은 혼자서 경기를 하고, 타인의 신체와 접촉이나 대결이 허용되지 않으며, 이에 따른 위험을 야기시키지도 않는다. 이와는 달리 대결스포츠는 두 사람간의 또는 팀(단체)간의 대결로 이루어진다. 예를 들면 권투, 레슬링, 유도, 펜싱, 테니스,

---

53) Fritzweiler/Pfister/Summerer, Praxishandbuch Sportrecht, 2.Auflage, München : Beck, 2007, S. 405ff.
54) Fritzweiler, a.a.O., S. 2; Fritzweiler/Pfister/Summerer, a.a.O., S. 405.

축구, 핸드볼, 야구, 아이스하키, 수구 등이다. 이들 스포츠는 신체접촉과 신체 또는 운동기구와 함께 대결을 통해 연습을 하고 경기를 한다. 따라서 대결 스포츠는 일정한 위험성 있는 행동을 기본적으로 허용하는데 반해, 개인 스포츠는 기본적으로 이를 허용하지 않는다.

개별적으로 특별한 스포츠 위험상황은 참가한 운동선수들을 보조하기 위한 목적을 고려한 스포츠 자치규정에 있다. 여기서 "안전의무"는 미리 정해진 스포츠 규정을 통해 정해질 수 있다. 스포츠 단체의 경기규칙을 보면 확실히 경기자의 보호와 안전을 위한 행위규범을 정하고 있음을 알 수 있다.

대결 스포츠의 규정은 경기자 상호간 또는 팀간의 스포츠 대결은 분명 위험한 신체적 공격을 야기시키기 때문에 이를 근본적으로 허용하면서 상해위험을 줄이거나 제거하는 규정을 두고 있다.

개인종목스포츠 규정에는 위험한 행동규칙을 명문으로 허용하지 않고 있다. 오히려 함께 출전한 다른 경기자에게 위험이 발생하지 않도록 주의할 것과 자연과 기술의 위험성에 대비할 것을 규정한다.

3. 개별 스포츠에 있어서 운동선수(경기자)의 책임

운동선수(경기자)의 책임을 판단하는 기준과 근거는 다음과 같다.
- 민법 제750조에 의한 "책임성(Verschulden)"의 여부 판단
- 위험책임(무과실책임)이 적용되는 스포츠 유형에 있어서 특별책임요건의 구비 여부
- 면책사유와 피해자의 공동과실 여부

(1) 개인종목 스포츠

이 분야의 스포츠 경기에 있어서는 공동 경기자가 늘 존재하기 때문에 스포츠

규칙에는 일반적인 고려사항이 포함되어 있다. 독일 판례에서는 특히 각 스포츠 규칙에서 안전의무(Verkehrspflichten)를 인정하여, 이 안전의무를 위반했을 때에는 책임성(과실)을 인정한다. 왜냐하면 일반적으로 허용된 참작사유로부터 예견가능성과 회피가능성이 나오기 때문이다.

개인 스포츠 종목 중 다른 분야에 비해 비교적 법정분쟁이 많은 종목은 스키이며, "스포츠에 있어서 안전의무"의 개념을 정립하는데 선도적 역할을 하였다.

(2) 대결(경쟁, 투쟁) 스포츠

개인종목 스포츠에 비해 일반적으로 허용된 고려사항이 제한되어 있다. 왜냐하면 이 분야에서는 운동에 참가하는 공동 경기자들의 위험 또는 상해나 신체적 접촉이 부분적으로 허용되어 있기 때문이다. 따라서 위법성이 조각되고 운동경기의 규칙위반(위법성)이 곧바로 책임성(고의, 과실)을 인정하지 못한다.

1) 축구경기

상해위험은 공에 대한 싸움에서 발생한다. 경기 중 행동규범에 관해서는 특히 대한축구협회 규정 등에 규정되어 있다. 참고로 독일 DFB-Regel 12에는 "금지된 경기와 반스포츠적인 행동"을 규정하고 있다. 여기에는 공을 둘러싼 싸움에 관련된 모든 위험한 행동양식이 구체화되어 있고, 지나친 위험행동을 제한하고 있다.

2) 핸드볼(실내)

상해(부상)의 위험은 축구와 마찬가지로 공에 대한 싸움에서 발생한다. 이는 국제 실내 핸드볼 규칙 제8.6조에 규정되어 있다. 즉, "상대방이 잡고 있는 공을 한 손 또는 두 손으로 빼앗거나 쳐낼 수 있다." 이 규칙 제 8.11조에는 상대방에게 충돌하거나, 뛰어들거나, 다리를 걸거나, 어떤 다른 방식으로 위험하게 하는 행위를 금지하고 있다. 프랑크푸르트 고등법원(OLG Frankfurt)은 의무위반의 판단에 관하여 다음과 같이 판결하였다.[55] 한 선수가 힘껏 뛰어 달려들어 다른 선수의 손을 쳐서 바닥에 넘어뜨려 부상을 입혔다. 이는 아주 전형적인 핸드볼 경기 상황의 하나이다. 법원은 가벼운 운동규칙 위반과 의무위반을 인정하였으나 책임성(Verschulden)은 부인하였다. 그 이유는 국제 핸드볼 규칙 제8조에 의한 "중대한 규칙위반(grosser Regelverstoss)"은 입증이 되지 않았기 때문이다. 마부르크 지방법원(LG Marburg)도[56] "경기규칙의 사소한 위반은 운동선수의 보호에 목적이 있으며 과실적 행위의 판단의 대상이 되지 않는다"라고 하였다.

3) 농구

독일연방 대법원(BGH)[57]은 국제 아마추어 농구협회 규칙 제 76조, 제77조를 검토하였다. 두 선수가 동시에 골대 쪽으로 높이 뛰었고 한 선수가 여기서 부상을 당했다. 독일 연방 대법원은 원심과 같이 운동규칙의 위반과 운동선수보호를 위한 행위의무 위반을 인정하였다. 여기서 책임성 판단을 명확히 하였다. 즉, 농구는 축구나 아이스하키와는 반대로 하나의 "몸 없는 운동경기(körperloses Spiel)"이며, 이 경기에는 신체적 접촉을 피해야 한다. 그러나 대결(투쟁) 스포츠이기 때문에 상대방의 신체적 접촉을 배제할 수 없는 것도 사실이다. 따라서 이 사건에는 단지 이른바 "보통의 파울(normales Faul)"이 적용되었고, 경기규칙의 경미한 위반으로서 법적 책임은 인정되지 않았다.[58]

4) 권투, 레슬링, 유도

부상의 위험은 직접적인 타격에 의해 발생한다. 권투, 레슬링, 유도 등 격투경기에 있어서 직접적인 육체적 공격이 허용되고 있으므로, 규칙위반이 곧바로 안전의무 위반이나 책임근거적인 과실이 되지 않는다. 마치 의사가 환자를 치료할 때 수술을 하는 것과 같다.

---

55) OLG Frankfurt, NJW-RR 91, 418.
56) LG Hamburg, NJW-RR 88, 1243; vgl. AG Berlin-Ch, VersR 82, 286
57) BGH NJW 76, 2161=VersR 76,776
58) 같은 내용 OLG Koblenz, VersR 91, 1067.

권투와 레슬링 경기에 있어서 사고에 대한 법적인 분쟁이나 법원의 판결은 거의 없다.

4. 위험책임(무과실책임) 영역에 속하는 스포츠 유형

이에 속하는 스포츠 유형으로는 자동차 경주, 항공기 경기 등이 있고, 이는 과실 추정책임이 적용될 수 있다. 스포츠에 있어 허용된 위험한 행동과 관련하여 스포츠 활동을 하는 경우에는 위험책임의 법리가 적용될 가능성이 있는데, 이 때 여러 가지 의문이 제기된다.[59] 우선 위험책임의 구성요건은 특별한 위험(기술적 위험이나 시설위험)이 실현되어 손해가 발생해야 한다. 이 손해에 대한 책임은 위험원천의 소유자(Inhaber der Gefahrquelle)에게 있다. 아직까지 스포츠 사고 분야에 위험책임의 법리를 적용하는 것에 대해서는 판례와 이론이 대부분 부정적인 견해를 보인다.[60]

5. 관중과 경기보조자에 대한 운동선수의 책임

운동선수는 계약관계가 없는 관중이나 경기보조자(조수)에 대하여 불법행위책임을 지게 된다. 여기에는 일반적으로 민법 제 750조가 적용된다. 운동선수의 안전의무의 범위는 한편으로는 경기규칙에 규정된 위험상황에 따라 정해지며, 다른 한편으로는 일반적인 행동원리에 따라 정해진다.[61] 여기에서 문제되는 것은 조직화된 스포츠 경기인가의 여부이다. 만약에 조직적인 단체가 주최한 스포츠 경기에서는 그 주최자가 관중의 안전을 위해 노력할 의무가 있다.

운동선수의 잘못으로 경기보조자(도우미)나 심판을 부상케 한 경우에는 그 원인이 어디에 있는가가 중요하다.

---

59) Werner, Sport und Recht, Tübingen 1968, S. 7ff ; Deutsch, VersR 71, 1ff.
60) Börner, Sportstätten-Haftungsrecht, Berlin 1985, S. 430 m.w. N. 430, Fn 11-15.
61) Fritzweiler/Pfister/Summerer, S. 451f.

참고로 독일 판례를 소개한다. 올덴부르크 고등법원은 축구선수들과 코치들에게 심판이 입은 부상에 대한 손해배상책임을 인정하였다.[62] 이 사건에서 선수와 코치들은 심판을 모욕하고 달려들었으며, 이러한 행동으로 인하여 넘어져 부상을 당하였다.

독일에서 관중부상에 대한 최초의 손해배상 청구 사건은 자동차 경기에서 발생하였다.[63] 독일연방대법원(BGH)은 위험과 관련하여 자동차 경주 선수가 경기주최측이 마련해 놓은 안전시설을 무시하고 관중에게 위험을 가하여 부상케 하였다면 손해배상책임이 있다고 판결하였다.[64]

6. 입증책임의 문제

스포츠 사고 소송에 있어서는 일반적으로 인정된 입증책임의 법리가 적용된다. 스포츠 사고로 인한 피해자 또는 부상자는 책임근거적 요건으로 가해자의 현저한 운동규칙 위반과 책임 있는 침해행위로 인하여 손해가 발생하였다는 점을 입증하여야 한다. 그런데 개인종목 스포츠나 대결 스포츠에 있어서는 운동경기가 아주 빠른 속도로 진행되기 때문에 그 경과과정을 자세히 파악하기가 쉽지 않다. 판례들은 이점을 인정하고 있다. 동료 선수나 관중의 심문을 통한 증거청취도 특별한 동정이나 애정 때문에 어느 한편에 치우칠 경우가 많다. 이러한 현실 때문에 가치가 없고, 중립적인 증인을 찾기가 쉽지 않다. 따라서 입증자료의 미흡으로 인하여 피해자는 스포츠 사고 후에 책임요건을 입증하는데 종종 실패하기 쉽다.

요즈음은 비디오나 사진자료의 증거능력에 대해 논의가 되고 있다. 증인 대신 이러한 영상자료들이 증거자료로 제출된 경우 증거가치를 어느 정도 인정할 수 있는 가는 여러 가지 상황을 고려하여 판단할 문제이다. 독일 판례에서는 중요한 증거

---

62) OLG Oldenburg, SpuRt 94, 203 m.Anm. Bar.
63) RGZ 130, 162 ; OLG Stuttgart, JW 1932, 2823 ; RGZ 156, 173 ; OLG Koblenz, VersR52, 236 ; BGHZ 5, 318=NJW 52, 779.
64) BGHZ 5, 320.

자료로 인정하고 있다.[65]

Ⅲ. 스포츠 사고에 있어서 경기 주최자의 책임

스포츠 사고는 운동선수 상호간에 발행하지만 또한 여러 가지 다른 원인 제공자들이 고려될 수 있다. 즉 스포츠 단체, 스포츠 협회, 스포츠 지도자, 개인 교습소, 公的 스포츠 교육장, 스포츠 관련 공공기관, 스포츠 용품의 제조자 또는 판매자 등이 그 예이다.

부상당한 운동선수가 스스로 다치거나 손해를 본 경우라고 짐작되는 경우에는 운동선수의 경기활동과 관련하여 스포츠 경기 주최자의 책임을 조사해 볼 필요가 있다. 예를 들어 달리기 선수가 트랙에 물기가 있어 미끄러져 다친 경우, 스키선수가 결빙된 활주로를 달리다 미끄러져 부상당한 경우 등이다.

여기서 "스포츠 경기 주최자(Sportveranstalter)"의 개념이 문제된다. 이는 "스포츠"나 "스포츠 사고"와 같이 법적으로 새로운 개념이며, 책임주체로서 쉽게 규명되기 어려운 점이 있다. 일상용어로 스포츠 경기 주최자란 "스포츠 기업이나 스포츠 행사를 조직하고 그 행사에 대한 재정적 위험을 지는 사람이나 기구"라고 정의할 수 있다.[66] 독일연방대법원은 "스포츠 행사에 대하여 조직적, 재정적 관점에서 책임을 지는 자"라고 정의하였다.[67]

관중들도 스포츠 경기장의 활동에 의해 부상을 당할 수 있다. 또한 때에 따라서는 스포츠 활동과는 직접적인 관련이 없이 사고가 일어나기도 한다. 예를 들면 경기 조직의 결함으로 인한 관중들의 동요 및 폭력행위에 따른 인적·물적 손해의 발생,[68] 경기장의 부실공사나 시설미비에 따른 사고 등이 여기에 속한다. 이 경우 부

---

65) LG Stuttgart, NJW-RR 88, 1241.
66) Börner, a.a.O., S. 14ff. ; Eichenberg, Zivilrechtliche Hlftung des Veranstalters sportlicher Wettkämpfe, Diss Zürich 1973.
67) BGHZ, 27, 265 ; 39, 352 ; NJW 70, 2060.
68) 예를 들면 1985년 Brüssel에서 거행된 유럽컵 FC Liverpool-Juventur Turin 경기에서 발생한 관중들의

상자는 대부분 관중들이며, 아울러 운동선수, 심판, 경기장 소유자 또는 제3자(경기장 주변의 통행인이나 거주자)들도 피해를 볼 수 있다.

1. 스포츠 협회·연맹의 책임

스포츠 단체나 협회의 책임문제는 운동선수가 소속된 구성원으로서 경기장에서 사고가 난 경우, 국내외 경기에 참가 초청을 받은 선수로서 사고가 난 경우, 관중들의 부상 또는 경기장 주변에 관련된 자들의 사고 등에서 생긴다.

(1) 운동선수에 대한 책임

운동선수가 부상을 당하거나 손해가 발생하면 소속단체나 협회는 계약관계나 불법행위 또는 위험책임 규정에 의해 책임을 질 수 있다. 우선 스포츠 단체와 단체회원 간의 회원관계에 의해 계약관계가 존재한다면 당연히 손해배상청구권이 발생한다. 물론 단체가입자(회원)들에게는 스포츠 활동을 해야 할 의무가 부과되지는 않는다. 다만 유급 업적 스포츠에 있어서는 일반적으로 고용계약이나 근로계약이 체결되어져 운동선수인 동시에 단체 구성원으로서 스포츠 활동의무가 부담된다.

또한 경기대회를 개최하는 주최자가 선수들을 초창한 경우에는 직접적인 계약관계가 없지만 "제3자를 위한 보호효 계약의 법리"가 적용될 수 있다. 상금이나 경품을 걸고 개최하는 업적경기(Leistungssport)에서는 이 법리가 오랫동안 적용되어오고 있다.[69]

여가선용 스포츠에도 이 "제3자를 위한 보호효 계약의 법리"가 적용될 수 있다. 스포츠 단체가 시설을 빌려주는 경우가 전형적이다. 예를 들면 테니스장, 골프장, 수영장, 스케이트장 등을 빌려 쓰고 운동경기자는 이에 수수료 또는 입장료를 지불

집단대참사사건을 들 수 있다.

69) Fritzweiler/Pfister/Summerer, a.a.O., S. 446 ; Grunsky, Haftungsrechtliches Problem der Sportregeln, 1979, S. 35 ; Krähe, Die Zivilrecht lichen Schadensersatzansprüche von Amateur-und Berufssportlern für Verletzungen beim Fussballspiel, Berm.u.a 1981, S. 309 ff., 323 ff., 349.

한다. 여기서 임대차 계약과 같은 책임근거를 생각할 수 있으며, 보호의무, 안전의무가 시설을 관리하년 단체 또는 협회에 부과되는 것이다.

다음으로 민법 제750조에 의한 스포츠 단체의 불법행위책임이 운동경기자, 보조자, 심판, 관중 등에 지워지기 위해서는 작위 또는 부작위에 의한 법익침해가 전제된다. 스포츠 시설 및 경기와 관련되어서는 부작위에 의한 의무위반이 대부분이다. 경기장이나 스포츠 활동에 필요한 장애물 등 위험요소를 없애야 하는 결과회피의무내지 보증의무가 존재하는데, 이를 방치하면 부작위에 의한 법익침해가 가능하기 때문이다.

스포츠 운영단체는 일반적으로 경기장의 안전을 위해 노력해야 하고, 연습장 및 경기장의 구조와 시설을 적절하게 구비하여 모든 이용자들이 편리하고 안락하게 느끼며 신뢰감을 갖도록 해야 할 것이다. 이러한 과실책임과 함께 민법 제750조에 의한 공작물 점유자의 책임이나 소유자의 책임 등 위험책임을 지게 된다.

(2) 관중 또는 제3자에 대한 책임

관중 또는 전연 관련이 없는 제3자가 스포츠나 스포츠 이외의 원인으로 인하여 상해나 손해를 입은 경우, 스포츠 단체는 경기 주최자로서 계약관계나 불법행위 규정에 의한 책임을 질 수 있다.

① 관중들에 대한 책임 : 경기단체는 주최자로서 계약상 책임이 있다. 관중과 주최자는 도급계약과 임대차 계약이 혼합된 특수한 "스포츠 관람계약" 관계이다. 주최자는 운동경기를 제공하고, 관중들은 일정한 스포츠 관람석을 사용하면서 경기를 관람하기 때문이다.[70] 따라서 경기주최자는 적극적 채권침해(positive Vertragsverletzung) 또는 불완전 이행에 의한 채무불이행(계약)책임을 진다. 물론 주최자는 자기의 이행보조자에 대한 책임도 진다.(민법 제391조) 경기주최자는 이러한 계약책임과 함께 민법 제750조에 근거한 불법행위책임을 질 수 있따. 물론 경기운영자, 보조자의 고의, 과실로 발생한 손해에 대하여는 사용자로서 책임을 진다.(민법 제756조) 스포츠

---

70) Fritzweiler/Pfister/Summerer, S. 451f, Rdn. 80

행위 이외의 원인으로 관중이 부상을 당하거나 손해를 입은 경우에는 경기주최자가 경기가 중단됨이 없이 관중을 외부적인 위험으로부터 보호하려는 노력을 한 경우에는 책임을 지지 않는다.

요즈음은 스포츠 경기장에서 관중들의 폭력행위나 폭동이 자주 일어나기 때문에 경기주최자는 이에 대한 모든 대책을 강구할 의무를 진다. 이러한 불미스러운 사고를 철저히 예방하고 이를 쉽게 진압할 수 있는 장비와 인력이 충분히 준비되어 있어야 한다. 독일연방대법원은 중요한 판결에서 "관중이 부상당할 가능성이 잠재해 있으면 반드시 제3자의 불법적이고 고의적인 습격을 통한 위험을 예방하여야 한다"고 강조하였다.[71] 여기서 경기주최자의 의무여부를 판단함에 있어서는 그동안 경험을 통하여 어떤 불의의 폭력사태가 발생하였으며, 이를 예방하기 위해 어떤 효과적인 대처방안을 강구할 수 있었는가 등이 고려되어야 한다.

대규모 경기에 있어서는 다음과 같은 주최자의 주의항목을 생각해 볼 수 있다.[72]

- 충분한 입장통제 : 술이나 무장한 사람의 출입통제와 관중을 정원 초과하여 경기장 안으로 입장시키지 말 것.
- 충분한 인적·물적 시설 : 각계 각층의 팬 그룹의 안전을 위한 관중석 배치 및 충분히 훈련된 정리·정돈 전문요원의 배치
- 관중들의 행태를 늘 감시하고 통제할 수 있는 시설의 구비
- 주류나 무기 등 위험물질이 유입되지 않도록 경기장 주변의 통제시설과 감시요원의 배치
- 충분한 구급시설 완비

요구되는 주의의무의 한계를 정하는 기준은 위험의 크기, 통제의 가능성, 필요한 비용 등이다. 한편으로는 아무리 안전예방조치를 취하더라도 불의의 사고나 불행한 일이 일어날 수 있으므로 이에 대비하여 스포츠 경기 주최자는 "관중사고보험

---

71) BGH, NJW 80, 223
72) Fritzweiler/Pfister/Summerer, S. 455f. Rdn 88

(Zuschauerunfall-Versicherung)"에 가입하는 것이 현명할 것이다."

　독일의 쾰른 고등법원은 "대규모 스포츠 경기의 주최자는 관중석에서 버려지는 쓰레기와 오물을 늘 관중들과 분리할 의무는 없다"고 판결하였다.[73] 여기서 관중 스스로가 관중석이 널린 음료수병(캔)에 의해 부상당하지 않도록 주의를 다해 예방하여야 한다고 보았다. 한편 뒤셀도르프 고등법원은 관중석 안쪽 출입문을 열어 놓아서 엄청난 규모의 관중들이 경기장 안으로 밀려들어감으로써 가고가 발생한 사건에 대해 "경기 주최자는 부상당한 관중에게 손해배상을 해야 한다"고 판결하였다.[74] 많은 청소년들이 지하 연습장 지붕으로 올라감에 따라 지붕이 무너져 내린 사고에 있어서 질서유지 근무자들의 힘으로 이 사고를 도저히 막을 수 없는 것은 당연하다고 할 수 있다. 그러나 이러한 사고는 예방할 수 있는 것이며, 경기의 합법적인 준비를 통해 예방할 수 있는 것으로 법원은 판단하고 있다.

　② 제3자에 대한 책임: 경기 주최자는 경기와 전혀 관련이 없는 제3자에 대하여 불법행위책임을 지는 경우가 있다. 여기서 제3자는 스포츠 경기장 주변의 주민, 경기장 주변 주차장에 세워 둔 자동차 소유자 또는 경기장 주변의 통행인 등이 고려될 수 있다. 수 천명의 관중들이 운동경기 전후에 출입하는 과정에서 주변의 주빈들이 상해를 입거나 기물이 파손될 수 있다. 이러한 예견 가능한 위험원인을 미리 제거해야 하며, 질서유지에 필요한 시설과 요원을 미리 배치하여 사고방지와 감독을 해야 할 의무를 경기 주최자는 부담한다. 필요한 경우에는 경기장 관할 경찰 등 공공기관과 협력하여 필요한 모든 조치에 만전을 기해야 한다.

2. 스포츠 경기장 소유자의 책임

　스포츠 경기장의 소유자와 관중 사이에는 직접적인 계약관계가 발생하지 않는다. 일반적으로 스포츠 경기 주최자와 경기장 소유자와의 임대차 또는 사용대차 계

---

73) OLG Köln, SpuRt 94, 145
74) OLG Düsseldorf, SpuRt 94, 147

약에 의해 관객들은 "제3자를 위한 *保護效 契約*"의 법리에 의해 해결될 수 있을 것이다. 그러나 이에 대한 판례는 아직 형성되지 않았으며, 불법행위법에 의해 규율되는 것이 바람직하다고 보고 있다.[75]

우선 일반 불법행위책임의 근거인 민법 제750조를 적용할 수 있다. 경기장의 소유자는 경기장을 건축이나 기술면에서 안전한 상태를 유지하도록 해야 할 "안전의무"를 부담한다. 대형 스포츠 경기를 위해서는 대규모 관중들의 소요사태, 폭력사태, 대중행진 등에 따른 위험을 제거하고 안전시설과 구호시설 등을 구비해야 한다. 경기장 소유자는 경기 주최자와 유사한 주의의무를 부담한다. 그러나 경기장 소유자의 중요한 의무는 경기장의 위험을 방지하기 위한 시설을 설치하고, 안전시설을 구비하며, 시설의 감시와 검사이다. 경기 주최자와 경기장 소유자가 운동선수 또는 관중들에게 공동불법행위자 또는 연대채무자로서 함께 연대책임을 져야 할 요건을 구비하여 연대하여 책임을 져야 한다. 또한 경기장 소유자는 일반 불법행위책임이외에 공작물 소유자로서 무과실책임을 부담하는 경우도 발생한다.

민법 제758조에 의해 경기장의 하자로 인하여 발생한 부상이나 손해에 대하여 무과실책임을 진다. 위와 같은 관중에 대한 스포츠 경기장 소유자의 책임법리는 운동선수, 심판, 경기보조자(조수)등에 대해서도 그대로 적용된다.

IV. 스포츠 교육자, 지도자의 책임

1. 교육자, 지도자의 지도상의 손해배상책임

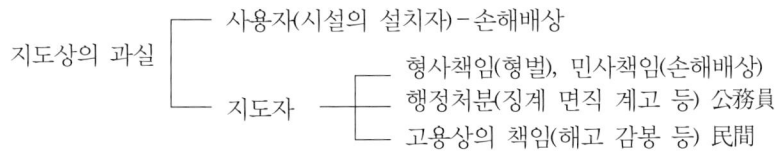

---

75) HB, S. 380 f. Rdn. 82ff.

사고가 교육상, 지도상의 과실에 의해 일어난 경우 손해배상 책임은 민법상의 일반적인 불법행위법리에 따라 해결된다.

(1) 배상책임의 본질

스포츠활동중의 사고에 의한 피해자의구제문제는 스포츠진흥정책에 의한 것이라 하여도 충분한 대책이 강구되어야 한다. 사고가 교육자, 지도자의 과실이나 시설의 설치, 관리상의 하자에 의하여 일어난 경우에는 그 과실에 의한 피해자의 손해를 배상하지 않으면 안된다. 이 손해배상책임이 민사상의 책임이다.

사고가 교육자, 지도자의 과실에 의하여 일어났다고 하면 그 책임은 당연 과실이 있는 교육자, 지도자 자신의 책임으로서 피해자의 손해를 배상하지 않으면 안된다.(민법 제750조 불법행위책임) 또한 교육자, 지도자가 사용자의 직무상의 행위로서의 지도활동 중에 사고가 일어났다고 하면 사용자는 그 지도자의 직무상의 과실에 의한 사고의 손해를 배상할 책임이 있다.(민법 제756조 사용자책임) 그리고 그 지도자가 국공립학교의 교원이나 지방공공단체가 손해를 배상하지 않으면 안 된다.(국가배상법 제1조)

본래 민사책임의 본질은 불법행위에 의한 손해의 발생시에 그 피해자에게 가해자가 그 손해배상을 하는 것이 목적이기 때문에, 사고시에 피해자가 요구하는 손해액을 가해자가 배상하면 문제는 평화적으로 해결된다. 민사상의 문제는 특히 국가권력이 개입하는 소송절차에 의하지 않고 당사자 스스로 타협과 양보에 의하여 해결하는 것이 바람직한 것이다. 만약 이 쌍방의 주장이 일치하지 않을 때에는 최후의 수단으로서 국가권력에 의한 해결방법을 취하는 것이다. 이와 같이 평화적・자주적으로 해결해야만 한다고 하는 사고방식은 「사적자치의 원칙」이라고 하는 근대 민법의 기본원리에 의한 것이다.

스포츠 중의 사고는 많은 경우 스포츠의 본질적인 위험에 의한 불가피적인 것이고, 교육자, 지도자의 과실을 인정하는 것도 곤란한 경우가 많다. 스포츠에 참가한

자도 사전에 이 위험을 승낙하여 참가하고 있는 것이고(위험의 동의), 사고시에 피해자의 구제에 관하여 교육자, 지도자에게 책임을 무겁게 지우는 것은 바람직한 것이라고 할 수 없다. 서로 성의를 가지고 평화적으로 해결하려고 노력함과 동시에 기본적으로는 손해배상체제를 정비, 확충하여 피해에 충분한 구제가 이루어지는 것이 필요하다.

(2) 사고와 불법행위 책임

불법행위책임은 고의 또는 과실에 의하여 타인의 권리를 침해한 경우에 그 침해행위를 행한 자가 그 손해를 배상하는 것이다. 민법 제 750조는 「고의 또는 과실로 인한 위법행위로 타인에게 손해를 가한자는 그 손해를 배상할 책임이 있다」라고 규정하고 있다. 민법 750조에 의한 불법행위책임으로부터 손해배상책임을 부담하지 않으면 안되는 경우의 요건은 사고에 의한 손해의 발생이 교육자, 지도자의 교육, 지도상의 과실 또는 고의로 인하여 일어났다고 하는 것과 그 과실과 사고발생과의 사이에 인과관계가 있어야 한다.

(3) 고의와 과실의 문제

형사책임은 고의에 중점을 두고 과실을 벌하는 것은 법률에 특별히 규정이 있는 경우로 한한다. 그러나 민사책임에서는 손해배상이 목적이기 때문에 고의에 의한 행위이건 과실에 의하여 행해지건 특별히 차별하지 않는다. 그렇지만 실제의 손해배상의 산정시에 고의는 위자료를 높여야 할 요소라고 생각되고 있기 때문에 그 점에서는 그 행위가 고의인가 과실인가의 문제는 구별할 필요가 있을 것이다. 교육자, 지도자의 과실로 인하여 사고가 발생한 경우 피해자가 손해배상을 청구하기 위해서는 원칙적으로 피해자 측에서 교육자, 지도자의 과실을 입증하지 않으면 안 된다. 그러나 사고에 의해 피해자가 사망하거나, 중상인 경우에는 손해배상을 청구하는 측에게는 대단히 곤란한 것이다. 특히 스포츠사고에 있어서 교육자, 지도자의 과실은 직접 스포츠 활동을 하고 있는 자 자시의 과실이 아니라 지도·감독상의 과실을 묻는 것이고, 활동 자체상으로 위험한 요소를 내포하고 있으므로 불가항력과의 차이를 입증하는 것은 어려운 문제이다. 더구나 실제의 소송에서는 피해자 측에서 사고원인으로 되었다고 생각되는 명확한 교육상, 지도상의 과실을 입증할 수 없더라도 그 과실을 추정할 수 있는 사실을 증명한 경우에 있어서는 교육자, 지도자에게 과실이 없었던 것을 증명하지 않는 한 책임을 부담시키는 경우가 있다. 이것을 「과실의 사실추정」이라고 하고(「과실의 일응의 추정」이라고도 함) 증거를 어떻게 평가하는 가라는 것은 법관의 자유심증의 범위내의 문제에 속한다. 이는 소송의 도중에 일어나는 사실의 입증상의 필요문제이고, 스포츠사고에서는 이러한 형태로 교육자, 지도자의 과실이 다투어지고 있는 실정이다.

교육자, 지도자의 과실에 의한 스포츠사고의 소송에서는 이러한 형태로 원고와 피고라는 입장에 서 게 된다. 열심히 교육, 지도의 임무를 맡고 있는 교육자 지도자에 대하여 손해배상이라는 목적 때문에 강하게 교육자, 지도자의 책임을 주장하게 되는 것이어서 심정적으로도 어려운 문제이다. 이러한 특성 때문에 스포츠사고에서는 특히 교육자, 지도자의 과실문제와는 관계없이 완전히 피해자의 구제가 가능한 새로운 보상대책의 확립이 강조된다.

(4) 인과관계의 문제

민법 제750조에서 「이로 인하여 발생한 손해」라는 것은 고의·과실에 의한 행위와 손해와의 사이에 인과관계가 있는 것을 말한다. 이는 불법행위책임의 기본적인 성립요건인 것이다.

또한 민법 제 393조의 채무불이행의 경우의 「손해배상의 범위」를 준용하고 있다. 여기서 가해 행위와 손해발생의 인과관계에 관하여는 그 행위에 의해 통상 발생한다고 생각되는 손해만이 아니고, 특별 사정으로 인하여 발생한 손해에 관하여도 그 사정을 예견하고 또한 예견할 수 있는 경우에는 손해배상의 범위에 포함된다고 볼 수 있다.

2. 교육자, 지도자의 과실에 의한 사고와 사용자책임

(1) 사용자책임의 성립요건

스포츠 활동 중 교육자 지도자의 교육, 지도상의 과실로 인하여 사고가 발생한 경우 피해자의 손해배상책임은 그 지도자를 고용한 사용자가 부담하지 않으면 안된다. 민법 제756조는 「타인을 사용하여 어느 사무에 종사하게 한 자는 피용자가 그 사무 집행에 관하여 제3자에게 가한 손해를 배상할 책임이 있다」고 규정하고 있다.

교육자, 지도자가 공립학교의 교원이거나 공공체육시설의 지도자인 경우에는 국가배상법 제2조에 따라 국가 또는 공공단체가 배상책임을 부담한다.

교육자, 지도자의 과실로 인하여 사고가 일어난 경우 어디까지나 그 교육자, 지도자의 자기책임이다(민법 제750조). 다만, 사용자가 그 사고로 인한 책임을 부담하는 것은 사용자는 그 사업으로 이익을 얻고 있는 것이기 때문에 이익을 얻는 자는 손해도 부담하지 않으면 안 된다고 하는 「보상책임」의 원리 및 위험을 창출한 자는 그 위험에 따를 책임을 부담하지 않으면 안 된다고 하는 「위험책임」의 원리가 사용자책임에 관한 일반적인 근거이다.

이 사용자 책임이 성립하기에는 교육자, 지도자자신의 행위가 민법 제750조에 의한 불법행위의 요건을 구비하고 있을 것 외에 다음의 요건이 필요하다.

1) 지휘·감독의 관계

사용자책임이 성립하기 위해서는 사용자와 피용자와의 사이에 지휘, 감독관계가 있을 것이 필요하다. 이 관계는 반드시 정식의 고용계약에 의거할 필요는 없고, 일시적이더라도 무상의 경우라도 혹은 도급(민법 제632조)이나 위임(민법 제643조)의 관계이더라도 구체적으로 지휘, 감독관계가 있으면 사용관계가 있다고 생각된다. 또한 이러한 직접의 계약관계가 없더라도 사실상 지휘, 감독하고 있으면 사용관계가 인정되고, 교육자, 지도자의 과실에 대한 사고에 대하여 그 사용자는 배상책임을 부담하지 않으면 안 된다.

이상의 사용관계로부터 한다면 다음과 같은 경우 교육자, 지도자의 과실에 대하여 사용자는 배상책임을 부담하지 않으면 안 된다.

ⓐ 교원의 교과지도는 당연한 것이지만 특별활동·학교행사중의 사고도 포함된다.

ⓑ 학교서클이나 운동부 활동의 지도를 위하여 교원이외의 자를 감독·코치로 하여 위촉한 경우 보수의 유무에 관계없이 학교의 지휘, 감독관계에 있으면 사용관계가 인정된다.

ⓒ 지방공공단체가 주민스포츠의 지도를 위촉한 지도원의 과실로 인한 사고의 경우에 있어서 공공체육시설에서 지도원의 행위는 사용자책임을 부담한다. 지도원이 정규직원이 아니고 일시적인 스포츠강습회의 지도교사라 하더라도 사고시에는 지방공공단체는 사용자책임을 부담하지 않으면 안 된다.

ⓓ 스포츠단체가 주최하는 경기에서 주최자 측의 지도자의 과실로 인한 사고에 관하여는 스포츠단체가 책임을 부담하지 않으면 안 된다. 그러나 인솔교원의 지도상의 과실은 그 교원의 사용자(국가, 지방공공단체)의 책임이다.

2) 사업의 집행

민법 제756조에서는 「사무 집행에 관하여」라고 규정하고, 국가배상법 제2조에서는 「그 직무를 집행함에 당하여」라고 규정하고 있지만 동일한 취지라고 생각된다.

집행이라고 하는 것은 단순한 직무집행행위 뿐만 아니라, 직무행위와 사회상식상 통례로서 관련된 행위를 행하는 경우도 포함하는 것으로 본다. 객관적으로 그 사업의 범위내의 행위를 하는 것이고, 스포츠활동에서는 중요한 교육, 지도활동은 당연한 것이지만 그 활동의 부수적인 활동이더라도 사업의 집행으로 생각된다. 체육면허를 갖지 않은 교원이 운동부의 지도를 하고 여름 학교 수영장의 감독을 하고 있어도 직무집행으로 판단된다.

(2) 사용자의 면책에 관한 문제

민법 제756조 1항 단서는 「사용자가 피용자의 선임 및 그 사무 감독에 상당한 주의를 한 때 또는 상당한 주의를 하여도 손해가 있을 경우에는 그러하지 아니한다」고 규정하고 있다. 사용자가 피용자의 선임, 감독에 상당한 주의를 하고, 상당한 주의를 하여도 손해를 방지할 수 없는 경우에는 사용자는 손해배상책임을 면한다. 따라서 이 경우는 직접 피용자가 손해배상책임을 부담하지 않으면 안 된다. 그러나 판례는 이 선임감독의 면책을 대부분 인정하지 않는 실정이다. 공무원의 행위에 의한 국가 또는 공공단체의 배상책임에 관하여는 이 면책규정이 없기 때문에 이것을 이유로서 면책을 주장할 수 없다.

선임, 감독에 상당한 주의를 행한 때로는 어느 정도의 것인가가 문제이지만 선임상의 주의는 지도자의 채용에 이르러 자격을 서류로서 조사한 것만은 아니고, 그 사업에 적합한 기능, 경험 등을 심사하는 것을 말한다.

감독상의 주의로는 취업규칙이나 직무규율, 안전대책 등을 작성하고 평소부터 직무수행상의 지도감독을 해태하지 않는 것이다.

선임감독상의 면책을 넓게 해석하여 통상의 선임, 감독상의 주의를 하였다면 사용자는 배상책임을 면하고, 그 책임은 피용자 자신이 부담하지 않으면 안 된다고 한다면 「보상책임」「위험책임」이라는 사용자책임의 원리와 모순되고, 피해자구제라고 하는 입장에서 한다면 대부분 그 목적을 달성할 수 없게 된다. 판례가 대부분 면책을 인정하지 않는 것도 이 취지에 의한 것이라고 생각된다.

(3) 구상권에 관한 문제

구상권은 사용자가 피해자에게 지불한 손해배상을 피용자에 대하여 청구하는 것이다. 민법 제756조 제3항은 「사용자 또는 감독자는 피용자에 대하여 구상권을 행사할 수 있다」고 규정하고, 국가배상법 제2조 제2항은 「공무원에게 고의 또는 중대한 과실이 있는 때는 국가 또는 공공단체는 그 공무원에 대하여 구상권을 갖는다」고 규정하고 있다.

이것은 사용자에게 배상책임이 있지만 본래의 책임자는 피용자이라고 하는 「대위책임」의 사상에 입각한 규정이라고 생각할 수 있다. 피용자에 대신하여 책임을 부담한 사용자가 피용자에 대하여 구상권을 갖는 것은 당연하다고 생각된다. 그러나 사용자가 언제라도 무제한으로 피용자에 대하여 구상권을 행사할 수 있다고 생각하는 것은 타당하지 않다. 피용자는 경제적인 약자이고, 스포츠사고는 시설의 조건, 지도조건 등 각종의 조건이 복잡하게 관련되어 발생하는 것이기 때문이다. 즉 이들 조건정비는 사용자인 시설 설정자의 책임이기 때문이다.

(4) 국가배상법의 적용문제

국공립학교의 교원의 체육이나 운동부활동의 지도가 국가배상법 제2조의 「공권력의 행사」에 해당하는가에 관하여 문제이다. 일본판례는 초기에는 이것을 부정하였다. 「학교교육의 본질은 학교라고 하는 영조물로 인하여 이루어진 국민의 교화육성이고, 그것이 국가 또는 공공단체에 의하여 시행된 경우에도 국민 내지 주민을 지배하는 권력의 행사를 본질로 하는 것은 아니다. 이것은 학교를 설치할 수 있는 자가 국가 또는 공공단체만에 그치지 않고, 사립학교의 설치를 목적으로 설립된 법인을 포함하는 것에서도 명확하다. 따라서 학교교육이 국가 또는 공공단체에 의하여 이루어지던지 학교법인에 의하여 이루어지던지 묻지 않고 이른바 <비권력 작용>에 속하는 것이다. 그렇다면 학교교육에 종속되는 공무원은 공권력의 행사에 해당하는 것은 아니다」라고 판결하였다.76) 이는 「공권력의 행사」를 좁은 의미로 해석하는 것이다.

그 후 이를 넓은 의미로 해석하여 학교의 교육활동을 포함하여 비권력 작용도 「공권력의 행사」로 해석하는 것이 일반화되었다. 그 후 판결은 이러한 학설의 견해를 받아 들었다.

---

76) 松山地裁西條支部, 昭和 40년 4월 21일 판결, 昭和 36년(ㄱ)제 80호.

「동법 제1조(우리나라법 제2조)에서 말하는 공권력의 행사는 협의의 국가 또는 지방공공단체가 그 권한에 기하여 우월적인 의사의 발동으로서 행하는 권력작용에 한하지 않고, 국가 또는 지방공공단체의 행위 중 위에서 서술한 권력작용 이외의 작용 즉 비권력적 작용(단, 국가 또는 지방공공단체의 순수한 사경제작용과 동법 제2조에 규정하는 그 영조물의 설치관리작용을 제외)도 포함한다고 해석하는 것이 상당하다. 따라서 동법 제1조의 적용에 관하여는 무익하게 공권력인 문언으로 구속하는 것은 상당하지 않고, 본건과 같은 공립학교의 학생에 대하여 주의의무위반에 관하여도 또한 동조의 적용이 있다고 해석하고 이것과 다른 피고의 주장은 채용할 바가 아니다」[77]

이상과 같이 「공권력의 행사」를 광의로 해석하면 학교교육만이 아니고, 지방공공단체가 지역스포츠의 진흥을 위하여 실시하는 생활체육활동을 포함하여 시민스포츠나 공공체육시설에서 행하는 스포츠교실, 강습회, 경기대회 등도 「공권력의 행사」에 해당한다고 볼 수 있다. 또한 여기에서 교육자, 지도자의 교육 지도상의 과실에 의한 사고에 있어서도 우리나라 국가배상법 제2조가 적용되는 것이다.

이와 같이 넓게 해석하는 것은 국가배상법 제2조를 적용하는 것에 따라 민법 제756조 제1항 단서에 근거한다. 선임감독의 면책이 없고 지도자에 대하여 구상권의 행사에 있어서도 국가배상법에서는 고의 또는 중대한 과실의 경우만으로 한정하고 있는 것 등 때문에 피해자구제에 적합한 법리라고 생각되기 때문이다.

---

77) 津地方裁判所, 昭和 41년 4월 15일 판결.

학교체육진흥의 법적 과제

　이 장에서는 학교체육진흥을 위한 <학교체육진흥법>의 제정과정에서 논의된 법안의 내용과 입법과정을 밝히고 현행법제의 내용을 해설하고자 한다. 또한 대학 스포츠선진화를 위해 발족된 대학스포츠총장협의회의 창설과정에서 발표한 필자의 논문을 수정 보완하여 보았다.

　학교체육 및 스포츠의 진흥을 위하여 「학교체육법」 또는 「학교체육진흥법」등의 법명으로 제안되었던 여러 법안의 문제점을 밝히고 각계각층의 여론을 수렴하여 박영아 의원이 마련한 「학교체육진흥법」 시안을 검토·분석하고, 이 법의 올바른 법안의 내용을 제시해 보려고 하였다.

　그동안 입시위주의 교육으로 체육활동이 경시되어 국가미래의 주역인 청소년들의 체력저하가 심각한 사회현상으로 대두되고 있으며, 학생선수들의 학습권과 인권의 보장이 지속적으로 요구되어 왔다. 이러한 학교체육을 정상화시키고 학생들이 건강하고 균형 잡힌 신체와 정신을 함양하기 위하여 <학교체육진흥법>이 제정되었다.

　대학스포츠총장협의회의 창설에 관한 법제를 연구하는 데에는 미국의 NCAA 등 국내외 대학스포츠기구의 운영에 따른 법령과 정관 등 자치법규에 관한 자료를 수집하고, 2009년도 대학스포츠선진방안 세미나에서 발표된 "대학스포츠 선진화를 위한 전략적 과제"를 토대로 삼았다.

제1절 「학교체육진흥법」 제정을 위한 과제

학교체육 및 스포츠의 진흥을 위하여 「학교체육법」 또는 「학교체육진흥법」 등의 법명으로 제안되었던 여러 법안의 문제점을 밝히고 각계각층의 여론을 수렴하여 박영아 의원이 마련한 「학교체육진흥법」 시안을 검토·분석하고, 이 법의 올바른 법안의 내용을 제시해 보고자 한다.[1]

오늘날 스포츠는 우리 생활의 중요한 부분을 차지한다. 스포츠가 생활필수품으로 자리잡게 되었다는 점을 남녀노소를 막론하고 부인할 사람은 아무도 없다. 정치적인 민주화는 권력의 분권화·지방화를 요구하고, 국경 없는 무한경쟁의 정보화·세계화시대의 거대한 흐름 속에서 스포츠의 기능과 역할은 매우 다양해지고 있다. 나라의 민주화는 스포츠의 자율성을 신장시켰고, 스포츠는 문화의 중심을 차지하면서 인간의 삶의 질을 향상시키는 문화국가, 복지국가의 원동력이 되고 있다. 스포츠를 통한 건강한 삶은 의료비 등 복지비용을 절감하여 국가예산에 큰 여향을 미친다는 연구성과가 나오면서 스포츠와 체육에 대한 국가정책은 변화하지 않으면 안 되고, 이른바 "스포츠복지"라는 새로운 국가운영철학이 필요한 시대에 우리가 살고 있는 것이다.

특히 올림픽경기, 월드컵경기, 세계선수권대회 등 각종 국제경기를 통해 스포츠는 세계가 하나의 운동장이 되는 국제화·세계화를 촉진시키는 촉매역할을 담당하여 왔으며, 국가의 스포츠와 체육에 대한 지원과 진흥의 책무는 더욱 커질 수밖에 없는 것이다. 우리나라는 최근 2008 북경하계올림픽, 2010 밴쿠버동계올림픽, 2010

---

1) 이 절은 「학교체육법」의 제정과정에서 논의된 문제들을 정리하여 「「학교체육진흥법」 제정을 위한 과제」(『스포츠와 법』 제14권 제2호(통권27호), 한국스포츠엔터테인먼트법학회, 2011, 117-157면)라는 논문을 수정 보완 한 것임을 밝힌다. 아울러 2010년 12월17일 국회 교육과학기술위원회 소속 박영아 의원이 개최한 공청회에서 발표한 발제논문인 「「학교체육진흥법」 제정을 위한 과제—박영아 의원의 제정시안의 분석과 제안을 중심으로」를 수정 보완한 것이다.

광저우아시안게임 등에서 스포츠강국임을 전 세계에 알렸고, 엘리트스포츠의 중요
성을 다시 한번 인식하면서 온 겨레가 함께 환호하며 하나 되는 국민화합의 장을
마련할 수 있었다.

이러한 스포츠강국의 밑거름은 어디에 있는가? 바로 "학교체육"이라고 답해도
이의를 제기하는 국민들은 거의 없을 것이라고 확신한다. 그런데 학교체육의 현주
소는 각계각층에서 "위기"라고 진단하고 있으며, 심각한 중병을 알고 있어서 제도
적인 개선이 요구되고 있다.[2]

현행 교육관계법령이나 스포츠관련 법령을 살펴보면 이러한 학교체육의 위기를
극복하고, 학교체육진흥을 위한 법적 토대가 마련되어 있지 않기 때문에 「학교체육
진흥법」의 제정은 꼭 필요하다고 볼 수 있다.

이미 2006년 3월에 김영숙 의원이 주관하여 「학교체육진흥법 제정을 위한 공청
회」를 개최한 이래 활발한 입법제안이 전개되어 왔다.[3]

여기서는 지금까지 제안되었던 법안의 문제점을 보완하고 각계각층의 여론을
수렴하여 박영아 의원이 마련한 「학교체육진흥법」 시안을 검토·분석하고, 이 법의
올바른 법안의 내용을 제시해 보고자 한다.

---

2) 안양옥, 「"학교체육(진흥)법", 왜 필요한가?」, 학교체육법공청회(한국체육학회, 국회문화체육관광포
   럼 : 대표의원 안민석)자료, 2008, 11면에서 "학교운동부는 우리 사회에서 가장 심각한 인권 사각 지
   대의 하나로 국민적 지탄의 대상이 되고 있다. 학교운동부는 개념 없는 운동선수를 양산하는 사회
   적 수렁으로 인식된 지 오래다. 체육수업은 학생의 생명을 위협할 정도로 무능력한 교사에 의한 무
   책임한 학교교육의 예로 회자된다. 학교운동부는 척결의 대상이며, 체육수업은 회피의 대상이다. 우
   리 체육계는 명랑한 전문체육과 암울한 학교체육으로 대별된다." 고 역설하고 있다.
3) 그 대표적인 법안이 안민석 의원 등 15인이 2009년 1월 23일 국회에 제출한 「학교체육법안」이다.
   이 법안은 국회 법안소위와 상임위원회의 심의·의결과정에서 절차상 하자와 법안 내용의 문제점,
   그리고 실효성의 미비 등으로 2010년 3월 2일 본회의에서 통과되지 못하고 폐기되었다.

Ⅰ. 「학교체육진흥법」 제정시 고려할 사항

1. 「학교체육진흥법」 제정에 참고할 주요문서

(1) 교육입국조서

1895년(고종 32) 2월 2일 고종이 발표한 우리나라 최초의 근대교육에 관한 조서(헌장)이다. 1894년 갑오농민전쟁 뒤 조선정부는 교육을 근대화하려는 목적에서 그 해 7월 예부를 폐지하고 근대적인 교육행정기관인 학무아문을 설치하였으며 다음 해 2월 이 조서를 발표했다. 이 조서는 교육의 중요성을 강조하면서 전통적인 도덕교육에 체육교육과 지식교육을 새롭게 첨가하여 교육의 근대화를 이루어야 한다고 주장하였다. 물론 근본적으로는 전통적인 가치관을 개혁하는 내용이 아니라 1890년 일본의 메이지[明治] 천황이 발표한 '교육에 관한 칙어'와 마찬가지로 봉건적인 주장이 담겨 있다는 비판을 받은바 있다.

중요한 내용을 요약하면 다음과 같다.[4]

첫째, 세계의 형세를 보건대 부강한 나라는 모두 백성의 지식수준이 발달하였으니, 지식을 깨우치는 것은 교육의 선미(善美)이고 교육은 실로 국가를 보존하는 근본이다.

둘째, 교육은 그 길이 있는 것이니 헛이름과 실용을 분별해서 실용에 힘쓰고, 독서나 습자로 옛사람의 찌꺼기나 줍고 시세에 어두워서는 안 된다.

셋째, ① 오륜의 행실을 닦는 덕양(德養), ② 체력을 기르는 체양(體養), ③ 격물치지(格物致知)의 지양(智養)을 교육의 3대 강령으로 삼는다.

넷째, 널리 학교를 세우고 인재를 기르겠다.

고종이 교육조서를 발표한 이후, 조선정부는 이 뜻에 따라 4월에 최초의 현대식 학교법규라 할 수 있는 한성사범학교 관제를 설립하였다. 이어서 1904년까지 외국어학교 관제, 성균관 관제, 소학교령, 한성사범학교 규칙, 소학교 규칙대강, 보조공

---

4) http://ko.wikipedia.org/wiki 2010년 12월 13일 방문.

립학교 규칙, 의학교 관제, 중학교 관제, 외국어 학교 규칙, 농상공학교 규칙이 공포
되어, 이들 관제에 해당하는 관립학교가 설립되었다.

교육의 삼대 강령중에 체육의 중요성을 강조하고 있으며 덕양(德養; 덕을 기름),
체양(體養), 지양(智養)의 조화를 통하여 전인교육을 실시하고자 하였음을 알 수 있다.

(2) UNESCO '체육과 스포츠에 관한 국제헌장'

1978년 11월 21일 파리에서 개최된 제 20차 유네스코 총회에서 채택되었으며,
전문과 10개 조문으로 구성되어 있다.[5]

전문에는 유엔헌장과 세계인권선언에서 밝힌 인간의 기본적 인권의 가치를 존
중하고 보장하여야 하며, 인간의 신체적·지적·도덕적 힘을 보존하고 개발하는 것
은 국가적·국제적으로 삶 의 질을 향상시킨다고 확신하고, 체육 및 스포츠가 전인
개발의 근본이 되어야 한다고 강조하였다. 따라서 체육과 스포츠가 친선을 증진하
고, 사심 없는 경쟁, 연대와 형제애, 상호존중과 이해, 그리고 인간의 숭고함 및 위
엄 대한 전적인 존중을 증진해야함을 물론, 인류발전에 원동력이 되어야 한다는 것
을 밝히고 있다.

제1조에는 스포츠기본권의 보장과 실천, 제2조에는 체육 및 스포츠의 평생교육
체제 구축, 제3조에는 체육 및 스포츠 프로그램의 개인 및 사회의 요구수용, 제4조
에는 자격을 갖춘 전문인력에 의한 체육 및 스포츠의 교수·지도·관리, 제5조에는
적절한 시설과 장비의 설치, 제6조에는 체육 및 스포츠발전을 위한 연구 및 평가시
스템 구축, 제7조에는 체육 및 스포츠의 증진을 위한 정보제공 및 문서화, 제8조에
는 대중매체의 건전한 역할과 긍정적인 영향력 행사, 제9조에는 국가 기관들의 역
할과 책임, 제10조에는 국제협력의 필요성 등을 상세히 규정하였다.

특히 제1조 1항에는 "모든 사람은 체육 및 스포츠에의 참여라는 기본권을 가지
며, 이는 그 인격의 완전한 발전을 위해 필수적인 것이다. 체육 및 스포츠를 통해

---

5) http://www.unesco.or.kr/front/unesco_global/global_04_view.asp?articleid=83&page=4 2010년 12월 10일
   방문.

신체적, 지적, 도덕적 힘을 기르는 자유는 교육 체제 내에서와 다른 사회생활 영역 모두에서 보장되어야 한다."고 선언하고 있다.

(3) 유럽스포츠헌장

1975년 유럽스포츠장관회담의 결정으로 1976년 9월 24일 발효된 "모두를 위한 유럽스포츠헌장(European Sport for all Charter)"은 1992년에 "유럽스포츠헌장(European Sport Charter)"으로 계승되고 2001년에 개정되어 오늘에 이르고 있다. 총 13개 조문으로 이루어졌다.[6] 제1조와 제2조에서 인간의 권리로서 스포츠기본권에 대하여 언급하고 있으며, 제3조에서는 인간의 사회적·문화적 요소로서 스포츠를 규정하고 있다.

(4) 그밖에 스포츠에 대한 국제적 협력과 활동에 따라 발표된 다양한 규범들이 참고될 수 있다. 예를 들면 1968년 멕시코 올림픽 중 개최된 국제스포츠회의에서 '스포츠 선언(Declaration on Sport)' 등.

2. 학교 체육교과 운영과 엘리트선수 양성의 문제점

(1) 체육수업시수의 감축과 체육교과의 선택과목화 문제

현행 제7차 교육과정의 시간배당기준을 보면 체육은 초등학교 3~6학년과 중학교 1~2학년은 주당 3시간이고, 중학교 3학년과 고등학교 1학년은 주당 2시간으로 되어 있으며, 고등학교 2·3학년에서는 선택과목으로 편성되어 있다.

이것을 제6차 교육과정과 비교해 보면, 중학교 3학년에서는 1시간이 감축되어 있고, 고등학교 2·3학년에서는 심지어 체육을 선택하지 않을 수 있게 되어 있다.[7]

---

6) http://www.coe.int/t/dg4/sport/SportinEurope/charter_en.asp 2010년 12월 13일 방문.
7) 대전광역시교육청, 『대전광역시 학교체육 내실화 방안, 학교체육정책 연구보고서』, 2004, 41면; 최정일, 「「학교체육법」 제정상의 몇 가지 쟁점과 제정시안의 분석」, 『스포츠와 법』 제12권 3호(통권 제20호), 한국스포츠엔터테인먼트법학회, 2009, 70면.

예컨대 2007학년도의 고등학교 2·3학년의 체육교과 선택현황을 보면, 남학생이 79.2%, 여학생이 69.6%만 체육교과를 선택하고 있고, 개설학교의 비율도 76.6%로 되어 있다. 즉 2007학년도의 경우 남학생은 20.8%, 여학생은 30.4%가 전혀 체육수업을 받지 않았고, 체육과목을 개설하지 않은 고등학교도 23.4%나 되었다고 하는 관계부청의 자료가 있다.8) 한편, 고등학교 2·3학년의 경우 학교마다 차이가 있으나, 선택할 경우 주당 1~2시간으로 운영되고 있다고 한다.9)

이러한 학교에서의 체육수업시수의 감축과 체육과목의 선택과목화는 성장기 청소년들의 운동욕구를 충족시키지 못하고, 전인적인 인간육성에도 문제를 발생시키고 있다.

체육교과 제7차 교육과정의 개편에 대하여 체육과목이 선택으로 바뀌어 체육수업이 크게 축소될 가능성이 있다고 설문조사에서 응답한 고등학교 체육교사가 69.6%로 나타났다. 따라서 응답한 고등학교 체육교사의 79.3%는 제7차 교육과정의 내용 중 체육수업을 "필수"로 수정고시하고 현행보다 더 강화해야 한다고 응답하고 있다.10)

현재 시행되고 있는 제7차 교육과정과 앞으로 시행될 제8차 교육과정을 살펴보면 체육교과에 대한 비중이 매우 빈약하다고 볼 수 있다. 제7차 고교교육과정에서 고등학교 1학년은 주 2시간, 2,3학년은 선택과목으로 밀려나있는 실정이다. 이러한 상황에서 과연 학생들이 체력을 향상시킬 수 있으며, 신체 건강하고 행복한 삶을 살아갈 수 있을지 의문이다. 주 당 2시간으로 학생들의 체육활동에 대한 근본적인 욕구조차 채워주지 못하고 있다. 물론 이 문제는 대학입시제도와 깊이 연관되어 있다. 선진국들은 일류대학에 입학하려면 스포츠활동 내용이 대단히 중요하게 작용한다.

---

8) 자료 : 교육과학기술부, 최정일, 앞의 논문, 70면.
9) 김영조, 『「학교체육법」 공청회 지정토론문』, 한국체육학회·국회문화체육관광포럼, 53면; 이원영, 『한국형 맞춤식 학교체육 정책방향 제안』, 한국엘리트스포츠지도자연합회, 2009, 16-17면.
10) 이재오 전 국회의원, 『학교체육문제에 대한 설문조사』(전국 초·중·고 체육교사 대상 설문조사 보고서 : 2002년 정기국회 교육위원회 국정감사자료), 2002, 21면.

(2) 국민(학생)체력의 약화

잘못된 입시정책으로 학교체육이 황폐화되었으며, 그로 인하여 국민체력이 저하되는 등 많은 문제를 낳고 있다는 점은 누구나 알고 있다. 영어, 수학, 국어 등 주요 교과 위주의 입시준비 교육에 의해 체육 교육과정이 비정상적으로 운영되어지고 있는 것이다. 이는 인간이 평생동안 건강하게 살 권리를 가로막고, 의료비 등 복지비용을 높여 국가경쟁력을 저하시키는 결과를 가져오게 된다. 학교체육은 심신의 발달과 운동기능의 향상, 올바른 인격형성을 하여 유능한 인격자를 육성하는데 목적이 있다. 청소년기에는 다양한 체육 활동을 함으로써 튼튼한 신체를 기르고 이를 바탕으로 건전한 가치관을 형성하게 하며 원만한 인간관계를 형성할 수 있는 바람직한 사회성을 기를 수 있다. 인성교육의 바탕이 된다. 하지만 현실은 어떠한가? 체육에 대한 인식 부족 문제, 턱없이 부족한 체육시간, 운동장은 좁고 체육용품 또한 미비하거나 거의 없다.

신체능력 검사에 관하여 지난 7년간(2000~2007년)을 비교할 때 체력급수 중 1급은 5%가 줄었고(16%→11%), 2급은 8%가 줄었으며(25%→17%), 4~5급은 16%이상 증가하여(5급의 경우 11%→24%) 전체 학생수의 47%(우수등급인 1~2급은 28%임)를 차지하고 있다는 자료를 볼 때 문제가 심각하다.[11]

학생체력증진을 위하여 종합적인 학생건강체력평가와 관리체제를 확립하고, 어느 정도 대학입시에 반영하는 문제를 심도 있게 검토할 필요가 있다. 아울러 학생들이 자율적으로 참여할 수 있는 학교스포츠클럽 프로그램을 개발하여 운영함으로써 체육활동의 참여기회를 확대해야 할 것이다. 학교스포츠클럽을 전담할 교사와 지도자의 배치가 이루어져야 효과가 있을 것이다.

---

11) 자료 : 교육과학기술부; 최정일, 앞의 논문, 71면.

(3) 엘리트선수양성과 체육특기자제도의 문제점

1) 엘리트(학생)선수의 양성

뿐만 아니라 엘리트 선수의 양성에도 큰 문제가 내재되어 있다. 학교체육은 올림픽 효자 비인기 종목에 소질이 있는 학생선수(체육영재 또는 체육인재)를 조기에 발굴하여 엘리트스포츠와 생활스포츠의 산실이 되어야 한다.[12] 그런데 학교현장에서 체육교과에 대한 인식이 이론을 중시하고, 학생선수와 운동부 지도자들을 경시하는 경향이 있어서 문제가 많다. 학생선수와 운동부 지도자들은 정당한 처우와 신분보장을 받지 못하고 있는 것이 현실이다.[13] 또한 학생선수들의 수업결손에 대한 학력증진 방안이 미흡하고, 예산의 편중배분으로 비정상적으로 학교체육이 운영되는 실정이다. 초·중·고등학교의 체육특기자 선발과 입학에 있어서도 문제점이 발견된다.[14] 체육특기자의 범위·입학방법과 절차를 중학교는 교육장, 고등학교는 교육감이 단독으로 정하도록 한 것은 문제의 소지가 있다.[15]

초·중학교는 시·도대회에서 개인경기 3위 이내 입상실적이나 체력우수자로서

---

12) 이원영, 앞의 책, 1면.
13) 이원영, 앞의 책, 2면; 교육과학기술부, 학교체육법안(안민석의원안) 설명자료, 2009. 12, 8-10면에서 학생운동부지도자의 고용불안과 비현실적인 처우 현황이 잘 적시되어 있다.
14) 초중등학교교육법 시행령제69조 (중학교 체육특기자 등의 입학방법) ①교육장은 제68조의 규정에 불구하고 체육특기자에 대하여 당해 교육장 관할지역의 당해 학년 입학정원중 교육감이 정하는 범위안에서 입학하게 할 수 있다. 이 경우 체육특기학교와 종목별 정원은 교육장이 지정하여 배정한다. ②교육장은 제68조의 규정에 불구하고 지체부자유자에 대하여 당해 학교군내의 중학교를 지정하여 입학하게 할 수 있다. ③제1항 및 제2항의 규정에 의한 체육특기자의 범위·입학방법과 절차 및 지체부자유자의 인정방법은 교육장이 정한다.
제87조 (고등학교 체육특기자 등에 대한 배정) ①교육감은 입학전형에 응시한 자 중 체육특기자에 대하여는 입학전형결과에 불구하고 그 관할지역의 당해 학년 입학정원 중 그가 정하는 범위안에서 입학을 허가하되, 제77조제2항의 규정에 의하여 교육과학기술부령이 정하는 지역의 후기학교의 경우에는 교육감이 제84조제1항 및 제2항의 규정에 불구하고 학교군에 제한없이 체육종목별로 체육특기학교와 종목별 정원을 정하고 이에 따라 체육특기자를 배정한다. <개정 2001.1.29, 2008.2.29> ②교육감은 입학전형에 응시하여 선발된 지체부자유자 중 통학상 불가피하다고 인정되는 자에 대하여는 제84조제1항 및 제2항의 규정에 불구하고 학교를 지정하여 입학하게 할 수 있다. ③제1항의 규정에 의한 체육특기자의 범위 및 제2항의 규정에 의한 지체부자유자의 인정방법은 교육감이 정한다.
15) 스포츠관련단체나 전문가가 참여하는 위원회를 구성하는 방법도 생각해 볼 수 있다.

체육특기자선발위원회의 심사를 거친 자만이 체육특기자로서 진학할 수 있는 등 실적 위주의 체육특기자 선발기준으로 인하여 과다한 대회출전과 연습으로 이어지고 학생의 학습권이 박탈되기에 이르고 있다. 또한, 비인기종목에 참여하는 학생은 감소하고, 실적을 쌓기 위한 심판의 매수와 팀간 성적조작을 위한 담합, 우수선수에 비우수선수를 끼워 진학시키는 일이 상당히 있다.[16]

운동 중에 부상, 사고로 인해 중도 탈락하는 경우 그 체육특기자에 대한 교육적 조치가 없고, 고등학교 졸업 후 사회에 진출하는 경우 선수출신에 대한 직업·신분 보장이 없다. 따라서 대학팀과 실업팀의 수가 현재의 학교운동부에 비해 현저히 적고, 운동선수 자신도 운동 외의 학업능력이나 업무수행능력을 갖추지 못하여 사회적 부적응아군을 형성하게 되는 경우가 많다.[17]

그동안 대학입학 체육특기자 제도가 수십 년간 잘못 운영되고 1988년 현행 고등교육법이 시행된 이후에는 아무런 법적 규정이 없어서 문제가 될 수 있다.[18] 엘리트선수양성의 문제는 대학입학 체육특기자제도와 밀접한 관련성이 있으며 국가경쟁력과 직결되는 문제인데 완전히 대학의 자율에 맡겨 두는 것이 바람직한 것인지를 생각해 보아야 할 시점이다.

최근에도 각종 비리의 온상처럼 부정부패사례가 매스컴에 보도되는 것을 보고 있다. 일부 스포츠선수와 지도자들의 불법적이고 부도덕한 행위로 스포츠계가 온통 비리의 온상처럼 여론의 비난을 받기도 한다. 초·중·고등학교에서 기본적인 교양 교과목의 학습은 하지 않고, 운동실기만 열심히 하고 대학에 들어오면 학생이란 신분을 가지고 운동경기에만 출전하는 "운동선수"의 기능만 수행하게 된다. 운동선수

---

16) 최정일, 앞의 논문, 75면.
17) 최정일, 앞의 논문, 75면.
18) 이 체육특기자 대학입시특례 제도는 법적근거가 1981년 당시 문교부 훈령 제344호로 공포된 '대학입학학력고사 특기자 심사규정'이며, '대학입학학력고사령 제16조 제2항에 규정되어 있었다. 교육관계법령이 개정과정을 거치면서 1997년 12월 13일 법률제5439호로 고등교육법이 제정되어 1998년부터 시행되면서 1998년까지 존치하던 정원외 체육특기자 제도가 폐지되었다. 고등교육법 시행령 부칙 제12조 제1항에는 "1988년도 이전에 고등학교를 졸업한 자가 체육특기자 등으로 입학하려는 경우에 관하여는 구 교육법 시행령 제2조가 적용된다"고 하는 규정이 있을 뿐 현재는 아무런 법적 근거도 없으므로 대학의 자율에 맡기고 있는 실정이다.

들이 학교에서는 일등주의, 메달지상주의에 노예가 되어 상급학교진학을 위하여 운동에만 전력하고 다른 공부를 할 권리를 박탈당하고 있는 것이다.[19] 엘리트선수양성 제도의 법적 근거확립과 스포츠선수의 윤리의식 고취를 위한 방안이 강구되어야 한다고 생각한다. 올림픽경기, 월드컵대회 등 국제경기와 전국체전 등 국내경기에서 우승이 중요하다. 그러나 승리만을 위해 수단과 방법을 가리지 않는 운동선수의 윤리의식 결여는 승부조작·폭력·약물복용·성취행 등의 사회문제를 유발시키게 된다. 또한 선수생활을 은퇴하고 코치·감독 등 스포츠지도자로 일할 수 있는 교양과 자질을 함양시키는 데에도 학교 교육을 통하여 당연히 이루어져야 할 것이다.[20]

2) 학생선수의 관리문제

① 일반적 문제점

학생선수들의 1일 정규수업 이수는 초·중·고등학교가 평균 4시간 정도이며, 이러한 수업결손은 운동선수들의 학력저하의 원인이 되고 있다. 평소 학생선수들은 새벽운동, 오후운동, 저녁운동 등으로 과다한 훈련을 하는 것이 보통이고, 공부하고자 하는 의욕은 더욱 약해지고 있다.

한편, 학생선수들의 학부모들은 출세주의, 업적주의, 경쟁주의에 입각한 교육관을 가지고 학생으로서의 삶과 학업이 아니라 운동만 강요하도록 되어 있고, 스 속에 있어 체·지·덕을 고루 갖춘 전인적 육성을 목표로 하는 학교교육의 정도에서 벗어나고 있다.

학교운동부의 1일 운동시간은 전체적으로 5~6시간이고, 학교급이 높아질수록 운동시간이 많아지고 있다. 그 중 남자고등학교의 1일 운동시간이 가장 많고, 주당 운동일수는 전체적으로 6일 정도이며, 남학생들에 비해 여학생들의 운동일수가 좀

---

19) 이에 관하여 상세한 문제점과 대응방안에 대하여는 이학준, 『현대스포츠의 도덕성 회복방안 모색 ─스포츠의 사회윤리』, 북스힐, 2003, 83면 이하 참조.

20) 교육과학기술부(당시 교육인적자원부)가 발표한 "2005년 학교체육기본방향"에는 "체육교육과정의 내실화, 학생 자율체육활동의 활성화, 학교체육시설·교구의 확보 및 효율적 관리" 등 3가지 방향을 설정하고 있다.

더 많다. 특히 초등학생의 과다한 운동량을 성장기의 발육을 저하시키고, 정서발달에 적합하지 못하다

② 합숙훈련의 문제

방학기간을 이용한 1~2주의 합숙훈련 또는 대회참가로 인한 1주일 이내의 합숙은 학생들에게 성공적인 과제수행을 위한 근면성이나 자신감을 형성하는 데 도움을 줄 수 있지만, 실제의 연중 합숙일은 남자고등학교의 경우 180일 정도로 파악되고 있다. 학기중에도 여자초등학교를 제외한 대부분의 학교에서 35~120일 정도 합숙훈련을 하고 있다.

문제는 안전시설을 갖춘 편리한 교육공간으로서 합숙소가 많지 않고, 화재, 안전사고 등의 위험이 도사리고 있는 실정이다. 대부분의 합숙소는 좁은 공간에서 많은 선수들이 생활하고 있어 편의시설, 문화시설의 확보가 어렵다. 또한 선수들이 자신의 사생활을 보호받고 청소년으로서의 행복추구권을 보장받을 수 있는 정도의 합숙소는 극소수에 불과하다. 선수들은 청소년으로서 누려야 할 최소한의 조건도 갖추어지지 않는 공간에서 학창시절을 보내고 있다.[21]

합숙소 운영에 필요한 경비는 대부분 학부모후원회를 통해 조성·운영되고 있다. 학교운동부 지도자(코치)의 월급을 주고 있는 다수 학부모의 입장에서는 학생의 장래를 위해 당장의 성적을 요구하게 되므로 성적지상주의에 몰린 운동자 지도자들은 어린 학생선수들에게 합숙을 강요할 수밖에 없다. 이러한 현실을 단지 상시합숙훈련금지, 합숙소운영금지라는 일방적 조치만으로 해결할 수는 없을 것이다. "학기중 상시합숙훈련의 전면금지" 조치 후에는 심지어 학교 밖의 반지하 월세나 전세를 얻어 더욱 열악한 환경에서 "왜곡된 합숙"이 이루어지는 것이 또한 현실이기 때문이다.[22]

---

21) 류태호 등, 『학교체육정책에 관한 제도개선 연구』(2003년도 교육인적자원부학술연구비 지원 : 교육정책연구과제), 2003, 63-64면.
22) 류태호 등, 앞의 연구보고서, 68-69면.

따라서 합숙소를 폐지하거나 합숙훈련을 금지하는 조치보다는 화재 안전, 위생시설의 완비와 맞춤형 학습지도 등을 할 수 있는 시설을 갖추어서 환경개선을 할 수 있는 방안을 강구하는 것이 합리적이고 현실적일 것이다.

3. 낙후되고 부족한 학교체육시설의 문제

현재 학교의 체육시설은 매우 부족하며, 그것도 기존 시설의 관리 미흡과 낙후화로 많은 어려움을 겪고 있다. 학교 증축에 있어서 학교운동장의 축소로 나타나며, 신설학교의 운동장 크기도 갈수록 작아지고 있으므로 학생들의 체육활동 공간이 점점 줄어들고 있다.

나아가 학교 내의 실내체육 활동장소도 매우 부족하다. 체육관, 수영장이 크게 부족하고, 소규모의 실내체육 수업장도 마련하지 못한 학교가 절반이 넘는다.

또한 실외에 설치되어 있는 체육시설도 정규규격에 미달되거나 낙후된 시설이 많고, 체육시설과 장소의 사용이 수업중이나 방과 후의 운동선수의 훈련으로 인하여 매우 힘든 상황이다.[23] 전체학교 가운데 전용체육관(체육활동을 주목적으로 하는 실내체육관 : 바닥면적 600㎡ 이상, 천장높이 6m 이상)이 있는 학교는 1.3%에 불과하다고 한다.[24]

학교체육시설 수준에 대한 설문조사에서도 초등학교의 경우 "매우 미흡하다"가 22.3%, "미흡한 편이다"가 57.8%이고, 중등학교의 경우 "매우 미흡하다"가 22.3%, "미흡한 편이다"가 52.6%로 나타났고, 운동장의 크기가 정상적인 체육수업을 진행하는데 무리가 없는지를 물어본 결과 "매우 비좁다"가 20.7%, "비좁은 편이다"가 30.4%, "적당한 편이다"가 18.5%, "매우 충분하다"가 6.7%로 나타났다. 최근 5년 동안의 학교의 전체 체육공간(운동장, 테니스장, 농구장, 수영장 등 모든 실내외 체육공간)의 변화에 대한 설문조사에서는 "변화가 없다"가 63.7%, "줄어들었다"가

---

23) 대전광역시교육청, 먼저 든 연구보고서, 42면.
24) 자료 : 교육과학기술부; 최정일, 앞의 논문, 71면 재인용.

31.1%, "넓어진 편이다"가 4.4%, "많이 넓어졌다"가 0.8%로 나타났다.

자신이 근무하던 학교의 체육교재·교구 보유현황에 대하여는 "부족하다"가 53.3%, "충분하다"가 7.4%로 나타났다. 최근 5년 동안의 체육교재·교구 구입비의 변화에 대하여는 "별 차이가 없다"가 71.1%, "감소하고 있다"가 15.6%, "증가하고 있다"가 13.3%로 나타났다.[25]

4. 학교체육을 담당할 운동부 지도자의 자격과 처우 및 연수제도

일반적인 스포츠 지도자의 자격·연수에 관련된 법규로는 국민체육진흥법 제11조에 근거하여 동법시행령 제22조-24조에 자세히 규정하고 있다. 또한 동법 시행규칙 제9조(체육지도자 연수 및 자격 검정), 체육지도자연수 및 자격검정에 관한 규칙(문화체육관광부령)이 마련되어 있다. 그러나 스포츠지도자의 자격제도 전반에 관한 입법체계가 위임입법의 한계를 넘어서 하위법령인 대통령령이나 부령에 지나치게 포괄적으로 위임하고 있어서 문제가 있다. 결격사유, 자격취소, 자격정지 등에 관한 규정도 규정이 미비하여 입법적 흠결이 지적되고 있다.[26]

또한 국가비공인 민간자격증에는 한국스포츠마사지협회, 한국여가레크리에이션협회, 한국포크댄스협회 등이 비공인 민간자격발급단체로 등록되어 있고, 스포츠단체들이 민간자격증을 남발하는 사례가 늘고 있다.[27] 특히, 학교체육을 담당하는 운동부지도자와 학교스포츠클럽지도자는 안전교육을 의무화하고 일정한 교육과정을 이수하고 연수를 한 후 자격증을 수여하는 등 법적인 근거를 명확히 할 필요가 있다.

영감적 기량을 갖춘 체육영재를 조기에 발굴하여 훈련수업 및 학습시킬 수 있는 지도자는 이러한 경험을 한 경기인 출신의 지도자가 적격임은 부인할 수 없을 것이

---

25) 이재오, 앞의 설문조사보고서, 15-19면.
26) 이에 관하여 상세한 내용은 김용섭, 「생활체육지도자 자격제도의 문제점과 개선방안」, 『복지국가 실현을 위한 스포츠의 법정책적과제』(2006스포츠법학 국제학술대회 논문집), 2006, 185-209면 참조.
27) 1997년 제정된 자격기본법은 제3장 15조에 국가이외의 법인, 단체 또는 개인은 누구든지 민간자격을 신설하여 운영·관리할 수 있도록 규정하여 많은 자격증 발급단체가 난립하고 있으며, 검증되지 않은 자격증을 양산하고 있는 실정이다.

다.[28] 그러나 전문적인 운동경기 경험을 갖춘 학교운동경기부 지도자들의 지위와 처우가 대단히 열악한 것이 문제이다.[29] 경기인 출신 엘리트체육 지도자들이 보다 적극적으로 학교체육에 참여할 수 있도록 입법화 되어 행·재정적으로 집행 되어야 할 것이다[30]

학교운동부 지도자의 열악한 여건은 저임금체제를 들 수 있는데, 현재 시·도교육청이 정하고 있는 임금은 도시근로자 가구의 월평균 소득에 비해 현저히 부족하여 우수한 전문지도자의 영입이 어렵다.

〈표 1〉 2009년도 학교운동부 지도자 현황(2010년 5월 교과부 통계자료)

시도	급별	학교수 (2009 통계 연보)	학교 운동부 육성 학교수	학생수 (초3~ 고3)	학생 선수 (초3~ 고3)수	학교운동부수 (팀수)코치 인원수			코치 인원 수	전임 코 치			
						남	여	계		인원 수	월급여(천원)		계약 (년)
											1인당/ 월(단가)	급여총액	
전체	초	5,410	2,427	2,551,832	22,230	2,199	1,452	3,651	2,245	1,305	1,045	16,372,160	
	중	2,869	2,173	2,077,339	24,014	2,027	1,274	3,301	2,190	1,444	1,085	18,800,846	
	고	2,038	1,461	2,020,534	22,390	1,352	852	2,204	1,708	895	1,107	11,887,612	
	계	10,317	6,061	6,649,705	68,634	5,578	3,578	9,156	6,143	3,644	1,076	47,060,618	
			58.7%		1.0%				89.2%	59.3%			

---

28) 이원영, 앞의 책, 12면.

29) '08.11.21.통계청 가계동향, 11면. 3/4분기 도시근로자의 근로소득인 350만원 보다 현저히 낮은 액수로 최소 도시근로자 가구의 가구당 월 평균 소비지출 249만원 p.13. 3/4분기 정도 수준의 임금을 보장해 주어야 한다. 한편 학교운동경기부 지도자들의 근로계약 기간은 1년 단위 계약자가 97.3%, 6개월이 4.1%, 1년 6개월 이상이 5.0%미만 현실, 더구나 계약기간의 연장 여부가 지도하는 팀의 실적에 전적으로 달려 있어 경력력을 저해하는 통제하기 어려운 상황에 처해 있음. 또한 학교운동경기부 지도자들은 우수 학생선수 발굴·육성의 소명의식을 갖고 생계를 유지하기에도 턱없이 부족한 100만원 내외인 반면, 생활체육지도자(전일제)들은 국민체육진흥기금 지원사업에 월 178만원 내외 급여가 지급되고 있어 형평성 문제 대두고 있음.

30) 이원영, 앞의 책, 12면; 교육과학기술부, 학교체육법안(안민석의원안)설명자료, 2009. 12, 8-10면.

일반 코치													
인원수	월급여액(만원)					월급여 재원				계약기간(년)			
	~99	100 ~149	150 ~199	200~	계	학교 예산	학부모 후원	기타	계	1년 미만	1년~ 2년 미만	2년 이상	계
544	166	206	124	48	544	112	225	210	547	200	233	112	545
573	100	181	167	125	573	68	303	202	573	211	210	152	573
718	87	212	186	231	716	140	282	293	715	305	292	117	702
1,835	353	602	477	404	1,836	320	811	705	1,836	718	737	381	1,836
29.9%													

5. 학교체육 정상화를 위한 〈학교체육진흥기금〉이나 〈학교체육진흥재단〉의 설치문제

학교체육을 정상화시키려면 무엇보다도 재원확보가 이루어져야 한다. 학교체육 진흥을 위한 학교체육시설, 학교운동부지도자의 처우개선, 건강체력평가제도의 실 시, 스포츠전문강사의 배치 등 인프라를 구축하는데 1조 550억 원 이상이 소요될 것 으로 전망하고 있다.[31] 학교체육행정은 교육과학기술부가 주무행정기관이지만, 문 화체육관광부, 보건복지부, 여성부 등 여러 부처가 관련되어 있다. 부처간의 긴밀한 협력과 업무조정을 위하여 〈학교체육정책심의 위원회〉를 국무총리를 위원장으로 하는 기구를 설치하는 방안도 고려해 볼 수 있다.

또한 부처간의 협력을 통하여 재원을 조달하는 것이 여러 가지로 어려움에 처할 수 있다. 국가 및 지방자치단체는 학교체육진흥에 필요한 시책을 수립·시행하기 위하여 필요한 재원을 국가예산 외에 당분간 국민체육진흥기금, 청소년육성기금, 국민건강증진기금 등을 활용할 수 있으나 부처간의 협조가 제대로 이루어지지 않아 서 재원조달에 큰 어려움이 예상된다. 장기적으로는 〈학교체육진흥기금〉이나 〈학 교체육진흥재단〉을 설립하여 사회공헌 차원에서 민간기업들이 학교체육의 진흥을

---

31) 교육과학기술부, 학교체육법안 설명자료(주 7), 1-2면 참조

위하여 보다 적극적으로 참여할 수 있는 제도를 마련하는 것이 필요할 것이다.

6. 학교체육진흥을 위한 연구와 교육을 위한 기관의 필요성

학교체육의 진흥을 위하여 지속적인 연구와 프로그램개발, 정책개발, 지도자연수 등을 담당할 기관이 필요하다. 물론 현재 활동 중인 체육관련 기관이나 단체를 활용하는 방안도 있지만, 전문성을 가진 기관을 설립하여 운영하는 것이 실효성이 있을 것으로 생각된다.

7. 정부내 학교체육전담부서의 강화 문제

현재 교육과학기술부 내에서 학교체육관련 업무를 담당하고 있는 부서는 "학생건강안전과"로서 체육을 전공한 교육연구사 1명이 방대한 양의 학교체육행정업무를 모두 담당하고 있다. 물론 문화체육관광부 체육국에서 일부 학교체육관련 업무를 지원해 주고 있기는 하지만, 다양한 학교체육 사업을 추진하기 위해서는 인적자원이 너무나 부족한 편이다. 원활한 업무수행을 위한 담당부서의 격상, 확대 강화가 필요하다고 본다.

교육과학기술부에 "학교체육국"을 설치할 지 여부에 대한 설문조사에 대하여 응답한 체육교사의 25.2%가 "반드시 해야 한다"로, 응답한 체육교사의 51.9%가 "할 수 있으면 하는 것이 좋다"로 나타나고 있다.[32]

---

32) 이재오, 앞의 설문조사보고서, 34면.

Ⅱ. 우리나라 현행 학교체육 관련 법령 현황

1. 교육과학기술부 소관 법령

〈「교육기본법」〉

제2조(교육이념) 교육은 홍익인간(弘益人間)의 이념 아래 모든 국민으로 하여금 인격을 도야(도야)하고 자주적 생활능력과 민주시민으로서 필요한 자질을 갖추게 함으로써 인간다운 삶을 영위하게 하고 민주국가의 발전과 인류공영(인류공영)의 이상을 실현하는 데에 이바지하게 함을 목적으로 한다.

제3조(학습권) 모든 국민은 평생에 걸쳐 학습하고, 능력과 적성에 따라 교육 받을 권리를 가진다.

제9조(학교교육) ① (생략)
② 학교는 공공성을 가지며, 학생의 교육 외에 학술 및 문화적 전통의 유지·발전과 주민의 평생교육을 위하여 노력하여야 한다.
③ 학교교육은 학생의 창의력 계발 및 인성(人性)함양을 포함한 전인적(全人的) 교육을 중시하여 이루어져야 한다.
④ (생략)

제17조의 2(남녀평등교육의 증진)
①·② (생략)
③ 제1항에 따른 시책에는 체육·과학기술 등 여성의 활동이 취약한 분야를 중점 육성할 수 있는 교육적 방안이 포함되어야 한다.

제19조(영재교육)국가와 지방자치단체는 학문·예술 또는 체육 등의 분야에서 재능이 특히 뛰어난 자의 교육에 필요한 시책을 수립·실시하여야 한다.

제22조의 2(학교체육)국가와 지방자치단체는 학생의 체력증진과 체육활동 장려에 필요한 시책을 수립·실시하여야 한다.

제27조(보건 및 복지의 증진)①국가와 지방자치단체는 학생과 교직원의 건강 및 복지를 증진하기 위하여 필요한 시책을 수립·실시하여야 한다.

(1) 내용

〈「유아교육법」〉

제13조(교육과정 등) ① 유치원은 교육과정을 운영하여야 한다.
② 교육과학기술부장관은 제1항에 따른 교육과정의 기준과 내용에 관한 기본적인 사항을 정하며, 교육감은 교육과학기술부장관이 정한 교육과정의 범위에서 지역 실정에 적합한 기준과 내용을 정할 수 있다.<개정 2008.2.29, 2010.3.24>
③ 교육과학기술부장관은 유치원의 교육과정 운영을 위한 프로그램 및 교재를 개발하여 보급할 수 있다

〈「초·중등교육법」〉

제23조(교육과정 등) ① 학교는 교육과정을 운영하여야 한다.
② 교육과학기술부장관은 제1항의 규정에 의한 교육과정의 기준과 내용에 관한 기본적인 사항을 정하며, 교육감은 교육과학기술부장관이 정한 교육과정의 범위 안에서 지역의 실정에 적합한 기준과 내용을 정할 수 있다.
③ 학교의 교과는 대통령령으로 정한다.

〈「초·중등교육법」시행령〉

제43조 (교과) 법 제23조제3항의 규정에 의한 학교의 교과는 다음 각호와 같다.
1. 초등학교 및 공민학교 : 국어, 도덕, 사회, 수학, 과학, 실과, 체육, 음악, 미술 및 외국어(영어)와 교육과학기술부장관이 필요하다고 인정하는 교과
2. 중학교 및 고등공민학교 : 국어, 도덕, 사회, 수학, 과학, 기술·가정, 체육, 음악, 미술 및 외국어와 교육과학기술부장관이 필요하다고 인정하는 교과
3. 고등학교 : 국어, 도덕, 사회, 수학, 과학, 기술·가정, 체육, 음악, 미술 및 외국어와 교육과학기술부장관이 필요하다고 인정하는 교과
4. 특수학교 및 고등기술학교 : 교육과학기술부장관이 정하는 교과

제69조 (체육특기자 등의 입학방법) ① 교육장은 제68조의 규정에 불구하고 체육특기자에 대하여 당해 교육장 관할지역의 당해 학년 입학정원 중 교육감이 정하는 범위 안에서 입학하게 할 수 있다. 이 경우 체육특기학교와 종목별 정원은 교육장이 지정하여 배정한다.
② (생략)
③ 제1항 및 제2항의 규정에 의한 체육특기자의 범위·입학방법과 절차 및 지체부자유자의

인정방법은 <u>교육장이 정한다.</u>

제90조 (특수목적고등학교) ①교육감은 다음 각 호의 어느 하나에 해당하는 학교 중에서 특수 분야의 전문적인 교육을 목적으로 하는 고등학교(이하 "특수목적고등학교"라 한다)를 지정·고시할 수 있다.

1~7. (생략)

8. <u>체육인 양성을 위한 체육계열의 고등학교</u>

9. (생략)

②~④ (생략)

〈「학교보건법」〉

제2조 (정의) 이 법에서 사용하는 용어의 뜻은 다음과 같다.

1. "건강검사"란 <u>신체의 발달상황 및 능력</u>, 생활습관, 질병의 유무 등에 대하여 조사하거나 검사하는 것을 말한다.

2~3. (생략)

제2조의2 (국가와 지방자치단체의 의무) 국가와 지방자치단체는 <u>학생과 교직원의 건강을 보호·증진하기 위한 기본계획을 수립·시행하고</u>, 이에 <u>필요한 시책을 마련</u>하여야 한다.

제7조 (건강검사 등) ① 학교의 장은 <u>학생과 교직원에 대하여 건강검사를 하여야 한다.</u> 다만, 교직원에 대한 건강검사는 「국민건강보험법」 제47조에 따른 건강검진으로 갈음할 수 있다.

②~⑤ (생략)

⑥ 제1항과 제2항에 따른 <u>건강검사의 시기, 방법, 검사항목</u> 및 절차 등에 관하여 필요한 사항은 <u>교육과학기술부령으로</u> 정한다.

제7조의2 (건강증진계획의 수립) ① <u>학교의 장은</u> 제7조에 따른 <u>건강검사의 결과를 평가</u>하여, <u>이를 바탕으로 학생건강증진계획을 수립</u>하여야 한다.

② (생략)

제9조 (학생의 보건관리) <u>학교의 장은 학생의 신체발달 및 체력증진</u>, 질병의 치료와 예방, 음주·흡연과 약물 오용(오용)·남용(남용)의 예방, 성교육 등을 <u>위하여 보건교육을 실시하고 필요한 조치를 하여야 한다.</u>

제9조의2 (보건교육) <u>교육과학기술부장관은</u> 「초·중등교육법」 제2조에 따른 <u>학교에서 모든 학생들을 대상으로 보건교육을 체계적으로 실시</u>하여야 한다. 이 경우 실시 시간, 도서 등 그

운영에 필요한 사항은 교육과학기술부장관이 정한다.

제15조 (학교의사·학교약사 및 보건교사) ① (생략)
② 모든 학교에 제9조의2에 따른 보건교육과 학생들의 건강관리를 담당하는 보건교사를 둔다. 다만, 대통령령으로 정하는 일정 규모 이하의 학교에는 순회 보건교사를 둘 수 있다.

제16조 (보건기구의 설치 등) 교육감 및 교육장 소속으로 대통령령으로 정하는 바에 따라 학교의 보건 관리에 필요한 기구와 공무원을 둘 수 있다.

제17조 (학교보건위원회) ① 제2조의2에 따른 기본계획 및 학교보건의 중요시책을 심의하기 위하여 교육과학기술부장관 소속으로 중앙학교보건위원회를 두고, 교육감 소속으로 시·도 학교보건위원회를 둔다.
②~③ (생략)

〈「학교건강검사규칙」〉

제4조의2 (건강조사의 항목 및 방법) ① 건강조사는 예방접종 및 병력, 식생활 및 비만, 위생관리, 신체활동, 학교생활 및 가정생활, 텔레비전·인터넷 및 음란물의 이용, 안전의식, 학교폭력, 흡연·음주 및 약물의 사용, 성 의식, 사회성 및 정신건강, 건강상담 등에 대하여 실시하여야 한다.
② 건강조사의 항목에 따른 세부적인 내용 및 건강조사의 방법은 별표 1의2와 같다.(본조신설 2006. 1. 10)
[별표 1의2] 건강조사 항목 및 방법(제4조의2 제2항 관련)
1. 조사항목 및 내용

조사항목	조사내용
1~3. (생략)	(생략)
4. 신체활동	가. 근지구력 향상을 위한 운동 나. 심폐기능 향상을 위한 운동 다. 수면
5~12. (생략)	(생략)

제7조 (신체의 능력검사의 대상 및 방법 등) ①신체의 능력검사는 초등학교 제5학년 및 제6학년 학생과 중학교 및 고등학교 학생에 대하여 실시하되, 심장질환 등 신체허약자와 지체

부자유자에 대하여는 실시하지 아니할 수 있다.

② 신체의 능력검사는 달리기, 오래달리기-걷기, 제자리멀리뛰기, 팔굽혀펴기(중·고등학교 남학생에 한한다), 팔굽혀매달리기(중·고등학교 여학생에 한한다), 윗몸일으키기 및 앉아 윗몸 앞으로 굽히기의 능력을 검사한다.

③ (생략)

제8조 (신체의 능력급수) ①제7조의 규정에 의한 신체의 능력검사 결과는 이를 종합하여 신체의 능력급수로 판정하여 구분한다.

② (생략)

(2) 평가

전반적으로 교육과학기술부 소관 법령 중 학교체육에 관한 조항은 의례적·형식적·부분적·보조적 성격에 머물러 있다.[33]

2. 문화체육관광부 소관 법령

(1) 내용

〈「국민체육진흥법」〉

제9조 (학교 체육의 진흥) 학교는 학생의 체력 증진과 체육 활동 육성에 필요한 조치를 마련하여야 한다.

제18조 (지방자치단체와 학교 등에 대한 보조) ①국가는 회계연도마다 예산의 범위에서 지방자치단체와 학교 등에 대하여 체육 진흥에 필요한 경비의 일부를 보조한다.

② (생략)

제22조 (기금의 사용 등) ①기금은 다음 각 호의 사업을 위하여 사용한다.

1~8. (생략)

9. 학교 운동경기부 육성을 위한 사업

---

33) 안양옥, 앞의 논문, 20면; 최정일, 앞의 논문, 64면.

10~11. (생략)

②~③ (생략)

〈「국민체육진흥법」시행령〉

제15조 (학교의 체육진흥을 위한 조치) 법 제9조의 규정에 의하여 학생의 체력증진과 체육활동의 육성을 위하여 <u>학교가 취하여야 할 조치는 다음 각호와 같다.</u>
1. 운동회 또는 체육대회의 실시
2. 학생에 대한 1종목이상의 운동 실시권장 및 지도
3. 체육동호인조직의 결성 등 학생의 자발적 체육활동의 육성·지원
4. <u>운동경기부 및 선수의 육성·지원</u>
5. <u>기타 학교의 체육진흥을 위하여 필요한 사항</u>

---

(2) 평가

문화체육관광부 소관 법령은 학교체육의 진흥에 관한 원론적·포괄적 의미만 규정하고 있고, 학교체육의 진흥을 위한 기본적·종합적 계획의 수립·실천에 관한 내용은 거의 없다.[34]

3. 우리나라 학교체육관련 정부조직의 변천과정

체육관련 정부행정조직은 1982년 체육부의 신설을 기점으로 매우 중요한 변화를 가져오지만 학교체육행정의 관점에서는 오히려 지속적인 축소의 역사였다. 즉 1960년대까지 체육관련 행정영역은 학교체육을 중심으로 하였는데, 1970년대에 이르러 국민체육 내지 생활체육으로 확장되다가 1980년에 이르러 극적인 도약을 이루게 된다. 1981년 문교부 체육국제로의 개편, 1982년 체육부의 신설로 인하여 우리나라의 체육은 학교체육에서 생활체육으로, 국내체육에서 국제체육으로 급격하게 확장되었으나, 1986년 아시안게임과 1988년 서울올림픽게임을 끝으로 1990년부터 체

---

34) 안양옥, 앞의 논문, 21-22면; 최정일, 앞의 논문, 65면.

육관련 정부행정조직은 축소를 거듭하게 된다. 이에 따라 체육행정은 생활체육을 극대화하는 것일 뿐이었고, 학교체육은 무관심의 대상이 되었고, 문화체육관광부, 교육과학기술부 시·도교육청의 학교체육담당부서는 전문체육(엘리트스포츠) 전담 부서로 변질되었다.[35]

(1) 교육과학기술부의 학교체육관련 행정조직

1963년에 문교부 체육국과 문화국이 통합되어 문예체육국으로 되었고, 1970년에 문교부에 체육국이 신설되었다가 1981년에 체육국제국으로 개편되었다가, 1982년에 체육업무가 원칙적으로 체육부로 이관되었다. 그 뒤에 1994년에 학교보건체육과가 신설되었다가, 몇 차례 조직개편이 있은 뒤에 현재(2008년 8월 이후)는 교육복지지 원국 학생건강안전과에서 학교체육 업무를 담당하고 있는데, 그 주요 담당내용은 다음과 같다.

〈「교육과학기술부와 그 소속기관 직제」(대통령령)〉

제14조 (학교지원국) ①~② (생략)
③ 국장은 다음 사항을 분장한다.
1~18. (생략)
19. 학생 건강증진 및 학교보건에 관한 기본정책의 수립
20~21. (생략)
22. 학교스포츠클럽 및 스포츠강사 운영·지원
23. 학생 건강체력평가제도에 관한 사항
24. 학교 안전사고 예방 및 보상에 관한 사항
25~64. (생략)
④ (생략)

〈「교육과학기술부와 그 소속기관 직제」시행규칙(교육과학기술부령)〉

제9조 (학교지원국) ①~⑤ (생략)

---

35) 안양옥, 앞의 논문, 22-23면; 최징일, 앞의 논문, 66면.

⑥ 학생건강안전과장은 다음 사항을 분장한다.

1~18. (생략)

19. 학생체력의 증진을 위한 기본정책 수립

20. 학교스포츠클럽 및 스포츠강사 지원에 관한 사항

21. 학교체육진흥위원회 구성·운영

22. 학생 건강체력평가제도에 관한 사항

23. 학교체육시설 확충 및 학교운동부 지원에 관한 사항

24. 학교 안전사고 예방 및 보상에 관한 사항

25~26. (생략)

⑦~⑨ (생략)

(2) 문화체육관광부의 학교체육관련 조직

1982년에 체육부가 신설되어 체육부에 학교체육과가 신설되었다가, 1990년에 학교체육과가 폐지되고, 생활체육과로 업무가 통합되었고, 그 뒤 1994년에 생활체육과의 학교체육업무는 삭제되었다. 다만, 문화체육관광부의 체육국(체육정책과·체육진흥과·장애인문화체육과)에서는 학교체육과 관련된 업무도 수행하고 있다.

〈「문화체육관광부와 그 소속기관 직제」(대통령령)〉

제17조 (체육국) ① (생략)

② 국장은 다음 사항을 분장한다.

1~6. (생략)

7. 국민체육진흥기금의 조성 및 운용

8. 생활체육종목 및 스포츠 클럽의 육성·지원

9~13. (생략)

14. 스포츠와 스포츠산업 진흥을 위한 조사·연구 및 전문인력 양성에 관한 사항

15~18. (생략)

19. 선수 및 운동경기부의 육성·지원

20. 국내대회 개최, 국제대회 유치·개최 및 참가지원에 관한 사항

21~27. (생략)

28. 체육주간 및 체육의 날 행사에 관한 사항

29. 장애인 체육진흥을 위한 장·단기 발전계획의 수립
30. 장애인 체육환경의 조성 및 지원체계 개선 등에 관한 사항
31. 장애인 생활체육 활동 프로그램의 개발·보급
32. 장애인 체육교류의 활성화 및 전문인력의 양성
33. 전국장애인체육대회·종목별 경기대회 등 장애인 체육활동 지원
34. 장애인 문화예술 정책에 관한 사항
35. (생략)

〈「문화체육관광부와 그 소속기관 직제」시행규칙(문화체육관광부령)〉

제13조 (체육국) ①~② (생략)
③ 체육정책과장은 다음 사항을 분장한다.
1~4. (생략)
5. 국민체육진흥기금의 조성 및 운용
6~7. (생략)
8. 체육주간 및 체육의 날 행사에 관한 사항
9~10. (생략)
11. 선수·운동경기부 및 체육계 학교의 육성·지원
12. 전국체육대회, 전국소년체육대회 및 종목별 국내경기대회의 개최 지원
13. 전문체육 진흥을 위한 계획의 수립 및 시행
14. 전문체육 관련 단체의 설립 및 육성·지원에 관한 사항
15. 국가대표선수의 육성·지원에 관한 사항
16. 국가대표선수 훈련시설의 확충 및 운영에 관한 사항
17. 대한체육회 및 각종 경기단체와 관련된 업무
18~19. (생략)
④ 체육진흥과장은 다음 사항을 분장한다.
1~6. (생략)
7. 스포츠 클럽의 육성·지원에 관한 사항
8~10. (생략)
11~25. (생략)
⑤~⑥ (생략)
⑦ 장애인문화체육팀장은 다음 사항을 분장한다.
1. 장애인 체육진흥을 위한 장·단기 발전계획의 수립
2. 장애인 체육환경의 조성 및 지원체계 개선 등에 관한 사항

3. 장애인 체육활동 프로그램의 개발 및 장애인 스포츠클럽 육성·지원에 관한 사항

4. 장애인체육지도자의 양성·배치 및 장애인체육 관련 전문 인력의 양성

5. 전국장애인체육대회·종목별 경기대회 등 장애인 체육활동의 지원

6. 국가대표 장애인선수의 육성·지원에 관한 사항

6의2 ~ 6의3. (생략)

7. 대한장애인올림픽위원회 및 대한장애인체육회에 관련된 업무

8~12. (생략)

Ⅲ. 「학교체육진흥법」의 제정시안에 대한 검토

1. 제1조 : 학교체육 활성화를 통한 건강한 신체와 정신을 지닌 미래 인재 양성

제정 내용	검토의견
<제1조(목적)> 이 법은 학교체육 활성화에 필요한 사항을 정함으로써 학생들이 적절하고 고른 체육활동 및 교육기회를 갖도록 하여 건강한 신체와 정신을 지닌 미래의 국가 주역으로 성장하는데 기여함을 목적으로 한다.	○ 학교체육은 지육·체육·덕육의 전인교육의 한 축으로 교육의 중요한 부분이며, 「학원체육 정상화 촉구 국회결의안('07.11)」등 학교체육 활성화에 대한 국가·사회적 요구 증가하고 있고, 건강한 신체와 정신을 지닌 미래 인적자원의 양성에 목표를 두어야 함. ○ 「교육기본법」제22조의2(학교체육)에 학교체육 진흥을 국가의무로 규정하는 조항이 신설된 바 있고, 학교체육 활성화를 위한 보다 실효성 있는 정책을 수행하기 위하여「학교체육진흥법」 제정이 필요함.

2. 제2조 : 법에서 사용하는 용어를 기술함

제정 내용	검토의견
<제2조(정의)> 이 법에서 사용하는 용어의 정의는 다음과 같다. 1. "학교체육"이란 학교에서 학생을 대상으로 이루어지는 제반의 체육활동을 말한다. 2. "학교"라 함은 「유아교육법」제2조제2호, 「초·중등교육법」제2조 및 「고등교육법」제2조에 따른 학교를 말한다. 3. "학교운동부"라 함은 학생선수로 구성된 학교 내 운동부를 말한다. 4. "학생선수"라 함은 학교운동부에 소속되어 운동하는 학생이나 「국민체육진흥법」제33조와 제34조에 따른 체육단체에 등록되어 선수로 활동하는 학생을 말한다. 5. "학교스포츠클럽"이란 체육활동에 취미를 가진 동일학교의 학생으로 구성되어 자율적으로 운영되는 스포츠클럽을 말한다. 6. "학교체육진흥원"이라 함은 학교체육 진흥을 위한 연구, 정책개발, 연수 등을 실시하는 교육기관을 말한다.	○ 법에서 사용하는 용어를 기술한 것으로 쟁점 사항은 없으나, 다음과 같이 자구수정과 보완이 필요하다고 생각함. <수정안> ○ "---(이)라 함"을 "---(이)란" 으로 수정하는 것이 간결하고 명확함(법제처 알기 쉬운 법령 만들기 지침 참조). ○ 용어의 정의는 잘 정리되었다고 생각함.

3. 제3조 학교체육 진흥시책과 권장

제정 내용	검토의견
<제3조(학교체육 진흥시책과 권장)> 국가 및 지방자치단체(교육감을 포함한다)는 학교체육 진흥에 관한 시책을 마련하고 학생의 자발적인 체육활동을 권장·보호 및 육성하여야 한다.	이견 없음.

4. 제4조 : 기본 시책수립 등 국가 및 지방자치단체에 의무 부여

제정 내용	검토의견
<제4조(기본시책의 수립 등)> ① 교육과학기술부장관은 학교체육 진흥에 관한 기본 시책을 5년마다 수립·시행한다. ② 특별시·광역시·특별자치도 또는 도 교육감(이하 "교육감"이라 한다)은 제1항의 기본 시책에 따라 학교체육 진흥 계획을 수립·시행하여야 한다.	○ 좀 더 구체적인 시책수립 의무가 국가에 부여되어야 한다고 봄. ○ 주무관청인 교육과학기술부장관은 학교체육 관련 부처(문화체육관광부, 보건복지부, 여성부 등)와 함께 구성하는 국무총리산하 "학교체육정책심의회"의 심의를 거쳐 기본정책을 수립하도록 하는 것이 바람직함. ○ 따라서 아래와 같은 수정안을 제안함. <제4조(기본시책의 수립 등)> ① 교육과학기술부장관은 학교체육 진흥을 위하여 "학교체육정책심의회"의 심의를 거쳐 다음 각 호의 시책을 5년 마다 수립·시행한다. 1. 학교체육진흥에 관한 기본계획 수립 2. 학교체육 진흥을 위한 조치 3. 체육교재·교구·프로그램의 연구개발·보급 및 지원 4. 학교운동부 지도자 및 제12조에 따른 스포츠 전문강사의 연수 및 자질 향상 5. 학교운동장·체육관 등 체육활동 기반시설 확충 및 관리 6. 체육관련 체험교육 및 수련활동 지원 7. 저체력 학생을 위한 시책사업 지원 8. 학교스포츠클럽의 운영 및 체육행사의 개최와 지원 9. 학생선수의 학습권 보장 및 최저학력 기준 설정·운영 10. 학교체육진흥연구기관의 지원 11. 학교체육 활성화를 위한 지역체육단체와의 협력

	12. 유아 및 장애학생의 체육활동 지원 13. 그 밖에 학교체육 진흥에 필요한 사항 ② 특별시·광역시·특별자치도 또는 도 교육감(이하 "교육감"이라 한다)은 제1항의 기본 시책에 따라 학교체육 진흥 계획을 수립·시행하여야 한다.

5. 제5조 : 관계기관 및 단체의 협조에 관한 사항

제정 내용	검토의견
<제5조(협조)> 제4조에 따른 기본시책과 학교체육진흥 계획수립·시행에 관하여 교육과학기술부장관이 요청하면 문화체육관광부장관과 지방자치단체의 장, 교육감, 관계기관과 단체의 장은 이에 협조하여야 한다.	○ 학교체육 활성화 시책사업의 효율적 추진을 위해 관계기관 및 단체에 협조 의무 부여 필요가 있음. ○ 그러나 문화체육관광부장관이 언제든지 학교체육 정책수립에 주체적으로 참여하는 것이 바람직함.

6. 제6조 : 학교의 장에게 학생의 체력증진과 체육활동 활성화를 위한 의무 부여

제정 내용	검토의견
제6조(학교체육 진흥의 조치) ① 학교의 장은 제4조에 따른 기본 시책과 학교체육 진흥 계획의 수립·시행에 협조하여 학생의 체력증진과 체육활동의 활성화를 위하여 다음 각 호의 조치를 취하여야 한다. 1. 체육교육과정 운영 충실 및 체육수업의 질 제고 2. 제8조에 따른 학생건강체력평가 결과 저체력 및 비만 학생 관리 대책 3. 여학생 체육활동 활성화 방안 4. 제9조 및 제10조에 따른 학교스포츠클럽 및	학교의 장은 학교체육진흥을 위하여 아래와 같은 조치도 취해야 한다고 봄. 1. 운동회 또는 체육대회의 정기적 실시 2. 학생선수의 학습권 보장 및 인권 보호 3. 1교 1기 및 1인 1운동 프로그램 운영 4. 스포츠 경기관람 프로그램 운영

학교운동부의 운영, 체육행사의 개최 방안 5. 학교 간 경기대회 등 체육 교류활동 활성화 방안 6. 교원의 체육관련 직무연수 강화 및 장려 7. 그 밖에 학교체육 활성화를 위하여 필요한 사항 ② 학교의 장은 제1항에 따른 진흥시책을 시행하기 위하여 필요한 경비를 학교예산의 범위에서 확보하여야 한다. ③ 제1항에 따른 설치 및 운영 등에 필요한 사항은 대통령령으로 정한다.	

7. 제7조 : 학교체육 시설 설치에 대해 국가, 지방자치단체, 학교의 장에게 의무부여

제정 내용	검토의견
제7조(학교 체육시설 설치 등) ① 국가 및 지방자치단체는 학생의 체육활동에 필요한 운동장, 체육관 등 기반 시설을 확충하여야 한다. ② 학교의 장은 학생의 체육활동 진흥에 필요한 체육 교재 및 기자재, 용품 등을 확보하여야 한다. ③ 제1항과 제2항에 따른 설치 및 운영 등에 필요한 사항은 시·도 조례 또는 교육규칙으로 정한다.	○ 학생의 다양한 체육활동 활성화를 위해서는 운동장, 체육관 등 기반 시설 확충이 필요 ○ 학교체육시설 및 교재·기자재 등은 학교체육의 발전을 위하여 중요한 사항이므로 구체적인 확보기준을 하위법령에서 정하도록 위임하여야 한다고 생각함.

8. 제8조 : 학생건강체력평가의 실시 및 교육정보시스템 연계 운영

제정 내용	검토의견
제8조(학생건강체력평가 수립 및 실시) ① 국가는 학생의 건강체력 상태를 측정하기 위하여 필요한 소요예산을 포함한 구체적인 학생건강	○ 교육과학기술부에서 학생의 건강체력 증진을 위해 정책적으로 추진하고 있는 학생건강체력평가제(PAPS : Physical Activity Promotion

체력평가 실시계획을 매년 3월말까지 수립하고 실시하여야 한다. ② 제1항에 따라 학생건강체력평가를 실시한 학교의 장은 평가결과를 교육정보시스템에 등록하여야 하며, 해당 학생과 학부모에게 알려야 한다. ③ 제2항에 따른 학생건강체력평가는 「고등교육법」에 따른 대학이나 전문기관·단체 등에 위탁할 수 있다. ④ 제1항에 따라 학생건강체력평가를 실시한 경우에는 「학교보건법」 제7조에 따른 건강검사 중 신체능력검사를 실시한 것으로 본다. ⑤ 제1항부터 제3항까지의 규정에 따른 학생건강체력평가의 시기, 방법, 평가항목, 평가결과 등록 및 학생건강체력평가를 위탁받을 수 있는 대학이나 전문기관·단체 등의 자격요건 등에 필요한 사항은 교육과학기술부령으로 정한다.	System)에 대한 근거를 마련하고 구체적인 시행방안을 교육과학기술부령으로 정하도록 하는 것임. ○ 이규정은 학생들의 건강에 중요한 사항이므로 대통령령으로 일단 위임하여 기본적인 내용을 정하도록 하고, 대통령령의 범위 안에서 교육규칙 또는 시도조례레 재위임하는 것이 타당하다고 생각함. ○ 필자의 생각에는 그 중 "체력평가"부분은 적극적으로 대학입학시험 등에서 일정부분 의무적으로 반영시키게 하는 것이 "학교체육"의 활성화를 위하여 필요한 것으로 생각함.

9. 학생의 자율적인 체육활동의 활성화를 위한 학교스포츠클럽의 육성

제정 내용	검토의견
제9조(학교스포츠클럽) ① 학교의 장은 방과 후에 학생들이 자율적으로 신체활동 프로그램에 참여할 수 있도록 학교스포츠클럽을 운영하여 학생들의 체육활동 참여 기회를 확대하여야 한다. ② 학교의 장은 제1항에 따라 학교스포츠클럽을 운영하는 경우 학교스포츠클럽 전담교사를 지정하여야 한다. ③ 제2항에 따른 학교스포츠클럽 전담교사에게는 학교예산의 범위 내 에서 소정의 지도 수당을 지급한다. ④ 학교의 장은 학교스포츠클럽활동 내용을 학	○ 문구 수정 ③ …… 학교예산의 범위 안에서 소정의 지도 수당을 지급한다. ○ 학교스포츠클럽의 설치와 운영에 필요한 구체적인 기준은 하위법령에 위임하여 정하도록 함이 타당할 것임.

교생활기록부 창의적체험활동란에 기록하여야 한다.	

10. 학교운동부의 효율적 운영

제정 내용	검토의견
제10조(학교운동부 운영 등) ① 학교의 장은 학생선수가 일정 수의 학력기준(이하 "최저학력"이라 한다)에 도달하지 못할 경우에는 별도의 기초학력 보장 프로그램을 운영하여 최저학력이 보장될 수 있도록 노력하여야 한다. ② 교육과학기술부장관은 제1항에 따른 최저학력의 기준 및 실시 시기에 필요한 사항과 기초학력 보장 프로그램에 관한 사항을 교육과학기술부령으로 정한다. ③ 학교의 장은 학교운동부 관련 후원 혹은 찬조금에 대해 「초·중등교육법」제30조의2에 따라 설치된 학교회계에 편입시켜 투명하게 운영하여야 하며, 학생선수 학부모들의 후원 및 찬조금에 의해 운영되고 있는 학교운동부에 대해서는 국가 및 지방자치단체는 학교운동부 운영과 관련된 경비의 일부 혹은 전액을 지원할 수 있는 대책을 마련하도록 한다.	○ 적절한 규정이라고 생각함.

11. 학교운동부 지도자의 지원과 관리

제정 내용	검토의견
제11조(학교운동부지도자) ① 학교의 장은 학생선수의 훈련과 지도를 위하여 학교운동부에 지도자(이하 "학교운동부지도자"라 한다)를 둘 수 있다.	○ 학교운동부지도자의 신분보장과 처우개선이 되면 학생선수의 인권과 학습권이 보장될 수 있음.

② 국가는 학교운동부지도자의 자질 향상 및 전문성 강화를 위해 연수교육 계획을 수립하여야 하며, 연수교육 시행과 관련해서는 관련 단체에 위탁할 수 있다. ③ 국가 및 지방자치단체는 학교운동부지도자의 급여에 필요한 경비를 지원하도록 노력하여야 하며, 학교의 장은 학교운동부지도자 임용에 필요한 경비를「초·중등교육법」제30조의2에 따라 설치된 학교회계에 반영하여 집행하여야 한다. ④ 학교의 장은 학교운동부지도자가 학생선수의 학습권을 박탈하거나 인격을 훼손하는 부적절한 언행을 하였을 경우 학생선수보호위원회 심의를 거쳐 계약을 해지할 수 있다. ⑤ 교육감은 학교운동부지도자가 신분상 불이익을 받는 경우 시·도교육청별 코치관리위원회 심의를 거쳐 관련 처분을 해지할 수 있다. ⑥ 학교운동부지도자의 자격기준, 임용, 급여, 신분, 직무에 관한 사항은 대통령령으로 정한다.	○ 따라서 학교운동부지도자를 "계약직공무원(국공립학교의 경우)" 또는 "기간제 정규직원"으로 신분보장을 하고 지위도 준교사 또는 체육교사에 준하는 지위와 권한을 부여하여 주고, 책임과 의무를 함께 부과하는 보다 적극적인 제도보완이 필요하다고 생각함.

12. 스포츠전문강사의 배치, 운영

제정 내용	검토의견
제12조(체육전문강사의 배치) ① 국가 및 지방자치단체는 학생의 체육수업 흥미 제고 및 체육활동 활성화를 위하여 「초·중등교육법」제2조제2호에 따른 초등학교에 체육전문강사를 배치할 수 있다. ② 제1항에 따른 체육전문강사의 자격기준, 임용 등에 필요한 사항은 대통령령으로 정한다.	○ 유치원까지 확대하여 실시하는 것이 바람직하다고 생각함.

13. 유아 및 장애학생 체육활동의 활성화를 위한 지원 및 위탁운영

제정 내용	검토의견
제13조(유아 및 장애학생 체육활동 지원) ① 국가 및 지방자치단체는 「유아교육법」 제7조에 따라 설치된 유치원에 재원 중인 유아 및 「장애인 등에 대한 특수교육법」 제17조에 따라 일반학교 또는 특수학교에 배치된 특수교육대상자에 대하여 적절한 체육활동 프로그램을 운영하여야 한다. ② 유치원의 장 및 학교의 장은 제1항에 따라 체육활동 프로그램을 운영할 경우 유아 및 장애인 단체나 체육단체, 대학의 체육계열 학과, 교습학원 및 개인 등에 위탁할 수 있다. ③ 제2항에 따른 유아 및 특수교육 대상자들의 체육활동 프로그램 위탁운영의 자격요건 등에 필요한 사항은 대통령령으로 정한다.	○ 유치원의 장이 체육활동 프로그램을 운영할 경우에는 유아단체에 위탁할 수 있으며 소요비용을 상당부분 정부가 지원하는 방안을 시행령에 명시하도록 할 필요가 있음.

14. 학교체육진흥위원회의 설치, 운영

제정 내용	검토의견
14조(학교체육진흥위원회 등) ① 학교체육 진흥 및 학교운동부 육성에 관한 중요사항을 심의하기 위하여 학교체육진흥위원회를 구성하여 설치·운영하여야 한다. ② 제1항에 따른 학교체육진흥위원회의 설치·운영 등에 관하여 필요한 사항은 대통령령으로 정한다.	○ 명칭을 "학교체육정책심의회"로 하고, 구성은 국무총리가 의장이 되고, 교육과학기술부장관, 문화체육관광부장관, 보건복지부장관, 여성부장관을 당연직으로 하고, 민간위원이 참여하는 정책심의기구로 격상하여 설치하는 것이 바람직 할 것임. ○ 학교체육의 주무부서는 교육과학기술부로 하되, 문화체육관광부, 보건복지부 등이 좀 더 주체적으로 참여하여 정책을 수립하도록 하는 것이 필요함.

15. 학교체육진흥원의 설치, 운영

제정 내용	검토의견
제15조(학교체육진흥원) ① 학교체육 진흥을 위하여 다음 각 호의 사업과 활동을 하기 위하여 교육과학기술부장관의 인가를 받아 학교체육진흥원을 설립한다. 1. 학교체육 진흥을 위한 정책연구 2. 체육활동 프로그램의 개발 및 보급 3. 학생 체력통계의 체계적 수집 및 분석 4. 제8조에 따른 학생건강체력평가의 종목·평가기준 및 시스템 개발·운영 5. 교원 및 학교운동부지도자 등의 연수 6. 그 밖에 학교체육 진흥에 필요한 사항 ② 제1항에 따른 학교체육진흥원의 지정 및 운영 등에 필요한 사항은 대통령령으로 정한다. ③ 국가 및 지방자치단체는 학교체육진흥원이 학교체육 진흥에 필요한 사업을 할 경우 예산의 범위에서 지원할 수 있다.	○ 대단히 바람직하고 필요한 기관임.

16. 경비의 지원 및 보조

제정 내용	검토의견
제16조(경비의 지원 및 보조) 국가 및 지방자치단체는 학교체육진흥에 필요한 경비를 지원 또는 보조할 수 있다.	○ 경비지원 및 보조의 대상이 구체적으로 명시되어야 할 것임.

17. 지역사회와 협력

제정 내용	검토의견
제17조(지역사회와 협력) 학교의 장은 학교체육 활성화를 위하여 필요한 경우 지역사회 및 지역 체육단체 등에 협력을 요청할 수 있다.	○ 지역사회 및 지역체육단체와 협력할 수 있는 내용을 시행령에 위임해서라도 좀더 구체적으로 명시하는 것이 필요함.

18. 권한의 위임

제정 내용	검토의견
제18조(권한의 위임) 이 법에 따른 교육과학기술부장관의 권한은 대통령령으로 정하는 바에 따라 일부를 교육감에게 위임할 수 있다.	○ 타당한 규정임

19. 부칙; 경과규정

제정 내용	검토의견
부칙 이 법은 공포 후 1년이 경과한 날부터 시행한다.	○ 시행의 유예시간을 1년으로 하면 무리가 없을 것임.

Ⅳ. 제정시안에 추가되어야 할 사항 및 수반법령을 개정할 사항

1. 학교체육과 관련된 위험방지 및 안전에 관한 문제

학교체육과 관련된 안전사고에 관하여는 「학교안전사고 예방 및 보상에 관한 법률」을 적용한다는 규정이 추가되어야 할 것이다. 이 법의 대상에는 대학이 포함되어 있지 않으므로 이 법을 개정하여 대학도 당연히 포함시켜야 할 것이다. 이 법에 의한 학교안전사고보상공제사업 주체가 시·도 교육감으로 되어 있으므로 이 법을 개정할 경우 교육과학기술부장관도 사업주체로 포함시켜야 할 것이다.

한편 학교체육 활동은 다른 학교생활보다 위험성이 높으므로 책임보험제도를 도입하는 방안을 신중히 검토할 필요가 있다고 본다.

2. 체육수업시수의 감축문제

제7차 교육과정에서는 체육교과의 수업시간이 줄고 심지어 고등학교 2·3학년에서는 체육을 선택하지 않을 수도 있게 되어 있다. 이러한 교과과정을 계속 운영한다면 학교체육은 정상화를 기대하기 어려울 것이다.

이러한 문제점을 해결하기 위해서는 체육교과의 수업시간을 늘리는 방안과 필수과목화, 대학입시에서 스포츠클럽활동의 내신 반영이 명백히 규정되어야 할 것이다. 또한 교육과학기술부의 고시로 정하는 "교육과정"이나 한국대학교육협의회가 정하는 "대학입학전형 기본사항"의 주요 내용으로 신설하는 것이 필요할 것이다.[36]

3.「학교체육국」설치문제

이는 대통령령인「교육과학기술부와 그 소속기관 직제」를 개정하면 될 수 있을 것이다.

또한,「정부조직법」을 개정하여 제24조(교육과학기술부) 제1항을 "교육과학기술부장관은 인적자원개발, 학교체육을 비롯한 학교교육·평생교육, 학술에 관한 사무와 기초과학정책·연구개발, 원자력, 과학기술인력양성 그 밖에 과학기술진흥에 관한 사무를 관장한다"로 하고, 제30조(문화체육관광부) 제1항을 "문화체육관광부장관

---

36) 최정일, 앞의 논문, 100면.

은 문화·예술·영상·광고·출판·간행물·체육(학교체육을 제외한다)·관광에 관한 사무와 국정에 대한 홍보 및 정부발표에 관한 사무를 관장한다"로 하여 학교체육의 소관부처가 교육과학기술부임을 명확히 하는 것도 필요할 것이다.[37]

V. 요약 및 결론

21세기 지식정보시대에 들어서면서 청소년의 체력저하와 운동부족으로 심혈관질환의 증가 등으로 의료비가 급격히 증가하여 사회경제적 부담이 커지고 있는 것이 현실이다. 특히 우리나라의 교육현실은 체육교과나 건강체력평가 등이 입시에 반영되지 않기 때문에 학교체육이 비정상적으로 운영되고 있으며, 학생선수의 선발과 양성과정에서 각종 부조리와 학습 권·인권침해 등으로 홍역을 앓고 있다.

이제 열악한 학교체육의 현실을 극복하고, 미래의 꿈나무인 청소년들이 건강하게 성장하여 건전한 문화복지국가를 건설하기 위하여 학교체육진흥법의 제정이 시급하다. 이 글에서 이 법의 제정을 위한 법정책적 과제를 살펴보았는데 주요쟁점을 다시 한번 정리해 본다.

첫째, 교육기본법에 명시되어 있는 "홍익인간(弘益人間)"의 교육이념과 우리나라 근대 교육의 목표였던 "덕양(德養; 덕을 기름), 체양(體養), 지양(智養)의 조화"를 통하여 모든 국민이 인격을 도야(陶冶)하고 자주적 생활능력과 민주시민으로서 필요한 자질을 갖출 수 있도록 근본적으로 학교체육를 정상화시켜야 한다. 학교체육의 본래의 가치를 회복시켜 모든 국민이 건강하고 행복하게 살아 갈 수 있는 토대를 마련해야 한다.

둘째, 국가와 지방자치단체는 학교체육진흥을 위한 기본정책을 수립하고 물적·인적 토대를 마련하여 시행할 책무를 이행하여야 한다. 각급 학교에서 체육교과과정의 운영을 충실하게 하여 수업의 질을 향상시키고, 학교운동부와 스포츠클럽의

---

37) 최정일, 앞의 논문, 101면.

효율적인 운영을 통하여 학생체력건강을 향상시킬 수 있도록 정책을 추진해야 할 것이다. 또한 학생체력건강평가(PAPS)와 스포츠클럽활동 등과 같은 학교체육의 성과를 상급학교 입시에 반영할 수 있는 제도를 도입해야 한다.

셋째, 학생선수의 인권과 학습권이 침해되지 않도록 제도적인 근거를 마련하여야 한다. 체육특기자 입시제도의 개선, 학생선수지도자의 자격과 양성제도 및 처우개선, 신분보장 등을 통하여 각종 부정부패·비리를 방지하고 폭력·성폭력이 근절될 수 있도록 해야 한다.

넷째, 학교체육을 정상화시키려면 무엇보다도 재원확보가 이루어져야 한다. 학교체육진흥을 위한 학교체육시설, 학교운동부지도자의 처우개선, 건강체력평가제도의 실시, 스포츠전문강사의 배치 등 인프라를 구축하는데 많은 재정이 필요하다. 스포츠가 국위선양과 사회통합 등 국가발전에 많은 기여를 하고 있지만 체육예산은 대단히 미흡한 수준이다. 학교체육진흥기금이나 학교체육진흥재단의 설치를 신중히 고려해 볼 때라고 생각한다.

다섯째, 학교체육진흥을 위한 행정기관의 확대와 연구기관의 설립이 필요하다고 생각한다. 다양한 학교체육 사업을 추진하기 위해서는 인적자원이 너무나 부족한 편이다. 원활한 업무수행을 위한 담당부서의 격상, 확대 강화가 필요하다고 본다. 교육과학기술부에 "학교체육국"을 설치하는 방안을 적극적으로 고려해 보아야 할 시점이다. 또한 학교체육의 진흥을 위하여 지속적인 연구와 프로그램개발, 정책개발, 지도자연수 등을 담당할 기관이 필요하다. 물론 현재 활동 중인 체육관련 기관이나 단체를 활용하는 방안도 있지만, 전문성을 가진 기관을 설립하여 운영하는 것이 실효성이 있을 것으로 생각된다.

제2절 학교체육진흥법 제정 의의와 향후과제

Ⅰ. 개요

이 절은 2011년 12월 30일 국회본회의를 통과하여 2013년 1월 26일 공포되고 2013년 1월 27일부터 시행됨에 따라 시행령의 제정 등 향후과제를 연구한 것이다.[38]

그동안 입시위주의 교육으로 체육활동이 경시되어 국가미래의 주역인 청소년들의 체력저하가 심각한 사회현상으로 대두되고 있으며, 학생선수들의 학습권과 인권의 보장이 지속적으로 요구되어 왔다. 이러한 학교체육을 정상화시키고 학생들이 건강하고 균형잡힌 신체와 정신을 함양하기 위하여 <학교체육진흥법>이 제정되었다.

이 법은 국가와 지방자치단체에 학교체육 활성화 시책을 수립하여 시행할 의무를 부과하고, 이를 위한 예산을 확보하여 학교의 장이 매년 학생건강체력을 평가하고, 저체력 또는 비만학생들을 위한 건강체력교실을 운영하고, 학교스포츠클럽을 운영하는 것 등을 의무화하는 내용을 담고 있다. 또한 학생선수의 기초학력보장제도, 학교운동부의 합리적인 운영, 운동부지도자와 스포츠전문강사의 직무와 보수에 관한 사항, 학교체육진흥원의 설립근거 등을 규정하였다. 물론 학교스포츠의 사고와 안전대책, 학교체육행정 전담기구의 설치, 학교체육기금의 확보 등을 규정하는 방안이 제시되었으나, 이 법에 반영되지 않아서 아쉬움을 남겼다.

그러나 오랜 기간 표류하던 학교체육이 제 방향을 찾아나갈 수 있도록 제도적인 법적 근거를 마련하였다는 점에서 크게 환영할 일이다. 그동안 이법의 제정 필요성을 다각적으로 제기한 학교체육관련 학계, 언론계, 시민단체의 목소리가 반영된 것이라고 볼 수 있다. 이법이 시행되기 전에 1년 준비기간을 거치는 동안 이법에서 위임된 사항이나 법집행에 필요한 시행령, 시행규칙, 조례 등 하위법령을 올바르게 제

---

38) 이 절은 필자가 한국스포츠엔터테인먼트법학회에서 발간하는 전문학술지 『스포츠와 법』 제15권 제2호(통권 제31호), 2012, 55-75면에 발표한 논문인 「학교체육진흥법 제정 의의와 향후과제」를 약간 수정 보완한 것임을 밝힌다.

정하는 일이 가장 중요한 과제이다.

Ⅱ. 학교체육진흥법 제정의 의의

1. 스포츠교육권의 보장

대부분의 헌법학자들은 헌법상 스포츠기본권이 보장되어 있다고 인정한다.[39) 스포츠기본권은 한국 헌법에 명문의 규정은 없지만, 한국 헌법 제10조의 인간존엄가치와 행복추구권에 의해서 포괄적으로 보장되고 있다고 해석한다. 헌법 제10조에는 "모든 국민은 인간으로서의 존엄과 가치를 가지며, 행복을 추구할 권리를 가진다. 국가는 개인이 가지는 불가침의 기본적 인권을 확인하고 이를 보장할 의무를 진다"고 규정하고 있다. 특히, 스포츠란 신체적 활동을 통하여 만족을 누릴 수 있다는 기본적 관념 속에서 스포츠 활동의 자유가 보장되어야 한다. 스포츠 활동은 인간이 자신의 삶을 보다 더 풍부하게 하는 활동으로서 헌법 제37조 제2항의 규정을 넘어서는 국가의 통제, 금지 등 국가로부터 강제되지 않는 자유를 의미한다. 즉 모든 사람의 스포츠 활동의 자유는 그 자신의 의사에 반하여 강제되지 아니하는 자유이다. 이와 함께 스포츠의 자유에는 스포츠단체를 결성하고, 운영·활동하는 자유가 포함되며, 나아가 스포츠단체의 자치도 그 범주에 속한다. 이런 점에서 본다면 스포츠권은 기본적으로 자유권적 성질을 갖는다고 볼 수 있다.

오늘날 스포츠는 단지 신체적 활동을 의미하는 것은 아니다. 현대적 의미의 스포츠는 복잡한 현대사회에서 사회적응력의 향상을 위하여 인간의 잠재력을 촉발시켜 올바른 인간으로 성장·발달시키는데 필요한 모든 활동을 포함한다. 현대의 헌법국가는 기본권의 보장의무를 갖는다. 우리 헌법 제10조의 후문은 국가의 기본권

---

39) 김상겸, 「스포츠권의 헌법적 보장」, 『스포츠와 법』, 창간호(2000), 75-56면; 권영성, 『헌법학원론』, 2000, 347; 성낙인, 『헌법학』(제7판), 법문사, 2007, 331면; Steiner, Staat, Sport un Verfassung, DÖV 1983, 174 등.

보장의무를 규정하고 있다. 스포츠권의 헌법적 보장은 단지 스포츠 활동의 자유만으로 완성될 수는 없다. 오늘날 스포츠는 개인에 있어서 여가선용, 건강증진, 심신단련 등의 목적과 직업으로서-물론 이것이 직접적인 자기목적이 아니라 하여도-요구된다면, 국가는 스포츠의 자유, 스포츠 활동의 자유를 위한 시설이나 공간의 확보를 위하여 노력해야 한다. 또한 스포츠를 문화의 한 부분으로서 인정하고 인간이 인간다운 삶을 영위하기 위한, 인간생활의 풍요로운 발전을 위한 한 방법 또는 수단으로서 본다면, 그 헌법적 근거를 제34조 제1항에서도 찾을 수 있기 때문에 헌법의 체계상 부분적으로 사회권적 성격을 갖는다.[40]

이 행복추구권의 구체적인 권리로서 스포츠기본권은 스포츠를 향유할 권리(스포츠활동의 자유), 스포츠정보권, 스포츠직업선택권 등과 함께 스포츠교육권(학교체육권)을 포함한다. 헌법 제31조 제1항에 "모든 국민은 능력에 따라 균등하게 교육을 받을 권리를 가진다"라고 규장하여 국민의 교육기본권을 보장하고 있다. 이 권리는 국가에 의한 교육조건의 개선·정비와 교육기회의 균등한 보장을 적극적으로 구할 수 있는 권리로 이해된다.[41] 교육기본권인 수학권(修學權)의 보장은 인간으로서의 존엄과 가치를 가지며 행복을 추구하고(헌법 제10조 전문), 인간다운 생활을 영위하는데(헌법 제34조 1항) 필수적인 조건이며 대전제인 것이다. 여기에 당연히 스포츠교육을 받을 권리가 포함되며, 스포츠수학권(학교체육권)의 효율적 보장이 사회권적 기본권(생존권)으로 인정되며, 한편으로는 스포츠교육을 받는 것을 국가로부터 방해당하지 않을 권리인 스포츠교육의 자유까지 포괄하는 개념으로 파악해야 할 것이다.

1978년 11월 21일 파리에서 개최된 제 20차 유네스코 총회에서 채택된 "UNESCO 스포츠와 체육에 관한 국제헌장" 제1조 1항에도 "모든 사람은 체육 및 스포츠에의 참여라는 기본권을 가지며, 이는 그 인격의 완전한 발전을 위해 필수적인 것이다. 체육 및 스포츠를 통해 신체적, 지적, 도덕적 힘을 기르는 자유는 교육 체제 내에서

---

40) 김상겸, 상게논문, 75-76면; 백윤철·정성범, 「韓國의 憲法上 스포츠權과 리더십에 關한 研究」, 『스포츠와 법』 제13권 4호(통권 제25호), 2010, 214면 참조.
41) 성낙인, 전게서, 596면.

와 다른 사회생활 영역 모두에서 보장되어야 한다."고 선언하고 있다.

2. 학교체육의 정상화와 활성화를 위한 제도 확립

(1) 체력증진과 체육활동 활성화

2008년까지 초·중·고등학생의 기초체력을 검사하는 학생신체능력검사가 실시되었으나, 2009년도 이후 이를 대체한 학생건강체력평가(PAPS)가 초등학교부터 단계적으로 시행되어 2010년도 현재 중학교까지 실시되었다. 이에 따라 학생체력에 대한 누적된 통계가 부족하여 최근의 추세를 정확히 파악할 수 없지만, 지금까지 실시된 자료에 따르면 학생의 전반적 체력저하 현상이 심화되었음을 알 수 있다.[42] 또한 2010년도 초등학교 5~6학년 학생 중 저체력 학생은 13.5%, 비만 학생은 10.4%, 두 가지(저체력+비만)를 모두 지닌 학생은 4.2%로 나타났는데, 저체력 학생의 경우 5학년보다 6학년의 비율이 높았다. 이는 2009년에 비해 저체력은 0.7%, 비만은 1.2%, 저체력+비만은 0.6% 감소된 수치이다. 중학생은 저체력 16.6%, 비만 12.7%, 저체력+비만 6.2%로 나타났다.[43]

이제 학교의 장은 학생체력증진과 체육활동의 활성화를 위하여 1) 체육교육과정의 충실한 운영 및 체육수업의 질 제고 2) 학생건강체력평가(PAPS)의 실시 3)학교스포츠클럽과 학교운동부의 운영 4)여학생체육활동의 활성화 5)유아 및 장애학생의 체육활동 활성화 6)학교체육행사의 개최 7)학교간 경기대회 등 체육교류활동의 활성화 8)교원의 체육관련 직무연수 강화와 장려 등의 조치를 취하고 예산을 확보하여야 한다(이 법 제6조).

잘못된 입시정책으로 그동안 영어, 수학, 국어 등 주요교과 위주의 입시준비 교육에 의해 체육 교육과정이 비정상적으로 운영되어 왔다. 이는 인간이 평생 동안 건강하게 살 권리를 가로막고, 의료비 등 복지비용을 높여 국가경쟁력을 저하시키는

---

42) 문화체육관광부, 『체육백서』, 2010, 199면, 특히 <표 5-6>참조.
43) 상게서, 202면, 특히 <표 5-11> 참조.

결과를 가져오게 된다. 체육에 대한 인식 부족, 턱없이 부족한 체육시간 등이 문제되었다. 최근에 학교폭력의 근절대책으로 체육시수를 늘리고 스포츠클럽활동을 강화하는 방안이 시행되고 있는 것은 다행이다. 체력증강 뿐만이 아니라 인성교육의 차원에서 체육교육이 이루어지는 것은 당연하다고 생각한다.

학생건강체력평가의 종합적인 계획수립과 실시를 국가의 책무로 규정하였다((이 법 제8조). 학교의 장은 학생건강체력평가에서 저체력 또는 비만판정을 받은 학생을 대상으로 건강체력증진을 위하여 건강체력교실을 운영하여야 한다(이 법 제9조). 또한 학교의 장은 학교스포츠클럽을 운영하고, 전담교사를 두어 학생들의 체육활동 참여기회를 확대하도록 하였다. 또한 스포츠클럽활동의 내용을 학교생활기록부에 기록하여 진학 자료로 활용하도록 하였다(이 법 제10조).

국가 및 지방자치단체는 학생의 체육수업 흥미를 높이고 체육활동의 활성화를 위하여 초등학교에 스포츠전문강사를 배치하여야 한다(이 법 제13조).

(2) 학교체육시설의 확충

아직도 학생체육활동을 위한 운동장, 체육관 등 기반시설이 미흡한 편이다. 체육용품이나 기자재의 확보가 시급하다. 현재 학교의 체육시설은 매우 부족하며, 그것도 기존 시설의 관리 미흡과 낙후로 많은 어려움을 겪고 있다. 학교 증축에 있어서 학교운동장의 축소로 나타나며, 신설학교의 운동장 크기도 갈수록 작아지고 있으므로 학생들의 체육활동 공간이 점점 줄어들고 있다. 나아가 학교 내의 실내체육 활동장소도 매우 부족하다. 체육관, 수영장이 크게 부족하고, 소규모의 실내체육 수업장도 마련하지 못한 학교가 절반이 넘는다.

또한 실외에 설치되어 있는 체육시설도 정규규격에 미달되거나 낙후된 시설이 많고, 체육시설과 장소의 사용이 수업중이나 방과후의 운동선수의 훈련으로 인하여 매우 힘든 상황이다.[44]

---

44) 대전광역시교육청, 『대전광역시 학교체육 내실화 방안』, 학교체육정책 연구보고서, 2004, 42면.

이러한 체육활동에 필요한 물적시설의 확충과 체육교재 및 용품등의 확보 책무를 국가와 지방자치단체에 부과하였다(이 법 제7조).

(3) 학교운동부의 정상화

학생선수들의 1일 정규수업 이수는 초·중·고등학교가 평균 4시간 정도이며, 이러한 수업결손은 운동선수들의 학력저하의 원인이 되고 있다. 평소 학생선수들은 새벽운동, 오후운동, 저녁운동 등으로 과다한 훈련을 하는 것이 보통이고, 공부하고자 하는 의욕은 더욱 약해지고 있다. 한편, 학생선수들의 학부모들은 출세주의, 업적주의, 경쟁주의에 입각한 교육관을 가지고 학생으로서의 삶과 학업이 아니라 운동만 강요하도록 되어 있다. 학교운동부의 1일 운동시간은 전체적으로 5~6시간이고, 학교급이 높아질수록 운동시간이 많아지고 있다. 그 중 남자고등학교의 1일 운동시간이 가장 많고, 주당 운동일수는 전체적으로 6일 정도이며, 남학생들에 비해 여학생들의 운동 일수가 좀 더 많다. 특히 초등학생의 과다한 운동량을 성장기의 발육을 저하시키고, 정서발달에 적합하지 못하다.

이러한 문제점을 해결하기 위하여 학교의 장은 학생선수가 최저학력에 도달하도록 기초학력보장 프로그램을 운영하여야 한다. 또한 학생선수의 학습권 보장 및 신체적·정서적 발달을 위하여 상시합숙훈련이 근절되도록 노력하여야 하며, 운동부관련 후원금을 학교회계에 편입시켜 합리적으로 운영하여야 한다. 국가 및 지방자치단체는 학교운동부의 운영과 관련된 경비를 지원할 수 있도록 규정하였다(이 법 제11조).

한편, 영감적 기량을 갖춘 체육영재를 조기에 발굴하여 훈련수업 및 학습시킬 수 있는 지도자는 이러한 경험을 한 경기인 출신의 지도자가 적격임은 부인할 수 없을 것이다.[45]

학교의 장은 학생선수의 훈련과 지도를 위하여 학교운동부지도자를 두며, 국가

---

45) 이원영, 『한국형 맞춤식 학교체육 정책방향 제안』, 한국엘리트스포츠지도자연합회, 2009, 16-17면.

및 지방자치단체는 그 지도자의 자질향상과 전문성강화를 위하여 연수교육을 실시하고 급여에 필요한 경비를 지원할 수 있도록 하였다. 또한 학교운동부지도자가 학생선수의 학습권을 박탈하거나 폭력, 금품, 향응 수수 등 부적절한 행위를 하였을 경우에는 학교운영위원회의 심의를 거쳐 계약을 해제할 수 있다(이 법 제12조).

3. 국민체육과 스포츠의 새로운 페러다임 구축

국민체육 및 스포츠에 관한 정책적 기반은 국민체육진흥법에 제도화되어 있다. 학교스포츠의 육성과 관리는 국가정책의 과제로서 국민체육의 중요한 내용을 이룬다. 따라서 스포츠의 육성에 관한 법적 규정은 국민체육진흥법에 일부 포함되어 있다.

학교체육, 생활체육, 그리고 전문체육 등의 기능을 조율하고 그 역할을 대표하는 법은 현행 국민체육진흥법이라 할 수 있다. 이 법은 『국민체육을 진흥하여 국민의 체력을 증진하고, 건전한 정신을 함양하여 명랑한 국민생활을 영위하게 하며, 나아가 체육을 통하여 국위선양에 이바지함』을 목적으로 하고 있다. 이 법에는 학교 체육의 진흥을 위하여 "학교는 학생의 체력 증진과 체육 활동 육성에 필요한 조치를 마련하여야 한다" 규정하고 있다. 이 규정은 지극히 선언적인 규정이며, 학교체육이 국민체육진흥을 위하여 중요한 필수 불가결한 분야임을 인식해야 한다는 의미일 것이다.

국민체육진흥법은 제11조 제1항에서 "국가는 국민체육 진흥을 위한 체육지도자의 양성과 자질 향상을 위하여 필요한 시책을 마련하여야 하고", 제14조에서 선수 등의 보호·육성에 관한 제목 하에 "국가와 지방자치단체는 선수와 체육지도자에 대하여 필요한 보호와 육성을 하여야 하고(제1항), "국가와 지방자치단체는 우수 선수와 체육지도자 육성을 위하여 필요한 표창제도를 마련하여야 하며"(제2항), "국가 등은 우수 선수에게 아마추어 경기 생활을 할 수 있게 하기 위하여 문화체육관광부장관이 요청하면 우수 선수와 체육지도자를 고용하도록 하고"(제3항), "국가는 올림픽대회, 장애인 올림픽대회, 그 밖에 대통령령으로 정하는 대회에서 입상한 선수 또는 그 선수를 지도한 자와 체육 진흥에 뚜렷한 공이 있는 원로 체육인에게 장려금이나 생활 보조금을 지급하여야 한다"(제4항)고 규정하고 있다. 이러한 규정들은 국민체육진흥법이 궁극적으로 달성하고자 하는 목표가 엘리트체육인을 양성하여 스포츠를 통한 국위선양을 우선시 하는 스포츠정책의 산물이라 여겨진다.

이제 학교체육진흥법은 학교체육의 진흥을 담당하는 기능을 하고, 국민체육진흥법은 생활체육과 엘리트체육의 진흥을 위한 정책적 뒷받침을 하도록 국민체육의 이원적 구조를 가지게 되었다.

4. 국민스포츠복지의 실현의 기반조성

학교스포츠의 육성과 관리는 국가의 과제로서 문화정책과 복지정책의 중요한 내용을 차지하게 된다. 물론 이 법은 학교체육의 진흥을 기본이념으로 한다. 학교체육을 통하여 궁극적으로는 국민의식의 고취와 윤리적 가치의 증진에 이바지 하게 될 것이다. 교육은 인간의 사회화에 중요한 역할을 한다. 사람들은 교육을 통하여 공동체의 일원으로서 타인을 존중하고 관용을 배운다. 타인을 존중하는 태도는 교육의 전통적인 목표 중에 하나라고 할 수 있다. 이러한 교육목표인 관용은 스포츠에서 말하는 예의바른 행위(Fairness)인 것이다. 스포츠의 교육적 가치는 곧바로 국가의 문화적 가치와 연결된다. 문화의 중요한 부문으로서 국가는 학교를 통한 스포츠 교육을 장려·육성하지 않으면 안된다.

이러한 학교체육의 진흥은 결국 공공복리의 관점에서 국민의 건강증진을 도모하고 행복하고 인간다운 생활을 영위하게 되어 국민복지의 실현에 이바지하게 될 것이다.

Ⅲ. 향후과제

1. 올바른 하위법규(시행령, 시행규칙, 조례)의 제정

학교체육진흥법은 내년 1월 27일부터 시행된다(이 법 부칙). 이 법이 위임한 내용을 중심으로 이 법의 시행을 위하여 시행령(대통령령), 시행규칙(부령), 시도 조례를 제정하여야 한다. 그 내용을 간단히 정리하면 다음과 같다.

(1) 대통령령으로 정할 사항
 1) 학교운동부지도자의 자격기준, 임용, 급여, 신분, 직무 등에 필요한 사항(법 제12조⑦)
 2) 스포츠강사의 자격기준, 임용 등에 필요한 사항(법 제13조②)
 3) 체육활동 프로그램의 운영 관련 단체인정(법 제14조②)
 4) 학교체육진흥중앙위원회의 구성 및 운영 등에 필요한 사항(법 제16조③)
 5) 학교체육진흥원의 구성·운영 등에 필요한 사항(법 제17조②)
 6) 교육과학기술부장관의 권한의 일부위임(법 제19조)

(2) 교육과학기술수부령으로 정할 사항
 1) 체육활동 기반 시설 확충과 체육 교재 및 기자재, 용품의 확보에 필요한 사항 (법 제7조③)
 2) 학생건강체력평가의 시기, 방법, 평가항목, 평가결과 등록, 학생건강체력평가를 위탁받을 수 있는 대학이나 전문기관·단체 등의 자격용건 등에 필요한 사항 (법 제8조⑤)
 3) 건강체력교실 등의 설치 및 운영 등에 관하여 필요한 사항(법 제9조②)
 4) 학교운동부의 운영에 있어서 최저학력 기준 및 실시시기에 필요한 사항, 기초학력보장 프로그램의 운영 등에 관한 사항, 학생선수의 기숙사운영에 필요한 사항 (법 제11조②, ④)

(3) 시도조례로 정할 사항

1) 학교체육진흥지역위원회의 구성 및 운영 등에 필요한 사항(법 제16조③)

이상과 같은 행정입법의 내용들은 법률의 위임에 의하여 정해져 있으나, 대단히 추상적이고 광범위한 것으로 생각된다. 하위법규는 무엇보다도 입법의 취지와 목적을 달성하기 위하여 필요한 범위 안에서 구체적으로 규정할 필요가 있다. 이 법 시행과 관련된 이해관계 당사자들의 의견을 충분히 수렴하여 올바른 법규의 제정이 이루어져야 할 것이다.

대통령령은 법률에서 구체적으로 범위를 정하여 위임받은 사항과 법률을 집행하기 위하여 필요한 사항을 규정할 수 있다(헌법 제75조). 또한 부령은 소관사무에 관하여 법률이나 대통령령의 위임 또는 직권으로 장관이 발할 수 있다(헌법 제95조). 따라서 교육과학기술부령에는 이 법에서 위임된 사항이 아니라도 대통령령에서 위임한 사항은 규정할 수 있을 것이다.

2. 학생선수의 최저학력 및 학습권보장, 인권보장

"학생선수"란 학교운동부에 소속되어 운동하는 학생이나 '국민체육진흥법' 제33조와 제34조에 따른 체육단체에 등록되어 선수로 활동하는 학생을 말한다(이 법 제2조 4호). 또한 학교의 장에게 학생선수가 소속되어 있는 학교운동부의 운영에 있어서 학생선수의 최저학력보장과 학습권 보장을 위한 조치를 하도록 규정하였다(이 법 제11조).

이러한 규정이 필요한 이유는 각종경기대회에서 오르지 성적위주의 분위기가 고조되면서 경기력향상에만 집착하여 학교체육의 교육적 가치를 상실했기 때문이다. 이를 극복하기 위한 노력이 체육계와 정부에서 다양하게 시도되고 있기는 하다.

최저학력보장제도는 이미 2010년 정부(교육과학기술부와 문화체육관광부 협력)에서 「선진형 학교운동부 운영시스템 구축계획」을 마련하여 공부하는 선수상 정립 및 전인적 체육인재 육성을 목표로 설정하여 정책적으로 추진하여 오고 있다.[46] 또한 학생선수 학력저하 및 학습권 침해에 대한 사회적 우려가 심화됨에 따라 정부는 학생선수 학습권 보장을 제도화하여 공부하는 학생선수상 정립을 위해 학생선수 학습권 보장제를 실시하고 있다. 이는 최저학력기준을 설정하여 학생선수가 이에 미달한 경우 일정 제재를 가하는 것을 그 내용으로 하고 있다. 2010년도 시범사업을 통해 2011년도에 초등학교 4~6학년까지 시행하며, 2017년 고등학교 3학년까지 단계별로 확대 적용해나갈 계획이다.[47]

단위학교에서 시행하는 1, 2학기말 고사에서 지정된 일부 과목에 대하여, 그 성적이 전교생 평균성적과 비교하여 초등학교는 50%, 중학교는 40%, 고등학교는 30%에 미치지 못한 경우 최저학력기준에 미달한 것으로 간주한다. 다만 1~2학기말고사에서 최저학력 기준에 미달한 경우, 차기 중간고사에서 최저학력 기준에 도달하거나 학업성취도평가에서 "기초" 이상이면 최저학력 기준에 도달했음을 인정하도록 하고 있다.[48]

학생선수의 인권보장문제는 지금까지 주로 불법적인 폭력, 성폭력의 심각성에 대한 대책으로 다루어져 왔다.[49] 최근에는 청소년보호와 관련하여 인권성장권의 문제가 제기되고 있다.[50] 인격체로 성장할 권리, 인건형성권이라고도 부른다. 이 권리는 UN 아동 청소년권리협약 제6조에 "아동과 청소년은 생존과 발달을 위한 권리를 가지며, 이 권리는 아동 청소년의 기초적 권리인 동시에 아동 청소년에게 부여된 고유한 권리"라고 정의 하고 있다.

학교체육진흥법 제6조 제1항 6호에 "학생선수의 학습권 및 인권보호"에 대한 책

---

46) 문화체육관광부, 『체육백서』, 2010, 211, 특히 <표 5-3> 참조.
47) 문화체육관광부, 전게서, 212면, 특히 <표 5-21> 참조.
48) 상게서, 212면.
49) 국가인권위원회는 2008년 우리사회의 중요한 인권현안으로 스포츠분야의 폭력 등의 인권문제에 대하여 실태조사를 벌여 그 결과를 국회에 보고하였는데, 학생선수의 학습권, 폭력과 성폭력 실태에 관하여 충격적인 내용을 발견할 수 있다. 자세한 내용은 국가인권위원회(서현수), 「중고교 학생선수의 인권실태와 대책」, 『인권』 제53호(2008.11-12월) 참조.
50) 김상겸, 「학생선수의 인권과 일반학생의 학습권보장에 관한 연구」, 『스포츠와 법』 제12권 1호(제18호), 23-25면.

무를 학교의 장에게 부여하고 있다. 이러한 규정들이 사문화되지 않도록 관계자들의 의식전환과 보다 철저한 정부의 지도 감독이 필요할 것이다.

3. 학교체육 담당자(운동부지도자, 스포츠강사)의 권리보장과 자질향상

일반적인 스포츠 지도자의 자격·연수에 관련된 법규로는 국민체육진흥법 제11조에 근거하여 동법시행령 제22조-24조에 자세히 규정하고 있다. 또한 동법 시행규칙 제9조(체육지도자 연수 및 자격 검정), 체육지도자연수 및 자격검정에 관한 규칙(문화체육관광부령)이 마련되어 있다. 그러나 스포츠지도자의 자격제도 전반에 관한 입법체계가 위임입법의 한계를 넘어서 하위법령인 대통령령이나 부령에 지나치게 포괄적으로 위임하고 있어서 문제가 있다. 결격사유, 자격취소, 자격정지 등에 관한 규정도 규정이 미비하여 입법적 흠결이 지적되고 있다.[51]

또한 국가비공인 민간자격증에는 한국스포츠마사지협회, 한국여가레크리에이션협회, 한국포크댄스협회 등이 비공인 민간자격발급단체로 등록되어 있고, 스포츠단체들이 민간자격증을 남발하는 사례가 늘고 있다.[52]

학교체육을 담당하는 운동부지도자와 학교스포츠클럽지도자는 안전교육을 의무화하고 일정한 교육과정을 이수하고 연수를 한 후 자격증을 수여하는 등 법적인 근거를 명확히 할 필요가 있다. 학교운동부지도자와 스포츠강사의 자격기준을 정함에 있어서는 결격사유, 자격취소, 자격정지 등에 관한 상세한 내용을 규정할 필요가 있다.

학교운동부지도자 처우개선의 문제해결은 매우 중요하다. 학교운동부 지도자의 열악한 여건은 저임금체제를 들 수 있는데, 현재 시·도 교육청이 정하고 있는 임금은 도시근로자 가구의 월평균 소득에 비해 현저히 부족하여 우수한 전문지도자의

---

51) 이에 관하여 상세한 내용은 김용섭, 「생활체육지도자 자격제도의 문제점과 개선방안」, 『복지국가 실현을 위한 스포츠의 법정책적과제』(2006스포츠법학 국제학술대회 논문집), 2006, 185-209면 참조.
52) 1997년 제정된 자격기본법은 제3장 15조에 국가이외의 법인, 단체 또는 개인은 누구든지 민간자격을 신설하여 운영·관리할 수 있도록 규정하여 많은 자격증 발급단체가 난립하고 있으며, 검증되지 않은 자격증을 양산하고 있는 실정이다.

영입이 어렵다. 현재의 열악한 처우를 그대로 방치한 채, 지도자들에게 제약만을 가할 경우 실효성을 거두기 어렵다. 또한 엘리트체육의 경쟁력 또한 약화될 수밖에 없을 것이다. 따라서 학교운동부의 문제해결과 동시에 국제경기의 우수한 성적을 통한 스포츠 경쟁력을 강화하기 위해서 지도자들의 지위보장과 처우개선은 반드시 이루어져야 한다.

물론 그 전제가 되는 것은 지도자들의 자질향상과 전문성 함양일 것이다. 이 법에 의해 설립될 학교체육진흥원에서 학교운동부지도자의 지도능력을 검정하고, 인증할 수 있도록 하는 제도화가 필요하다고 본다. 이 기구에서 지도자의 자질함양을 위한 연수 프로그램을 마련하거나 재교육을 담당케 함으로써 경기력 향상을 도모함과 동시에 학생선수의 교육자로서 학교운동부지도자의 교육적 지도능력 또한 배양할 수 있을 것이다.

4. 학교체육 정상화를 위한 〈학교체육진흥기금〉이나 〈학교체육진흥재단〉의 설치문제

학교체육을 정상화시키려면 무엇보다도 재원확보가 이루어져야 한다. 학교체육진흥을 위한 학교체육시설, 학교운동부지도자의 처우개선, 건강체력평가제도의 실시, 스포츠전문강사의 배치 등 인프라를 구축하는데 1조 550억 원 이상이 소요될 것으로 전망하고 있다. 학교체육행정은 교육과학기술부가 주무행정기관이지만, 문화체육관광부, 보건복지부, 여성부 등 여러 부처가 관련되어 있다. 부처간의 긴밀한 협력과 업무조정을 위하여 〈학교체육정책심의 위원회〉를 국무총리를 위원장으로 하는 기구를 설치하는 방안도 고려해 볼 수 있다. 또한 부처간의 협력을 통하여 재원을 조달하는 것이 여러 가지로 어려움에 처할 수 있다. 국가 및 지방자치단체는 학교체육진흥에 필요한 시책을 수립·시행하기 위하여 필요한 재원을 국가예산 외에 당분간 국민체육진흥기금, 청소년육성기금, 국민건강증진기금 등을 활용할 수 있으나 부처간의 협조가 제대로 이루어지지 않아서 재원조달에 큰 어려움이 예상된다. 장기적으로는 〈학교체육진흥기금〉이나 〈학교체육진흥재단〉을 설립하여 사회

공헌 차원에서 민간기업들이 학교체육의 진흥을 위하여 보다 적극적으로 참여할 수 있는 제도를 마련하는 것이 필요할 것이다.

5. 학교체육진흥위원회의 합리적인 구성과 운영

학교체육진흥의 중요 사항을 심의하기 위하여 학교체육진흥위원회를 설치 운녕하여야 한다(이 법 제16조). 학교체육진흥중앙위원회는 교육과학기술부장관과 문화체육관광부장관 소속으로 설치되어야 하며, 지방자치단체에 학교체육진흥지역위원회를 설치하도록 규정하였다. 물론 그 구성 및 운영에 관한 사항을 일체 대통령령과 시 도 조례에 위임하였다.

현재 법률적인 근거는 없지만 <학교체육진흥위원회 운영규정>을 훈령(2009년 1월 2일 문체부 훈령 제51호, 2009년 1월 6일 교과부 훈령 제112호)으로 제정하여 학교체육진흥위원회를 설치하여 운영하고 있다. 학교체육 활성화를 위한 정책의 수립 및 효율적 추진을 위해 교육과학기술부장관과 문화체육관광부장관 소속하에 설립·운영되는 학교체육진흥위원회는 위원장 1인, 부위원장 2인을 포함한 25인 이내의 위원으로 구성된다. 즉, 교육과학기술부의 교육복지지원국장, 문화체육관광부의 체육국장 당연직 위원과 학교체육·생활체육·전문체육 등 체육에 관한 지식과 경험이 풍부한 자 중에서 양 부처 장관이 협의하여 위촉하는 위원으로 구성한다(이 운영규정 제3조).

현재 구성된 기구의 운영경험을 바탕으로 이제 학교체육진흥법에 근거를 둔 학교체육진흥위원회는 실질적인 중요한 학교체육정책을 심의하고 중장단기 정책대안을 제안할 수 있는 기구로 거듭나야 할 것이다. 위원회를 상설기구화하고 사무국을 설치하여 양부처의 이해관계를 잘 조정하면서 내실있는 기구가 되어야 할 것이다. 위원회 산하에는 분과위원회, 전문위원회 등을 두어 전문적인 경험과 지식이 있는 전문가들의 연구와 자문 등을 통하여 합리적인 운영이 이루어져야 할 것이다.

6. 학교체육진흥원의 구성과 운영방안

학교체육의 진흥을 위하여 지속적인 정책 연구와 프로그램개발 및 보급, 학생체력통계의 체계적인 수집 및 분석, 학생건강체력평가 제도의 개발 및 운영, 학교체육지도자연수 등을 담당할 "학교체육진흥원"의 설립을 법정화 하였다(이 법 제17조). 기존의 체육관련 교육·연구기관이나 단체를 활용하는 방안도 있지만, 학교체육의 진흥을 위한 전문성을 가진 기관을 설립하여 운영할 필요성이 제기되어 규정하게 되었다.

이 기관의 설립을 위한 예산 등의 확보가 무엇보다도 시급한 과제이다. 연구와 교육, 연수, 프로그램개발 등 다양한 기능을 수행하기 위해서는 상당한 규모의 인적, 물적 시설이 필요하다고 생각한다.

7. 정부내 학교체육전담부서의 강화 문제

현재 교육과학기술부 내에서 학교체육관련 업무를 담당하고 있는 부서는 "학생건강안전과"로서 체육을 전공한 교육연구사 1명이 방대한 양의 학교체육 행정업무를 모두 담당하고 있다. 물론 문화체육관광부 체육국에서 일부 체육정책과에서 학교체육관련 업무를 지원해 주고 있기는 하지만, 다양한 학교체육 사업을 추진하기 위해서는 인적자원이 너무나 부족한 편이다. 원활한 업무수행을 위한 전문성을 가진 담당부서의 격상, 확대 강화가 필요하다고 본다. 학교체육진흥위원회의 행정업무를 관장하는 "사무국"과 같은 새로운 기구를 마련하여 양 부처의 업무를 협력·조정하면서 독립성을 견지하는 것도 고려해 볼 수 있다.

교육과학기술부에 "학교체육국"을 설치할 지 여부에 대한 설문조사에 대하여 응답한 체육교사의 25.2%가 "반드시 해야 한다"로, 응답한 체육교사의 51.9%가 "할 수 있으면 하는 것이 좋다"로 나타나고 있다.[53]

---

53) 이재오, 『학교체육문제에 대한 설문조사』(전국 초·중·고 체육교사 대상 설문조사 보고서 : 2002

8. 학교체육과 관련된 위험방지 및 안전에 관한 문제

학교체육과 관련된 안전사고에 관하여는 「학교안전사고 예방 및 보상에 관한 법률」을 적용한다는 규정이 추가되어야 할 것이다. 이 법의 대상에는 대학이 포함되어 있지 않으므로 이법을 개정하여 대학도 당연히 포함시켜야 할 것이다. 이 법에 의한 학교안전사고보상공제사업 주체가 시·도 교육감으로 되어 있으므로 이법을 개정할 경우 교육과학기술부장관도 사업주체로 포함시켜야 할 것이다. 한편 학교체육 활동은 다른 학교생활보다 위험성이 높으므로 책임보험제도를 도입하는 방안을 신중히 검토할 필요가 있다고 본다.

9. 체육수업시수의 문제

제7차 교육과정에서는 체육교과의 수업시간이 줄고 심지어 고등학교 2·3학년에서는 체육을 선택하지 않을 수도 있게 되어 있다. 이러한 교과과정을 계속 운영한다면 학교체육은 정상화를 기대하기 어려울 것이다. 이러한 문제점을 해결하기 위해서는 체육교과의 수업시간을 늘리는 방안과 필수과목화, 대학입시에서 스포츠클럽활동의 내신 반영이 명백히 규정되어야할 것이다. 또한 교육과학기술부의 고시로 정하는 "교육과정"이나 한국대학교육협의회가 정하는 "대학입학전형 기본사항"의 주요 내용으로 신설하는 것이 필요 할 것이다.[54]

IV. 요약 및 결론

학교체육진흥법 시행령과 시행규칙이 제정되고 이법이 2013년1월27일 부터 시

년 정기국회 교육위원회 국정감사자료), 2002, 34면.

54) 최정일, 「「학교체육법」제정상의 몇 가지 쟁점과 제정시안의 분석」, 『스포츠와 법』, 한국스포츠엔터테인민드법힉회, 제12권 3호(통권 제20호), 2009, 100면.

행되고 있다. 그러나 교육부와 문화체육관광부 등 이 법 시행관련 주무부처에서 소극적인 대응으로 이법의 본래의 제정목적과 취지를 달성하지 못하고 있다는 비판을 많이 받고 있는 실정이다.

학교체육의 새로운 비전이 제시되고 발전방안이 모색되어야 할 시점에 서 있다. 물론 이 학교체육 분야는 정부 주무부처가 양분되어 있어서 행정의 효율화 측면에서 다소 문제가 있었다. 그러나 문화체육관광부와 교육과학기술부가 원활한 협조체계를 구성하여 학생선수, 일반학생 대상 체육활동, 시설 및 인적 인프라 조성 등 시급히 요청되는 다양한 세부사업을 추진하고 있어 다행스러운 일이다. 하지만, 학교체육의 정상화를 위해 기존에 산재된 문제의 조속한 해결을 위해 보다 많은 노력이 필요한 것도 사실이다.

학생선수에게 보장되는 학습권과 함께 일반학생 모두에 체육교육을 받을 권리를 보장하며, 학교폭력을 근절시키는데 공헌할 수 있도록 내실있는 체육교과의 운영이 시급하다. 학교운동부와 체육특기자 양성, 교사양성과 교육, 비만 및 체력저하, 학생의 균형적 성장 발달 전략 등 현안문제를 해결해 가는데 학교체육진흥법이 제도적인 기틀이 되어주길 기대한다. 이제 추상적인 법규범을 합리적이고 정의에 부합되도록 이 법을 적용하고 집행하는 사람들의 올바른 마음가짐이 무엇보다도 중요하다는 점을 강조하고 싶다.

제3절 대학스포츠 선진화를 위한 총장협의기구 설립에 관한 제 규정 제정방안

이 연구를 수행함에 있어서는 미국의 NCAA 등 국내외 대학스포츠기구의 운영에 따른 법령과 정관 등 자치법규에 관한 자료를 수집하고, 2009년도 대학스포츠선진방안 세미나에서 발표된 "대학스포츠 선진화를 위한 전략적 과제"를 토대로 삼았다. 또한 스포츠선진국들의 기구현황과 규정들을 비교법적인 관점에서 분석하여 관련기구의 설립에 필요한 규정 중에서 대학스포츠헌장과 정관의 제정방안을 제시하였다.[55]

Ⅰ. 대학스포츠총장협의회의 창설

1. 의의와 목적

최근에 대학스포츠를 포함한 학원스포츠가 위기를 맞이하고 있다고 자주 언론에 거론되고 있다. 학교운동부가 폭력과 폭행 등으로 심각한 인권의 사각지대에서 국민들의 지탄대상이 되고 있다. 학생선수들의 학습권이 보장되지 않고 일반학생들도 체육교과목을 등한시하여 국민체력이 저하되어 국가경쟁력이 떨어진다고 걱정을 한다. 현대사회에서 체육은 한 국가의 문화를 평가하는 척도이며, 건전한 신체와 정신을 길러서 사회를 이끌어 갈 건전한 사회인으로 길러내는 수단이다.

특히, 대학스포츠는 엘리트스포츠의 기초자원을 육성하는 산실이 되고 스포츠지도자를 양성하는 중추적인 역할과 기능을 담당한다. '88 서울올림픽을 성공적으로 치르고 난 이후에 우리나라 스포츠가 세계 10위권을 유지하고 있는 것도 대학스포츠를 통해 육성된 대학운동부 출신의 선수들 덕택이라고 해도 과언이 아니다. 예를 들면, 2008년 베이징올림픽에서 대학선수 출신 메달 획득은 총 31개 중 13개(41.9%)를 차지하였고, 2010년 밴쿠버 동계 올림픽에서는 금메달 6개 모두를 대학선수들이 차지한 바 있다. 그러나 입시정책의 변화와 스포츠교육정책의 미흡으로 인하여 대학스포츠가 위기를 맞이하게 된 것이다. 대학입학에 있어서 학생선수들의 특기생

---

55) 이 절은 대학스포츠의 건전한 발전을 이룩하기 위한 한국형 <대학스포츠선진화를 위한 총장협의기구>를 창설하는데 필요한 기구의 정관 및 관련규정의 제정방안을 연구하기 위한 연구위원회에서 연구하여 사단법인 민족통일체육연구원이 주최한 "대학스포츠선진화를 위한 정책세미나"에서 발표한 내용을 다시 정리해서 한국스포츠엔터테인먼트법학회에서 발간하는 <스포츠와 법> 제13권 제2호에 논문으로 발표한바 있다. 이 절에 게제하는 내용은 이 논문 「한국대학스포츠협의기구의 설립에 관한 제 규정의 제정방안」을 약간 수정 보완한 것이다.

선발제도의 법적 근거가 없어지고 동일계 체육계열학과에만 진학하게 됨으로써 초·중·고등학교 운동부가 점차 폐쇄되고 엘리트선수양성의 한계가 노출되기에 이르렀다. 초·중·고등학교의 학생선수들이 꿈과 희망을 키워 나아갈 수 있는 국가의 정책과 제도가 제대로 확립되어 있지 못한 것이다. 또한 협소한 대학문을 들어온 학생선수들의 학사관리체계가 미흡하고 운동부의 인적·물적 자원의 부족으로 큰 어려움을 겪고 있는 실정이다. 합리적인 운영체제와 제도가 확립되어 있지 않아서 대학스포츠의 본질이 흔들리고 있는 실정이다.

또한, 대학스포츠의 위기는 결국 초·중·고등학교를 포함하여 학교체육의 전반적인 위기를 가져오게 된다. 이러한 대학스포츠의 위기를 극복하고 건전한 발전을 도모하여 스포츠선진화를 이루기 위해서는 정부와 대학 간의 대화와 협력을 통하여 다양한 대책이 수립되어야 할 것이다. 우선 대학스포츠의 주체가 협력하여 스스로 대안을 제시하는 노력이 필요하다. 대학스포츠가 지덕체를 바탕으로 공정하게 이루어져서 대학체육 및 스포츠의 목표가 달성될 수 있도록 제도를 정비하고 관련기구를 설립하여 대처해 나가는 것이 현 단계에서는 가장 바람직하다.[56)

이 연구는 대학스포츠의 건전한 발전을 이룩하기 위한 한국형 <대학스포츠선진화를 위한 총장협의기구>를 창설하는 데 필요한 기구의 정관 및 관련규정의 제정 방안을 마련하는데 목적을 둔다.

2. 연구방법

이 연구를 수행함에 있어서는 문헌연구와 비교법적 연구를 병행한다. 우선 미국의 NCAA 등 국내외 대학스포츠기구의 운영에 따른 법령과 정관 등 자치법규에 관한 자료를 수집하고, 선행연구들을 분석한다. 선행연구 중에서 가장 중요한 연구 자

---

56) 대학스포츠협의기구의 설립의 당위성에 관하여는 이창섭, 「한국형 NCAA 설립의 당위성과 과제」, 『대학스포츠 선진화를 위한 전략적 과제』, 한국체육학회·민족통일체육연구원 편, 2009. 12, 135-176면 참조.

료는 2009년도 대학스포츠선진방안 세미나에서 발표된 "대학스포츠 선진화를 위한 전략적 과제"이다.[57] 또한 스포츠선진국들의 기구현황과 규정들을 비교법적인 관점에서 분석하여 관련기구의 설립에 필요한 규정의 제정방안을 제시한다.

II. 한국의 대학스포츠 관련 법령과 기구의 규정 현황

1. 헌법

헌법은 국가의 최고규범이다. 헌법이 추구하는 가장 중요한 가치는 기본적 인권의 보장에 있다. 스포츠는 문화의 한 영역을 이루면서 발전하여 국력의 중요한 부분으로 인식되고 문화국가원리를 채택하고 있는 현대헌법의 보호대상이 되고 있다.[58] 대학스포츠와 관련된 헌법상의 기본권으로는 학습권과 교육권을 포함한 교육기본권이 보장되어 있다(헌법 제31조). 이 교육기본권에는 스포츠와 체육에 관한 교육을 받을 권리가 포함되어 있다고 보아야 한다. 학습권은 1960년대 미국과 일본의 판례에서 구체적인 기본권으로 인정되기에 이르렀고,[59] 아동·청소년권리협약 제28조에 명문화되었다. 우리나라 헌법재판소는 학습권을 수학권이라고 하여 기본권으로 인정하였고,[60] 1997년 제정된 교육기본법에 명문화하였다(제3조). 특히, 학습권은 배우

---

57) 한국체육학회·민족통일체육연구원 편, 『대학스포츠 선진화를 위한 전략적 과제』, 2009.12.

58) 김상겸, 「학생선수의 인권과 일반학생의 학습권 보장에 관한 연구」, 『스포츠와 법』 12권 1호(통권18호), 한국스포츠엔터테인먼트법학회, 2009. 2, 14-17면; Häberle, Verfassungslehre als Kulturwissenschaft, 1982;Häberle, Sport als Thema neuerer verfassungsstaatlicher Verfassungen, in : Festschrift für Thieme, 1993, S. 26f. 등 참조.

59) 미국은 Tinker v. Des Moines Independent Community School District, 393 U.S. 503(1969)판결에서 "학생은 하나의 인간으로서 진리학습을 통한 인격적 자유의 자기형성을 보장받아야 하고, 이러한 학생의 자유는 학교공동체에서보다 더 중요한 것은 없다."라고 하였다. 일본의 최고재판소는 학력테스트에 관한 판결에서 "국민 각자가 하나의 인간으로서 한 시민으로서 성장·발달하여, 자신의 인격을 완성하고 실현하기 위해서 필요한 학습을 하는 고유한 권리, 특히 스스로 학습할 수 없는 아이들은 학습요구를 충족시키기 위한 교육을 자신에게 행하도록 일반 성인에게 요구할 권리를 갖는다는 관념이 존재하고 있다."라고 하였다(정순원, 「청소년의 인격성장권」, 『헌법학연구』 제12권 제5호, 2006.12, 199면 주 30; 김상겸, 전게논문, 26면 주 39에서 재인용).

60) 헌재 1992. 11. 12. 89헌마88.

는 권리라기보다는 교육을 받고 학습을 통하여 인간적으로 성자하고 발달하는 생래적인 인간의 성장발달권으로 보는 견해[61]와 교육을 받을 권리에 포함되는 국가에 의한 개인의 능력계발에 대한 배려의 권리로 보는 견해[62]도 있다. 전자의 견해에서 보면 헌법 제31조 1항 교육을 받을 권리를 비롯하여 제10조 인간의 존엄과 가치, 제22조 1항 학문의 자유, 제34조 1항 인간다운 생활을 할 권리 등에서 학습권의 헌법적 근거를 도출할 수 있다.[63]

또한 스포츠기본권을 직접적으로 규정하지 않고 있지만, 행복추구권을 규정한 헌법 제10조에 포함되어 보장된다고 보는 것이 타당하다.[64] 헌법재판소도 레저스포츠와 관련된 사건에서 스포츠기본권을 인정하려는 취지를 밝힌바 있다.[65]

2. 교육기본법

대학스포츠와 관련된 학생선수의 학습권과 일반학생들의 스포츠와 체육교육권은 헌법상의 교육기본권의 내용을 이루는 것으로 교육관계법령에 의하여 구체적으로 보장되어야 한다. 따라서 교육기본법에는 "모든 국민은 평생에 걸쳐 학습하고, 능력과 적성에 따라 교육 받을 권리를 가진다(동법 제3조)"고 학습권을 구체적으로 규정하였다. 또한, "학교교육은 학생의 창의력 계발 및 인성(人性)함양을 포함한 전인적(全人的) 교육을 중시하여 이루어져야 한다(동법 제9조 3항)"고 규정하면서, "체육·과학기술 등 여성의 활동이 취약한 분야를 중점 육성할 수 있는 교육적 방안이

---

61) 김철수, 『헌법학개론』, 박영사, 2006, 471면; 안주영, 「교육기본법 제3조에 관한 헌법적 검토」, 『공법연구』 제35집 4호, 2007.6, 438면.

62) 권영성, 전게서, 657면.

63) 김상겸, 전게논문, 27-28면; 헌재 1999.3.25, 97헌마130.

64) 김상겸, 「스포츠권의 헌법적 보장」, 『스포츠와 법』 창간호, 한국스포츠법학회, 2000, 59면 이하; 같은이, 「한국헌법상의 스포츠기본권과 스포츠기본법의 제정」, 『스포츠와 법』 제6권, 한국스포츠엔터테인먼트법학회, 2005, 139면 이하; 같은이, 「헌법개정과 스포츠기본권의 보장」, 『스포츠와 법』 제11권 4호(통권17호), 한국스포츠엔터테인먼트법학회, 2009, 80면 이하; 성낙인, 『헌법학』(제7판), 법문사, 2007, 331면; 권영성, 『헌법학원론』, 법문사, 2008, 384면.

65) 헌재 2008.4.24, 2006헌마954.

포함되어야 한다(동법 제17조의 2)"는 점과 "국가와 지방자치단체는 학문·예술 또는 체육 등의 분야에서 재능이 특히 뛰어난 자의 교육에 필요한 시책을 수립·실시하여야 한다(동법 제19조)"는 점을 분명히 밝히고 있다. 전인적 교육은 지식과 덕성의 교육과 함께 신체적으로 균형성장과 발달을 위한 교육이 포함된 교육을 말한다.

또한 학교체육에 관하여 "국가와 지방자치단체는 학생의 체력증진과 체육활동 장려에 필요한 시책을 수립·실시하여야 한다(동법 제22조의 2)"고 규정하면서 "국가와 지방자치단체는 학생과 교직원의 건강 및 복지를 증진하기 위하여 필요한 시책을 수립·실시하여야 한다(동법 제27조 1항)"고 하여 국가의무를 부과하고 있다.

3. 국민체육진흥법

국민체육진흥법 제9조에는 대학스포츠와 체육을 포함한 학교체육진흥을 위하여 "학교는 학생의 체력 증진과 체육 활동 육성에 필요한 조치를 마련하여야 한다"고 규정하였다. 또한 "국가는 회계연도마다 예산의 범위에서 지방자치단체와 학교 등에 대하여 체육 진흥에 필요한 경비의 일부를 보조한다(동법 제18조)"고 국가에 의무를 부과하고 있으며, 국민체육진흥기금을 학교 운동경기부 육성을 위한 사업에 사용하도록 규정하였다(동법 제22조 9호).

한편, 국민체육진흥법 시행령 제15조에는 동법 제9조에 규정된 학교체육진흥을 위한 조치를 구체적으로 열거하고 있다. 즉 1) 운동회 또는 체육대회의 실시, 2) 학생에 대한 1종목이상의 운동 실시권장 및 지도, 3) 체육동호인조직의 결성 등 학생의 자발적 체육활동의 육성·지원, 4) 운동경기부 및 선수의 육성·지원, 5) 기타 학교의 체육진흥을 위하여 필요한 사항 등을 학교가 학생들의 체력증진과 체육활동의 육성을 위하여 실행하여야 한다는 것이다.

4. 대한체육회 정관 등

(1) 대한체육회 정관

대학스포츠관련기구에 대하여 대한체육회 정관 제35조에는 <대한대학스포츠위원회>의 설치근거와 위상에 대하여 규정하고 있다. 즉, "① 국제대학스포츠연맹(FISU) 헌장 제1조의 목적에 부응하고, 국내 대학스포츠의 발전 도모를 위하여 대한대학스포츠위원회(Korean University Sports Board)를 둔다. ② 대한대학스포츠위원회는 국제대학스포츠연맹에 대해서 대한민국을 대표한다. ③ 이 정관에 정한것 외에 대한대학스포츠위원회의 구성 및 운영에 관한 필요한 사항은 별도로 정한다."고 규정되어 있다.

(2) 대한대학스포츠위원회(KUSB) 규정

대한체육회 정관 제35조 3항에 따라 "대한대학스포츠위원회(KUSB) 규정"이 마련되어 있으며, 주된 사업은 유니버사이드경기대회의 한국대표선수단 파견과 국제대학스포츠위원회((Federation Internationale du Sport Universitaire : 약칭 FISU) 및 아시아대학스포츠연맹(Asian University Sports Federation : 약칭 AUSF)의 가맹단체로서의 역할에 관한 사항이라고 명시하고 있다(동 규정 제3조)[66]

---

66) 대한대학스포츠위원회 규정은 http://www.sports.or.kr/ksckoc.sport 참고 바람.

Ⅱ. 한국대학스포츠협의기구의 설립에 따른 규정의 제정방안

1. 한국대학스포츠헌장의 기본원칙과 내용

(1) 헌장제정에 참고할 주요문서

1) 교육입국조서

1895년(고종 32) 2월 2일 고종이 발표한 우리나라 최초의 근대교육에 관한 조서(헌장)이다. 1894년 갑오농민전쟁 뒤 조선정부는 교육을 근대화하려는 목적에서 그해 7월 예부를 폐지하고 근대적인 교육행정기관인 학무아문을 설치하였으며 다음해 2월 이 조서를 발표했다. 이 조서는 교육의 중요성을 강조하면서 전통적인 도덕교육에 지식교육과 체육교육을 새롭게 첨가하여 교육의 근대화를 이루어야 한다고 주장하였다. 물론 근본적으로는 전통적인 가치관을 개혁하는 내용이 아니라 1890년 일본의 메이지[明治] 천황이 발표한 '교육에 관한 칙어'와 마찬가지로 봉건적인 주장이 담겨 있다는 비판을 받은바 있다.

중요한 내용으로는 첫째, 세계의 형세를 보건대 부강한 나라는 모두 백성의 지식수준이 발달하였으니, 지식을 깨우치는 것은 교육의 선미(善美)이고 교육은 실로 국가를 보존하는 근본이다. 둘째, 교육은 그 길이 있는 것이니 헛이름과 실용을 분별해서 실용에 힘쓰고, 독서나 습자로 옛사람의 찌꺼기나 줍고 시세에 어두워서는 안 된다. 셋째, ① 오륜의 행실을 닦는 덕양(德養), ② 체력을 기르는 체양(體養), ③ 격물치지(格物致知)의 지양(智養)을 교육의 3대 강령으로 삼는다. 넷째, 널리 학교를 세우고 인재를 기르겠다. 등이 있다.

2) 유럽스포츠헌장

1975년 유럽스포츠장관회담의 결정으로 1976년 9월 24일 발효된 "모두를 위한 유럽스포츠헌장(European Sport for all Charter)"은 1992년에 "유럽스포츠헌장(European Sport Charter)"으로 계승되고 2001년에 개정되어 오늘에 이르고 있다. 총 13개 조문으로 이루어졌다.[67] 제1조와 제2조에서 인간의 권리로서 스포츠기본권에 대하여 언급하고 있으며, 제3조에서는 인간의 사회적·문화적 요소로서 스포츠를 규정하고 있다.

3) UNESCO '체육과 스포츠에 관한 국제헌장'

1978년 11월 21일 파리에서 개최된 제20차 유네스코 총회에서 채택되었으며, 전문과 10개 조문으로 구성되어 있다.[68]

전문에는 유엔헌장과 세계인권선언에서 밝힌 인간의 기본적 인권의 가치를 존중하고 보장하여야 하며, 인간의 신체적·지적·도덕적 힘을 보존하고 개발하는 것은 국가적·국제적으로 삶 의 질을 향상시킨다고 확신하고, 체육 및 스포츠가 전인개발의 근본이 되어야 한다고 강조하였다. 따라서 체육과 스포츠가 친선을 증진하고, 사심 없는 경쟁, 연대와 형제애, 상호존중과 이해, 그리고 인간의 숭고함 및 위엄 대한 전적인 존중을 증진해야함을 물론, 인류발전에 원동력이 되어야 한다는 것을 밝히고 있다.

제1조에는 스포츠기본권의 보장과 실천, 제2조에는 체육 및 스포츠의 평생교육체제 구축, 제3조에는 체육 및 스포츠 프로그램의 개인 및 사회의 요구수용, 제4조에는 자격을 갖춘 전문인력에 의한 체육 및 스포츠의 교수·지도·관리, 제5조에는 적절한 시설과 장비의 설치, 제6조에는 체육 및 스포츠발전을 위한 연구 및 평가시스템 구축, 제7조에는 체육 및 스포츠의 증진을 위한 정보제공 및 문서화, 제8조에는 대중매체의 건전한 역할과 긍정적인 영향력 행사, 제9조에는 국가 기관들의 역할과 책임, 제10조에는 국제협력의 필요성 등을 상세히 규정하였다.

4) 그밖에 스포츠에 대한 국제적 협력과 활동에 따라 발표된 다양한 규범들이 참고될 수 있다. 예를 들면 1968년 멕시코 올림픽 중 개최된 국제스포츠회의에서

---

67) http://www.coe.int/t/dg4/sport/SportinEurope/charter_en.asp 2010년 4월22일 방문.

68) http://www.unesco.or.kr/front/unesco_global/global_04_view.asp?articleid=83&page=4 2010년 4월23일 방문.

'스포츠 선언(Declaration on Sport)' 등.

(2) 대학스포츠헌장의 기본원칙과 내용

1) 기본원칙

교육입국조서의 체육에 대한 강령정신과 유네스코 "체육 및 스포츠 국제헌장"의 정신과 내용을 존중하며, 대학스포츠의 본질 회복, 학사·재정·시설 등 주요 관심사 협의와 협력, 우수한 경기자·지도자의 양성 등을 통하여 국민화합과 국위선양에 공헌함을 기본원칙으로 설정할 필요가 있다.

2) 내용

전문과 7개 조항으로 구성되며, 위 기본원칙을 항목별로 정리하여 조문화하면 될 것이다.[69]

전문에는 위기에 처한 대학스포츠의 어려움을 극복하고 스포츠선진화를 이룩하기 위하여 대학스포츠총장협의기구를 창립하면서 이 헌장을 제정한다는 점을 밝히고, 1895년 반포된 "교육입법조서"에 나타난 체육 및 스포츠의 정신을 존중하고 유네스코의 "체육 및 스포츠헌장"을 상기하면서 대학스포츠의 올바른 위상을 정립해 나갈 것을 선언해야 할 것이다.

개별 조항으로는 제1조에는 체육 및 스포츠의 기본권은 보장되어야하며, 그 실천은 대학인 모두의 권리인 동시에 의무라는 점, 제2조에는 체육 및 스포츠는 건잔한 리더십함양을 위한 대학교육의 필수적인 요소라는 점, 제3조에는 대학 체육 및 스포츠는 국가대표선수를 양성하는 과정과 기반이며 초·중·고등학교 학생선수들에게 꿈과 희망이라는 점, 제4조에는 대학스포츠의 합리적인 교육 및 훈련체계를 확립하고 과학적인 인적·물적 시설을 갖추어야 한다는 점, 제5조에는 대학생선수

---

69) 연기영, 「대학스포츠 선진화를 위한 총장협의기구 설립에 관한 제 규정 제정방안」, 『대학스포츠선진화를 위한 정책세미나 자료집』, 민족통일연구원, 2010, 70-71면에 부록2에 첨부한 <한국대학스포츠헌장(안)>을 참조할 것.

들에게 인권과 학습권이 보장되어야 한다는 점, 제6조에는 국가와 지방자치단체 및 모든 전문스포츠 단체는 대학스포츠 활동을 적극 지원해야 한다는 점, 제7조에는 대학의 스포츠와 체육의 진흥을 위한 교류협력 및 연구 활동 체제의 구축이 강화되어야 한다는 점 등을 규정할 필요가 있다고 본다.

2. 대학스포츠선진화를 위한 총장협의기구의 설립에 따른 정관의 주요내용

이 기구는 비영리 사단법인으로서 설립자들이 뜻을 모아 법인의 근본규칙이 될 "정관"을 작성하여야 한다. 법인의 정관이나 그에 따른 세부사업을 위한 규정 등은 선량한 풍속 기타 사회질서에 위반되는 내용이나 현저히 정의에 어긋나는 내용이 들어 있으면 그 자체는 효력이 없다.

법인의 정관에는 반드시 기재해야 할 필요적 기재사항으로는 ①명칭, ②목적, ③사무소의 소재지, ④자산에 관한 사항, ⑤이사의 임면에 관한 사항, ⑥사원(회원)자격의 득실에 관한 사항, ⑦존립 시기나 해산사유를 정한 경우에는 그 시기나 사유 등이 있다. 이들 중 어느 하나라도 빠지면 그 정관은 무효이다(민법 제40조). 이러한 필요적 기재사항 외에도 법인의 조직과 운영에 관한 사항을 임의적으로 기재할 수 있다. 이렇게 임의적 기재사항도 일단 정관에 기재되면 필요적 기재사항과 동등한 효력을 가진다.

이 기구의 역할과 기능을 다하기 위하여 정관을 제1장 총칙, 제2장 회원, 제3장 임원, 제4장 총회, 제5장 이사회, 제6장 집행위원회, 제7장 사무처, 제8장 관련단체와의 교류와 협력, 제9장 자산 및 회계, 제10장 보칙 등으로 구성하는 것을 제안하여 보았다.

(1) 총칙의 내용

1) 명칭

[1안] 사단법인 한국대학스포츠총장협의회, 영문으로는 'Korean Collegiate Athletic Association : 약칭 KCAA) 또는 Korean University Sports Association(KUSA) 으로 표기

[2안] 사단법인 한국대학스포츠협의회, 영문으로는 'Korean Collegiate Athletic Association : 약칭 KCAA) 또는Korean University Sports Association(KUSA)으로 표기

[제안이유] 제1안은 대학행정의 최고책임자인 총장이 대학을 대표하여 회원으로 참여하는 기구라는 의미를 부각시킬 수 있는 명칭이며, 제2안은 대학이 협의회의 구성주체임을 강조하기 위한 명칭이다. 미국의 NCAA가 성공할 수 있었던 이유 중 가장 중요한 것이 회원대학교의 대학총장들이 적극적으로 참여하여 성실한 학업수행, 재정적인 독립, 독립된 검증시스템의 확립 등 대학스포츠의 3가지 주요문제를 해결할 수 있었기 때문이라고 한다.[70] 따라서 1안으로 추진하면서 대학스포츠를 교육적 관점에서 정상화시킨다는 원칙아래 기존의 관련단체와 상생을 추구한다는 공감대가 형성되면 점차 2안으로 명칭을 변경하여 추진해 가는 방향으로 진행시키는 것이 합리적일 것이다.

　* 국내사례
　－한국대학교육협의회(대교협)-Korean Council for University Education(KCUE)

이 협의회는 대학운영의 자주성과 공공성을 높이며 대학교육의 건전한 발전을

---

70) 이창섭, 「한국형 NCAA 설립의 당위성과 과제」, 『대학스포츠 선진화를 위한 전략적 과제』, 한국체육학회 · 민족통일체육연구원 편, 2009. 12, 153-154면 참조.

도모하기 위해 만들어졌다. 대학 전반의 제도 및 운영에 대한 연구개발 및 지원을 하는 곳이다. 1982년 4월 2일 민법상의 사단법인으로 설립하였고 1984년 4월 10일 공포된 한국대학교육협의회법에 따라 특수법인으로 전환되었다.

이 협의회의 기능은 ①대학의 교육제도와 그 운영에 관한 연구개발 ②대학의 학생선발제도에 관한 연구개발과 그 지원 ③대학의 재정지원책 및 그 조성 방안 ④대학의 교육과정·교수방법의 연구개발과 보급 ⑤대학의 평가 ⑥대학 교직원 연수 ⑦교육부장관이 위탁하는 사업의 수행 ⑧기타 대학 상호간의 협동에 관한 업무의 수행이다.

추진사업은 대학교육제도의 연구·협의·조정에 관한 사항, 학생선발·지도에 관한 연구개발, 공납금 책정에 관한 사항, 재정과 회계제도에 관한 사항, 예산편성과 운용에 관한 사항, 보수 제도에 관한 사항, 대학간 교수 교류와 학술정보의 교환 및 학점 교환 인정에 관한 사항, 시설 공동활용에 관한 사항, 대학의 학사운영에 관한 연구와 평가에 관한 사항, 기타 대학(교) 공동 관심사에 관한 사항, 교육부장관으로부터 위임 또는 위탁받은 사항, 대학 교직원의 연수에 관한 사항, 기타 필요하다고 인정하는 사항이다.

> * 외국의 사례
> – 미국 : The National Collegiate Athletic Association (NCAA)
> – 영국 : British Universities & Colleges Sport (BUCS)
> – 캐나다 : Canadian Interuniversity Sport (CIS)
> – 중국 : Federation of University Sport of China (FUSC)

2) 법적지위와 설립근거

현 단계에서는 우선 민법상의 비영리 사단법인으로 창립을 할 수 있다. 설립 후에 활동과정을 보면서 추후에 "스포츠기본법"이나 "대학스포츠육성 및 지원에 관한 법률" 또는 "대학스포츠협의회법" 등의 특별법을 제정하여 특수법인으로 발전시킬 수 있는 방안을 연구 검토하여야 할 것이다.

[제안이유] 민법상 비영리법인에는 사단법인과 재단법인이 있다. 사단법인은 법인격이 부여되는 일정한 목적을 달성하기 위하여 결합된 사람의 단체이며, 재단법인은 법인격이 부여된 일전한 목적에 바쳐진 재산이다. 사단법인은 회원인 구성원들의 의사가 자율적으로 반영되어 활동하는데 반하여 재단법인은 설립자의 의사에 구속되어 타율적으로 활동하게 된다.

대학스포츠협의기구는 설립초기단계에는 일단 회원제로 운영되어야 하고, 대학총장들로 하여금 적극적인 참여와 협력을 통하여 공감대를 형성하는 것이 필요하다. 따라서 "비영리 사단법인"의 형태로 설립하는 것이 무리가 없을 것이다.

현행 민법 제32조에 따라 사단법인을 설립하려면 정관을 작성하고 창립총회를 하는 등 설립행위가 있고 주무관청의 허가를 받아서 설립등기를 하여야 한다. 주무관청은 법인이 목적으로 하는 사업을 주관하는 중앙행정관청을 말한다. 허가는 주무관청의 자유재량에 속하는 행위라고 보는 것이 학설 판례의 입장이다.[71]

대학스포츠협의기구의 목적과 사업내용으로 미루어 볼 때 문화체육관광부장관이 주무관청이 되는 것은 당연할 것이다. 따라서 이 기구의 추진주체는 설립과정에서 주무관청이 될 문화체육관광부의 담당부서와 긴밀하고 충분한 소통과 협력이 필요할 것이다.[72] 설립허가의 요건과 신청에 필요한 준비서류 등은 "문화체육관광부 및 문화재청 소관 비영리법인의 설립 및 감독에 관한 규칙"에 상세히 규정되어 있다.[73]

민법 제32조의 규정에 의하여 법인의 설립허가를 받고자하는 자("설립발기인")는 법인설립허가신청서에 설립발기인의 성명·주민등록번호·주소 및 약력을 기재한 서류 1부, 정관 1부,재산목록 및 그 입증서류와 출연의 신청이 있는 경우에는 그 사실을 증명하는 서류 각1부, 당해 사업연도분의 사업계획 및 수지예산을 기재한

---

71) 대판 1979.12.26, 79누248.
72) 이창섭, 전게논문, 162면에서 "한국형 NCAA를 도입하는데 있어 선행되어야 할 일은 바로 체육인과 정부기관 관련자들의 공감대를 형성하는 일이다"라고 강조하고 있다.
73) 이 규칙은 2000년 2월 21일 부령 제36호로 제정되었으며, 그동안 몇 차례 개정되어 시행괴어 오고 있다. 최근에는 2009.12.31 문화체육관광부령 제54호에 의하여 약간의 개정이 있었다.

서류 1부, 임원 취임예정자의 성명·주민등록번호·주소 및 약력을 기재한 서류와 취임승낙서 각 1부, 창립총회회의록사본 1부 등의 서류를 첨부하여 문화체육관광부 장관에게 제출하여야 한다(위 규칙 제3조).

3) 목적

대학스포츠협의기구의 목적은 다음과 같은 5가지로 요약할 수 있다고 본다.

첫째, 대학스포츠의 건전한 육성과 발전을 도모하는 일이다. 현재 국내에는 대학 스포츠를 전담하여 관리하고 감독한은 구속력 있는 기구가 없기 때문에 대학스포츠 가 위기를 맞이하고 있다는 점은 이미 공감대가 형성되어 있는 실정이다.[74] 설립초 기에는 대학의 학생선수를 비롯한 엘리트스포츠를 관장하도록 하지만, 점차로 일반 대학생들의 체육활동까지 관장하는 기구가 되어야 할 것이다.

둘째, 아마추어정신에 입각한 대학스포츠의 본질을 회복하는 일이다. 대학스포 츠가 본래의 아마추어정신인 순수한 도전정신을 상실하고 프로스포츠의 상업화를 닮아가고 각종 부조리와 인권침해의 문제가 지적되고 있다.[75] 학습권의 침해로 인 한 학업능력의 저하, 과도한 스카우트 경쟁, 지도자의 뇌물수수 등 부정행위, 체벌 과 폭력 등 인권침해 등의 문제가 심각하게 제기되었다. 보다 철저한 관리를 통하여 대학스포츠의 본질을 회복하여야 할 것이다.

셋째, 스포츠선진화를 달성하기 위하여 대학스포츠에 관한 주요 관심사에 대하 여 자율적으로 협의하고 연구·조정하면서 회원 상호간의 협력이 필요하다.

넷째, 대학스포츠를 비롯한 학원스포츠 전반에 대한 연구 성과를 바탕으로 정책 적인 대안을 제시하고 정부에 건의하며, 우수한 경기자를 양성할 수 있는 기반을 조 성하여야 할 것이다.

---

74) 이창섭, 전게논문, 163-164면 참조. 전문체육, 생활체육, 학교체육이 상호 유기적이고 조화로운 협 력체계를 구축하지 못하고 독립적이고 상호 배타적인 관계를 고착시키게 된 역사적 배경에 관하 여는 윤상준·이용식, 「체육단체 구조개편에 관한 대안적 연구」, 『한국체육과학회지』 17(4), 2008, 63-74면 참조.
75) 이창섭, 전게논문, 151-152면.

다섯째, 종국적인 목적은 국민통합과 국위선양에 두어야 할 것이다. 올림픽경기를 비롯하여 각종 국제경기대회에서 대학 학생선수들의 활약상을 보면 쉽게 이해할 수 있을 것이다. 대다수의 메달리스트가 대학스포츠의 주역인 학생선수들이다.

4) 사무소

이 협의기구의 주된 사무소는 서울에 두고, 지방에는 필요할 경우에 분사무소를 설치하면 될 것이다. 대학스포츠선진화를 위한 총장협의기구의 회원이 서울에 가장 많은 것을 염두에 두고 생각해 본 것이다.

5) 사업

앞에서 제시한 대학스포츠선진화를 위한 총장협의기구의 목적을 달성하기 위하여 다음과 같은 사업을 정관에 명시할 수 있을 것이다.

> - 대학스포츠의 진흥과 교육 제도의 연구, 협의 및 조정에 관한 사업
> - 대학 학생선수선발 및 훈련·수업 등 학사관리에 관한 사업
> - 대학스포츠 경기대회에 관한 사업
> - 국내외 대학스포츠 교류와 협력에 관한 사업
> - 대학스포츠에 필요한 재원 조달에 관한 사업
> - 대학스포츠 학술정보의 교류 협력에 관한 사업
> - 대학스포츠 시설 공동 활용에 관한 사항
> - 대학스포츠의 학사운영에 관한 연구와 평가에 관한 사항
> - 기타 대학스포츠의 진흥에 관한 중요사업
> - 위 각호와 관련된 부대사업 및 수익사업

(2) 회원의 자격과 권리 의무 등에 관한 사항

1) 회원자격

회원은 대학 운동부를 운영하며, 대학스포츠 진흥에 관심을 가지고 이 협의회의

설립취지에 찬동하는 대학의 장이 되어야 한다.

[제안이유] 고등교육법 제15조 제1항에 따라 대학의 장이 교무를 통할하고 소속 교직원을 감독하며, 학생을 지도하는 권한을 행사할 수 있다. 회원의 가입과 탈퇴는 자유롭게 하도록 한다. 다만 회원가입을 하면 회원대학에 일정한 재정지원 등의 인센티브를 줄 수 있는 방안이 강구되어야 할 것이다.

[참고사항] 한국대학교육협의회 정관 제5조(회원자격) 이 협의회의 회원은 대학(사범대학 및 교육대학을 포함하되 대학교의 단과대학은 제외한다)의 장으로 한다.

2) 회원의 권리와 의무

회원은 회비를 납부할 의무를 부담하며, 회의 구성원으로서 참여권과 투표권, 임원의 선거권 및 피선거권, 정관 등 제 규정의 준수의무를 진다.

다만 회원의 투표권은 단체 구기종목을 3개 이상 보유한 대학의 장은 2표, 그 밖의 대학의 장은 1표를 행사하도록 하는 것이 합리적일 것이다.

[제안이유] 대학 운동부의 인적·물적인 시설이나 규모가 대학마다 차이가 많다. 이러한 차이를 인정하여 협의기구의 의사결정에 참여하는 권리의 행사방법에 합리적인 차이를 두는 것은 가능하다고 본다. 미국처럼 대학별로 보유하고 있는 운동부의 규모에 따라 Division을 나누어서 회원관리를 하는 방안도 생각해 볼 수 있지만, 운동부를 지원하는 대학의 수가 미국처럼 그렇게 많지 않고 대상학교 전체를 가입하도록 강제하는 법적 근거가 마련되어 있지 않기 때문에 통합하여 회원관리를 하는 것이 바람직하다고 본다. 다만 투표권의 행사에 있어서 대학의 규모를 고려하여 규율하면 될 것이다.

* 국내사례
  대한체육회의 대의원투표권을 올림픽대회 종목의 가맹단체를 대표하는 대의원은 2표,

올림픽대회에 출전하지 못한 가맹단체를 대표하는 대의원은 1표를 행사하도록 하고 있다(대한체육회 정관 제14조).

* 외국의 사례

　미국 NCAA의 경우는 약 1000개 이상의 대학이 회원으로 등록되어 있는데 대학스포츠의 역량에 따라 3영역(Division)으로 분리하여 운영하고 있다. Division I 회원교는 적어도 남자 7개, 여자 7개(혹은 남자 6개, 여자 8개) 종목을 지원해야 한다. 이 중 2개씩 4종목은 팀 스포츠일 것을 요구한다. Division II 회원교는 최소한 여자 남자 각각 5개의 프로그램을 지원해야하고 2개씩은 팀스포츠일 것을 요구한다.

3) 회원의 징계, 결정사항의 준수, 이의신청, 재심 등

(3) 임원

1) 임원의 종류와 수

회장 1인, 부회장 3인, 이 사 10인 이상 20인 이내(회장과 부회장 포함), 감 사 2인으로 하는 것이 적절할 것이다.

2) 임원의 임기

임원의 임기는 2년, 3년, 4년을 생각해 볼 수 있으나, 3년이 적절하다고 생각한다.

* 국내사례

　대한체육회 임원(회장 및 이사) 4년, 감사 2년; 대한대학스포츠위원회(KUSB) 위원장 및 위원 4년

* 외국의 사례

　미국 NCAA 임원 4년;

3) 임원의 선임방법

[1안] 회장, 부회장, 이사, 감사는 총회에서 선출하는 것을 원칙으로 한다. 2안) 회장, 부회장, 감사는 총회에서 선출하고, 그 외의 이사는 회장이 선임하도록 하는 안도 생각해 볼 수 있다. 전형위원회의 구성이나 선거관리에 관한 사항 등 임원 선출의 구체적인 방법과 절차는 총회에서 결의사항으로 정할 수 있다. 또한 필요에 따라서는 선거관리규정을 이사회에서 제정하여 시행하는 방법도 협의기구를 운영해 가면서 추후에 고려해 볼 수 있다.

(4) 기관

1) 조직의 기본 구조

사단법인으로 탄생할 '대학스포츠협의기구'는 민법상 필요적 기관인 이사(회)와 사원(회원)총회를 두고, 임의기관인 감사를 두어야 할 것이다. 의사결정 및 집행기구로서 여기에는 총회, 이사회, 집행위원회, 각종 위원회 및 사무국이 포함되고, 감독기관으로는 감사가 있다. 회장은 총회에서 선출되며, 대외적으로 법인을 대표하고, 대내적으로 법인의 사무집행을 통할하는 권한을 가진다. 또한 회장은 총회와 이사회의 의장이 된다. 자문기구로서는 명예회장, 고문, 자문위원회를 둔다.

대학스포츠에 관한 모든 문제를 총괄하는 이 협의체 기구는 학생선수의 권익보호, 선수의 학습권 보장, 선수 자격 기준 설정과 시행, 각종 관련 부정행위 등에 대한 감독과 관리 기능을 충실히 담당할 수 있도록 이사회와 집행위원회 산하에 각 분야를 담당할 상임분과위원회를 두어야 한다. 행정기능을 수행하기 위해서는 학사운영위원회, 재정·마케팅위원회를 둘 수 있으며, 감독기능수행을 위해 상벌위원회를 두며, 경기지원기능을 수행하기 위해 대학연맹지원위원회, 심판위원회 등을 둘 수 있다. 그 밖에도 교류협력기능을 수행하기 위해서는 여성위원회, 국제위원회 등의 설치를 고려할 수 있을 것이다. 물론 수시로 필요한 경우에는 이사회의 의결로 특별위원회를 둘 수 있도록 한다.

한편 대학스포츠와 관련된 분쟁해결을 위하여 "분쟁조정중재위원회"를 ADR기구로 설치하여 신속하고 공정하게 자율적인 조정·중재가 이루어지도록 한다.

2) 총회의 구성과 기능

총회는 협의체기구에 가입한 회원교 총장 전원으로 구성된 최고 의결기구로서, 임원선출, 정관변경, 예·결산 승인, 사업계획의 승인, 그리고 기타 중요사항에 대하여 심의·의결권을 갖는다.

3) 이사회의 구성과 기능

이사회는 회장 1인, 부회장 3인, 그리고 회장과 부회장을 포함하여 이사 10인 이상 20인 이내로 구성된다. 이사회의 기능은 협의기구의 업무집행에 관한 주요 사항을 심의·의결하는 것으로 한다. 그 내용은 사업계획운영 및 예산 및 결산에 관한 사항, 총회에서 위임받은 사항, 기본자산의 편입 및 처분에 관한 사항, 집행위원회의 위원장과 위원의 선출에 관한 사항, 각종 위원회의 조직에 관한 사항, 제 규정의 제정 및 개정에 관한 사항, 정관에 의하여 그 권한에 속하는 사항, 그리고 기타 중요사항 등이다.

4) 집행위원회의 구성과 기능

집행위원회는 이사회에서 선출된 집행위원 20인 내외로 구성한다. 집행위원은 각 대학의 체육위원장(총장의 명을 받아 대학스포츠 및 체육을 담당하는 실무책임자) 중에서 일부, 대학연맹회장 중에서 일부, 학계 등 공익을 대표하는 자 등을 회장단이 추천하여 이사회에서 선출한다. 임기는 이사들의 임기와 같게 한다. 이 위원회는 협의기구의 업무집행기관으로서 다음의 사항들을 심의 및 의결한다. 즉, 집행위원회의 업무집행에 관한 사항, 이사회에서 위임받은 사항, 협의회의 전략계획의 수립에 관한 사항, 각종 위원회의 운영에 관한 사항, 이 정관에 의하여 그 권한에 속하는 사항 등이다.

5) 각종 위원회

각종 상임 위원회는 집행위원회의 자문기구로 설치한다. 각 종 상임위원회의 위원장은 집행위원 중에서 맡도록 하는 방안도 검토할 필요가 있다. 각 위원회의 구성과 운영에 필요한 사항은 별도로 규정을 제정한다. 상임위원회의 종류와 담당업무는 다음과 같다

a) 학사운영위원회

현재 대학입시에서 체육특기자로서 학생선수의 입학에 관련된 법규는 없다. 따라서 입시와 관련한 행정적 절차는 각 대학의 자율적인 입시요강에 맡겨져 있다. 입학을 위한 학력 기준으로서의 최저학력제의 도입도 역시 대학의 재량에 맡겨져서 자의적으로 적용하고 있는 실정이다. 대부분의 대학에서 체육특기자 입학자격을 학업성적이나 인성 등은 포함될 여지가 없고 그저 경기실적에만 맞추어져 있다고 조사되었다.[76] 미국의 경우는 대학경기를 교육프로그램의 일부분으로 간주하여 NCAA에서는 학생선수의 선발과 관련하여 SAT나 적성검사 등의 기준을 명확하게 명시하고 있는 것과 대조적이다.[77]

대학스포츠협의기구에 학사운영위원회를 두어 체육특기자의 대학입시관련 업무를 합리적으로 처리할 수 있는 모델과 대안을 제시하고, 학사관리 차원의 업무로서, 대학 재학생 선수들의 학력기준을 설정하여 운영하고 이에 대한 위반사례들을 적발하는 등의 업무를 담당하게 하여야 할 것이다.

b) 재정·마케팅위원회

대학스포츠의 정상화, 활성화를 위한 재정적 자립방안마련을 위하여 재정·마케팅위원회의 설치가 필요하다. 이 위원회에서는 미국의 NCAA처럼 수익사업을 위해 협의체기구 산하에 법인을 설립하여 운영하는 방안도 검토될 수 있을 것이다. 또한,

---

76) 권민혁, 「대학운동부 운영 체계 개선 방안」, 『대학스포츠 선진화를 위한 전략적 과제』, 한국체육학회·민족통일체육연구원 편, 2009. 12, 55-57면 참조.
77) 권민혁, 위 논문, 66-67면.

대학스포츠 팀의 로고 정립과 대내외 **PR**의 강화를 통한 대학 엘리트스포츠 팀의 브랜드가치제고, 기업스폰서십의 유치 활성화, 모금활동 프로그램의 강화, 스포츠 라이센싱이나 방송중계권 사업의 정착 등이 가능할 것이다.

그러나 기구 자체의 사업을 통한 수익금 규모가 일정 수준에 이르기까지는 문체부 등 관련 정부부처의 재정적 지원이 필요하다고 본다.

c) 상벌위원회

각종 포상과 징계, 인권침해의 감시 기능을 담당할 상벌위원회가 필요하다. 훌륭한 선수 및 지도자에 대한 포상과 이를 위한 시상 기준 및 제도를 마련하고, 선수들의 일탈행위를 비롯하여 지도자의 폭력 및 성폭력 등에 대한 감시 기능을 수행할 수 있을 것이다. 또한 체육특기자 선발과 관련된 각종 비리, 불법 선수 스카웃 사례 등을 적발하고 감시하는 기능도 담당한다. 이 위원회에서 윤리위원회의 기능도 함께하도록 한다.

d) 선수위원회

대학선수의 자격기준을 만들고, 선수들의 복지를 위한 규칙이나 가이드라인을 마련하는 업무를 담당하는 위원회이다. 선수의 권익을 보호하고 대학스포츠행정에 선수들이 참여하는 방식과 의사소통방안을 제시할 수 있을 것이다.

e) 대학연맹지원위원회

대학스포츠에서 학습권 침해의 주요 요인으로 꼽히고 있는 각종 경기대회의 경기 일정 등에 대한 조정과 통제기능을 담당할 수 있는 대학연맹지원위원회 또는 경기위원회가 필요하다. 심판위원회의 설치도 고려해 보아야 한다.

지금까지 경기일정과 경기방식이 대부분 경기단체의 재량으로 결정하여 운영되고 있지만, 미국 **NCAA**의 관할 하에 있는 대교경기의 경우, 연습시즌과 경기일정 그리고 지역별 분류 등의 내규 등을 두어 이를 관리하고 있는 점을 참고로 할 수 있다.

대학스포츠의 각종경기 운영, 즉 경기 진행·운영과 심판관련 업무도 역시 현재

전적으로 각종목별 대학연맹이나 경기단체에서 자의적으로 이루어지고 있다. '대학연맹지원위원회'를 통해 대학스포츠 경기운영과 관련된 제반 업무 지원 기능을 담당하게 함이 효율적일 수 있다. 필요에 따라서는 경기위원회와 심판위원회를 두는 방안도 검토할 수 있다.

f) 대학체육부지원위원회

대학체육부(운동부)에 대한 재정적 지원과 교육 및 상담 등을 통하여 지원하는 업무를 담당하는 위원회가 필요하다.

6) 분쟁조정중재위원회

대학스포츠관련자들간의 갈등과 분쟁을 신속하고 공정하게 해결하는 자치기구가 필요하다. 이 기구는 이사회의 산하기구로서 각 대학의 체육부와 대학경기연맹 등 대학스포츠관련자들을 공정하게 중립적인 입장에서 조정 또는 중재할 수 있도록 설치해야 한다. 체육특기자 선발과 관련된 분쟁, 대학경기연맹과 선수간의 분쟁, 선수자격이나 도핑 등에 대한 분쟁, 대학스포츠관련자 또는 사업 등 대학스포츠 전 분야에 걸쳐 야기되는 갈등과 각종 문제들로 인한 분쟁들을 조정하고 중재하는 역할을 담당한다. 대학스포츠 관련 제반 문제나 규정 등에 관한 유권해석을 담당할 수도 있다.

7) 대학스포츠윤리위원회

대학 스포츠인들은 자신이나 특정인의 이익을 위하여 자신에게 부여된 권리를 부당하게 이용하여서는 안 된다. 특히 업무 수행과 경기 심판 또는 각종 회의 활동 등에서 결정권자라는 지위를 이용하여 부당한 행위를 하거나 금품수수, 향응 및 각종 편의를 제공 받아서는 안 된다. 대학스포츠인들은 몸과 마음의 잘 닦아서 건전한 스포츠문화의 창달에 이바지하며, 페어플레이 정신을 사회 각 분야에 전파할 책임을 지닌다. 사회 풍토를 흐리거나 부패를 초래할 수 있는 불건전한 행위를 삼가며, 사회 구성원이 지켜야 할 의무를 성실히 준수함으로써 다른 구성원에게 모범이 되도록 노력하여야 한다.

대학스포츠윤리위원회에서는 대학인들이 자신의 도덕성에 대해 스스로 확인하고 올바른 윤리관을 정립할 수 있도록 지도·계몽하며, 윤리교육과 홍보를 실시한다.

8) 사무처의 조직과 운영

사무처에는 사무총장과 직원을 두게 하며,. 사무총장은 이사회의 동의를 얻어 회장이 임면하도록 한다. 사무처의 조직과 운영에 필요한 구체적인 사항은 이사회에서 별도로 규정으로 정하도록 한다.

이상의 기구를 간단히 그림으로 나타내면 다음과 같다

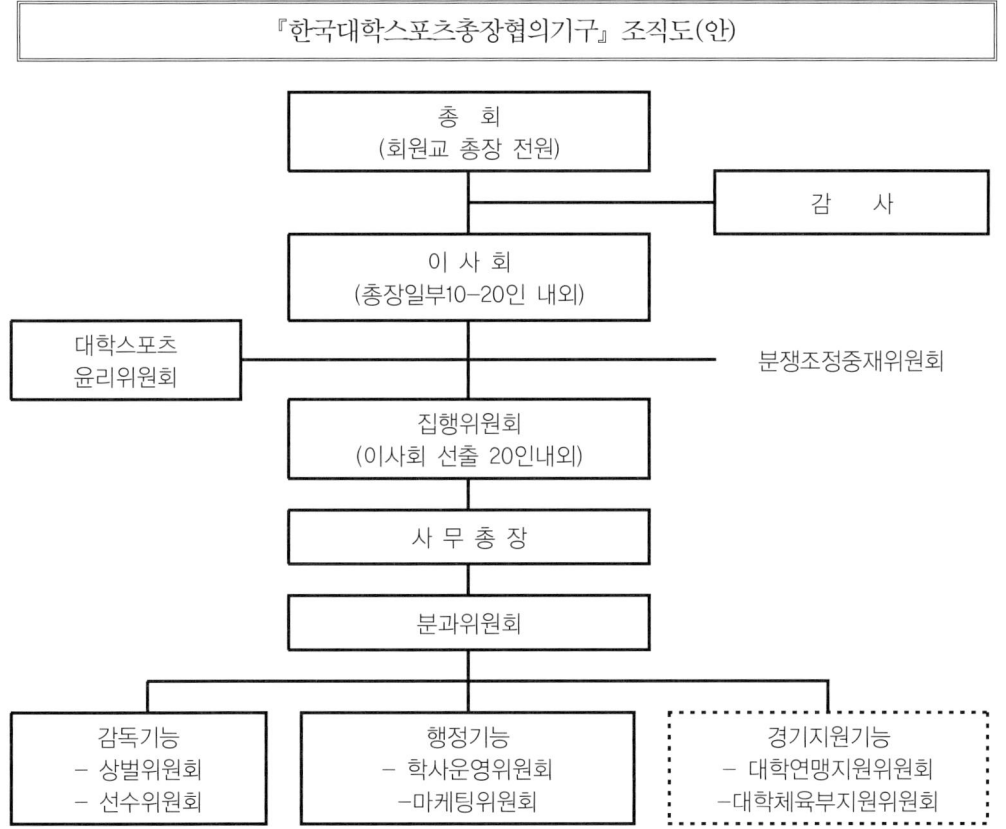

『한국대학스포츠총장협의기구』 조직도(안)

총 회
(회원교 총장 전원)

감 사

이 사 회
(총장일부10-20인 내외)

대학스포츠
윤리위원회

분쟁조정중재위원회

집행위원회
(이사회 선출 20인내외)

사 무 총 장

분과위원회

감독기능
– 상벌위원회
– 선수위원회

행정기능
– 학사운영위원회
–마케팅위원회

경기지원기능
– 대학연맹지원위원회
–대학체육부지원위원회

(5) 유관기관과의 관계

새로 설립되는 대학스포츠협의기구가 비록 민간조직일지라도 주무관청 등 정부 관련 부처와 긴밀한 협의와 협력이 있어야 제대로 기능과 역할을 다 할 수 있을 것이다. 한편, 대한체육회 또는 대한체육회 내에 설치 운영되고 있는 KUSB(대한대학스포츠위원회), 국민생활체육회 등 유관 체육단체들과의 유기적인 협조체제의 구축이나 운영이 가능해야 하며, 그들과의 업무 충돌 없이 상호 협조와 보완 기능이 이뤄지도록 노력할 필요가 있다.

또한 실질적으로 대학리그 등 경기를 주관하는 대학스포츠경기연맹이나 대학체육부를 담당하고 있는 각 대학의 실무책임자들의 기구인 체육위원장협의회와 긴밀한 협력이 이루어져야 할 것이다. 정관에 이러한 관련단체나 기관과의 교류협력과 지원이 필요하다는 점을 규정할 필요가 있다.

(6) 자산과 회계

1) 재산의 구분

기본재산과 보통재산으로 구분한다.

2) 재정

수입금으로는 회원의 회비, 정부의 출연 및 보조금과 기부금, 각 종 후원금과 기부금, 기타수입으로 충당한다.

3) 회계연도

정부회계연도에 따른다.

(7) 보칙

1) 정관변경

총회에서 재적회원 투표권의 3분의 2이상의 찬성으로 의결하여 주무관청의 승인을 받아야 한다.

2) 해산

총회에서 재적회원 투표권의 3분의 2이상의 찬성으로 의결하여 주무관청에 신고하여야 한다. 해산당시의 잔여재산은 총회의 의결을 거쳐 주무관청의 승인을 받아 처리한다.

3) 명예회장 및 고문 : 명예회장 1인과 고문 약간 인.

명예회장 및 고문은 이사회의 동의를 얻어 회장이 위촉하며, 총회 및 이사회에 참석하여 자문할 수 있다.

4) 자문위원회

협의회의 운영 전반에 관하여 회장 및 집행위원장의 자문에 응하기 위하여 자문위원회를 둘 수 있고, 구성과 운영에 관한 사항은 따로 정한다.

5) 규칙제정

이 정관이 정한 사항 외에 협의회의 운영 등에 관한 필요한 사항은 이사회의 의결을 거쳐 규정으로 정한다.

3. 정관 세행규칙과 각종 위원회 규정

이 기구의 발족 후에는 창설될 기관들의 필요에 따라 이 기본적인 틀 속에서 관리와 운영에 필요한 내용들을 규범화하기 위하여 우선 다음과 같은 규정들을 연구 검토하여 제정해야 할 것이다.

(1) 정관시행규칙 : 정관에서 이사회에 위임한 정관시행 세부규칙

(2) 각종 위원회 규정 : 정관에서 규칙제정을 위임한 각종 위원회 규정의 제정

4. 한국대학스포츠협의기구의 설립에 따른 법적인 절차

(1) 설립행위

1) 정관작성

2) 창립총회의 개최와 회의록작성

3) 허가시청관련 서류 작성

(2) 주무관청의 허가

대학스포츠를 행정적·재정적으로 지원할 문화체육관광부에 사단법인 허가 신청을 하여 허가를 받는다.

1) 설립허가의 신청

문화체육관광부 및 문화재청 소관 비영리법인의 설립 및 감독에 관한 규칙 제3조에 따르면 "「민법」 제32조의 규정에 의하여 법인의 설립허가를 받고자하는 자(이하 "설립발기인"이라 한다)는 별지 제1호 서식에 의한 법인설립허가신청서(전자문서로 된 신청서를 포함한다)에 다음 각호의 서류(전자문서를 포함한다)를 첨부하여 문화체육관광부장관 또는 문화재청장에게 제출하여야 한다."고 규정되어 있다.

- 설립발기인의 성명·주민등록번호·주소 및 약력을 기재한 서류(설립발기인이 법인인 경우에는 그 명칭, 주된 사무소의 소재지, 대표자의 성명·주민등록번호·주소와 정관을 기재한 서류) 1부
- 정관 1부

- 재산목록(재단법인에 있어서는 기본재산과 운영재산으로 구분하여 기재하여야 한다) 및 그 입증서류와 출연의 신청이 있는 경우에는 그 사실을 증명하는 서류 각1부
- 당해 사업연도분의 사업계획 및 수지예산을 기재한 서류 1부
- 임원 취임예정자의 성명·주민등록번호·주소 및 약력을 기재한 서류와 취임승낙서 각 1부
- 창립총회회의록 (설립발기인이 법인인 경우에는 법인설립에 관한 의사의 결정을 증명하는 서류) 사본 1부

2) 설립허가

주무관청은 법인설립허가서류를 접수한 후 법인설립허가신청의 내용이 법인의 목적과 사업이 실현 가능여부, 목적하는 사업을 수행할 수 있는 충분한 능력이 있고, 재정적 기초가 확립되어있거나 확립될 수 있는가 여부, 다른 법인과 동일한 명칭을 사용하는지 등을 면밀히 검토한 후 허가를 결정한다(문화체육관광부 및 문화재청 소관 비영리법인의 설립 및 감독에 관한 규칙 제4조).

(3) 설립등기

주된 사무소의 소재지에서 설립등기를 함으로써 법인이 성립한다(민법 제33조). 설립등기는 법인의 성립요건이다.

Ⅳ. 요약 및 정리

이상을 통하여 대학스포츠선진화를 위한 총장협의기구를 창설하기 위한 대학스포츠헌장과 정관 등의 제정방안을 제시하여 보았다. 현재 한국의 엘리트스포츠의 주요 선수의 공급원이 대학스포츠인데 심각한 위기를 맞이하고 있다. 헌법과 교육관계법령에 의하여 보장되어야 할 대학 학생선수들에 대한 학습권의 침해, 체벌과 폭력 등의 인권침해, 아마추어정신을 상실한 승리지상주의에 기반을 둔 과도한 스

카우트 경쟁, 지도자의 일탈행위, 학생선수와 학원스포츠에 대한 관계자들의 편견과 선입견 등이 대학스포츠의 문제점으로 늘 지적되고 있다.

아직도 이러한 문제를 해결하고 위기를 극복하는데 앞장 설 기구나 기관이 존재하지 않는데 더욱 심각한 문제가 있다. 따라서 한국형 대학스포츠협의기구의 창설은 꼭 필요하다는 공감대가 형성되어 있는 것 같다. 이러한 기구의 창설의 주체는 대학스포츠관련 대학의 총장들이 되어 강력한 리더십을 발휘해야 성공할 수 있을 것이다. 이미 미국의 NCAA의 창립과 운영과정에서 많은 시사점을 발견할 수 있다는 연구결과들을 통하여 잘 알 수 있다.

이 연구를 토대로하여 대학스포츠 선진화를 위한 『한국 대학스포츠 총장협의회』 창립총회가 2010년 6월 8일 14시 서울 코리아나 호텔에서 개최되어 출범하였다. 이 협의회 창립총회에는 김대기 문화체육관광부 제2차관을 비롯하여 연세대, 한체대 등 대학운동부 보유 주요대학 총장 또는 부총장이 참석하며, 박용성 대한체육회장, 농구・배구・축구 종목 대학연맹회장 등 체육단체 관계자들도 다수 참석하였다.

그러나 이 연구를 통하여 제시되었던 '대학스포츠헌장'은 아직까지 제정되지 않았다. 출범한지 얼마 되지 않았지만 이 연구에서 제시되었던 여러 가지 조직과 기관들이 거의 설치되지 않고 있으며 제 기능을 발휘하지 못하여 아쉬움이 많다. 이 협의회의 기본적인 틀 속에서 관리와 운영에 필요한 구체적인 규약과 규정들을 연구 검토하여 제정해 나가야 할 것이다.

이 장에서는 ADR제도와 스포츠분쟁해결기구의 필요성, 한국스포츠중재위원회(KSAC)의 설립과 활동, 국제스포츠중재재판소(CAS)에 비추어 본 한국스포츠중재위원회(KSAC)의 역할과 과제 등을 다루었다.

스포츠분야는 경기규칙, 경기단체의 규약 등 스포츠자치권에 의한 자치법규의 특수성과 전문성이 강하다. 스포츠에 있어서 자치권은 자기결정권의 행사의 결과이다. 스포츠단체를 결정하고 규칙을 제정하며, 경기의 자율적인 규칙을 만들어 운영하는 것이 보장되는 것이다. 스포츠는 각 종목마다 세계적으로 통일된 경기규칙을 가지고 독자적인 활동을 한다. 지역대회, 세계대회, 올림픽에 이르기까지 조직적인 활동을 하며, 규칙의 정당성과 구속력을 인정받고 있는 것이다.

스포츠분야의 분쟁해결은 무엇보다도 신속성과 전문성이 요구된다. 한국스포츠중재위원회의 역사가 짧기 때문에 조직과 예산이 부족하고 활동이 활성화되지 못하고 있는 실정이다. 동 위원회의 활동을 활성화시키기 위하여 중재법에 따른 당사자의 중재합의에 갈음하는 예외적인 제도가 마련된 것은 대단히 중요하다고 할 것이다.

제1절 ADR제도와 스포츠분쟁해결기구의 필요성

이 절에서는 ADR제도의 중요성과 유형을 살펴본 후, 스포츠분쟁이 특수성에 따라 스포츠분쟁해결기구의 설립 필요성과 방안을 제시하고자 한다.[1]

최근에 스포츠분쟁의 해결을 위한 ADR(재판외 분쟁해결)제도에 대한 관심이 높아지고 있다. 특히 솔트레이크시티 동계올림픽과 아테네올림픽에서 우리나라 선수들이 직접 피해를 당하였기 때문이다. 올림픽경기에서 김동성 선수의 실격 판정과 양태영 선수의 오심판정으로 금메달을 목에 걸지 못하고 말았다. 국제스포츠중재재판소(CAS)에 중재를 요청했지만 아깝게도 <기각>되고 말았다. 이러한 스포츠 심판의 오판 사건을 계기로 '공정성'이라는 올림픽헌장의 기본원칙이 훼손되어 가는 것을 안타깝게 여기면서 판정 방식을 비롯한 국제경기운영의 근본적인 변화의 필요성을 인식시켜 준 것이 사실이다. 또한 '국제스포츠중재재판소'를 비롯한 스포츠분쟁의 해결기구의 중요성을 우리 모두 알게 되었다.

스포츠경기를 운영하면서 선수와 경기단체 및 심판간의 분쟁이 발생하게 된다. 국제경기대회의 출전정지 등의 처분에 불복하는 경우도 있다. 선수의 자격, 심판의 판정, 도핑 등에 대한 분쟁은 물론 법령에 의한 법률상의 쟁송으로 해결할 수 있지만, 시간적 상당한 손실이 따르고 경제적인 부담도 대단히 크다.

따라서 스포츠분쟁의 신속한 해결을 위한 ADR제도의 활용이 요구되었고, 국내외적인 스포츠 분쟁해결을 위한 전문기구가 필요하게 된 것이다. 여기서는 우리나라에 스포츠분쟁해결기구의 설립을 어떻게 할 것인가에 관하여 연구하게 되었다.

---

1) 이 절의 내용은 필자의 「스포츠분쟁 해결기구의 설립방안」(『스포츠와 법』 제5권, 한국스포츠법학회, 2004, 61-74면)이라는 논문을 약간 수정 보완히였음을 밝힌다.

I. ADR제도로서의 스포츠중재기구의 필요성

1. ADR제도의 중요성과 유형

사법적인 쟁송을 통하여 법원의 판결에 의하지 않고, 분쟁을 해결하는 제도로는 협상, 알선, 조정, 중재, 화해 등이 있다. 분쟁이 발생하면 우선 당사자가 스스로 해결하려고 노력한다. 이러한 노력이 결렬되면 서로 주변의 전문가에게 의뢰하여 상담하고 대리인을 통하여 해결되기를 기대해 본다. 그래도 해결이 어려우면 법원이나 공적 기구에 의뢰하여 공정한 판단을 기다리게 되는 것이다.

그런데 역시 국가기관인 법원을 통하여 재판으로 승부를 내게 되면 승자와 패자가 분명해 지지만, 당사자 간의 갈등과 대립은 더욱 심해지는 것이 보통이다. 따라서 재판 이외의 여러 ADR제도의 활용을 통하여 각 분야의 갈등과 대립을 해소하고 사회통합을 이루려는 노력을 계속해 오고 있는 것이다. 또한 이러한 제도의 순기능을 극대화할 수 있는 분쟁해결 기법과 기관의 창설 등에 대한 학문적인 연구가 중요성을 더해가고 있는 것이다.[2]

한국과 일본은 사법개혁의 중요한 과제로 ADR제도 확충과 활성화를 추진하고 있다.[3] 사법의 중추인 재판 기능의 충실화에 각별한 노력을 기울이는 것은 물론 ADR(Alternative Dispute Resolution) 제도가 분쟁해결에 있어서 재판과 나란히 매력적인 선택사항이 되도록 할 것을 강조하고 있는 것이다. 이 제도의 활성화를 위하여 다양한 ADR에 대하여 각각의 특징을 살리면서 관계 기관 등과의 제휴를 강화하고 공통적인 제도 기반을 정비하려는 노력이 필요할 것이다.

ADR의 확충·활성화를 위하여 법원·관계 기관·관계 부처 등의 제휴를 촉진하고, 소송·ADR를 포함한 분쟁 해결에 관한 종합적인 상담 창구의 기능을 강화하는

---

2) 최근에는 분쟁해결을 종합적으로 연구하는 학문인 <분쟁해결학>이 새롭게 등장하였다. 이는 법학을 비롯하여 사회학, 경영학, 심리학, 인류학 등의 학제적 연구를 통하여 독자적인 학문영역으로 발전되고 있다. 이에 대하여는 廣田尙久, 『紛爭解決學』, 信山社, 2002, 3-17면 참조.
3) 일본의 사법제도개혁에 대하여는 佐藤幸治 外, 『司法制度改革』, 有斐閣, 2002; 拙稿, 「일본의 사법개혁 추진 현황, 그 총론적 논의」, 『JURIST』 406호(2004년 7월호) 등을 참조 바람.

동시에 인터넷상의 포탈·사이트 등 정보 통신 기술을 활용 원·스톱 정보 제공을 실현하도록 한다. 일본의 사법개혁추진본부는 이미 종합적인 ADR제도의 기반을 정비하기 위하여 ADR의 이용 촉진 및 재판절차와의 연대 강화를 위한 기본적인 사항을 규정할 이른바 <ADR기본법>의 제정을 추진하고 있다.[4]

ADR의 형태는 사법형 ADR, 행정형 ADR, 민간형ADR 등으로 다양하게 발전되어 오고 있다. 스포츠분쟁해결기구는 민간형으로 설립되는 것이 바람직하다.

2. 스포츠분쟁 해결기구의 필요성

스포츠분야는 경기규칙, 경기단체의 규약 등 스포츠자치권에 의한 자치법규의 특수성과 전문성이 강하다. 스포츠에 있어서 자치권은 자기결정권의 행사의 결과이다. 스포츠단체를 결정하고 규칙을 제정하며, 경기의 자율적인 규칙을 만들어 운영하는 것이 보장되는 것이다. 스포츠는 각 종목마다 세계적으로 통일된 경기규칙을 가지고 독자적인 활동을 한다. 지역대회, 세계대회, 올림픽에 이르기까지 조직적인 활동을 하며, 규칙의 정당성과 구속력을 인정받고 있는 것이다.

각 스포츠단체는 그들의 규칙에 따라서 당해 스포츠의 발전과 소속 스포츠인의 이익을 위하여 활동한다. 그러나 점증되는 경쟁 속에서 스포츠를 둘러싼 이해관계의 충돌이 불가피하게 일어나고, 분쟁의 신속하고 원만한 해결이 요망된다.

이러한 스포츠분쟁의 합리적인 해결을 위하여 가능하면 국가의 간섭을 피하고 스포츠자치영역에서 해결하는 것이 이상적이다. 따라서 스포츠단체와 스포츠인들의 대립과 갈등을 국가기관인 법원에 제소하지 않고, 독자적인 분쟁해결기구(조정 도는 중재기구)를 설립하여 스포츠자치권에 따라 해결하는 방안이 강구되어야 할 것이다.

---

4) 일본의 사법제도개혁과 ADR에 관하여는 특히, 小島武司編, 「ADR의 實際와 理論I」, 『日本比較法研究所 研究叢書』 62, 東京 : 中央大學出版部, 2003, 26-63면 참조.

Ⅱ. 국제스포츠분쟁해결 기구 : CAS

국제스포츠분쟁해결 기구로는 국제올림픽위원회(IOS)에 의하여 설립된 스포츠 중재재판소(CAS : The Court of Abitration for Sport)가 있다.[5]

1. 설립의 경위

스포츠중재재판소(CAS)는 국제 올림픽 위원회(IOC)에 의해 1984년에 설립되었다. 사마란치 IOC 회장의 법률고문을 하고 있던 음바에(Keba Mbaye) (전 IOC 부회장 /ICAS 이사장/ICO 명예 위원/Senegal 최고재판소 명예장관)가 회장의 지시로 중재기 구를 구상하였다. 당시 중국의 대표에 대해서 북경 정부와 대만 정부 중에서 어느 정부를 인정할 것인가의 문제가 제기되었다. IOC는 이 문제를 해결하는 것이 중요 하고, 그것을 공평하게 재판하는 것이 필요하다고 생각되었다. 또한 스포츠의 프로 화가 진행되어 프로·아마추어를 묻지 않고 전 세계의 스포츠계가 올림픽출전에 있 어서 선수자격 등이 문제되었다.

설립 당시에는 IOC의 직할기구이었지만, IOC가 제소할 수 있는 경우도 있기 때 문에 좀 더 중립적인 조적으로 전환할 필요가 있다는 의견이 나왔다. 따라서 1994년 에 국제스포츠중재 평의회(ICAS : International Council of Abitration for Sport)가 설립되 었다. 실질적으로는 ICAS의 운영 자금은 IOC를 비롯한 ASOIF, AIOWF, ANOC 등 4 개 단체로부터 제공되고 있으며, ICAS 멤버도 4개 단체로부터 추천된 사람들이 맡 고 있다. ICAS는 형식적으로는 IOC로부터 독립된 사법부의 역할을 담당하며, 본부 는 스위스 로잔에 두고 있다(프랑스 파리협정).[6]

---

5) 이에 관하여 상세한 내용은, 강병근, 「월드컵 한일공동개최와 스포츠국제법의 과제−국제스포츠분 쟁해결제도를 중심으로」, 『스포츠와 법』 창간호, 한국스포츠법학회, 2000, 157-178면; 같은이, 「CAS 를 통한 스포츠분쟁의 처리」, 2004 한국스포츠법학회 정례학술발표회 발표논문집, 69-102면 참조. 이에 대한 자세한 내용은 아래 2절을 참고할 것.
6) 올림픽헌장 제15.1조, 15.2조.

2. 구성

(1) 일반 중재재판부

여기서는 상거래계약, 프로계약이나 초상권에 관련되는 문제 등을 취급한다. 중재내용이나 사례는 공표되지 않는다. 이것은 스포츠계의 통상의 분쟁처리의 형태로 전형적인 ADR의 기능을 하고 있다.

(2) 항소 중재재판부

이것은 스포츠 단체의 결정에 대해서 경기자 혹은 경기단체가 제소하는 경우에 분쟁 분쟁을 해결해 주는 곳이다. 주된 대상은 IOC와 국제스포츠연맹이고, 거의 모든 국제 스포츠 연맹은 상소 중재부의 관할을 인정하고 있다.

(3) 특별중재재판부

이것은 올림픽이나 영연방 대회, 세계선수권대회 월드컵축구대회 등을 위하여 임시로 설치되는 것이다. 모든 올림픽 출전 선수들은 임시중재재판소의 관할을 인정하는 것을 기록한 서약서를 제출하고 있기 때문에, 분쟁이 일어날 경우에 CAS에 판정을 호소할 수밖에 없다. 처음으로 설치된 것은 1996년의 아틀랜타 올림픽이었다. 경기 기간 중에는 항상 중재인 10명 정도가 특별중재재판소의 멤버로서 대기하고 있고, 24시간 이내에 판단을 내리게 되어 있다.

(4) 중재인의 구성

중재인은 약 200명 정도의 중재인의 명부를 갖추고 있고 ICAS에서 선정한다. 통상의 중재에서는 당사자가 3명의 중재인을 선택하고, 긴급한 경우에는 ICAS가 지명하게 되어 있다. 중재 판단의 내용도 원칙적으로 공개되지 않는다. 그러나 CAS는 전통적으로 스포츠계의 국제 재판소의 역할을 완수하고 있는 것이다. 항소중재재판부의 판단 내용은 공개가 원칙이고, 재판소의 판례집과 같은 형태로 순서대로 공표하고 있다.

3. 분쟁해결의 근거

(1) 올림픽헌장 제74조(일반중재)

올림픽 경기에 임하여, 또는 이와 관련하여 발생하는 모든 분쟁은 스포츠관련 중재규칙에 따라 CAS에 대하여만 제출하는 것으로 한다.

(2) 올림픽운동 반도핑규정 3장 제1조(항소중재)

IOC, IF, NOC, 기타 단체가 당해 규정을 적용하여 내려진 결정을 받은 자는 CAS에 항소할 수 있다.

4. 주요 관할사건

(1) 도핑

스포츠 중재에서 가장 많은 사건은 도핑 관련된 것이다. 나카노 올림픽의 케이스에서는 마리화나를 흡인한 선수에 대하여, IOC는 도핑이라고 하여 금메달 박탈을 결정한 바 있다. 이에 대하여 당해 선수가 CAS에 제소하였는데, CAS는 마리화나 흡인은 도핑에 해당하지 않는다고 판단하여 메달은 선수에게 반환한 바 있다. 도핑 물질은 대회나 경기에 따라서 달라진다. 마리화나는 모든 경기에서 금지되는 도핑 물질이 아닌 것이다. 또 도핑 리스트에 모든 도핑 물질이 망라 되어 있는 것도 아니다. 아틀랜타 올림픽에서는 흥분 작용이 있는 물질을 사용한 선수의 동메달 박탈 결정을 둘러싼 중재가 있었다. 이 물질은 구 소련 시대에 군에서 개발되어 흥분 작용은 있지만, 도핑 리스트에는 포함되어 있지 않았다. CAS는 화학적인 작용이 상당히 다르고 효능에 대한 확실한 자료도 당시는 없었기 때문에 도핑에는 해당되지 않는다고 판정하여 메달은 반환되었던 것이다.

(2) 대표 자격

올림픽 등의 국제대회의 대표자격은 CAS가 전형적으로 예상하고 있는 분쟁대상은 아니다. 왜냐하면 대표자격은 국제스포츠연맹과 경기자 사이의 문제가 아니고, 각국의 올림픽위원회나 국내 스포츠연맹과 경기자 사이의 문제이기 때문이다. 국내 스포츠분쟁에 해당하기 때문이다. 다만, 오스트레일리아에서는 올림픽 대표 자격에 대해서도 CAS에서 판정하여 처리하게 되어 있다. 미국에서는 법률상으로 A.A.A. (미국 중재 협회)의 일반중재 사항으로 취급되어지고 있다.

(3) 선수 자격

우리나라의 경우는 국적문제가 거의 없지만, 다른 여러 나라에서는 국적을 바꾸어 대표 선수가 되는 경우가 상당히 있기 때문에 문제가 된다. 이 경우에 선수 자격의 유무에 대해서 분쟁이 발생할 수 있다.

Ⅲ. 일본의 스포츠중재기구 : JASS

1. 설립경위

일본에서는 1992년 일본스포츠법학회가 설립되어 스포츠분쟁처리에 관한 연구가 활발히 진행되기에 이르렀다. 1993년 반도핑협의회를 설립하여 도핑을 비롯한 스포츠관련 분쟁을 적절하게 법적으로 해결할 수 있는 제도가 필요하다는 점을 인식하게 되었다. 그후 1998년 1월에는 "도핑규제에 관한 연구보고서"가 제출되어 세계적인 도핑규제강화에 적극적으로 대응할 필요가 있음을 제안하였다. 1999년11월에는 <세계반도핑기구 : WADA World Anti-Doping Agency>가 설립 되었다.[7] 이러한 국제적인 움직임에 따라 2001년9월 <일본반도핑기구 : JADA>를 재단법인으로 설립 하게 되었던 것이다[8]

1999년 12월에는 이론 올림픽위원회(JOQ)산하에 <스포츠중재연구회>가 만 들 어져서 스포츠중재기구의 설립을 위한 구체적인 연구를 시작하였다. 2000년 일본의 수영선수 치바스 선수가 시드니올림픽 대표로 출전할 수 없게 되자 CAS에 중재판 정을 제소하였고, 스포츠중재기구의 설립이 필요하다는 여론이 형성되었다. 2000년 11월 48개 스포츠단체에 대하여 스포츠중재에 관한 앙케이트 조사를 실시하였는데 79%가 적극적으로 중재기구의 설립을 희망하였다.

위의 스포츠중재연구위원회의 연구보고서를 토대로 2002년 JOQ, 일본체육협회, 일본 장애인스포츠협회가 <일본 스포츠중재기구 창설준비위원회>를 발족시키고 준비기간에 각국의 현지 실태조사 등을 실시한 후에 2003년 4월 7일 <일본스포츠 중재기구 : JSAA>로 출범하게 되었다.[9]

2. 기구현황

일본스포츠중재기구는 법인격 없는 사단으로 설립되었으며, 이사 9명(설립주체 인 JOC, JASA, 장애인스포츠협회가 각각 2명, 경험과 학식이 풍부한 중립적인 법조 계 인사 3명으로 구성)과 감사 2명으로 임원을 구성하였다.

중재인은 현재 총 33명이며, 법조인(변호사) 19명, 법학자 10명, 일반 교수 4명이 다. 이 기구에서 판정하는 내용이 법률적인 효력을 인정해야 하고 법률적인 판단이 필요하기 때문에 법률가들을 중재인으로 선임하였다고 한다.

---

7) http://wada-axna.org
8) http://www.anti-doping.or.jp/
9) 이에 대한 소개로는 http://www.jsaa.jp를 참조바람. 그밖에도 道垣內 正人, 「日本におけるスポーツ仲裁 制度の設計…日本スポーツ仲裁機構 (JSAA) 發足」ジュリスト 1249号 2-5頁[2003]; 道垣內 正人, 「日本 スポーツ仲裁機構(JSAA)」法學教室276号2-3頁[2003]; 菅原哲朗, 川井圭司, 大川宏, 「寄稿日本スポーツ 仲裁機構」自由と正義55卷2号50頁[2004] 등을 참고바람.

연간예산은 약 900만엔으로 설립주체 3자가 각각 300만엔씩 지원하고 있다.

3. 스포츠중재규칙의 내용

JSAA는 스포츠중재규칙(이하 규칙이라고 함)을 제정하여 운영하고 있다.

(1) 중재판정을 받을 수 있는 사건의 범위

이 기구의 설립주채인 3단체와 3단체의 가맹경기단채가 내린 질정에 대하여 선수, 임원둘이 제기한 사건에 한하여 중재절차를 거친다(규칙 제2조 1항, 9조 제1항). 따라서 프로구단, 생활체육단체와 관련된 분쟁 등은 제외되고 있으나, 앞으로 인적, 물적인 측면을 고려하여 점차 확대할 계획을 가지고 있다고 한다.

주요중재대상으로는 선수의 경기 참가자격 관련 분쟁, 국제대회 대표선발에 관한 분쟁, 도핑판정 관련 분쟁, 기타 소속단채의 판정에 대한 이의신청 사건 등이다.

중재대상에서 제외되는 사건으로는 경기단체간의 분쟁, 경기단체가 경기자에 대한 청구, 스폰서계약 및 방송계약 사건, 경기중 발생한 심판판정에 관련된 사건 등이다.(규칙 제2조 제1항).

(2) 중재합의

중재를 신청하려면 중재합희는 필요하다(규척 제2조 제2항), 이는 경기단체에서 내부규정이나 이사회의 의결 등으로 정하여 분쟁이 발생할 때에는 JSAA에 중재판정을 받도록 하는 것이 이상적이라고 보고 있다.

(3) 중재신청의 절차

신청인은 신청예치금으로 5만엔(약 50만원)을 부담하고 변호사비용 등은 자기부담의 원직이 적용된다.

(4) 중재인의 선임

중재인은 3인을 원칙으로 선임한다(규칙 제21조). 당사자는 각각 1인을 선정하고, 그 2명이 1명을 선임한다. 중재인은 당사자가나의 이해관계와 관련이 없는 중립적인 인사를 원칙으로 하여 JSAA에서 작성한 <중재인 명부>에서 선임한다.

(5) 시간적인 제약

스포츠분쟁은 신속하게 해결하는 것이 이상적이다. 그래서 통상적으로 심리종결부터 3주 이내에 중제판정을 하도록 규정하고 있다(규칙 제42조1항) 또한 긴급한 판정을 필요로 하면 <긴급중재수속>을 할 수 있도록 규정하였다(규칙 제50조).

Ⅳ. 우리나라 스포츠분쟁해결기구의 설립방안

1. 설립의 필요성

- IOC를 비롯하여 미국, 이론, 프랑스, 독일, 스페인 등에서는 스포츠 중재기구를 통하여 스포츠분쟁을 신속하고 공정하게 해결하고 있다.
- 경기단체와 선수간의 갈등, 체육다체 구성원 간의 갈등과 대립이 많이 발생하고 있으며, 재판의 대상이 되는 경우도 증가하고 있다.
- 스포츠선수의 기본권을 보호하고 권익을 보장하기 위하여 선수자격의 문제, 반토핑 규제의 문제 등에 있어서 국제적인 기준을 확립할 필요성이 있다.

2. 설립형태

[제1안] 대한 체육회 대한올림픽위원회 및 그 밖의 체육단체들이 협의체를 구성하여 가칭 <스포츠분쟁조정, 중재기구>를 독립된 법인체로 설립하는 것이 바람직

할 것이다.

[제2안] 대한체육회와 KOC가 주최가 되어 가맹경기단체 및 시도지부의 단체를 대상으로 활동할 수 있는 <스포츠중재기구>를 설립하는 방안이다. 일본스포츠중재기구와 유사한 기구로 설립할 수 있다.

[제3안] 대한채육회 내에 <조정중재위원회>를 두어 운영하는 방안도 생각해 볼 수 있다.

[제4안] 대한상사중재원과 협력하여 동 중재원 안에 <스포츠중재부>를 설치하는 방안도 있을 수 있다.

[사견] 제1안이 가장 바람직하지만, 우선 2안의 형태로 설립하고 점차 중재대상과 범위를 확대해 나가는 방안도 생각해 볼 수 있다.

3. 법률적인 근거마련

- 가칭<스포츠기본법>을 제정하여 스포츠기본권에 관한 사항, 정부와 지방 자치단체의 책무, 스포츠산업진흥과 스포츠육성을 위한 기본지침, 스포츠와 국제협력 등을 규율하면서 스포츠분쟁해결을 위한 기구의 설치근거를 이 가장 이상적이다.
- <스포츠기본법>이 제정되기 전까지는 스포츠단채의 자치권와 행사와 관련하여 자율적으로 <스포츠분쟁해결기구>를 설립하여 중재법 등에 따라 제한된 범위 안에서 운용할 수 있다.

4. 스포츠 조정 중재규칙의 제정

- 조정, 중재의 대상단채 및 신청인의 자격, 신청절차, 조정인, 중재인의 선임, 비용 등의 필요한 사항을 규정하는 규칙을 제정해야 할 것이다.

- 조정과 중재를 모두 할 수 있는 기능을 갖춘 기구가 바람직할 것이다.

5. 임원 구성과 재정확보

- 임원은 설립주체가 추천하는 자와 전문적 학식과 덕망이 있는 중립적인 법학계(법조계 포함) 인사로 구성한다.
- 제정부담은 설립주체가 출연하는 기본재산과 협력단체 및 개인으로부터 회비를 각출하여 충당한다. 사단법인으로 가칭 <스포츠분쟁해결협회>를 결성하여 스포츠단체 및 개인(선수)의 회원제로 조직하여 회비로 운영비를 충당하는 방안도 생각할 수 있다.
- 중재인단은 법률가(변호사, 법학교수)를 중심으로 체육계의 인사도 참여할 수 있는 방안을 연구해야 할 것이다.

제2절 한국스포츠중재위원회(KSAC)의 설립과 활동

이 절은 한국스포츠중재위원회의 설립 경위, 설립근거, 조직과 활동 등을 서술하려고 한다.[10]

Ⅰ. 설립의 경위

1999년 12월 한국스포츠법학회가 창립되어 스포츠분쟁해결에 관한 연구가 활발히 진행되기에 이르렀다. 지금까지 5회 국제학술대회와 21회 정기학술대회를 개최

---

10) 이 절은 필자가 「한구스포츠중재위원회의 설립과 활동」이라는 논문으로 『스포츠와 법』 제10권 4호(통권 제13호), 415-433면에 발표한 것을 수정 보완한 것이다.

하여 스포츠법분야의 학술적인 쟁점을 발표하고 토론하면서 각 분야의 스포츠분쟁
가능성과 해결방안을 연구하여 왔다. 특히 2004년 제10회 학술대회에서는 <스포츠
분쟁해결을 위한 방안모색>이라는 대주제로 본격적인 학술토론회를 가졌다. 그 당
시 한국헌법상의 스포츠기본권과 스포츠기본법의 제정(김상겸), 스포츠자치권과 스
포츠분쟁(정승재), 스포츠분쟁 해결기구의 설립방안(연기영), 스포츠행정조직의 법적
성격과 권리구제(조성규) 등 4가지 주제로 나누어서 연구 성과를 발표하였다.[11]

그 후 2004년 12월에는 한국스포츠법학회 창립 5주년 기념 국제학술대회에서
<월드컵 그 후의 법정책적 과제>를 대주제로 설정하여 한국, 중국, 일본 등의 스포
츠분쟁해결방안에 대한 연구논문이 발표되었다.[12] 2005년 아시아스포츠법학회 창립
기념 국제학술대회에서는 <아시아스포츠법의 과제>라는 대 주제를 걸고 6개 분과
로 나누어 스포츠법 전반에 관한 법이론적 연구성과물을 발표하였다. 그 당시 제5
분과에서 <스포츠분쟁과 ADR>를 집중적으로 다루어 학술적인 기반을 마련하였
다.[13]

한편 앞에서 언급한 바와 같이 2002년 솔트레이크시티 동계올림픽과 2004년 아
테네올림픽에서 한국 선수들이 직접 피해를 당하면서 스포츠분쟁제도에 큰 관심을
가지게 되었고, 스포츠중재기구의 설립이 필요하다는 여론이 형성되었다.

[김동성 사건]

2002년 솔트레이크시티 동계올림픽 쇼트트랙 남자 1,500m 결승에서 한국의 김동성 선수
가 결승선을 먼저 통과했지만, 호주의 제임스 휴이시 주심은 미국의 아폴로 오노(Apolo

---

11) 한국스포츠법학회 편, 제10회 학술대회 논문집, 2004;『스포츠와 법』제5권, 2004, 11-135면 참조,
이 학술지에는 강병근, 「스포츠중재재판소(CAS)를 통한 스포츠분쟁의 처리」도 게재하였다.

12) 이 학술대회에서 吳日煥, 「中國에 있어서 스포츠仲裁制度의 樹立에 대한 檢討」, 小島武司·淸水, 「裁
判外紛爭解決手續의 利用의 促進에 關한 法律制定과 스포츠紛爭의 解決」, Masato Dogauchi, 「The
Activities of Japan Sports Arbitration Agency」, 梁炳晦, 「韓國에서 스포츠분쟁해결을 위한 ADR 制度”
등의 논문이 발표되었다. 상세한 내용은 한국스포츠법학회, 월드컵 그 후의 법정책적 과제(국제학
술대회 논문집), 2004.12, 479-516면 참조.

13) 이 학술대회에서는 중국의 王小平 교수가 “스포츠분쟁과 ADR제도에 관한 연구”를 비롯하여 한국
측에서 2편, 일본측에서 2편의 논문이 발표되었다. 상세한 내용은 한국스포츠엔터테인먼트법학회
편, 아시아스포츠법의 課題, 648-760면 참조.

Anton Ohno)선수의 진로를 방해하는 '크로스 체킹' 반칙을 범했다고 판정하여 김동성 선수를 실격시킨 결과 오노 선수에게 금메달을 수여하였다.

이에 KOC는 해당심판 판정의 부당성을 이유로 CAS 특별중재부에 중재를 신청하였으나 기각되었다. 패널은 해당 심판과 보조원을 심문했으나 비디오 증거에 대하여는 촬영방법과 각도에 따라 서로 다른 결과가 나올 수 있고 특별히 증거로 채택할만한 사실관계가 없다고 하여 KOC의 요청을 받아들이지 않았다. 14)

[양태영 사건]

아테네 제28차 하계올림픽 경기대회에서 한국의 체조선수 양태영이 2004년 8월18일 남자 체조 개인종합결승전에서 시작점수(Start Value : SV)를 10점이 이닌 9.9로 받을 결과 동메달에 그치게 되엇다고 주장하면서 심판진의 채점오류를 이유로 2004년 8월 28일 CAS 특별중재부에 仲裁를 신청하였다.15)

그러나 CAS 특별중재부 패널은 양태영 선수를 제외한 다른 당사자 국제체조연맹(FIG)이 중재심리에 참석할 수 없다는 이유로 CAS Code 특별중재규칙 제 20조에 따라 보통중재부에 해당사건을 이관하였다.16)

결국 CAS 보통중재부는 이 사건을 기각하였다. 즉 오판에 대한 적절한 이의제기가 즉시 서면으로 이루어지지 않고 경기종료 후에 심판의 오류에 대한 이의제기가 있었기 때문이었다.17)

이렇게 스포츠분쟁이 날로 증가하고, 이에 대한 학술연구의 성과와 스포츠계의 여론을 바탕으로 스포츠분쟁해결기구의 설립이 보다 적극적으로 검토되기 시작하였다. 국민체육진흥법에 따라 설립된 대한체육회와 한국올림픽위원회(KOC)에서 본격적인 실무 작업을 하면서 각계각층의 여론을 수집하였다. 우선 스포츠분쟁기구의

---

14) Arbitration CAS ad hoc Division (OWG Salt Lake City 2002) 007 Korean Olympic Committee(KOC) v. International Skating Union(ISU), award of 23 Feb. 2002, Matthieu Reeb(eds), Digest of CAS Awards III 2001-2003(2004), 611.

15) CAS 2004/A/704 Yang Tae Young v. FIG, para 1.1.1.

16) Ibid, para 1.1.5.

17) Ibid, para 4.4.4.

설립을 위한 특별법의 제정은 당분간 어렵다고 판단되어 대한체육회 정관을 개정하여 근거규정을 마련하기로 하였다.

2005년2월 대한체육회 대의원총회에서 스포츠분쟁해결기구 설치의 필요성을 보고하고, 동년 8월에 대한체육회에 중재기구설치를 위한 활동(준비)위원회를 구성하였다. 4개월간의 준비기간을 거쳐 2006년 1월 대한체육회 제6차 이사회에서 정관 제10장을 신설하여 기구설치의 근거를 마련하기로 결의하였다. 그 후 동년 2월 대한체육회 2006 정기대의원총회에서 제6차 이사회 결의사항을 승인하고 동년 3월 29일 개정정관이 효력을 가지게 되었다. 2006년 5월 대한체육회 제7차 이사회에서 '한국스포츠중재위원회규정'을 제정하여 동년 5월 16일부터 시행하도록 하였다. 이러한 과정을 거쳐 2006년 5월 17일 한국스포츠중재위원회(KSAC)가 창립되었다. 참고로 일본에서는 2002년 JOC, 일본체육협회, 일본 장애인스포츠협회가 <일본 스포츠중재기구 창설준비위원회>를 발족시키고 준비기간에 각국의 현지 실태조사 등을 실시한 후에 2003년 4월 7일 <일본스포츠중재기구 : JSAA>로 출범하게 되었다.[18]

Ⅱ. 설립근거

<한국스포츠중재위원회>의 법적인 설립근거는 대한체육회 정관에 마련하였다. 대한체육회는 한국의 스포츠 전반을 관장하는 민간기구이면서 정부의 감독과 통제를 받는 특수법인이다. 대한체육회는 국민체육진흥법 제33조에 따라 설립된 법인이며, 각종 경기단체가 가맹되어 있고 전국적인 시도지부를 가지고 있는 방대한 스포츠조직이다.

---

18) 이에 대한 소개로는 http://www.jsaa.jp를 참조바람. 그밖에도 道垣內 正人, 「日本におけるスポーツ仲裁制度の設計---日本スポーツ仲裁機構(JSAA)發足にあたって」 ジュリスト1249号2-5頁[2003]; 道垣內 正人, 「日本スポーツ仲裁機構(JSAA)」 法學教室276号2-3頁[2003]; 菅原哲朗, 川井圭司, 大川宏, 「寄稿 日本スポーツ仲裁機構」 自由と正義55巻2号50頁[2004] 등을 참고바람.

[國民體育振興法 제33조]

제33조 (대한체육회) ①체육 진흥에 관한 다음 각 호의 사업과 활동을 하게 하기 위하여 문화관광부장관의 인가를 받아 대한체육회(이하 "체육회"라 한다)를 설립한다.

1. 경기단체의 사업과 활동에 대한 지도와 지원
2. 체육경기대회의 개최와 국제 교류
3. 선수 양성과 경기력 향상 등 전문체육 진흥을 위한 사업
4. 체육인의 복지 향상
5. 그 밖에 체육 진흥을 위하여 필요한 사업

② 체육회는 제1항에 따른 목적 달성에 필요한 경비를 마련하기 위하여 대통령령으로 정하는 바에 따라 수익사업을 할 수 있다.

③ 체육회는 법인으로 한다.

④ 체육회는 정관으로 정하는 바에 따라 지부·지회 또는 해외 지회를 둘 수 있다.

⑤ 체육회의 회원과 회비 징수에 필요한 사항은 정관으로 정한다.

⑥ 체육회의 임원 중 회장은 정관으로 정하는 바에 따라 선출하되, 문화관광부장관의 승인을 받아 취임한다.

⑦ 체육회에 관하여 이 법에서 규정한 것 외에는 「민법」 중 사단법인에 관한 규정을 준용한다.

이러한 법적 근거를 가진 대한체육회의 정관을 개정하여 스포츠분쟁기구를 설치하기로 하였다. 2006년 3월 29일 대한체육회 정관 제10장 제54조를 신설하여 <한국스포츠중재위원회>의 설치근거와 관할 할 수 있는 분쟁유형을 규정하였다.

[大韓體育會 定款]

제 10 장 한국스포츠중재위원회

제54조(한국스포츠중재위원회) ① 본회, 가맹경기단체, 시도지부, 그 구성원 등(본조에서 '관련당사자'라 한다)간에 발생하는 분쟁을 스포츠 분야의 특수성을 감안한 전문적인 조정 및 중재를 통하여 원만하고 합리적으로 해결하기 위하여 한국스포츠중재위원회를 두 기로 한다. (신설 '06. 3. 29)

② 한국스포츠중재위원회는 다음 각 호의 분쟁에 대하여 관련당사자간의 합의가 있는 경우 조정 및 중재절차를 통해 해결할 수 있다. (신설 '06. 3. 29)

1. 구성원간의 분쟁 또는 대립

2. 선수의 경기참가 자격 관련 분쟁

3. 국제대회 대표선수 선발 관련 분쟁

4. 도핑 판정 관련 위 각호의 분쟁

5. 기타 조정 및 중재가 필요하다고 인정되는 스포츠 관련 분쟁

③ 한국스포츠중재위원회는 조정 및 중재업무에 관하여는 별도의 규정에 따른 중재패널을 구성하여 수행하고, 행정업무에 관하여는 위원장 1인을 포함하여 9인 이내의 위원으로 구성된 위원회, 감사를 통하여 그 업무를 집행한다. (신설 '06. 3. 29)

④ 기타 한국스포츠중재위원회의 구성, 운영, 중재절차 등에 관한 세부사항은 별도의 규정을 두어 이를 정한다. (신설 '06. 3. 29)

III. 한국스포츠중재위원회의 조직 현황

1. 조직

한국스포츠중재위원회는 경기자와 경기단체의 분쟁을 조정 또는 중재에 의해 공정하고 신속하게 해결함으로써 스포츠발전에 이바지하기 위해 설립되었다.[19] 이 위원회의 임원은 위원 9인(위원장 포함)과 감사 1인을 두도록 하였다.[20] 위원의 선출은 대한체육회에서 추천한 3인, 대한올림픽위원회(KOC)에서 추천한 3인, 대한변호사회, 사단법인 한국스포츠엔터테인먼트법학회 및 대한장애인체육회에서 각 1인씩 추천한 3인을 위원회에서 선임하도록 하고 있다. 위원의 추천권을 갖는 단체는 위원의 결원이 있을 경우에는 신속히 새로운 위원을 추천하여야 한다. 위원회를 대표하는 위원장은 재적위원 3분의 2이상이 출석한 위원회에서 과반수이상 찬성으로 선출한다. 상임위원과 감사는 위원회에서 선출한다.[21] 위원의 임기는 4년, 감사는 2

---

19) 한국스포츠중재위원회 규정 제2조.
20) 위 규정 제5조.

년이며 연임할 수 있다.[22]

　　현재 위원회의 임원은 위원장 1인과 위원 8인, 감사1인이 위원회의 재산관리, 예산 결산, 사무국 운영 등을 수행하고 있다. 사무국에는 국장1인과 사무직원 1인이 근무하고 있다.[23]

　　중재인단은 현재 총 59인의 중재인으로 구성되어 있다. 중재인은 대한변호사협회에서 추천한 변호사 20인, 한국체육학회에서 추천한 5인, 대한체육회에서 추천한 10인, 대한장애인체육회에서 추천한 5인, 한국스포츠엔터테인먼트법학회에서 추천한 10인, 그리고 중재위원회 위원 9명(당연직) 등으로 구성되었다.

2. 관할 업무

한국스포츠중재위원회는 다음의 사업을 한다.[24]

1) 스포츠 중재에 관한 기본계획의 수립
2) 스포츠 중재를 위한 규칙 제정
3) 스포츠 조정 및 중재 사무
4) 스포츠에 관한 법령 및 스포츠 중재에 관한 교육과 계발
5) 스포츠에 관한 법령 및 스포츠 중재에 관련된 정보수집과 관리
6) 기타 중재위의 목적달성에 필요한 사업의 수행

3. 예산

　　연간예산은 약 2억 원이며, 1989년 서울올림픽을 기념하고 스포츠진흥을 위해 설립된 국민체육진흥공단에서 운용하는 국민체육기금에서 매년 지원을 받고 있다.[25]

---

21) 위 규정 제6조.
22) 위 규정 제7조.
23) http://www.sportsksac.org
24) 한국스포츠중재위원회 규정 제4조; http://www.sportsksac.org.

Ⅳ. 한국스포츠중재위원회의 분쟁해결 규칙의 내용

1. 조정·중재를 받을 수 있는 분쟁사건의 범위

이 위원회는 스포츠 단체, 구성원 및 경기 등 해당 단체의 운영과 관련된 분쟁의 중재를 공정·신속하게 하기 위한 절차를 정하기 위하여 '한국스포츠중재위원회 규칙'을 2006년 5월 16일 제정하여 시행하고 있다.[26]

이 위원회에서 처리할 수 있는 사건은 대한체육회(가맹경기단체, 시·도 지부 포함)와 대한올림픽위원회의 결정에 대하여 불복이 있는 경기자, 경기지원요원, 감독 등 경기 관련자가 소속 경기단체를 상대로 신청한 중재사건의 경우이다. 다만 경기 중에 내린 심판의 판정은 제외된다.[27] 신청인과 상대방 사이에 관계된 분쟁을 한국스포츠중재위원회에 중재를 요청하는 합의가 있어야 한다. 개인은 물론 단체도 중재신청을 할 수 있다. 대리인에 의해 중재절차를 행할 경우 대리인은 중재위원회에 위임장을 제출하여야 한다. 신청대상이 되는 단체의 결정을 안날로부터 6개월 이내 또는 그 결정이 내려진 날로부터 1년 이내에 신청해야 한다.

---

25) 국민체육진흥법 제36조 (서울올림픽기념국민체육진흥공단) ①제24회 서울올림픽대회를 기념하고 국민체육 진흥을 위한 다음의 사업을 하게 하기 위하여 문화관광부장관의 인가를 받아 서울올림픽기념국민체육진흥공단(이하 "진흥공단"이라 한다)을 설립한다.
　1. 제24회 서울올림픽대회 기념사업
　2. 기금의 조성, 운용 및 관리와 이에 딸린 사업
　3. 체육시설의 설치·관리 및 이에 따른 부동산의 취득·임대 등 운영 사업
　4. 체육 과학의 연구
　5. 그 밖에 문화관광부장관이 인정하는 사업
　　②진흥공단은 법인으로 한다.
　　③진흥공단에 관하여 이 법에서 규정한 것 외에는 「민법」 중 재단법인에 관한 규정을 준용한다.
　　④진흥공단은 제1항제3호에 따른 체육시설 중 제24회 서울올림픽대회를 위하여 설치된 체육시설의 유지·관리에 드는 경비를 충당하기 위하여 그 체육시설에 입장하는 자로부터 입장료를 받을 수 있다.
　　⑤제4항의 입장료를 받으려면 문화관광부장관의 승인을 받아야 한다. 승인받은 사항을 변경하려는 때에도 또한 같다.
26) 이 규칙은 2006년 5월16일 제정하여 시행하고 있으나 중재합의를 전재로 중재신청을 할 수 있는 제도의 한계를 극복하고 조정제도를 도입을 포함한 분쟁해결제도의 활성화를 위하여 대폭적인 규칙의 개정을 추진한 결과 2007년 11월 20일 개정안이 위회회를 통과하였다.
27) 한국스포츠중재위원회 규칙 제3조 제1항.

주요 관할대상 사건으로는 구성원간의 분쟁 또는 대립, 선수의 경기 참가자격과 관련된 분쟁, 국제대회 대표선수 선발 관련 분쟁, 도핑판정 관련된 분쟁, 기타 조정 및 중재가 필요하다고 인정되는 스포츠 관련 분쟁 등 광범위하게 인정하고 있다. 프로구단, 생활체육단체와 관련된 분쟁 등도 포함된다.[28]

2. 중재합의

중재를 신청하려면 서면 또는 그 의사를 명확하게 인정할 수 있는 방법으로 중재합의는 필요하다.[29] 이러한 중재합의 규정은 분쟁해결을 원활하게 해결하는데 걸림돌이 되고 있다. 따라서 조정제도를 도입하여 조정·중재를 함께 실시할 수 있도록 중재규칙을 개정하였다. 즉, 체육단체가 그 정관 또는 규정에 "분쟁은 한국스포츠중재위원회를 통하여 해결한다"는 규정을 둔 경우에는 그 단체는 중재합의가 있는 것으로 간주하도록 하였다.[30] 또한 대한체육회 정관과 시도 체육회(지부)의 규정 및 가맹경기단체의 정관 또는 내부규정으로 분쟁발생시에는 언제나 분쟁해결을 신청할 수 있도록 관련단체의 정관 또는 규정을 개정하도록 제안하였다.

3. 중재판정부의 구성

당사자간의 분쟁해결을 위하여 1인 또는 3인의 중재인으로 중재판정부를 구성한다. 중재판정부는 원칙적으로 중재위 위원 1인 이상이 포함된 3인의 중재인으로 구성된다.[31] 중재위원회가 중요하다고 판단하여 재적위원 과반수의 찬성으로 의결한 사건을 처리하기 위하여 특별중재판정부를 설치할 수 있으며, 특별중재판정부는

---

28) 일본의 스포츠중재기구(JASS)의 규칙에서는 이러한 사건은 경기단체간의 분쟁, 경기단체가 경기자에 대한 청구, 스폰서계약 및 방송계약 사건, 경기중 발생한 심판판정에 관련된 사건 등과 함께 제외하고 있다(JASS 규칙 제2조 제1항).
29) 한국스포츠중재위원회 규칙 제3조 제2항.
30) 위 규칙 제3조 제2항 단서.
31) 위 규칙 제5조 제1항, 제24조 제1항.

중재위원 2인 이상과 중재인 3인 이상을 포함하여 5인 이상 15인 이내로 구성한
다.[32]

4. 중재인 선임과 기피

(1) 선임

중재인은 독립, 공정, 신속하게 사안을 처리하여야 하며, 당사자에 의해 선정된
중재인도 당사자로부터 받는 직접 보수 외의 대가를 받을 수 없다. 중재사안에 이해
관계를 가진 자는 중재인이 될 수 없다. 중재인은 당해사안과 관련하여 공정한 심리
를 할 수 없다고 사료되는 이유가 있을 때에는 신속히 이를 중재판정부에 알려야
한다.[33] 중재인은 중재위원회에서 작성하여 관리하는 중재인 명부 중에서 선임되어
야 하며, 3인 이상의 중재인을 선임하는 경우에는 중재위 위원 1인을 반드시 포함하
여야 한다.

당사자는 중재판정부를 1인으로 합의한 경우에는 3주내에 중재인선임에 합의하
거나 또는 사무국에 중재인의 선임을 의뢰할 수 있다. 3인의 중재판정부를 구성하
는 경우에는 각 당사자가 중재신청 접수 송달을 받은 날로부터 3주 이내에 각 1인
의 중재인을 선임하여 사무국에 통지하여야 한다. 다만 기간내에 선임을 할 수 없는
경우에는 사무국에서 선임한다. 선임된 2인의 중재인은 중재장을 합의에 의해 선임
하거나 사무국이 선임하도록 한다. 당사자가 선정한 중제판정부의 중재인 중에 변
호사 또는 법학교수가 없는 경우에는 중재장은 변호사 또는 법학교수 중에서 선임
하여야 한다. 선임된 중재인은 중재인 취임승낙서를 15일 이내에 사무국에 제출하
여야 한다. 중재인이 중대한 사유로 사퇴한 경우에는 2주 이내에 후임중재인을 선
임하여야 한다.[34]

---

32) 위 규칙 제5조 제2항, 제24조 제2항.
33) 위 규칙 제23조.
34) 위 규칙 제25조.

(2) 기피와 사임

당사자는 공정성에 의심이 있다고 판단되는 중재인에 대하여는 기피사유를 안 날로부터 15일 이내에 판정부에 서면으로 기피신청을 할 수 있다. 다만 기피사유를 알고도 심리절차에서 바로 이의를 제기하지 않은 경우에는 이의를 제기 할 수 없다. 중재인 기피신청이 있는 경우 판정부는 당해 중재인의 의견진술을 들은 후 이에 대하여 결정한다.[35]

중재인은 정당한 이유가 있을 경우가 아니면 사임할 수 없다. 중재인이 직무를 수행하지 않거나 직무 수행을 부당히 지연할 경우, 법률상 및 사실상 중재인이 직무를 수행할 수 없을 경우에는 중재판정부는 당사자의 신청 또는 직권으로 그 중재인을 교체할 수 있다.[36]

5. 중재신청의 절차

중재의 신청은 경기자 등이 신청 대상이 되는 단체의 결정을 안날로 부터 3개월 이내 또는 그 결정이 내려진 날로부터 6개월 이내에 중재위원회에 접수해야 한다. 다만 단체의 규정 또는 당사자 간의 합의가 있는 경우에는 1년내로 한다.[37]

중재를 신청하고자 하는 자는 중재합의서(다만 체육단체에 중재합의에 예외규정을 둔 경우에는 제외), 해당 단체의 규칙, 대리인이 있는 경우 위임장 등과 함께 중재신청서와 소정의 중재비용(현재 50만원)을 중재위원회의 사무국에 제출하여야 한다. 중재신청서에는 당사자 쌍방의 성명 및 주소, 대리인의 주소 및 성명, 신청취지, 중재신청의 이유 및 입증방법, 중재신청의 대상이 되는 결정에 대한 특정사항 등을 기재하여야 한다.[38]

---

35) 위 규칙 제26조.
36) 위 규칙 제27조.
37) 위 규칙 제15조.
38) 위 규칙 제16조.

6. 중재심리의 절차

중재판정부는 중재 신청된 사안에 대해 심리 결정할 권한이 있다.[39] 심리 및 심리 절차는 원칙적으로 중재판정부의 중재장이 지휘한다. 중재판정부는 공정하게 당사자의 주장, 입증 및 이에 대한 진술의 기회를 충분히 주어야 한다. 중재장은 필요한 경우에 중재판정부의 일원인 중재인 1인에게 증인심문 및 현장검증 등을 면할 수 있다.[40] 심리 일시 및 장소는 중재판정부가 합의하여 결정한다. 심리가 2일 이상 계속될 필요가 있는 경우에는 속행기일은 연속된 날로 정한다. 최초의 심리기일은 심리개시 10일전까지 당사자에게 통지한다. 당사자는 심리기일 및 장소의 변경을 신청할 수 있다. 다만 심리지연을 목적으로 하는 경우에는 중재판정부의 결정으로 이를 기각할 수 있다.[41] 중재판정부는 당사자에게 심리 기일과 심리 절차를 신속·정확하게 하기 위하여 사전에 주장과 증거 방법 및 상대방 주장에 대한 의견을 기재한 준비서면과 답변서를 제출하게 할 수 있다.[42] 중재판정부는 사안을 명확하게 하기 위하여 당사자 주장에 설명을 구하거나 또는 당사자에게 현장 검증 또는 증거 조사시에 입회하도록 할 수 있다. 당사자는 그 청구 또는 방어의 근거가 되는 사실을 입증할 책임이 있다. 중재판정부는 필요하다고 인정될 때에는 당사자에 증거 제출을 요구하거나 또는 당사자로부터 신청이 없는 증거 조사를 할 수 있다. 증거조사는 심리기일 외에도 할 수 있다. 이 경우 당사자에게 입회기회를 주어야 한다. 중재판정부는 필요 시 또는 당사자 신청이 있을 경우에는 공공 기관 등에 조회를 하여 회답을 구할 수 있다. 그 회답은 당사자에게 알려주어야 한다.[43]

당사자는 자기의 주장을 입증할 수 있는 증거를 제출하거나 증인 또는 감정인의 임의출석을 신청할 수 있다. 중재판정부는 필요하다고 인정할 때에는 증거의 제출이나 증인 또는 감정인의 출석을 요구할 수 있다. 그러나 중재판정부가 정한 기간

---

39) 위 규칙 제29조.
40) 위 규칙 제30조.
41) 위 규칙 제31조.
42) 위 규칙 제32조.
43) 위 규칙 제34조.

내에 증거가 제출되지 아니하거나, 증인 또는 감정인이 출석하지 않은 경우에도 중재판정부는 심리를 진행할 수 있다. 당사자 이외의 자로서 중재 판정 결과에 이해관계가 있는 자는 신청 상대방이 동의할 경우에는 중재절차에 참가할 수 있다.[44]

7. 중재판정과 판정효력

스포츠분쟁은 신속하게 해결하는 것이 이상적이다. 그래서 통상적으로 심리종결부터 4주 이내에 중재판정을 하도록 규정하고 있다.[45] 또한 중재위원회 사무국은 사태의 중요성이나 사안의 긴급성을 고려하여 신속한 분쟁해결이 필요하다고 판단할 때에는 <긴급중재절차>에 따라 판정할 수 있도록 규정하였다.[46]

중재판정은 경기단체 규정 및 법령, 법의 일반원칙에 따라 내려져야 한다. 중재판정에는 당사자의 성명 또는 명칭 및 주소, 대리인이 있는 경우는 그 성명 및 주판정주문 및 판정이유, 중재지, 작성연월일 등을 서면으로 작성하고 중재인이 서명을 해야 한다.[47]

중재 판정은 최종적이며 당사자 쌍방을 구속하고, 당사자간에는 재판상의 화해와 같은 효력이 있다. 다만, 도핑 등에 관한 사안은 국제규정에 따라 다른 구제 절차를 인정해야 할 경우에는 예외로 한다.[48]

---

44) 위 규칙 제35조. 그 밖에도 중재의 동일절차에 의한 병합심리, 비공개중재판단의 공개 비밀보호, 번역문의 제출, 심리종결의 재개 등의 심리절차를 규정하고 있다. 중재심리 절차에 관하여는 한국스포츠중재위원회 규칙 제29조~43조에 상세히 규정되어 있다.
45) 위 규칙 제44조.
46) 위 규칙 제52조.
47) 위 규칙 제45조, 46조.
48) 위 규칙 제50조.

V. 분쟁사건의 처리 현황

1. 중재판정사건

"2007 국가대표 카누지도자 선발결정" (사건번호 : 2007중재 제001호)

(1) 사건의 개요

피신청인 대한카누협회는 2007. 3. 12. 홈페이지에 국가대표 및 후보(상비군)팀 지도자 선발기준표와 위 선발기준표에 의한 선발방법에 따라 2007년도 카누 국가대 표팀지도자 선발공고를 하였다. 이 공고에 게재된 지도자선발기준표에 의하면 지원 자의 선수경력, 국가대표, 상비군 및 일반선수 지도경력, 전문지식, 카누연맹 심판자 격증, 카누지도자 자격증, 체육관련 자격증, 외국어 구사능력으로 되어 있고, 특히 지도자 활동경력 5년 이상인자로 특정되어 있었다. 심사결과 최종적으로 신청인과 B씨, 두 사람만이 심사대상자로 남았는바, 2007. 3. 22. 18：00에 개최된 피신청인의 제2차 선발위원회에서는 국가대표팀 지도자 선발기준표에 의한 실적 합계점수가 신청인은 7.3점이고 B씨는 6.28점이었는데, 참석위원 7명이 투표하여 4표를 획득한 B씨를 2007년 지도자로 결정하였다. 신청인은 피신청인이 국가대표 지도자로 선발 한 B씨의 지도자 경력을 문제삼아 이의제기를 하였으나 신청인의 이의가 받아들여 지지 않자 한국스포츠중재위원회에 중재를 제기하였다.

(2) 중재판정의 결과

신청인의 주장을 認容하였다. 즉, "피신청인 대한카누협회는 2007. 4. 4. B씨를 2007년도 국가대표팀 카누지도자로 선발한 결정을 취소하고, 신청인을 2007년도 국 가대표팀 카누지도자로 선발해야 한다."고 중재판정부가 결정하였다.

중재판정부는 그 이유는 다음과 같이 판단하였다.

"국가대표팀 지도자 선발은 국가대표팀이라는 중요성에 비추어 지도자의 능력을 객관적으로 엄격히 평가하여 정확하고 공정하게 이루어져야 할 것이고, 이를 위하여 피신청인은 국가대표팀 지도자 선발을 공모하는 방식을 택하였다고 할 것이다. 피신청인이 2007. 4. 4. 카누종목 지도경력이 5년 이하인 B씨를 2007년 국가대표팀지도자로 선발한 결정은 자격기준이 되지 않는 자를 지도자로 선발한 것으로서 그 하자가 중대하여 취소를 면할 수 없다고 할 것이고, 피신청인은 신청인을 2007년도 국가대표팀 카누지도자로 선발하는 절차를 이행할 의무가 있다고 할 것이다. 공모에 의하여 심사한 결과 신청인과 B씨, 2인만이 심사대상에 올랐고, B씨가 자격요건에 미달하였으므로, 피신청인은 당연히 신청인을 지도자로 선발하여야 할 의무가 있다고 할 것이다."

2. 중재관련 상담 실적

(1) 중재관련 상담 실적(2007년)

4월	5월	6월	7월	8월	9월	10월	소계
10건	3건	6건	5건	5건	4건	4건	37건

(2) 내용별 분류

- 선수의 이적동의서 관련 상담 : 9건
- 징계처분 관련 상담 : 9건
- 선수등록 관련 상담 : 4건
- 기타 분쟁관련 상담 : 15건

VI. 스포츠중재기구의 설치의 필요성과 과제

1. 한국스포츠중재위원회의 설립과 폐지

21세기에 들어와서 스포츠법학계의 연구결과를 바탕으로 스포츠중재기구의 설립이 적극적으로 추진되었다.[49] 또한 2002년 솔트레이크시티 동계올림픽과 2004년 아테네올림픽에서 한국 선수들이 직접 피해를 당하면서 스포츠분쟁제도에 큰 관심을 가지게 되었다. 이러한 스포츠 심판의 오판 사건을 계기로 '공정성'이라는 올림픽헌장의 기본원칙이 훼손되어 가는 것을 안타깝게 여기면서 '국제스포츠중재재판소'를 비롯한 스포츠분쟁의 해결기구의 중요성을 우리 모두 알게 되었다. 한국에도 스포츠중재기구가 절실히 필요하다는 여론이 형성되었다.[50]

1999년 12월 스포츠법을 연구하는 한국스포츠법학회가 창립되어 스포츠중재제도에 대한 연구가 본격적으로 진행되었고, 2004년 10월 학술대회에서 스포츠분쟁해결을 위한 헌법적 연구, 스포츠자치권과 스포츠분쟁, 스포츠분쟁해결기구의 설립방안, 스포츠행정조직의 법적 성격과 권리구제, 국제스포츠중재재판소를 통한 스포츠분쟁의 처리 등 5편의 연구논문이 발표되어 법이론적 기반을 조성하였다. 2005년에는 한국, 중국, 일본, 인도 등의 스포츠법학자들이 서울에서 모여 아시아스포츠법학회를 창립하면서 "아시아스포츠법의 과제"라는 대주제를 놓고 대규모 국제학술대회를 개최하면서 각국의 스포츠중재제도를 소개하고 비교법적인 연구결과가 발표되었다. 이 학술대회의 결과 중의 하나인 스포츠중재기구의 설립을 정부, 체육계 관계기관에 건의하였던 것이다.

---

49) 이에 대한 상세한 내용은 졸고, 「스포츠분쟁 해결기구의 설립방안」, 『스포츠와 법』 제5권, 2004, 65-82면 : 「한국스포츠중재위원회의 설립과 활동」, 『스포츠와 법』 제10권 4호(통권 제13호), 2007, 415-433면 등을 참조할 것.

50) 이 두 가지 사건에 관하여는 졸고, 전게논문, 『스포츠와 법』 제10권 4호(통권 제13호), 417-418면을 참조바라며, 김동성사건에 관하여는 특히 Arbitration CAS ad hoc Division (OWG Salt Lake City 2002) 007 Korean Olympic Committee(KOC) v. International Skating Union(ISU), award of 23 Feb. 2002, Matthieu Reeb(eds), Digest of CAS Awards III 2001-2003(2004), 6.1.1,, 양태영 사건에 관하여는 CAS 2004/A/704 Yang Tae Young v. FIG, para 1.1.1.-1.1.5.를 참조바람.

그 결과, 대한체육회는 2006년 1월 제6차 이사회에서 구정관 제10장을 신설하여 기구설치의 근거를 마련하기로 결의하였다. 그 후 동년 2월 대한체육회 2006 정기 대의원총회에서 제6차 이사회 결의사항을 승인하고 동년 3월 29일 개정정관이 효력을 가지게 되었다. 2006년 5월 대한체육회 제7차 이사회에서 '한국스포츠중재위원회규정'을 제정하여 동년 5월 16일부터 시행하도록 하였다. 이러한 과정을 거쳐 2006년 5월 17일 한국스포츠중재위원회(KSAC)가 창립되었다.[51]

그런데 2009년 6월 대한체육회는 대한올림픽위원회를 통합하면서 대한체육회 개정정관에서 한국스포츠중재위원회의 근거규정을 삭제하였고, 당장 2010년부터 재정지원을 전혀 하지 않기로 결정되어 한국스포츠중재위원회는 존폐의 위기를 맞이하게 된 것이다. 중재처리건수가 미흡하다는 경영논리를 내세워 어렵게 설립한 이 스포츠중재기구를 없애는 것은 스포츠선진화를 저해하고 국민통합에 기여하는 조정 중재제도의 필요성을 무시하는 정책이라고 볼 수 있다. 이웃나라 일본에서도 중재처리건수가 아주 적지만 2003년 비법인으로 설립하였다가 2009년 4월에 재단법인으로 확고한 법적지위를 확립시켜 발전시키고 있는 것과는 정반대의 정책결정인 것이다.

이러한 시점에서 이 발표에서는 한국스포츠중재위원회의 필요성과 스포츠선진화를 위한 입법정책적인 방안으로 법정기구화의 과제를 제시하고자 한다.

2. 한국스포츠중재위원회의 필요성

(1) 헌법상의 스포츠자치권의 보장

현행헌법은 재판청구권의 보장으로 스포츠분쟁을 재판을 통하여 권리를 구제할 수 있도록 하고 있음은 물론이다(헌법 제27조). 또한 헌법상 집회결사의 자유(헌법

---

51) 한편, 한국스포츠중재위원회가 설립되기 전에 일본에서는 2002년 JOC, 일본체육협회, 일본 장애인 스포츠협회가 <일본 스포츠중재기구 창설준비위원회>를 발족시키고 준비기간에 각국의 현지 실태조사 등을 실시한 후에 2003년 4월 7일 <일본스포츠중재기구 : JSAA>로 출범하게 되었다

제21조)와 자기결정권에 입각한 사적자치의 원칙에 따라 스포츠자치권이 보장되어 스포츠의 조직과 운영의 자치권을 보장하고 있는 것이다.[52] 스포츠인이 스포츠단체를 결성하고 규칙을 제정하며, 그 단체에 가입하여 활동하는 것은 당연히 인간의 존엄과 가치를 지키고 인간다운생활을 보장한 법치국가의 이념에도 합당한 것이다. 또한 이러한 자율적이고 자치적인 스포츠활동에서 일어난 분쟁은 스스로의 힘으로 해결하는 것이 스포츠정신에도 부합되며, 스포츠분쟁의 특수성을 고려할 때 당연한 일이다. 따라서 스포츠분쟁해결을 위한 기구인 '한국스포츠중재위원회'를 실정법에 어긋나지 않는 범위 안에서 자치적으로 만들어 운영하는 것은 바람직하고 타당한 것이다.

(2) 스포츠자치권과 스포츠분쟁 해결기구의 특수성

스포츠분야는 경기규칙, 경기단체의 규약 등 스포츠자치권에 의한 자치법규의 특수성과 전문성이 강하다. 스포츠에 있어서 자치권은 자기결정권의 행사의 결과이다. 스포츠단체를 결정하고 규칙을 제정하며, 경기의 자율적인 규칙을 만들어 운영하는 것이 보장되는 것이다. 스포츠는 각 종목마다 세계적으로 통일된 경기규칙을 가지고 독자적인 활동을 한다. 지역대회, 세계대회, 올림픽에 이르기까지 조직적인 활동을 하며, 규칙의 정당성과 구속력을 인정받고 있는 것이다.

각 스포츠단체는 그들의 규칙에 따라서 당해 스포츠의 발전과 소속 스포츠인의 이익을 위하여 활동한다. 그러나 점증되는 경쟁 속에서 스포츠를 둘러싼 이해관계의 충돌이 불가피하게 일어나고, 분쟁의 신속하고 원만한 해결이 요망된다.

이러한 스포츠분쟁의 합리적인 해결을 위하여 가능하면 국가의 간섭을 피하고 스포츠자치영역에서 해결하는 것이 이상적이다. 따라서 스포츠단체와 스포츠인들의 대립과 갈등을 국가기관인 법원에 제소하지 않고, 독자적인 분쟁해결기구(조정·중재기구)를 설립하여 스포츠자치권에 따라 해결하는 방안이 가장 이상적이라고 할

---

52) 우리 헌법은 이에 대한 명문규정은 DJAT지만, 인간의 존엄과 가치를 규정한 헌법 제10조와 기본권제한의 한계를 규정한 헌법 제37조 제1항에서 근거를 찾을 수 있다는 것이 통설이다.

것이다. 그래서 국제기구인 국제스포츠중재재판소(CAS : Court of Arbitration for Sport)가 1984년 설치되었으며, 일본, 영국, 미국, 독일, 네덜란드, 캐나다, 헝가리, 뉴질랜드 등 많은 나라에서 스포츠중재기구를 설치하여 운영하고 있는 것이다.

사법적인 쟁송을 통한 법원의 판결에 의하지 않고, 분쟁을 해결하는 제도로는 협상, 알선, 조정, 중재, 화해 등이 있다. 분쟁이 발생하면 우선 당사자가 스스로 해결하려고 노력한다. 이러한 노력이 결렬되면 서로 주변의 전문가에게 의뢰하여 상담하고 대리인을 통하여 해결되기를 기대해 본다. 그래도 해결이 어려우면 법원이나 공적 기구에 의뢰하여 공정한 판단을 기다리게 되는 것이다.

그런데 역시 국가기관인 법원을 통하여 재판으로 승부를 내게 되면 승자와 패자가 분명해 지지만, 당사자간의 갈등과 대립은 더욱 심해지는 것이 보통이다. 따라서 재판 이외의 여러 ADR제도의 활용을 통하여 각 분야의 갈등과 대립을 해소하고 사회통합을 이루려는 노력을 계속해 오고 있는 것이다. 또한 이러한 제도의 순기능을 극대화할 수 있는 분쟁해결 기법과 기관의 창설 등에 대한 학문적인 연구가 중요성을 더해가고 있는 것이다.[53]

(3) 스포츠분쟁의 특수성

스포츠분쟁은 우호적이고 신속하고 저렴한 비용으로 공정하게 해결되어야 하기 때문이다.

일반 재판절차는 소송법의 엄격한 절차에 따라 진행되고 3심까지 가면 오랜 시간이 걸린다. 스포츠분쟁은 신속하게 우호적으로 해결되어야 한다. 조정이나 중재제도는 분쟁당사자간에 충분한 협의와 대화를 통하여 우호적으로 비공개적으로 이루어지기 때문에 상호간의 갈등과 대립을 완화시키고 해소시켜 화합된 통합사회를 만들어가는 데 공헌할 수 있다. 일반적으로 스포츠 조정·중재제도는 단심제·집중

---

53) 최근에는 분쟁해결을 종합적으로 연구하는 학문인 <분쟁해결학>이 새롭게 등장하였다. 이는 법학을 비롯하여 사회학, 경영학, 심리학, 인류학 등의 학제적 연구를 통하여 독자적인 학문영역으로 발전되고 있다. 이에 대하여는 廣田尙久, 『紛爭解決學』, 信山社, 2002, 3-17면 참조.

심리제·예비회의제 등을 활용하여 분쟁을 신속하게 해결하고 분쟁해결비용도 저렴하게 하는 경제적인 효과도 거둘 수 있다.

일반 민사소송절차는 소송법이라는 엄격한 절차법에 따라 이루어지므로 절차의 적정성 내지 공정성이 비교적 보장되지만, 중재위원회의 중재는 절차의 신속성이 강조되고 중재가 당사자의 자율성에 기초하므로 절차의 신속성이 지나치게 강조되다 보면 중재의 공정성이 떨어질 수 있는 가능성이 있다.

조정이나 중재제도는 재판제도와 비교할 때 비교적 원만한 절차가 진행되고, 상호간의 협의를 통하여 결론에 도달하게 됨으로써 분쟁당사자에게 사안의 특성이나 논점을 충분하게 진술할 기회를 통하여 갈등을 완화시키거나 해소하기 때문에 재판제도에 비하여 분쟁종결 후의 후유증을 최소화할 수 있어야 한다.

조정·중재제도는 증거법상의 엄격한 규정적용이 배제되고 비공식적 절차로서의 신축성과 신속성을 가지고 있다.

일반적으로 조정·중재제도는 분쟁을 해결하는 과정에서 단심제, 집중심리제, 예비회의제 등의 적극적인 활용을 통하여 분쟁의 종료시점까지의 기간을 최소화하게 되고, 분쟁해결기간이 단축됨으로 인하여 분쟁기간 중의 고정관리비용의 지출도 최소화시킬 수 있음은 물론 분쟁해결비용도 저렴하기 때문에 분쟁당사자에게 실질적인 경제적 부담의 경감이라는 점에서 그 의의가 크다고 할 수 있다.

스포츠분쟁은 스포츠선수의 특정 경기에의 출전자격이 문제되는 경우와 같이 일정한 시간이 경과하면 중재위원회가 신청 당사자의 주장을 인정하는 판정을 내려도 해당 당사자에게는 실질적인 분쟁해결의 의미가 없는 경우가 많기 때문에 스포츠분쟁 중재에서는 중재기구가 신속하게 결론을 내릴 것을 요구하는 경향이 강하다.

(4) 국제적인 추세에 따른 필요성

스포츠계의 국제적인 추세를 따라가지 않을 수 없다. 1988년 서울 올림픽경기와 2002년 월드컵 축구경기를 성공적으로 개최하면서 스포츠분쟁의 해결을 위한 스포츠중재제도와 기구의 필요성이 강조되어 한국스포츠중재위원회가 탄생되었던 것이다. 또한 2002년 솔트레이크시티 동계올림픽과 2004년 아테네올림픽에서 한국 선수들이 직접 피해를 당하면서 국제스포츠중재재판소(CAS)를 비롯한 국제스포츠분쟁제도에 큰 관심을 가지게 되었다. 대한올림픽 위원회(KOC)는 이 사건들을 국제스포츠중재재판소(CAS)에 중재를 요청했지만 아깝게도 <기각>되어 안타까움 속에서 국제스포츠중재재판소와 같은 스포츠중재기구의 존재의 의의와 중요성을 새롭게 인식하는 계기가 되었다.

국제스포츠중재재판소가 만들어진 1984년부터 2년간은 단 한건도 처리하지 못했고, 1986년 1건, 1987년 5건 등으로 점차 늘어났지만 1993년까지 약 10여 년 동안은 불과 76건(연평균 7건)을 처리하였지만 경영논리만 내세워 이 기구를 없애지 않았다. 오히려 스포츠분쟁해결의 우선권과 관할독점권을 인정하는 개혁을 통하여 활성화 방안을 모색하여 성공하였다. 그 결과 국제스포츠중재재판소에서는 1994년부터 사건이 증가하여 최근에는 매년 200여 건 이상이 처리되고 있다.

일본에서도 2003년 <일본스포츠중재기구>를 설립하여 운영하고 있지만 2003년도 3건, 2004년도 2건, 2005년도 1건, 2006년도 1건, 2007년도 0건, 2008년 3건 등으로 실적은 미흡하지만 2009년 4월부터 오히려 이 기구를 재단법인으로 새롭게 출범하여 활성화를 위해 다양한 제도를 도입하였다.

그밖에도 영국, 미국, 캐나다, 뉴질랜드, 헝가리, 네덜란드, 독일, 폴란드, 남아프리카 등 여러 나라에서는 스포츠기본법을 비롯하여 이와 유사한 근거법률을 제정하거나 개정하여 스포츠중재기구를 설립하여 활발한 활동을 지원하고 있는 실정이다.

(5) 스포츠선진화를 위한 필요성

한국이 스포츠강국으로서 스포츠선진화를 위해 한국스포츠중재위원회는 꼭 존치해야 한다.

2008년 북경올림픽에서 금메달 13개, 종합순위 세계7위를 하면서 우리나라가 스포츠강국임을 다시 한번 확인하게 되었다. 이제는 스포츠 강국을 포괄할 수 있는 스포츠 선진국이 되어야 한다는 것이 각계각층의 의견이다. 진정으로 국민통합과 경제적 수익창출에 밑거름이 되는 스포츠선진화를 이루어야 한다. 스포츠선진화를 이룬 대부분의 나라에는 스포츠중재기구가 설립되어 활동하고 있다는 점을 깊이 새길 필요가 있다.

3. 법정기구화 방안

(1) 스포츠기본법에 규정하는 방안

한국스포츠중재위원회의 위상을 높이고, 스포츠분쟁해결의 활성화를 위해서는 <스포츠기본법> 또는 <국민체육기본법>의 제정을 통하여 법적인 근거를 명확히 규정할 필요가 있다는 점을 강조하게 된다.

스포츠기본법의 제정이 필요한 이유에 대하여는 이미 여러차례 발표한바 있다. 요약하면 다음과 같다.

첫째, 스포츠관련법령이 50개에 달하는데 비체계적이고 관련법령을 총괄하는 기본법이 없다. 현재 이러한 기능을 담당하는 국민체육진흥법은 기본법으로서의 역할을 담당하기 어렵기 때문이다.[54]

둘째, 국가의 중요정책에 스포츠분야가 포함되는 것은 당연하다. 올림픽 등 각종 경기대회에서 국위선양을 하고 국민화합과 삶의 질을 높이는 데 스포츠계의 공헌·공로는 대단하다고 누구나 인정한다. 그러나 법을 통한 제도적 뒷받침은 참으로 열악하고, 50대 중요 국정과제에 들어가지 못하고 있다. 또한 스포츠행정 분야는 여러 부처에 분산되어 있으므로 정책의 기획이나 집행이 어려운 경우가 많다.[55]

셋째, 스포츠분야를 총괄하면서 업무영역을 종합적·체계적으로 규율하는 기본

---

54) 이에 관한 자세한 내용은 졸고, 「스포츠기본법의 제정방안」, 『스포츠와 법』 제11권 4호(통권 제17권), 한국스포츠엔터테인먼트법학회, 2008, 113-143면 참조.

55) 예를 들면 학교체육, 스포츠산업, 프로스포츠, 스포츠복지, 여성스포츠, 남북스포츠 교류, 국제스포츠 등의 분야에서 부처간의 이해와 협력, 그리고 업무조정 등이 필요하다.

법이 필요한 것이다. 스포츠관련 다른 법령의 총괄적 원칙을 정하는 것이 시급하기 때문이다.

기본법은 그 법률과 관련된 다른 많은 법령의 총괄적 원칙, 제도·정책의 체계화·종합화를 통한 기본 방향을 정하는 것이 일반적이다. 기본법이 다른 관련법령의 우월적 우선적 효력을 인정하는 경우가 많다.

이러한 기본법은 1966년에 "중소기업기본법"이 제정되기 시작하여 2009년 12월 10일 현재 51개의 기본법이 제정되어 시행되고 있다. 1987년 민주항쟁이후에 국민의 권리의식이 높아지면서 기본법이 증가하기 시작하였고, 2000년 이후 시대의 흐름에 따라 사회구조와 국민의식의 변화에 수반하는 국가의 과제를 실천하기 위하여 많은 기본법이 제정되었다. <스포츠기본법>에는 스포츠기본권에 관한 사항, 정부와 지방자치단체의 책무, 스포츠산업진흥과 스포츠육성을 위한 기본지침, 스포츠와 국제협력 등을 규율하면서 스포츠분쟁해결을 위한 기구의 설치근거를 규정하는 것이 가장 이상적일 것이다.

(2) 국민체육진흥법에 규정하는 방안

스포츠기본법이 제정되기 전에는 스포츠정책관계법인 현행 국민체육진흥법의 개정을 통하여 우선 규정하는 방안도 생각해 볼 수 있다. 국민체육진흥법에 규정되어 있는 한국도핑방지위원회와 유사한 특수법인으로 규정하는 것이 바람직 할 것이다. 이법 개정시안을 다음과 같이 제안하고 싶다.

국민체육진흥법 개정시안

제35조의 2 (한국스포츠조정중재위원회의 설립) ①스포츠분쟁을 스포츠 분야의 특수성을 감안한 전문적인 조정 및 중재를 통하여 원만하고 합리적으로 해결하고 이와 관련된 다음 각 호의 사업과 활동을 하게 하기 위하여 문화체육관광부장관의 인가를 받아 한국스포츠중재위원회(이하 "스포츠조정중재위원회"라 한다)를 설립한다.

1. 스포츠분쟁의 상담, 조정, 중재의 계획의 수립과 집행
2. 스포츠분쟁해결 판정부의 설치와 운영
3. 스포츠분쟁해결을 위한 교육, 홍보, 정보 수집 및 연구
4. 스포츠분쟁해결을 위한 국내외 교류와 협력
5. 그 밖에 스포츠분쟁해결을 위하여 필요한 사업과 활동

② 스포츠분쟁조정중재위원회는 법인으로 한다.
③ 스포츠조정중재위원회는 위원장 1인과 부위원장 1인을 포함한 11명 이내의 위원으로 구성하고, 위원의 임기와 선출 방법 등은 정관으로 정한다.
④ 스포츠조정중재위원회는 제1항에 따른 사업과 활동에 필요한 경비를 마련하기 위하여 대통령령으로 정하는 바에 따라 수익사업을 할 수 있다.
⑤ 스포츠조정중재위원회에 관하여 이 법에 정한 것 외에는 「민법」 중 재단법인에 관한 규정을 준용한다.
⑥ 스포츠조정중재위원회는 그 업무를 수행하기 위하여 필요하면 관계 행정기관의 소속 공무원이나 관계 기관·단체 등의 임직원의 파견을 요청할 수 있다.
⑦ 스포츠분쟁관련 당사자는 대통령령이 정한 바에 따라 재판을 청구하기 전에 우선적으로 스포츠조정중재위원회에 조정 또는 중재를 신청하여야한다.

(3) 특별법 제정방안

스포츠중재의 특수성을 감안하여 가칭 "스포츠조정중재법"을 제정하는 방안도 생각해 볼 수 있다. 이 법에는 한국스포츠조정중재위원회의 설립과 활동을 비롯하여 조정 중재에 관한 절차와 효력 등에 대하여 규정할 수 있다.

4. 요약 및 정리

스포츠분야의 분쟁해결은 무엇보다도 신속성과 전문성이 요구된다. 한국스포츠중재위원회의 역사가 짧기 때문에 조직과 예산이 부족하고 활동이 활성화되지 못하고 있는 실정이다.

대한체육회는 지난 6월 대한올림픽위원회를 통합하면서 대한체육회 개정정관에서 한국스포츠중재위원회의 근거규정을 삭제하였다. 그 이유는 동 위원회가 2006년 설립되어 현재까지 운영 실적이 미흡하여 예산의 낭비만을 초래하기 때문이라는 것이다.

그러나 운영 실적이 미흡한 것에 대하여는 동 위원회가 연구·검토하여 2007년 11월 20일과 12월 17일에 제도적인 보완을 강력히 요청하였고, 2008년 1월 29일 대한체육회 이사회의 의결을 거쳐 2008년 2월27일 대의원총회의 의결을 거친바 있다. 이미 스포츠중재의 특수성과 국제적인 추세에 따라 제도적인 보완을 통하여 활성화 방안을 마련하였던 것이다. 이러한 합리적인 개선방안을 시행해 보지도 않은 채, 대한체육회 집행부가 바뀌면서 통합정관 개정과정에서 지난 2년여 간의 실적만을 문제 삼아 꼭 필요한 이 기구 자체를 없애려고 한 것은 한국스포츠문화의 건전한 발전을 위해서 결코 바람직한 일이라고 할 수 없다.

특히, 이러한 스포츠중재기구의 존폐여부와 같은 중대한 사항이 체육단체의 집행부가 바뀌고 단순한 경영논리를 내세워 결정될 수 없는 것이며, 스포츠강국으로서 스포츠선진화를 이룩하고, 스포츠중재의 필요성과 국제적인 추세 등을 종합적으로 고려하여 볼 때 한국스포츠중재위원회가 꼭 존치해야 한다고 생각한다. 그 이유를 요약하면 다음과 같습니다.

첫째, 헌법상에 보장된 스포츠기본권과 스포츠자치권의 실현이다. 스포츠자치의 실현을 위해서 스포츠중재기구를 필요하다.

각종 스포츠분쟁은 가능하면 국가의 간섭을 피하여 스포츠인 스스로가 원만한 합의를 통하여 자율적인 조정·중재를 통하여 해결하는 것이 합리적이다.

둘째, 스포츠분쟁은 우호적이고 신속하고 저렴한 비용으로 공정하게 해결되어야 하기 때문이다.

일반 재판절차는 소송법의 엄격한 절차에 따라 진행되고 3심까지 가면 오랜 시간이 걸립니다. 스포츠분쟁은 신속하게 우호적으로 해결되어야 합니다. 조정이나 중재제도는 분쟁당사자간에 충분한 협의와 대화를 통하여 우호적으로 비공개적으

로 이루어지기 때문에 상호간의 갈등과 대립을 완화시키고 해소시켜 화합된 통합사
회를 만들어가는 데 공헌할 수 있습니다.

셋째, 스포츠계의 국제적인 추세를 따라가지 않을 수 없다.

국제스포츠중재재판소가 만들어진 1984년부터 2년간은 단 한건도 처리하지 못
했고, 1986년 1건, 1987년 5건 등으로 점차 늘어났지만 1993년까지 약 10여 년 동안
은 불과 76건(연평균 7건)을 처리하였지만 경영논리만 내세워 이 기구를 없애지 않
았다. 오히려 스포츠분쟁해결의 우선권과 관할독점권을 인정하는 개혁을 통하여 활
성화 방안을 모색하여 성공하였다. 그 결과 국제스포츠중재재판소에서는 1994년부
터 사건이 증가하여 최근에는 매년 200여건 이상이 처리되고 있다.

일본에서도 2003년 <일본스포츠중재기구>를 설립하여 운영하고 있지만 2003년
도 3건, 2004년도 2건, 2005년도 1건, 2006년도 1건, 2007년도 0건, 2008년 3건 등으
로 실적은 미흡하지만 2009년 4월부터 오히려 이 기구를 재단법인으로 새롭게 출범
하여 활성화를 위해 다양한 제도를 도입하였다. 그밖에도 영국, 미국, 캐나다, 뉴질
랜드, 헝가리, 네덜란드, 독일, 폴란드, 남아프리카 등 여러 나라에서는 근거법률을
제정하거나 개정하여 스포츠중재기구를 설립하여 활발한 활동을 지원하고 있다.

넷째, 한국이 스포츠강국으로서 스포츠선진화를 위해 한국스포츠중재위원회는
꼭 존치해야 한다.

2008년 북경올림픽에서 금메달 13개, 종합순위 세계7위를 하면서 우리나라가 스
포츠강국임을 다시 한번 확인하게 되었다. 진정으로 국민통합과 경제적 수익창출에
밑거름이 되는 스포츠선진화를 이루어야 한다. 스포츠선진화를 이룬 대부분의 나라
에는 스포츠중재기구가 설립되어 활동하고 있다.

이러한 이유에서 지난 11월 한국스포츠중재위원회 위원 일동도 <한국스포츠중
재위원회>가 계속 존치될 수 있도록 다양한 방법을 담은 <건의서>를 대한체육회
를 비롯하여 관계당국에 제출한 바 있으나 아직까지 아무런 조치가 없어서 답답할
뿐이다.

이번기회를 통하여 좀더 확고한 법적인 기반을 마련하는 계기가 되었으면 하는

바람으로 대안을 제시하였다. 현단계에서는 국민체육진흥법을 개정하여 "한국스포츠조정중재위원회"를 특수법인으로 설립하는 것이 가장 최선의 방법이라고 생각한다.

아울러 조정중재관련 규칙의 정비를 통하여 조정(Mediation)제도를 적극적으로 활용하여 당사자의 중재합의의 어려움을 극복하는 방안, 대한체육회의 정관과 산하단체 및 가맹경기단체의 규정을 수정·보완하여 중재합의가 없어도 분쟁해결을 위한 신청을 할 수 있는 방안, 조정(Mediation)·중재(Arbitration)의 절차를 동시에 진행할 수 있는 'Med-Arbitration'제도의 도입방안 등이 강구되어야 한다. 이러한 제도의 개혁은 1990년대부터 국제스포츠중재재판소(CAS)가 전속관할권을 가질 수 있도록 관련 법규를 개정한 것을 모델로 하면 될 거이다. 국제올림픽위원회의 올림픽헌장 제59조에 "올림픽경기 또는 이와 관련되어 발생한 모든 분쟁은 스포츠중재규칙에 따라 CAS에 그 해결을 신청해야만 한다"고 규정하여 CAS위 전속 독점관할권을 인정하고 있기 때문이다. 대부분의 국제경기연맹 규정에도 분쟁발생시 CAS의 전속관할권을 인정하고 있는 것이 주의할 필요가 있다.

차선의 방안으로는 종래대로 돌아가서 대한체육회 정관을 개정하고, 대한체육회 선수등록규정에 한국스포츠중재위원회의 스포츠분쟁해결을 위한 독점 전속관할권을 인정하는 규정을 넣고, 개별 경기단체의 정관 또는 규정에 이를 확인하는 내용을 삽입하는 방안도 생각해 볼 수 있다. 이러한 내용은 일종의 불제소특약과 같은 사법상의 계약내용을 이루는 것으로 볼 때 헌법상 보장되는 스포츠자치권의 실현에 해당되므로 유효한 법률행위라고 볼 수 있다. 특별히 헌법상 보장된 국민의 재판청구권을 침해하지 않는 범위 안에서는 문제될 것이 없을 것이다. 즉 이러한 특별규정이 선량한 풍속에 위반되거나 강행법규에 위반되는 경우가 아니기 때문에 유효한 규정이라고 생각된다.

제3절 국제스포츠중재재판소(CAS)에 비추어 본 한국스포츠중재위원회(KSAC)의 역할과 과제

이 절에서는 국제스포츠중재재판소(KCAS)의 역할에 비추어 본 한국스포츠중제위원회(KSAC)의 역할과 과제를 다루었다.[56]

1988년 서울 올림픽경기와 2002년 월드컵 축구경기를 성공적으로 개최하면서 스포츠분쟁의 해결을 위한 ADR(재판외 분쟁해결)제도의 필요성이 강조되었다. 또한 2002년 솔트레이크시티 동계올림픽과 2004년 아테네올림픽에서 한국 선수들이 직접 피해를 당하면서 국제스포츠중재재판소(CAS)를 비롯한 국제스포츠분쟁제도에 큰 관심을 가지게 되었다. 올림픽경기에서 김동성선수의 실격 판정과 양태영 선수의 오심판정으로 금메달을 목에 걸지 못했기 때문이다. 이 경기를 지켜보면서 우리 국민들은 심판의 잘못된 판정으로 인하여 올림픽헌장에서 강조하는 <올림픽정신>인 '공정성'에 대한 의구심을 가지게 되었던 것이다. 대한올림픽 위원회(KOC)는 이 사건들을 국제스포츠중재재판소(CAS)에 중재를 요청했지만 아깝게도 <기각>되고 말았다. 물론 이 사건을 계기로 판정 방식을 비롯한 세계 스포츠계에 근본적 변화의 필요성을 인식시켜 주었다.

그 후 2006년 독일 월드컵 경기 아시아지역 2차 예선 베트남과의 경기에서 한국 축구팀의 차두리 선수가 반칙퇴장을 당하면서 국제축구연맹(FIFA)으로부터 A매치 4경기 출전정지와 1만 스위스 프랑(약 9백만원)상당의 벌금의 중징계 받는 사건이 발생했다. 이에 대하여 대한축구협회는 벌칙과 벌금을 줄여달라고 국제축구연맹에 요청한 바 있다. 그러나 대한축구협회나 차두리 선수가 CAS에 중재를 신청하지는 않았다.

이러한 사건들을 경험하면서 스포츠경기와 관련하여 선수와 경기단체 및 심판

---

56) 이 절은 필자의 논문 「국제스포츠중재재판소(CAS)에 비추어 본 한국스포츠중재위원회(KSAC)의 역할과 과제」(『스포츠와 법』 제11권 제1호(통권14권), 한국스포츠엔터테인먼트법학회, 2008, 91-127면)를 약간 수정 보완하였음을 밝힌다.

간의 분쟁이 발생하게 되면, 그 분쟁해결기구가 중요하다는 인식을 하게 되었다. 스포츠분쟁은 다양하게 일어난다. 국제경기대회의 출전정지 등의 처분에 불복하는 경우도 있다. 선수의 자격, 심판의 판정, 도핑 등에 대한 분쟁은 물론 법령에 의한 법률상의 쟁송으로 해결할 수 있지만, 시간적 상당한 손실이 따르고 경제적인 부담도 대단히 크다.

따라서 스포츠분쟁을 신속하고 공정하게 해결을 위한 전문적인 ADR 기구의 설치가 필요하게 되었다. 이러한 요청에 따라 우리나라도 2006년 5월 17일 <한국스포츠중재위원회(Korea Sports Arbitration Committee : KSAC)>가 설립되어 활동하고 있다.

이 글에서는 국제스포츠중재재판소(CAS)의 설립배경과 제도개혁의 과정을 살펴보고, CAS 활동에 비추어 본 한국스포츠중재위원회 활동의 활성화 방안을 제시하여 보고자 한다.

Ⅰ. 스포츠분쟁해결기구의 특수성과 국제스포츠분쟁의 해결기구 현황

1. 중재법상의 중재의 개념과 절차

우리나라 중재법은 1966년 제정되어 1973년 일부 개정이 있었지만 국제적인 법률환경에 적응하기 어렵다는 비판을 받았다. 따라서 1999년 개정되어 시행하고 있는 현행 중재법(법률 제6083호)은 유엔국제상거래법위원회(UNCITRAL)의 모델중재법의 내용을 대폭 수용하여 국제적인 흐름에 부응하여 국제사회의 신뢰를 회복하고 분쟁해결의 보편성을 확보하고 있다고 볼 수 있다. 즉 우리 중재법은 국제적인 투명성, 공정성, 법적안정성을 확보하게 되었다.

현재 대한상사중재원이 상사중재를 중심으로 다양한 분쟁을 해결하는데 공헌하고 있다.

중재(Abitration)제도는 법원의 판결에 의하지 않고 <중재합의>에 따라 제3자인 중재인을 선정하여 그 중재인의 판정에 승복함으로서 분쟁을 해결하는 자주적 분쟁 해결제도이다.[57] 전문적이고 기술적인 분야의 분쟁을 합리적으로 신속하게 해결할 수 있는 제도로서 ADR제도의 한 유형이다. 이는 자주적 법정제도이지만 국가공권력에 의하여 강제집행할 수 있는 권리가 중재법에 의하여 보장되고 있다(중재법 제 1조, 8조, 9조, 13조 등).

중재절차란 중재사건이 접수되어 판정이 내려질 때까지의 진행과정을 말한다. 중재절차는 중재계약으로 정할 수 있으나(중재법 제7조 제1항) 절차에 관하여 별도의 합의를 하지 아니하였거나 절차에 관한 당사자의 의사가 분명하지 아니한 경우에는 각 분야의 <중재규칙>에 따라 절차가 정해진다.

2. 스포츠자치권과 스포츠분쟁 해결기구의 특수성

스포츠분야는 경기규칙, 경기단체의 규약 등 스포츠자치권에 의한 자치법규의 특수성과 전문성이 강하다. 스포츠에 있어서 자치권은 자기결정권의 행사의 결과이다. 스포츠단체를 결정하고 규칙을 제정하며, 경기의 자율적인 규칙을 만들어 운영하는 것이 보장되는 것이다. 스포츠는 각 종목마다 세계적으로 통일된 경기규칙을 가지고 독자적인 활동을 한다. 지역대회, 세계대회, 올림픽에 이르기 까지 조직적인 활동을 하며, 규칙의 정당성과 구속력을 인정받고 있는 것이다.

각 스포츠단체는 그들의 규칙에 따라서 당해 스포츠의 발전과 소속 스포츠인의 이익을 위하여 활동한다. 그러나 점증되는 경쟁 속에서 스포츠를 둘러싼 이해관계의 충돌이 불가피하게 일어나고, 분쟁의 신속하고 원만한 해결이 요망된다.

이러한 스포츠분쟁의 합리적인 해결을 위하여 가능하면 국가의 간섭을 피하고 스포츠자치영역에서 해결하는 것이 이상적이다. 따라서 스포츠단체와 스포츠인들의 대립과 갈등을 국가기관인 법원에 제소하지 않고, 독자적인 분쟁해결기구(조정·중

---

57) Takeshi Kojima, Civil Procedure and ADR in Japan, Series of the Institute of Comparative Law in Japan 65, Tokyo : Chuo University Press, 2004, pp.265-344, 특히 pp.321-344 참조.

재기구)를 설립하여 스포츠자치권에 따라 해결하는 방안이 가장 이상적이라고 할 것이다.

3. 국제스포츠분쟁해결기구

(1) 국제축구연맹(FIFA)의 징계위원회와 상소위원회

FIFA의 징계위원회는 의장, 부의장, 일정 수의 위원들로 구성되면, 의장은 반드시 법률전문가 자격이 있어야 한다. 징계위원회는 집행위원회가 마련한 규칙을 적용하고, 징계처분의 세부적인 내규를 정할 수 있다. 징계위원회는 각 국가의 축구협회와 축구단체, 임직원, 코치, 선수들이 FIFA의 규정이나 규칙, 경기규칙, 지시사항이나 결정 등을 위반한 경우에 징계를 할 수 있는 권한을 갖고 있다. 그러나 선수의 자격, 이적, 축구협회의 회원자격 정지 및 축출에 관한 사항에 대하여는 징계권한이 없다.

FIFA, 국가별 축구협회, 축구구단, 구단소속의 선수 들 간의 분쟁은 국가의 사법기관(예를 들면 법원)에 제소하지 않고 자치적인 분쟁해결기구(징계위원회 등 내부기관 또는 중재판정부의 설치)에서 먼저 처리하도록 규정할 것을 의무화하고 있다. 둘 이상의 협회 간에 분쟁이 발생하여 중재판정부를 구성하는데 합의를 하지 못하면 FIFA 집행위원회가 결정하도록 하였다. 집행위원회가 내린 결정을 준수하지 않으면 FIFA 규정 제40조에 따라 제재를 받는다.[58] FIFA의 결정에 불복하여 CAS에 중재를 제기할 수 없도록 FIFA 규정에 정하고 있다.

(2) 국제올림픽위원회(IOC)

IOC는 국제법상 비정부기구(NGO)이지만, 2000년 11월 1일 발효된 스위스정부와

---

58) FIFA 규정 제40조에는 징계조치목록을 정하고 있으며, 이러한 조치에 불복하면 구단은 공식경기 및 친선경기에 참가할 수 없으며, 국가별 협회 및 구단에서 주관하는 모든 국제경기에 출장할 수 없게 된다.

의 협정에 따라 사단법인성을 인정받고 있다.[59] 본부는 스위스 로잔에 두고 있다.[60] IOC 집행위원회(Executive Board)는 올림픽과 관련한 개최지 선정, 선수의 자격 기준에 관한 지침을 마련하고, 각국에서 IOC를 대표해서 활동할 IOC 위원을 선출하기 위한 절차를 마련한다.[61] IOC가 내린 결정의 해석 및 적용과 관련한 분쟁은 IOC 집행위원회가 단독으로 처리하고, 일부 사항에 대해서는 국제스포츠중재재판소(CAS)를 통하여 해결할 수 있다.[62]

Ⅱ. 국제스포츠중재재판소(CAS)의 설립과 활동

1. 설립배경

CAS는 1984년 국제올림픽위원회(IOC)에 의하여 설립된 스포츠분쟁해결을 위한 ADR 기구이다.[63] 1981년 안토니오 사마란치가 IOC 위원장에 선출되어 스포츠분쟁 해결 전문기구의 필요성을 역설하면서 중재기구를 구상하였다. 1982년 당시 국제사법재판소(ICJ) 판사였던 음바에(Keba Mbaye) 판사가 실무 작업을 맡아서 '스포츠중재재판소(Court of Arbitration for Sport : CAS)'를 설립하기 위한 규정을 마련하였고 초대 CAS위원장이 되었다.[64] 스포츠의 프로화가 진행되어 프로·아마추어 묻지 않고 전 세계의 스포츠계가 올림픽출전에 있어서 선수자격 등이 문제되었다.

CAS 규정은 1983년 IOC의 공식 허가를 받아서 1984년 6월 30일부터 발효하였다. 1984년 탄생된 CAS는 설립 직후부터 중재기관으로서 독립성과 공정성에 문제가 제

---

59) 올림픽 헌장 제15.1조, 2007년 7월 7일판, http://multimedia.olympic.org/pdf/en_report_122.pdf.
60) 올림픽 헌장 제15.2조
61) 올림픽 헌장 제19.3조
62) 올림픽 헌장 제15.4조
63) 이에 관하여 상세한 내용은 강병근, 「월드컵 한일공동개최와 스포츠국제법의 과제-국제스포츠분쟁해결제도를 중심으로」, 『스포츠와 법』창간호, 한국스포츠법학회, 2000, 157-178면; 「CAS를 통한 스포츠분쟁의 처리」, 『스포츠와 법』제5권, 한국스포츠법학회, 2004, 99-135면 참조.
64) http://www.tas-cas.org/en/histoire/frmhist.htm (2007.12.10)

기되었다. 즉, CAS 위원장이 IOC 위원을 겸하도록 하였고, CAS 위원 60인중 30인을 IOC가 선출하며, 그중에서 15인은 IOC 위원을 겸하도록 하였다. 또한 CAS 규정의 개정을 IOC 회기중에 IOC 집행위원회의 제안으로 CAS 위원회의 3분의 2이상의 찬성으로 할 수 있도록 하였다. 그후 CAS가 IOC로부터 독립성을 유지한다는 점을 명시하기 위해서 CAS 규정과 절차규칙이 1990년 일부 개정되었다.[65] 설립 당시에는 IOC의 직할기구이었지만, IOC가 제소할 수 있는 경우도 있기 때문에 좀 더 중립적인 조직으로 전환할 필요가 있다는 의견을 반영한 것이다. 그러나 CAS가 IOC로부터 독립된 기구로 개혁할 필요가 있다는 공감대가 형성되기에 이르렀다.

따라서 1993년 CAS 규정을 대폭 개정하였고, 1994년에 국제스포츠중재위원회(ICAS : International Council of Abitration for Sport)가 파리협정(The Paris Agreement)에 따라 설립되었다.[66] ICAS는 CAS의 독립성과 양당사자의 권리를 보장하고 중재와 조정을 통하여 스포츠관련 분쟁을 해결하는 것이 과제이다.[67] 실질적으로는 ICAS의 운영 자금은 IOC, 하계올림픽스포츠연맹연합회(ASOIF)와 동계올림픽스포츠연맹연합회(AIWF)를 포함한 국제스포츠연맹(IFs), 국가올림픽위원회연합회(ANOC) 등 3개 단체로 부터 제공되고 있다. ICAS 위원은 20인이며, 3개 단체로부터 각각 4인씩 추천된 12인을 선출하고, 이들 12인 위원이 체육인의 이익을 대변할 4인을 선출하고, 16인이 모여 스포츠관련 단체로 부터 독립된 공익위원 4인을 선출한다.[68] ICAS는 형식적으로는 IOC로부터 독립된 사법부의 역할을 담당하며, 본부는 스위스 로잔에 두고 있다.[69]

ICAS 위원의 임기는 4년이며 중임될 수 있다. ICAS 위원은 CAS의 중재인 또는 대리인이 될 수 없다.[70] ICAS는 스포츠중재규칙(Code)의 제정 및 개정, 소속위원의

---

65) 1984년 CAS 규정에 따르면, IOC 위원장이 CAS 위원장을 겸임하도록 하였지만, 1990년 CAS 규정에서는 IOC 위원장이 'CAS 위원 중에서' CAS 위원장을 선정하도록 하였다.

66) http://www.tas-cas.org/en/histoire/frmhist.htm

67) Code of Sports-related Arbitration(스포츠중재규칙) 제S2조. S는 Statues of the Bodies Working for the Settlemnet of Sports-related Disputes임.

68) 스포츠중재규칙 제S4조.

69) http://www.tas-cas.org/en/histoire/frmhist.htm 스포츠중재규칙 제S1조.

선출, CAS 중재인 명부 작성, 중재인의 제척결정, CAS의 운영(상설 또는 임시 중재기관의 설치), CAS 사무국장 임명 및 해임, 기금의 조성 등의 역할을 담당한다.[71) ICAS는 ICAS 위원장, 부위원장 2인, 보통중재부장, 항소중재부장으로 구성되는 임시 임원회(Board)를 통하여 직무를 수행할 수 있다.[72)

2. 조직구성

(1) 일반 중재부(Ordinary Arbitration Division)

여기서는 상거래계약, 프로계약이나 초상권에 관련되는 문제 등을 취급한다. 중재내용이나 사례는 공표되지 않는다. 이것은 스포츠계의 통상의 분쟁처리의 형태로 전형적인 ADR의 기능을 하고 있다.[73)

(2) 항소 중재부(Appeals Arbitration Division)

이것은 스포츠 단체의 결정에 대해서 경기자 혹은 경기단체가 제소하는 경우에 분쟁을 해결해 주는 곳이다. 주된 대상은 IOC와 국제스포츠연맹이고, 거의 모든 국제 스포츠 연맹은 상소 중재부의 관할을 인정하고 있다.[74)

(3) 특별 중재부(Ad hoc Division of the CAS)

이것은 올림픽이나 영연방 대회, 세계선수권대회 월드컵축구대회 등을 위하여 임시로 설치되는 것이다. 모든 올림픽 출전 선수들은 임시중재재판소의 관할을 인정하는 것을 적은 서약서를 제출하고 있기 때문에, 분쟁이 일어날 경우에 CAS에 판정을 호소할 수밖에 없다. 처음으로 설치된 것은 1996년의 아틀랜타 올림픽이었다.

---

70) 스포츠중재규칙 제S5조.
71) 스포츠중재규칙 제S6조.
72) 스포츠중재규칙 제S7조.
73) 스포츠중재규칙 제S20 a조.
74) 스포츠중재규칙 제S20 b조.

경기 기간 중에는 항상 중재인 10명 정도가 특별중재재판소의 멤버로서 대기 하고 있고, 원칙적으로 24시간 이내에 판단을 내리게 되어 있다.[75]

(4) 중재인의 구성

CAS는 스포츠 분야에서 발생하는 분쟁을 절차규칙(제R27조 이하)에 따라 중재·조정을 하는 중재판정부(패널)를 두고 운영한다. 중재인은 약 200명 정도의 중재인의 명부를 갖추고 있고 ICAS에서 선정한다. 통상의 중재에서는 당사자가 3명의 중재인을 선택하고, 긴급한 경우에는 ICAS가 지명하게 되어 있다. 중재 판단의 내용도 원칙적으로 공개되지 않는다. 그러나 CAS는 전통적으로 스포츠계의 국제 재판소의 역할을 완수하고 있는 것이다. 항소중재재판부의 판단의 내용은 원칙 공개이고, 재판소의 판례집과 같은 형태로 순서대로 공표하고 있다.

CAS가 관리하는 중재인 명부에 등재된 중재판정부(패널)는 객관성과 독립성을 유지하고, 비밀을 엄수할 의무를 부담한다.[76]

3. 분쟁해결의 근거

(1) 올림픽헌장 제59조(분쟁-중재)

올림픽 경기에 임하여, 또는 이와 관련하여 발생하는 모든 분쟁은 스포츠관련 중재규칙에 따라 CAS에 대하여만 제출하는 것으로 한다. 이른바 CAS의 전속관할권을 인정하였다. 연맹, 협회 등 스포츠 관련 단체는 해당 스포츠 관련 단체의 규정 혹은 규칙에서 혹은 중재제기합의에서 자신들의 분쟁을 Code에 따른 중재에 회부하기로 합의한 경우에만 중재당사자가 된다.[77] 또한 모든 올림픽 출전 선수들은 임시 중재재판소의 관할을 인정하는 것을 적은 서약서를 제출하고 있기 때문에, 분쟁이

---

75) 올림픽게임 중재규칙(Arbitration Rules for the Olympic Games) 제2조.
76) 스포츠중재규칙 제S17조 내지 제S19조.
77) 스포츠중재규칙 제S1조.

일어날 경우에 CAS에 판정을 호소할 수밖에 없다.

(2) 올림픽운동 반도핑규정 3장 제1조(항소중재)

IOC, IF, NOC, 기타 단체가 당해 규정을 적용하여 내려진 결정을 받은 자는 CAS에 항소할 수 있다.

4. 주요 관할사건

중재판정부는 ㉠ 보통중재를 통한 분쟁의 해결, ㉡ 연맹, 협회, 기타 스포츠관련 단체의 규정, 규칙, 특별합의에서 정한 경우 그 결정에 관한 분쟁의 항소절차를 통한 해결, ㉢ IOC, IFs, NOCs, WADA(World Anti-Doping Agency), 그리고 IOC와 올림픽 경기조직위원회(Olympic Games Organizing Committees : OCOGs)가 승인하는 협회의 요청에 따른 비구속적 권고적 의견의 제시에 관한 업무를 수행한다.[78]

(1) 도핑

스포츠 중재에서 가장 많은 사건은 도핑 관련된 것이다. 나카노 올림픽의 케이스에서는 마리화나를 흡인한 선수에 대하여, IOC는 도핑이라고 하여 금메달 박탈을 결정한 바 있다. 이에 대하여 당해 선수가 CAS에 제소하였는데, CAS는 마리화나 흡인은 도핑에 해당하지 않는다고 판단하여 메달은 선수에게 반환한 바 있다. 도핑 물질은 대회나 경기에 따라서 달라진다. 마리화나는 모든 경기에서 금지되는 도핑 물질이 아닌 것이다. 또 도핑 리스트에 모든 도핑 물질이 망라 되어 있는 것도 아니다. 아틀랜타 올림픽에서는 흥분 작용이 있는 물질을 사용한 선수의 동메달 박탈 결정을 둘러싼 중재가 있었다. 이 물질은 구 소련 시대에 군에서 개발되어 흥분 작용은 있지만, 도핑 리스트에는 포함되어 있지 않았다. CAS는 화학적인 작용이 상당히 다

---

78) 제S12조; 이를테면 NOC 중의 하나인 대한올림픽위원회(KOC)의 규정 제14조의 2 (이의신청)에 따르면 다음과 같은 규정이 있다."위원총회 결정사항에 대하여 이의가 있을 경우 결정일 로부터 21일 이내에 IOC '스포츠중재재판소'(Court of Arbitration for Sport)에 중재요청을 할 수 있다."

르고 효능에 대한 확실한 자료도 당시는 없었기 때문에 도핑에는 해당되지 않는다고 판정하여 메달은 반환되었던 것이다.

(2) 대표 자격

올림픽 등의 국제대회의 대표자격은 CAS가 전형적으로 예상하고 있는 분쟁은 아니다. 왜냐하면 대표자격은 국제스포츠연맹과 경기자 사이의 문제가 아니고, 각국의 올림픽위원회나 국내 스포츠연맹과 경기자 사이의 문제이기 때문이다. 국내 스포츠분쟁에 해당하기 때문이다. 다만, 오스트레일리아에서는 올림픽대표 자격에 대해서도 CAS에서 판정히여 처리하게 되어 있다. 미국에서는 법률상으로 A.A.A. (미국 중재 협회)의 일반중재 사항으로 취급되어지고 있다.

(3) 선수 자격

우리나라의 경우는 국적문제가 거의 없지만, 다른 여러 나라에서는 국적을 바꾸어 대표 선수가 되는 경우가 상당히 있기 때문에 문제가 된다. 이 경우에 선수 자격의 유무에 대해서 분쟁이 발생할 수 있다.

5. 중재판정부의 구성과 중재절차

(1) 일반원칙

모든 중재인은 당사자로부터 독립성을 유지해야 하고, 어느 일방 당사자에 대해서 독립성을 저해할 수 있는 사정에 대해서는 즉시 알려야 한다.[79] 중재인이 독립성을 상실하였다고 의심할 만한 사유가 있는 경우에는 ICAS가 제척여부를 판단할 수 있고, 직무수행과 관련하여 중재인을 해임시킬 수 있다. 중재인이 제척 혹은 해임된 경우에는 속히 보궐 선임해야 하며, 이때 당사자들이 다른 합의를 하지 않거나 중재인이 달리 결정하지 않는 경우에는 보궐 이전에 진행되었던 절차가 반복되지

---

79) 스포츠중재규칙 제R33조.

않고 해당 절차가 속행되어야 한다.80)

CAS 사무국은 CAS에 대한 중재합의가 없는 점이 명백하지 않을 경우에는 중재를 진행시키고, 당사자들이 분쟁의 본안에 적용할 법, 중재인의 수 및 선택방식에 관한 사항, 중재요청서에 대한 답변서 제출 시한을 정하도록 요청해야 한다.81)

(2) 중재판정부(패널)의 구성

중재판정부는 1인 혹은 3인의 중재인으로 구성되며, 중재합의에서 중재인의 수를 명시하지 않은 경우, 중재부 부장(President of the Division)이 분쟁 가액과 분쟁의 복잡성을 고려하여 중재인 수를 결정한다. 당사자들은 중재인의 선정 방법에 관해서 합의할 수 있지만, 합의가 없다면 CAS 절차규칙에 따라서 해당 중재인을 선정한다. 중재부 부장이 정한 시한 내에 중재인이 선정되지 않는 경우 중재부 부장이 해당 중재인을 선정한다. 당사자들이 선정한 중재인은 중재재판부 부장의 확인을 받은 후에 선정된 것으로 간주한다.82)

중재가 중재판정부로 넘어가기 전에는 관련 중재부 부장이, 진행되는 중인 경우에는 중재판정부가 알선(Conciliation)83)에 의한 분쟁 해결을 모색할 수 있다.84)

(3) 중재절차

중재절차는 우선 서면심리를 한 후에 구술심리를 할 수 있다. 서면심리는 신청

---

80) 스포츠중재규칙 제R34조 내지 제R36조.
81) 스포츠중재규칙 제R39조.
82) 스포츠중재규칙 제R40조.
83) 알선(Conciliation)은 분쟁의 해결 또는 계약의 성립을 위하여 제3자가 당사자를 매개하여 합의를 유도하는 ADR의 유형이다. 현행법상으로는 노동법에서 알선은 조정·중재와 더불어 노동쟁의 조정의 수단으로 인정되고 있다. 그러나 조정이나 중재와는 달리 관계당사자로 하여금 자주적으로 분쟁을 해결하도록 하고 알선위원 자신은 해결책을 제시하지 않는 것이 원칙이므로 조정방법 중에서 국가기관의 개입 정도가 가장 낮다. 그 밖에 행정법상 알선이 인정된다. 구매알선·취업알선·사건알선 등이 그 예이다(국민기초생활보장법 제15조, 대외무역법 제4조, 발명진흥법 제3조, 부동산중개업법 제2조, 윤락행위등방지법 제4조 등).
84) 스포츠중재규칙 제R42조.

인의 준비서면과 이에 대한 피신청인의 답변서 제출을 인정한다. 중재판정부는 피신청인의 답변서에 대한 신청인의 반박준비서면, 그리고 이에 대한 피신청인의 재반박준비서면을 한차례 더 인정할 수 있다. 당사자들은 중재요청서와 그에 대한 답변서에 하지 않았던 청구를 신청인의 준비서면과 이에 대한 답변서에서 주장할 수 있지만 그 이후에는 당사자들이 별도로 합의하지 않는 한 더 이상 새로운 청구를 주장할 수 없다. 당사자들은 자신의 서면 주장과 함께 자신들이 주장하는 사항의 근거가 되는 증거서류를 제출해야 한다. 서면심리 단계 이후에는 당사자들이 공동 합의하거나 패널이 예외적으로 허락하지 않는 한 증거서류를 추가로 제출할 수 없다. 당사자들은 서면 주장시 증인 및 감정인, 다른 입증 방법을 밝혀야 한다.[85]

한편, 신청인이 준비서면을 제출하지 않는 경우에는 중재신청을 철회한 것으로 간주한다. 피신청인이 답변서를 제출하지 못하는 경우에는 중재판정부는 중재를 속행하여 판정을 내릴 수 있다. 또한, 일방 당사자가 출석통지를 제대로 받았음에도 불구하고 심리기일에 출두하지 못하는 경우 중재판정부는 심리를 속행할 수 있다.[86]

중재장은 심리기일을 정하여 당사자, 증인, 그리고 감정인을 한차례 신문하고, 중재신청인 그리고 피신청인의 순서로 진행되는 최종 구술 변론을 하도록 해야 한다. 구술심리단계는 공개되지 않으며, 중재장은 예외적으로 전화 혹은 화상회의 방식으로 증인 및 감정인을 심리할 수 있고, 당사자들이 합의하는 경우, 증인 또는 감정인이 심리기일에 출석하지 않고 사전에 서면증언을 제출할 수도 있다. 증인, 감정인 혹은 통역인을 신문할 때, 중재판정부는 그 들에게 위증시 처벌받는다는 사실을 경고해야 한다.[87]

중재판정부는 일방 당사자의 요청이 있으면 일정한 요건 하에서 상대방 당사자가 보유하거나 관리하고 있는 문서를 제출하도록 명령할 수 있다. 또한 중재판정부

---

85) 스포츠중재규칙 제R44.1조.
86) 스포츠중재규칙 제R44.5조.
87) 스포츠중재규칙 제R44.2조.

는 언제든지 추가 서류를 제출하도록 요구하거나 추가 증인을 신문하기로 결정할
수 있고, 당사자와 협의하여 감정인의 선정·심리, 기타 절차를 수행할 수 있다. 중
재판정부는 증인 및 감정인의 심리와 관련하여 추가로 발생하는 비용을 당사자들이
부담하도록 명령할 수 있다.[88]

중재판정부는 당사자들이 선택한 법령을 적용하지만, 당사자들이 이에 합의하지
않은 경우에는 스위스 법에 따라서 해당 분쟁을 해결해야 한다. 당사자들은 중재판
정부가 형평과 신의성실에 따라(ex aequo et bono) 결정하도록 권한을 부여한다.[89]

중재판정부는 다수결로 판정을 내리고, 다수결이 성립하지 않는 경우에는 위원
장이 단독으로 판정을 내린다. 판정은 문서로 작성되고 날짜가 기재되어야 한다. 서
명은 중재장만 해도 충분하다. 판정에 서명하기 이전에 CAS 사무국장이 해당 판정
의 형식적인 사항을 보정하고 근본적인 원칙 문제에 대해서 패널의 주의를 환기시
킬 수 있다. 당사자들이 달리 합의하지 않는 경우, 판정의 이유를 간략히 기재해야
한다. CAS 사무국이 통지한 판정은 확정적이며 당사자들을 구속한다. 당사자들이
스위스에 주소, 거소, 혹은 영업소를 갖지 않는 경우, 그리고 당사자들이 중재합의
에서 혹은 나중에 중재 개시시 체결한 합의에서 명시적으로 중재판정의 취소절차를
활용하지 않기로 한 경우, 해당 판정은 취소소송의 대상이 될 수 없다.[90]

(4) 항소중재절차에 적용되는 특별 규정

연맹, 협회 혹은 스포츠 관련 단체의 결정에 대하여 불만이 있는 경우 해당 당사
자는 상기 단체의 결정에 대한 항소를 CAS에 제기할 수 있다. 이 때, 항소인은 활용
가능한 법적 구제를 완료한 후, 위 단체의 규정 혹은 규칙에 따라서 혹은 당사자들
이 체결한 특별 중재 합의를 근거로 항소를 제기할 수 있다.[91]

---

88) 스포츠중재규칙 제R44.3조.
89) 스포츠중재규칙 제R45조.
90) 스포츠중재규칙 제R46조.
91) 스포츠중재규칙 제R47~59조; 이에 대한 상세한 소개는 강병근, 「CAS를 통한 스포츠분쟁의 처리」,
『스포츠와 법』 제5권, 한국스포츠법학회, 2004, 110-113면 참조.

(5) 올림픽경기 특별중재부

1) 조직

ICAS는 올림픽경기 중에 발생하는 분쟁을 해결하기 위하여 CAS의 특별중재부 (Ad hoc Division)를 설치하며, 특별중재인명부에 등재된 중재인, 중재부장, 사무국으로 구성된다.[92] ICAS 임원회는 CAS 중재인 명부의 중재인으로 된 특별중재인명부를 작성하여 올림픽 경기 개막 전에 공표하고, 이들 등재 중재인은 올림픽 경기 장소에 체재해야 한다.[93] ICAS 임원회는 ICAS 위원 중에서 특별중재부장을 선출하며, 특별 중재부장은 올림픽경기 중재규칙에 따른 직무를 비롯하여 특별중재부 운영과 관련한 업무를 총괄한다. 특별중재부장은 당사자로부터 독립성을 유지해야 한다.[94] CAS는 특별중재부 사무국을 올림픽 경기 장소에 설치하고, 해당 사무국은 CAS 사무국장이 통할한다.[95] 중재절차에서 사용하는 언어는 특별중재부장이 불어나 영어 중에서 선택한다.[96]

2) 관할권

특별중재부는 올림픽 경기 중재규칙에서 규정한 바와 같이 올림픽헌장과 올림픽 경기 참가신청서에 포함된 중재조항에 따라 올림픽경기중에 일어난 분쟁을 전속으로 관할한다. 올림픽경기 중재규칙은 올림픽 경기 진행 중에 혹은 올림픽 경기 개막식 직전 10 일 동안에 발생하는 모든 분쟁을 해결하는 것을 목적으로 한다.[97] IOC, NOC, IFs, 혹은 OCOG의 결정에 대해서 중재를 요청하는 경우, 신청인은 중재 신청 이전에 관련 스포츠 단체의 설립규정 혹은 규칙에 따라서 내부적으로 가능한

---

92) 올림픽경기 중재규칙 제2조.
93) 올림픽경기 중재규칙 제3조.
94) 올림픽경기 중재규칙 제4조.
95) 올림픽경기 중재규칙 제5조.
96) 올림픽경기 중재규칙 제6조.
97) 2007년 7월 7일 이후에 적용되는 올림픽헌장의 제59조(2004년 9월 1일에는 제61조)는 다음과 같이 규정하고 있다. "Any dispute arising on the occasion of, or in connection with, the Olympic Games shall be submitted to the Court of Arbitration for Sport, in accordance with the Code of Sports-Related Arbitration."

모든 구제조치를 완료해야 한다. 다만 이러한 내부적 구제조치를 완료하는데 시간이 걸림으로 인해서 CAS의 올림픽경기 특별중재부에 항소를 제기할 수 없는 경우는 제외한다.[98] 올림픽 경기에 참가하는 모든 선수들이 작성해야 하는 참가신청서에서도 CAS의 배타적인 중재관리 권한을 인정하고 있다.[99] 중재판정부의 관할권 하자에 대한 항변은 절차 개시시 혹은 늦어도 심리 개시시에 제기되어야 한다.[100]

3) 중재지

특별중재부와 각 중재패널의 장소는 스위스 로잔이지만, 특별중재부와 각 판정부는 올림픽 경기 장소에서 혹은 자신들이 적절하다고 판단하는 어떠한 장소에서도 권한 범위 내에 속한 모든 조치를 수행할 수 있다. 이처럼 특별중재부와 중재판정부의 위치를 스위스 로잔으로 고정한 것은 중재의 준거법을 스위스 중재법이 포함된 스위스 국제사법 제12장으로 지정하기 위한 것이다.[101] 또한 해당 중재판정의 승인 혹은 집행과 관련해서 중요한 의미를 가질 수 있는 중재판정의 국적을 스위스로 정하기 위한 것이다.

4) 중재절차

올림픽경기특별중재절차는 일방 당사자가 중재신청서를 특별중재부 사무국에 제출하면서 시작된다. 특별중재부에 분쟁을 제기하고자 하는 개인 혹은 법인은 일정한 요건을 적시한 신청서를 영어 혹은 불어로 작성해야 한다. 표준 양식은 사무국에서 구할 수 있다.[102] 특별중재부(중재판정부, 중재부장, 혹은 사무국)는 중재신청

---

98) 올림픽경기중재규칙 제1조.
99) 올림픽 헌장 규칙 제45조의 내규 제6항에서 각 참가선수들은 올림픽 경기 중에 발생하는 모든 분쟁을 CAS에 제기하는데 동의하고 있다. 관련 부분은 다음과 같다. "…I also agree that any dispute arising on the occasion of or in connection with my participation in the Olympic Games shall be submitted exclusively to the Court of Arbitration for Sport, in accordance with the Code of Sports-Related Arbitration(Rule 61)…."
100) 올림픽경기 중재규칙 제15조 (a).
101) 올림픽경기 중재규칙 제7조.
102) 올림픽경기 중재규칙 제10조.

인에 대해서 올림픽 경기 장소의 주소로 하거나, 중재요청서에 표시된 팩스번호, e-mail 주소로 통지하고 연락한다. 이 모든 것이 곤란한 경우에는 사무국에 위임하는 방법으로 하고 중재피신청인에 대해서는 올림픽 경기 장소의 사무실 혹은 거소에 배달하거나 팩스 혹은 e-mail로 한다. 특별중재부는 전화로 통지하거나 연락한 후 나중에 문서로 혹은 e-mail로 확인해 줄 수 있다. 서면확인이 없다고 해도 수신인이 그 사실을 알고 있는 경우에는 그 통지나 연락은 유효하다.[103] 중재요청서의 경우는 반드시 사무국에 배달하고 접수증을 수령해야 한다.[104]

신청서를 접수한 후, 특별중재부장은 특별중재인명부에 등재된 중재인 3인으로 중재판정부를 구성하고 중재장을 지정해야 한다. 사정에 따라서는 특별중재부장은 단독 중재인을 선정할 수 있다. 이미 특별중재부가 다루고 있는 사항과 동일한 사항에 대해서 중재신청이 제기되는 경우 특별중재부장은 두 사건간의 관계와 사건의 진행 정도를 참작하여 두 번째 분쟁을 첫 번째 분쟁을 다루는 판정부에 배당할 수 있다.[105]

모든 중재인은 법적 소양과 스포츠에 관해서 능력을 인정받아야 하며, 당사자로부터 독립성을 유지해야 하고, 독립성을 저해할 우려가 있는 사항에 대해서 즉시 알려야 한다. 모든 중재인과 특별중재부장은 올림픽 경기 중에 언제라도 특별중재부의 직무를 수행할 수 있는 준비상태에 있어야 한다.[106]

매우 긴급한 경우애는 특별중재부장이 이의제기의 대상이 된 결정의 효력을 중지하거나 피신청인을 신문하지 않은 상태에서 다른 잠정처분을 허가할 것인 지의 여부를 결정 수 있다. 이 경우에 특별중재부장 혹은 중재판정부는 신청인의 회복 불가능한 손해의 예방을 위해서 신청된 조치가 필요한지, 신청인이 청구의 본안에 대하여 승소할 가능성이 있는지, 신청인의 이익이 피신청인 혹은 올림픽계의 다른 구성원의 피해보다 더 큰 지의 여부를 고려하여 결정하여야 한다.[107]

---

103) 올림픽경기 중재규칙 제9조 (a).
104) 올림픽경기 중재규칙 제9조 (b).
105) 올림픽경기 중재규칙 제11조.
106) 올림픽경기 중재규칙 제12조.

중재판정부는 사안의 특징, 당사자의 이익, 당사자의 변론권, 특별절차에 특유한 신속성 및 효과 등을 고려해서 적절한 심리 절차를 마련해야 한다.108) 중재판정부는 신청서를 접수한 후 즉시 당사자를 심리하고, 증거와 관련하여 적절한 모든 조치를 취해야 한다. 당사자들은 심리 절차에서 자신들이 제출하고자 하는 모든 증거를 제출하고 증인을 세워서 즉시 심리 받을 수 있도록 해야 한다.109)

일방 당사자 혹은 쌍방 당사자가 심리기일에 출두하지 않거나 패널의 금지명령, 출두명령, 혹은 기타 연락사항에 따르지 않는 경우라도 중재판정부는 절차를 진행할 수 있다.110) 중재판정부는 신청서의 근거가 되는 사실관계를 판단할 전권을 가지며,111) 올림픽 헌장, 적용 규칙, 법의 일반 원칙, 그리고 자신이 적절하다고 여기는 법규칙을 근거로 판정할 수 있다.112)

5) 중재판정

중재판정부는 예외적인 경우를 제외하고 신청서가 접수된 후 24시간 내에 결정을 내려야 한다.113) 패널 결정은 즉시 집행될 수 있으며 항소의 대상이 되지 않고 이의제기의 대상도 되지 않는다.114) 패널은 다수결로 결정을 내리고, 다수결이 성립되지 않는 경우에는 중재장이 결정한다. 결정은 간단한 이유가 기재된 문서로 작성되고, 일자가 기재되어야 하며, 중재장이 서명하여야 한다. 해당 판정은 중재장의 서명 이전에 특별중재부장의 검토를 받아야 한다. 이때에 특별중재부장은 형식에 관한 사항을 수정하고, 판정부의 권한을 침해하지 않는 범위안에서 실질적인 사항에 대하여도 판정부가 주의를 기울이도록 촉구할 수 있다.115)

---

107) 올림픽경기 중재규칙 제14조.
108) 올림픽경기 중재규칙 제15조 (b).
109) 올림픽경기 중재규칙 제15조 (c).
110) 올림픽경기 중재규칙 제15조 (e).
111) 올림픽경기 중재규칙 제16조.
112) 올림픽경기 중재규칙 제17조.
113) 올림픽경기 중재규칙 제18조.
114) 올림픽경기 중재규칙 제21조.
115) 올림픽경기 중재규칙 제19조.

중재판정부는 신청인이 요청하는 구제조치, 분쟁의 성격 및 난이도, 긴급한 처리의 필요성, 필요한 증거의 정도, 처리해야 할 법적 쟁점의 정도, 당사자들의 변론권, 특별중재절차 종료 당시의 제출기록 상태를 참작하여 확정판정을 내리거나 해당 분쟁을 중재규칙(Code)에 따라서 CAS가 관할하는 중재에 회부할 수 있다. 또한, 중재판정부는 분쟁의 일부에 대해서만 판정을 내리고 처리되지 않은 부분을 통상적인 CAS의 중재절차에 회부할 수 있다.116) 중재판정부는 통상적인 CAS 절차로 분쟁을 회부하는 경우에는 당사자들의 신청이 없다고 해도 통상적인 CAS 절차에서 중재인들이 결정을 내릴 때까지 유효한 잠정조치를 허가할 수 있다.117) 이 경우에는 시한을 정하여 스포츠중재규칙(Code) 제R38조 및 제R48조에 따라서 CAS에 해당 사건을 제기하도록 하거나 직접 제기('직권제기')할 수 있다. 어느 경우라도 이의제기 대상이 되는 결정을 내린 단체의 설립규정 혹은 규정에서 정한 시한 혹은 Code 제R49조에서 정한 시한은 적용되지 않는다.118)

(6) CAS 분쟁사건 처리현황

CAS에 제기되는 스포츠 분쟁의 수가 갈수록 늘고 있다. 2000년 76건 2001년에는 42건, 2002년에는 86건, 2003년에는 109건이 제기된 바 있고, 2003년에는 107건(보통중재절차 61건, 항소중재절차 46건), 2004년에는 271건(보통중재절차 9건, 항소중재절차 252건, 특별중재절차 10건), 2005년에는 198건(보통중재절차 9건, 항소중재절차 185건), 2006년에는 204건(보통중재절차 17건, 항소중재절차 175, 특별중재절차 12건)이 제기된 바 있다. 올림픽 경기중에 설치되어 활동하는 특별중재부의 경우에는 1996년에 6건, 1998년에 5건, 2000년에 15건, 2002년에는 8건, 2004년에는 10건, 2006년에는 12건이 제기된 바 있다.119)

---

116) 올림픽경기 중재규칙 제20조 (a).
117) 올림픽경기 중재규칙 제20조 (b).
118) 올림픽경기 중재규칙 제20조 (c) (i).
119) http://www.tas-cas.org/en/stat/frmstat.htm(2007년 12월 11일 검색).

III. 한국스포츠중재위원회(KSAC)의 역할과 중재규칙의 내용

1. 설립근거와 역할

21세기에 들어와서 스포츠법학계의 연구결과를 바탕으로 스포츠중재기구의 설립이 적극적으로 추진되었다.[120] 또한 2002년 솔트레이크시티 동계올림픽과 2004년 아테네올림픽에서 한국 선수들이 직접 피해를 당하면서 스포츠분쟁제도에 큰 관심을 가지게 되었고, 한국에도 스포츠중재기구가 절실히 필요하다는 여론이 형성되었다.[121]

대한체육회는 2006년 1월 제6차 이사회에서 정관 제10장을 신설하여 기구설치의 근거를 마련하기로 결의하였다. 그 후 동년 2월 대한체육회 2006 정기대의원총회에서 제6차 이사회 결의사항을 승인하고 동년 3월 29일 개정정관이 효력을 가지게 되었다. 2006년 5월 대한체육회 제7차 이사회에서 '한국스포츠중재위원회규정'을 제정하여 동년 5월 16일부터 시행하도록 하였다. 이러한 과정을 거쳐 2006년 5월 17일 한국스포츠중재위원회(KSAC)가 창립되었다. 한국스포츠중재위원회가 설립되기 전에 일본에서는 2002년 JOC, 일본체육협회, 일본 장애인스포츠협회가 <일본 스포츠중재기구 창설준비위원회>를 발족시키고 준비기간에 각국의 현지 실태조사 등을 실시한 후에 2003년 4월 7일 <일본스포츠중재기구 : JSAA>로 출범하게 되었다.[122]

<한국스포츠중재위원회>의 법적인 설립근거는 대한체육회 정관 제10장 제54조

---

120) 이에 대한 상세한 내용은 졸고, 「스포츠분쟁 해결기구의 설립방안」, 『스포츠와 법』 제5권, 2004, 65-82면; 「한국스포츠중재위원회의 설립과 활동」, 『스포츠와 법』 제10권 4호(통권 제13호), 2007, 415-433면 등을 참조할 것.

121) 이 두 가지 사건에 관하여는 졸고, 전게논문, 『스포츠와 법』 제10권 4호(통권 제13호), 417-418면을 참조바라며, 김동성사건에 관하여는 특히 Arbitration CAS ad hoc Division (OWG Salt Lake City 2002) 007 Korean Olympic Committee(KOC) v. International Skating Union(ISU), award of 23 Feb. 2002, Matthieu Reeb(eds), Digest of CAS Awards III 2001-2003(2004), 6.1.1, 양태영 사건에 관하여는 CAS 2004/A/704 Yang Tae Young v. FIG, para 1.1.1.-1.1.5.를 참조바람.

122) 이에 대한 소개로는 http://www.jsaa.jp를 참조바람. 그밖에도 道垣內　正人,「日本におけるスポーツ仲裁制度の設計---日本スポーツ仲裁機構（JSAA）發足にあたって」 ジュリスト1249号2-5頁[2003]; 道垣內　正人,「日本スポーツ仲裁機構(JSAA)」法學敎室276号2-3頁[2003]；菅原哲朗, 川井圭司, 大川宏,「寄稿　日本スポーツ仲裁機構」自由と正義55卷2号50頁[2004] 등을 참고바람.

에 마련되었다. 대한체육회는 국민체육진흥법 제33조에 따라 설립된 특수 법인이며, 각종 경기단체가 가맹되어 있고 전국적인 시도지부를 가지고 있는 방대한 스포츠조 직이다.

2. 한국스포츠중재위원회의 조직과 예산

(1) 조직

한국스포츠중재위원회는 경기자와 경기단체의 분쟁을 조정 또는 중재에 의해 공정하고 신속하게 해결함으로써 스포츠발전에 이바지하기 위해 설립되었다.[123] 이 위원회의 임원은 위원 9인(위원장 포함)과 감사 1인을 두도록 하였다.[124] 위원의 선출은 대한체육회에서 추천한 3인, 대한올림픽위원회(KOC)에서 추천한 3인, 대한변호사회, 사단법인 한국스포츠엔터테인먼트법학회 및 대한장애인체육회에서 각 1인씩 추천한 3인을 위원회에서 선임하도록 하고 있다. 위원의 추천권을 갖는 단체는 위원의 결원이 있을 경우에는 신속히 새로운 위원을 추천하여야 한다. 위원회를 대표하는 위원장은 재적위원 3분의 2이상이 출석한 위원회에서 과반수이상 찬성으로 선출한다. 상임위원과 감사는 위원회에서 선출한다.[125] 위원의 임기는 4년, 감사는 2년이며 연임할 수 있다.[126]

현재 위원회의 임원은 위원장 1인과 위원 8인, 감사1인이 위원회의 재산관리, 예산 결산, 사무국 운영 등을 수행하고 있다. 사무국에는 국장1인과 사무직원 1인이 근무하고 있다.[127]

중재인단은 현재 총 59인의 중재인으로 구성되어 있다. 중재인은 대한변호사협회에서 추천한 변호사 20인, 한국체육학회에서 추천한 5인, 대한체육회에서 추천한

---

123) 한국스포츠중재위원회 규정 제2조.
124) 위 규정 제5조.
125) 위 규정 제6조.
126) 위 규정 제7조.
127) http://www.sportsksac.org

10인, 대한장애인체육회에서 추천한 5인, 한국스포츠엔터테인먼트법학회에서 추천한 10인, 그리고 중재위원회 위원 9명(당연직) 등으로 구성되었다.

(2) 예산

연간예산은 약 2억 원 정도이며, 1989년 서울올림픽을 기념하고 국민체육진흥을 위해 설립된 국민체육진흥공단에서 운용하는 국민체육기금에서 매년 지원을 받고 있다.[128]

3. 한국스포츠중재위원회의 분쟁해결 규칙의 주요내용

한국스포츠중재위원회는 조정·중재를 위한 규칙을 제정하여 시행하고 있다. 스포츠 단체, 구성원 및 경기 등 해당 단체의 운영과 관련된 분쟁의 중재를 공정·신속하게 하기 위한 절차를 정하기 위하여 '한국스포츠중재위원회 규칙'을 2006년 5월 16일 제정하여 시행하고 있으며, 중재합의의 어려움을 극복하고, 조정제도의 도입 등을 포함한 개정안을 마련하여 2007년 11월20일 동 위원회에서 통과되었다.[129]

---

128) 국민체육진흥법 제36조 (서울올림픽기념국민체육진흥공단) ①제24회 서울올림픽대회를 기념하고 국민체육 진흥을 위한 다음의 사업을 하게 하기 위하여 문화관광부장관의 인가를 받아 서울올림픽기념국민체육진흥공단(이하 "진흥공단"이라 한다)을 설립한다.
  1. 제24회 서울올림픽대회 기념사업
  2. 기금의 조성, 운용 및 관리와 이에 딸린 사업
  3. 체육시설의 설치·관리 및 이에 따른 부동산의 취득·임대 등 운영 사업
  4. 체육 과학의 연구
  5. 그 밖에 문화관광부장관이 인정하는 사업
    ②진흥공단은 법인으로 한다.
    ③진흥공단에 관하여 이 법에서 규정한 것 외에는 「민법」 중 재단법인에 관한 규정을 준용한다.
    ④진흥공단은 제1항제3호에 따른 체육시설 중 제24회 서울올림픽대회를 위하여 설치된 체육시설의 유지·관리에 드는 경비를 충당하기 위하여 그 체육시설에 입장하는 자로부터 입장료를 받을 수 있다.
    ⑤제4항의 입장료를 받으려면 문화관광부장관의 승인을 받아야 한다. 승인받은 사항을 변경하려는 때에도 또한 같다.
129) 이 규칙은 2006년 5월 16일 제정하여 시행하고 있으나 중재합의를 전제로 중재신청을 할 수 있는

이 규칙의 내용은 이미 논의된 바 있으므로 여기서는 주요내용만을 소개하기로 한다.[130]

(1) 관할범위

한국스포츠중재위원회에서 처리할 수 있는 사건은 대한체육회(가맹경기단체, 시·도 지부 포함)와 대한올림픽위원회의 결정에 대하여 불복이 있는 경기자, 경기지원요원, 감독 등 경기 관련자가 소속 경기단체를 상대로 신청한 중재사건의 경우이다. 다만 경기 중에 내린 심판의 판정은 제외된다.[131]

주요 관할대상 사건으로는 구성원간의 분쟁 또는 대립, 선수의 경기 참가자격과 관련된 분쟁, 국제대회 대표선수 선발 관련 분쟁, 도핑판정 관련된 분쟁, 기타 조정 및 중재가 필요하다고 인정되는 스포츠 관련 분쟁 등 광범위하게 인정하고 있다. 프로구단, 생활체육단체와 관련된 분쟁 등도 포함된다.[132]

(2) 중재합의

중재를 신청하려면 서면 또는 그 의사를 명확하게 인정할 수 있는 방법으로 중재합의는 필요하다.[133] 이러한 중재합의 규정은 분쟁해결을 원활하게 해결하는데 걸림돌이 되고 있다. 따라서 조정제도를 도입하여 조정·중재를 함께 실시할 수 있도록 중재규칙을 개정하였다. 즉, 체육단체가 그 정관 또는 규정에 "분쟁은 한국스포츠중재위원회를 통하여 해결한다"는 규정을 둔 경우에는 그 단체는 중재합의가

제도의 한계를 극복하고 조정제도를 도입을 포함한 분쟁해결제도의 활성화를 위하여 대폭적인 규칙의 개정을 추진한 결과 2007년 11월 20일 개정안이 동 위원회를 통과하였다.

130) 이 규칙의 자세한 내용에 관하여는 졸고, 전게논문, 『스포츠와 법』 제10권 4호(통권 제13호), 422-426면 참조.
131) 한국스포츠중재위원회 규칙 제3조 제1항.
132) 일본의 스포츠중재기구(JASS)의 규칙에서는 이러한 사건은 경기단체간의 분쟁, 경기단체가 경기자에 대한 청구, 스폰서계약 및 방송계약 사건, 경기중 발생한 심판판정에 관련된 사건 등과 함께 제외하고 있다(JASS 규칙 제2조 제1항).
133) 한국스포츠중재위원회 규칙 제3조 제2항.

있는 것으로 간주하도록 하였다.[134)]

또한 대한체육회 정관과 시도 체육회(지부)의 규정 및 가맹경기단체의 정관 또는 내부규정으로 분쟁발생시에는 언제나 분쟁해결을 신청할 수 있도록 관련단체의 정관 또는 규정을 개정하도록 제안한 결과 대한체육회 이사회에서 개정안이 통과되어 곧 시행될 예정이다.[135)]

(3) 중재판정부의 구성

당사자간의 분쟁해결을 위하여 1인 또는 3인의 중재인으로 중재판정부를 구성한다. 중재판정부는 원칙적으로 중재위 위원 1인 이상이 포함된 3인의 중재인으로 구성된다.[136)] 중재위원회가 중요하다고 판단하여 재적위원 과반수의 찬성으로 의결한 사건을 처리하기 위하여 특별중재판정부를 설치할 수 있으며, 특별중재판정부는 중재위원 2인 이상과 중재인 3인 이상을 포함하여 5인 이상 15인이내로 구성한다.[137)]

(4) 중재신청의 절차

중재의 신청은 경기자 등이 신청 대상이 되는 단체의 결정을 안날로 부터 3개월 이내 또는 그 결정이 내려진 날로부터 6개월 이내에 중재위원회에 접수해야 한다. 다만 단체의 규정 또는 당사자 간의 합의가 있는 경우에는 1년내로 한다.[138)]

중재를 신청하고자 하는 자는 중재합의서(다만 체육단체에 중재합의에 예외규정을 둔 경우에는 제외), 해당 단체의 규칙, 대리인이 있는 경우 위임장 등과 함께

---

134) 위 규칙 제3조 제2항 단서.
135) 이 개정안은 한국스포츠엔터테인먼트의 연구결과(2007.11.)와 제22회 학술대회(2007.12.14.)에서 의견수렴을 거쳐 한국스포츠중재위원회 제6차 의결(2007.12.)을 거쳐 대한체육회에 건의하였고, 대한체육회 법제상벌위원회의 심의를 거쳐 2008.1.29. 대한체육회 이사회에 상정되어 의결되었고, 2008.2.27. 대의원회의 의결을 거친 후에 주무관청의 승인을 받아 시행된다.
136) 위 규칙 제5조 제1항, 제24조 제1항.
137) 위 규칙 제5조 제2항, 제24조 제2항.
138) 위 규칙 제15조.

중재신청서와 소정의 중재비용(현재 50만원)을 중재위원회의 사무국에 제출하여야 한다. 중재신청서에는 당사자 쌍방의 성명 및 주소, 대리인의 주소 및 성명, 신청취지, 중재신청의 이유 및 입증방법, 중재신청의 대상이 되는 결정에 대한 특정사항 등을 기재하여야 한다.[139)

(5) 중재심리의 절차

중재판정부는 중재 신청된 사안에 대해 심리·결정할 권한이 있다.[140) 심리 및 심리 절차는 원칙적으로 중재판정부의 중재장이 지휘한다. 중재판정부는 공정하게 당사자의 주장, 입증 및 이에 대한 진술의 기회를 충분히 주어야 한다. 중재장은 필요한 경우에 중재판정부의 일원인 중재인 1인에게 증인심문 및 현장검증 등을 면할 수 있다.[141) 심리 일시 및 장소는 중재판정부가 합의하여 결정한다. 심리가 2일 이상 계속될 필요가 있는 경우에는 속행기일은 연속된 날로 정한다. 최초의 심리기일은 심리개시 10일전까지 당사자에게 통지한다. 당사자는 심리기일 및 장소의 변경을 신청할 수 있다. 다만 심리지연을 목적으로 하는 경우에는 중재판정부의 결정으로 이를 기각할 수 있다.[142) 중재판정부는 당사자에게 심리 기일과 심리 절차를 신속·정확하게 하기 위하여 사전에 주장과 증거 방법 및 상대방 주장에 대한 의견을 기재한 준비서면과 답변서를 제출하게 할 수 있다. [143) 중재판정부는 사안을 명확하게 하기 위하여 당사자 주장에 설명을 구하거나 또는 당사자에게 현장 검증 또는 증거조사를 할 때에 입회하도록 할 수 있다. 당사자는 그 청구 또는 방어의 근거가 되는 사실을 입증할 책임이 있다. 중재판정부는 필요하다고 인정될 때에는 당사자에 증거 제출을 요구하거나 또는 당사자로부터 신청이 없는 증거 조사를 할 수 있다. 증거조사는 심리기일 외에도 할 수 있다. 이 경우 당사자에게 입회기회를 주어

---

139) 위 규칙 제16조.
140) 위 규칙 제29조.
141) 위 규칙 제30조.
142) 위 규칙 제31조.
143) 위 규칙 제32조.

야 한다. 중재판정부는 필요 시 또는 당사자 신청이 있을 경우에는 공공 기관 등에 조회를 하여 회답을 구할 수 있다. 그 회답은 당사자에게 알려주어야 한다.[144]

당사자는 자기의 주장을 입증할 수 있는 증거를 제출하거나 증인 또는 감정인의 임의출석을 신청할 수 있다. 중재판정부는 필요하다고 인정할 때에는 증거의 제출이나 증인 또는 감정인의 출석을 요구할 수 있다. 그러나 중재판정부가 정한 기간 내에 증거가 제출되지 아니하거나, 증인 또는 감정인이 출석하지 않은 경우에도 중재판정부는 심리를 진행할 수 있다. 당사자 이외의 자로서 중재 판정 결과에 이해관계가 있는 자는 신청 상대방이 동의할 경우에는 중재절차에 참가할 수 있다.[145]

(6) 중재판정과 판정효력

스포츠분쟁은 신속하게 해결하는 것이 이상적이다. 그래서 통상적으로 심리종결부터 4주이내에 중재판정을 하도록 규정하고 있다.[146] 또한 중재위원회 사무국은 사태의 중요성이나 사안의 긴급성을 고려하여 신속한 분쟁해결이 필요하다고 판단할 때에는 <긴급중재절차>에 따라 판정할 수 있도록 규정하였다.[147]

중재판정은 경기단체 규정 및 법령, 법의 일반원칙에 따라 내려져야 한다. 중재판정에는 당사자의 성명 또는 명칭 및 주소, 대리인이 있는 경우는 그 성명 및 주판정주문 및 판정이유, 중재지, 작성연월일 등을 서면으로 작성하고 중재인이 서명을 해야 한다.[148]

중재 판정은 최종적이며 당사자 쌍방을 구속하고, 당사자간에는 재판상의 화해와 같은 효력이 있다. 다만, 도핑 등에 관한 사안은 국제규정에 따라 다른 구제 절차를 인정해야 할 경우에는 예외로 한다.[149]

---

144) 위 규칙 제34조.
145) 위 규칙 제35조. 그 밖에도 중재의 동일절차에 의한 병합심리, 비공개중재판단의 공개 비밀보호, 번역문의 제출, 심리종결의 재개 등의 심리절차를 규정하고 있다. 중재심리 절차에 관하여는 한국스포츠중재위원회 규칙 제29조~43조에 상세히 규정되어 있다.
146) 위 규칙 제44조.
147) 위 규칙 제52조.
148) 위 규칙 제45조, 46조.

한국스포츠중재위원회가 설립된 후 1년간 중재판정을 내린 사건은 1건뿐이며, 스포츠분쟁 관련 상담은 선수의 이적, 징계처분, 선수등록 등에 관한 37건이었다.[150]

Ⅳ. 한국스포츠중재위원회(KSAC)의 과제

1. 스포츠단체의 규정의 정비

(1) 대한체육회 정관 및 선수등록 규정의 개정

1) 개정요청 사유

현행 대한체육회 정관 제54조에는 "분쟁은 관련당사자간의 합의가 있는 경우 조정 및 중재절차를 통해 해결할 수 있다"고 규정되어 있다. 따라서 <중재합의>를 요건으로 한국스포츠중재위원회가 분쟁사건을 조정 및 중재할 수 있도록 되어 경기단체가 그 구성원의 중재신청에 끝까지 반대할 경우 분쟁을 중재로써 해결할 수 없게 되어 불합리 하다. 이러한 불합리성을 극복하고 헌법상 보장된 스포츠자치권을 바탕으로 자율적으로 스포츠정신에 따라 분쟁을 신속하고 공정하게 해결함으로써 스포츠발전에 기여하도록 관계규정을 개정할 필요가 있었다.[151]

2) 개정내용

대한체육회 정관 제54조에 다음과 같은 사항을 수정·보완하는 것이 필요하다.

첫째, 대한체육회 및 시도지부, 가맹경기단체 등 관련 당사자는 한국스포츠중재위원회의 규정을 준수하고, 신의성실의 원칙에 따라 분쟁해결에 임하여야 한다.

---

149) 위 규칙 제50조.
150) "2007 국가대표 카누지도자 선발결정" (사건번호 : 2007중재 제001호)이며, 그 판정내용에 대하여는 졸고, 전게논문, 『스포츠와 법』 제10권 4호(통권 제13호) 참조.
151) 이 개정안은 한국스포츠중재위원회가 제6차 위원회 회의에서 의결(2007.12.)하여 대한체육회에 건의하였고, 대한체육회 법제상벌위원회의 심의를 거쳐 2008.1.29. 대한체육회 이사회에 상정되어 의결되었고, 2008.2.27. 대의원회의 의결을 거친 후에 주무관청의 승인을 받아 시행된다.

둘째, 대한체육회 및 시도지부, 가맹경기단체 등 관련 당사자는 분쟁이 발생하면 우선적으로 한국스포츠중재위원회에서 분쟁을 해결하여야 하며, 관련단체의 소속선수, 임원 및 지도자가 분쟁을 신청한 경우에는 관련단체가 동의한 것으로 간주한다는 내용을 추가할 필요가 있다.

스포츠분쟁에 관하여 한국스포츠중재위원회가 전속관할권을 가지는 이른바 "필요적 전치주의"를 채택하였다는 점에서 현실적으로 중재합의가 어려운 점을 극복하고 제도의 활성화가 이루어질 것으로 전망된다.

셋째, 대한체육회 선수등록규정에 선수등록을 할 때에는 선수등록카드에 한국스포츠중재위원회의 규정을 준수하고 성실하게 분쟁발생할 때에는 동 위원회를 통하여 분쟁을 해결한다는 내용을 명시하도록 한다.

[대한체육회 정관]

구분	현행규정	개정요청(안)
대한 체육회 정관	제54조(한국스포츠중재위원회) ① 본회, 가맹경기단체, 시도지부, 그 구성원 등(본조에서 '관련당사자'라 한다).간에 발생하는 분쟁을 스포츠 분야의 특수성을 감안한 전문적인 조정 및 중재를 통하여 원만하고 합리적으로 해결하기 위하여 한국스포츠중재위원회를 두기로 한다. ② 한국스포츠중재위원회는 다음 각호의 분쟁에 대하여 관련당사자간의 합의가 있는 경우 조정 및 중재절차를 통해 해결할 수 있다. 1. 구성원간의 분쟁 또는 대립 2~5항 생략 ③ 한국스포츠중재위원회는 조정 및 중재업무에 관하여는 별도의 규정에 따른 중재패널을 구성하여 수행하고, 행정업	제54조 ①은 동일 ② 한국스포츠중재위원회는 아래와 같은 관련당사자간의 분쟁을 관할한다. 관련 당사자는 분쟁이 발생하면 우선적으로 동 위원회의 규정에 따라 분쟁해결을 신청하여야 하며, 본회, 가맹경기단체 및 시도지부의 소속선수, 임원 및 지도자가 분쟁을 신청한 경우에는 관련단체가 동의한 것으로 간주한다. 1. 구성원간의 분쟁 ③ … … … … … … … … … … … … … … … … 판정부를 … … … … … … … … … … … … .

무에 관하여는 위원장 1인을 포함하여 9인이내의 위원으로 구성된 위원회, 감사를 통하여 그 업무를 집행한다. ④ 기타 한국스포츠중재위원회의 구성, 운영, 중재절차 등에 관한 세부사항은 별도의 규정을 두어 이를 정한다.	④ … … … … … … … … … 구성, 운영, 분쟁해결에 관한 … … … … … … … … … … … … ⑤ ①항의 관련당사자는 한국스포츠중재위원회의 규정을 준수하고 분쟁해결을 위하여 신의에 따라 성실하게 임하여야 한다.

[대한체육회 선수등록규정]

현행규정	개정요청(안)
제18조(선수구제) ① 전 소속단체장이 부당하게 이적동의서 발급을 거부하는 것이 명백한 경우, 당해 경기단체 위원회는 1개월 이내에 심의·조정하여 당해 소속단체장에게 의견을 제시할 수 있다. ② 위원회의 의견에도 불구하고 당해 소속단체장이 부당하게 이적동의서 발급을 기피한 경우, 당해 경기단체 위원회에서 최종적으로 구제결정을 할 수 있으며, 그 결과를 소속단체장 및 구제신청자에게 통보한다. ③ 등록된 선수가 선수활동에 있어 동 규정 및 특별한 사유로 부당하게 선수활동 제한을 받는 경우 당해 경기단체 위원회에서 구제결정 할 수 있다. ④ 타의에 의하여 부당하게 이중등록이 되었을 경우에는 당해 경기단체에 대하여 즉시 부당 등록 시정을 요청하여야 한다.	제18조(선수구제) ①~④ 동일 ⑤ 전 소속단체장이 부당하게 이적동의서 발급을 거부하고 당해경기단체가 1개월 이내에 심의·조정하지 않을 경우에는 한국스포츠중재위원회의 조정 및 중재절차를 통해 해결한다. (신설)

	제23조(분쟁의 해결)선수등록을 할 때에는 선수등록카드에 한국스포츠중재위원회의 규정을 준수하고 분쟁발생시에는 동 위원회를 통하여 신의성실의 원칙에 따라 분쟁을 해결해야 한다. (신설)

(2) 대한체육회 소속 가맹단체의 정관 또는 규정의 보완

[가맹경기단체(시·도지부 포함) 정관 또는 규정 예시문]

구분	현행규정	신설표준안
가맹경기단체 정관 및 시·도체육회 규정 예시문		제00조(관련당사자간의 분쟁 해결) 본회의 구성원 및 관련당사자간의 분쟁에 대하여 본회와 그 구성원은 물론 관련당사자는 "한국스포츠중재위원회"의 규정을 준수하고, 동 위원회에서 우선적으로 조정 및 중재를 통하여 분쟁해결을 한다.

(3) 가맹경기단체 규정과 시도지부 규정

대한체육회 정관 제8조(가맹경기단체의 의무) 제1호에 "본회의 정관, 규정 및 결의된 지시사항을 준수하여야 한다."고 규정하고 있으며, 가맹경기단체 규정 제6조(의무) 제1호에 "본회 정관·제규정 및 지시사항을 준수하여야 한다."고 규정하고 있으므로 관련 규정에 스포츠분쟁해결을 위한 특별한 규정을 두지 않아도 될 것이다.

(4) 스포츠분쟁해결의 우선권과 독점권의 문제

스포츠분쟁의 특수성에 따라 한국스포츠중재위원회에 스포츠분쟁해결의 우선권과 독점권을 부여하는 문제와 관련하여 헌법 제27조에 보장된 국민의 재판청구권을 침해하는가의 문제가 제기될 수 있다. 헌법에 보장된 "재판의 권리는 소극적으로는 법률에 의하지 않고는 재판을 거부할 수 있는 권리이며, 적극적으로는 모든 국민이 법률에 의한 재판을 받을 권리를 의미한다.[152] 스포츠분쟁의 신속하고 공정한 해결의 필요성, 스포츠정신과 스포츠자치권 등의 관점에서 볼 때 선량한 풍속 기타 사회질서에 반하지 않는 분쟁해결제도는 정당성과 합법성을 가진다고 본다.

따라서 대한체육회를 비롯하여 가맹단체, 시도지부 및 관련 당사자들이 인정하고 합의를 통하여 헌법상 보장된 스포츠자치권에 바탕을 두고 자율적으로 설립하고 운영되는 분쟁해결기구인 한국스포츠중재위원회에 우선적이고 독점적인 분쟁해결권을 주는 것은 재판청구권을 침해한다고 볼 수 없다고 본다.

2. 법적 근거의 마련

한국스포츠중재위원회의 위상을 높이고, 스포츠분쟁해결의 활성화를 위해서는 <스포츠기본법>의 제정을 통하여 법적인 근거를 명확히 규정할 필요가 있다는 점을 강조하게 된다. 가칭 <스포츠기본법>에는 스포츠기본권에 관한 사항, 정부와 지방자치단체의 책무, 스포츠산업진흥과 스포츠육성을 위한 기본지침, 스포츠와 국제협력 등을 규율하면서 스포츠분쟁해결을 위한 기구의 설치근거를 규정하는 것이 가장 이상적일 것이다.

3. 교육과 홍보의 확대

스포츠중재·조정 등의 스포츠분쟁해결제도는 관련당사자들이 쉽게 활용할 수 있도록 교육과 홍보를 확대해 나가야 한다. 그 목적은 이 분야의 전문가를 키우려는 것이 아니라, 이 제도의 역할, 기능, 가치 등을 올바르게 인식함으로써 사전에 분쟁을 예방하고, 사후에 자율적인 분쟁해결 능역을 함양하는데 있다.

따라서 이 제도의 교육프로그램과 홍보프로그램을 개발하고 경기단체와 그 구

---

152) 정승재, 「스포츠자치권과 스포츠분쟁」, 『스포츠와 법』 제5권, 한국스포츠법학회, 2004, 47면.

성원들이 자발적인 의지를 가지고 교육에 참여할 수 있는 동기를 부여하는 것이 필요하다. 특히 스포츠단체의 임원, 지도자, 선수 등 스포츠인들에게 교육과 홍보를 필수적 실시할 수 있는 방안이 강구되어야 할 것이다. 이러한 교육과 홍보를 체계적으로 실시하기 위하여 관련 제도의 비교연구, 각국의 분쟁사례의 비교분석과 계량화, 분쟁원인의 분석 등의 연구가 병행되어야 할 것이다. 아울러 <스포츠분쟁정보센터>를 설치하여 스포츠분쟁사건의 정보수집과 분석을 일상화하고 정보망을 구축할 필요가 있다.

4. 조직과 예산의 확대

앞에서 제안한 바와 같이 스포츠자치권에 따라 한국스포츠중재위원회를 통하여 스포츠관련 당사자들이 자율적인 분쟁해결을 도모한다면 사건이 급증할 것이다. 또한 홍보와 교육, 상담 등의 분야에 전문가의 활동이 필요할 것이다. 단계적인 조직 확대에 필요한 예산의 뒷받침이 요망된다. 자원봉사자의 조직과 활용 방안도 검토되어야 한다.

5. 활성화 방안의 모색

(1) 독립성, 공정성의 확보

스포츠중재 제도의 도입에 필요한 법적 근거를 마련하기 위하여 대한체육회 정관에 명시하고 그 산하기관으로 출범하였다. 물론 위원회의 인적 구성에 있어서는 최대한 중립성과 독립성을 확보하기 위하여 임원의 선출방법을 특별히 정하였다. 즉, 한국스포츠중재위원회 의 업무를 집행하는 위원 9인을 대한체육회 추천 3인, 대한올림픽위원회 추천 3인, 대한변호사협회 추천 1인, 한국스포츠엔터테인먼트법학회 추천 1인, 대한장애인체육회추천 1인으로 선임하며, 위원장은 재적위원 3분의 2 이상이 출석한 위원회에서 선출하도록 하였다.[153] 또한 중재인의 선임 등 위원회의 중요한 사항을 결정하고 집행하는 과정에서 스포츠관련 당사자들의 의견을 충분히 수렴하여 위원회의 운영에 있어서 공정성과 중립성이 보장될 수 있도록 노력하고 있다.

물론 국민체육기본법의 제정이 실현되면 한국스포츠중재위원회가 독립적이고 중립적인 스포츠중재기구로서 거듭날 수 있을 것이다.

현단계에서 이 기구가 대한체육회의 산하기구가 아니라는 공감대를 형성하기 위해서는 인사·조직의 인적 측면과 재정적 측면에서 독립성을 확보하는 방안이 검토될 수도 있을 것이다. CAS가 초기에 IOC산하로 출범하여 10여년의 운영경험을 토대로 IOC, IFs, NOC 등 유관단체가 협약을 통하여 ICAS를 설립하고 독립성·중립성을 담보하는 새로운 분쟁해결기구로 거듭난 것을 모델로 생각할 수가 있다. 대한체육회, 대한올림픽위원회, 장애인체육회, 경기연맹, 프로구단 등이 협약을 통하여 독립된 기구(사단법인 한국스포츠중재위원회)로서 그 법적 지위를 확립하는 방안을 제안할 수 있다.

(2) 조정 중재의 강제성 확보

위에서 스포츠분쟁을 우선적으로 조정·중재를 통하여 해결하는 제도의 도입방안을 제시하였다. 법원 등 국가기관을 통하여 사법심사를 받지 않고 스포츠자치권에 바탕을 두고 자율적인 조정·중재제도를 분쟁당사자가 우선적으로 택할 수 있도록 해야 한다. 이러한 절차를 우선적으로 거친 후에 부득이한 경우에만 소송 등 국가기관의 사법심사를 청구할 수 있도록 하면 될 것이다. 이렇게 함으로써 스포츠 유관단체 및 그 구성원들이 스포츠정신에 입각하여 스스로 자신의 과오를 반성하고 자율적인 시정을 함으로써 신뢰구축과 협력의 터전을 마련할 수 있을 것이다.

---

153) 한국스포츠중재위원회 규정 제6조.

(3) 신속성, 전문성의 제고

현재 한국스포츠중재위원회는 임원선임과 중재인 선임 등에 있어서 비교적 중립성과 전문성을 확보하고 있다. 앞으로 좀 더 스포츠관련자와 전문가들이 분쟁해결에 직·간접으로 참여하게 제도화함으로써 전문적이고 기술적인 지식을 활용하여 신속하고 공정하게 분쟁을 해결할 수 있도록 개선할 필요가 있다.

또한 CAS의 특별중재부(Ad hoc Division)의 설치와 운영을 모델로 전국체육대회 등 국내 경기대회기간 중에 특별중재심판부를 상설하여 운영하는 방안이 강구되어야 할 것이다. 특별중재심판부는 전국체육대회, 소년체육대회, 각종 선수권 대회 등 전국규모의 스포츠경기대회 기간 중에 발생하는 분쟁을 신속히 처리하기 위하여 그 기간 중에 설치하고 분쟁 당사자가 중재 신청한 때로부터 24시간 이내에 중재판정을 내리도록 하는 제도를 도입하는 것에 필요할 것이다. 물론 한국스포츠중재위원회 규칙 제52조에 마련된 긴급중재절차를 활용할 수도 있지만, CAS의 올림픽중재규칙을 모델로 별도의 특별중재규칙을 동 위원회가가 제정하여 시행하는 것이 바람직할 것이다.

Ⅴ. 요약 및 정리

스포츠분야의 분쟁해결은 무엇보다도 신속성과 전문성이 요구된다. 한국스포츠중재위원회의 역사가 짧기 때문에 조직과 예산이 부족하고 활동이 활성화되지 못하고 있는 실정이다. 동 위원회의 활동을 활성화시키기 위하여 중재법에 따른 당사자의 중재합의에 갈음하는 예외적인 제도가 마련된 것은 대단히 중요하다고 할 것이다.

한편 이러한 제도적인 미비사항을 보완하기 위하여 한국스포츠중재위원회는 현행 스포츠중재규칙을 면밀히 검토하여 2007년 11월 20일 대폭 개정한 것은 시의적절하였다고 평가된다.. 이 개정 규칙에는 조정(Mediation)제도를 적극적으로 활용하여 당사자의 중재합의의 어려움을 극복하는 방안, 대한체육회의 정관과 산하 단체 및 가맹경기단체의 규정을 수정·보완하여 중재합의가 없어도 분쟁해결을 위한 신청을 할 수 있는 방안, 조정(Mediation)·중재(Arbitration)의 절차를 동시에 진행할 수 있는 'Med-Arbitration'제도의 도입방안 등이 반영되었다. 이러한 제도의 개혁은 1990년 대부터 국제스포츠중재재판소(CAS)가 전속관할권을 가질 수 있도록 관련 법규를 개정한 것을 모델로 하여 이루어 진 것이다. 국제올림픽위원회의 올림픽헌장 제59조에 "올림픽경기 또는 이와 관련되어 발생한 모든 분쟁은 스포츠중재규칙에 따라 CAS에 그 해결을 신청해야만 한다"고 규정하여 CAS위 전속 독점관할권을 인정하고 있기 때문이다. 대부분의 국제경기연맹 규정에도 분쟁발생시 CAS의 전속관할권을 인정하고 있는 것이 주의할 필요가 있다.

현 단계에서는 대한체육회 정관, 대한체육회 선수등록규정에 한국스포츠중재위원회의 스포츠분쟁해결을 위한 독점 전속관할권을 인정하는 규정을 넣고, 개별 경기단체의 정관 또는 규정에 이를 확인하는 내용을 삽입하면 충분하다고 본다. 이러한 내용은 일종의 불제소특약과 같은 사법상의 계약내용을 이루는 것으로 볼 때 헌법상 보장되는 스포츠자치권의 실현에 해당되므로 유효한 법률행위라고 볼 수 있다. 특별히 헌법상 보장된 국민의 재판청구권을 침해하지 않는 범위 안에서는 문제될 것이 없을 것이다. 즉 이러한 특별규정이 선량한 풍속에 위반되거나 강행법규에 위반되는 경우가 아니기 때문에 유효한 규정이라고 생각된다.

한편, 한국스포츠중재위원회의 위상을 높이고, 스포츠분쟁해결의 활성화를 위해서는보다 명확한 법적인 근거가 필요하다는 점을 강조하게 된다. 스포츠법학계에서 오랫동안 제안하고 있는 <스포츠기본법>의 제정이 시급히 요구된다. 이 법의 내용은 스포츠기본권에 관한 사항, 정부와 지방자치단체의 책무, 스포츠산업진흥과 스포츠육성을 위한 기본지침, 스포츠와 국제협력 등을 규율하면서 스포츠분쟁해결을 위한 기구의 설치근거를 규정하는 것이 요망된다. 이 <스포츠기본법>이 제정되기 전 까지는 현재 운영되고 있는 <한국스포츠중재위원회>가 스포츠기본권의 보장과 스포츠자치권의 행사와 관련하여 법적인 정당성과 타당성을 가지고 활동하는 것은 당연하다고 할 것이다.

이 장에서는 남북스포츠교류에 따른 법적인 과제에 대하여 서술하고자 한다.* 특히, 남북스포츠교류협력의 현황과 법적 토대, 남북한스포츠교류협력에 관한 법제 현황, 스포츠교류협력 활성화 위한 법정책적 과제 등을 중점적으로 다루었다.

남북관계의 변화 속에서 스포츠(체육) 분야의 교류·협력은 대단히 중요한 의미를 지닌다. 왜냐하면 남북한사회의 동질성을 회복하고 상호 이해의 폭을 넓히기 위한 비정치적 민간 차원의 교류협력 분야 가운데 스포츠만큼 효과적인 분야는 없기 때문이다. 스포츠 분야야말로 상호 적대감을 해소하고 주민간의 동질성을 증대시켜 통일한국의 사회문화통합 기반을 조성하는 데 초석이 될 수 있다. 그러나 남북한간의 스포츠교류협력은 아직 활성화되지 못하고 있어 안타까운 실정이다. 여기서는 남북한 스포츠교류협력의 활성화에 장애가 되고 있는 법제도, 그리고 앞으로 남북교류협력 과정에서 발생할 수 있는 법률적 분쟁을 합리적으로 처리하기 위한 법제의 정비 등 법정책적 과제를 제시해 보고자 한다.

* 이 장의 내용은 필자가 『스포츠와 법』 제3권(한국스포츠법학회 발행, 2002, 183-208면)에 발표한 논문 「남북스포츠교류의 법정책적 과제」를 약간 수정 보완한 것이다.

제1절 남북스포츠교류협력의 현황과 법적 토대

Ⅰ. 대북정책과 스포츠교류협력

김대중 정부의 이른바 '햇볕정책'이라고 불리는 대북 포용정책은 한반도의 평화적 민족공동체 건설을 목표로 하고 있다. 보다 많은 인적·물적교류와 협력을 통해 북한이 스스로 변화할 수 있는 환경과 여건을 조성하여 통일을 앞당기려는 정책인 것이다. 그리고 전쟁 재발을 방지하고 많은 대화와 접촉을 통해 교류·협력을 원만히 이루어 냄으로써 분단과 대결의 냉전구조를 근본적으로 해체하려는 전술전략이라고도 말할 수 있다. 한반도에서 전쟁위험의 긴장을 완화하고 분단의 평화적 관리를 통해 '법적인 통일'에 앞서 '실질적인 통일'을 앞당기려는 정책이라고 볼 수 있다.

이러한 대북한 포용정책은 1998년 2월 25일 김대중 정부의 출범을 계기로 세부 추진계획이 발표되었으며, '평화·화해·협력 실현을 통한 남북관계 개선'을 추진하려는 현 정부의 추진기조이기도 하다. 그 결과, 역사적인 남북정상회담이 열리고 금강산 관광사업 등 전례 없는 남북교류협력이 활발해지면서 남북관계가 급속도로 변화되고 있는 것을 느끼게 된다. 한편, 정경분리 원칙에 입각한 민간인 접촉도 활발해 이산가족 상호 방문이 세 차례에 걸쳐 이루어졌고 앞으로 이산가족의 생사 및 주소 확인, 서신교환, 면회소 설치 등이 실현될 것으로 보인다.

이러한 남북관계의 변화 속에서 스포츠(체육) 분야의 교류·협력은 대단히 중요한 의미를 지닌다. 왜냐하면 남북한사회의 동질성을 회복하고 상호 이해의 폭을 넓히기 위한 비정치적 민간 차원의 교류협력 분야 가운데 스포츠만큼 효과적인 분야는 없기 때문이다. 스포츠 분야야말로 상호 적대감을 해소하고 주민간의 동질성을 증대시켜 통일한국의 사회문화통합 기반을 조성하는 데 초석이 될 수 있다. 그러나 남북한간의 스포츠교류협력은 아직 활성화되지 못하고 있어 안타까운 실정이다. 여기서는 남북한 스포츠교류협력의 활성화에 장애가 되고 있는 법제도, 그리고 앞으로 남북교류협력 과정에서 발생할 수 있는 법률적 분쟁을 합리적으로 처리하기 위한 법제의 정비 등 법정책적 과제를 제시해 보고자 한다.

II. 남북스포츠교류협력의 현황과 법적 토대

1. 현황과 법적근거

스포츠분야의 남북교류협력은 사회문화 분야의 화해·협력의 틀 속에서 진행되어 왔다. 해방 이후 1960년대까지는 남북교류협력이 냉전체제의 고착화 상황 속에서 매우 제한된 형태로 이루어졌다. 그 당시에는 스포츠 분야의 교류도 정치적인 선전의 장에 머물렀던 것이다.

북한은 통일전선전략 차원에서 다양한 대남 제안을 해 왔었다. 제17회 로마올림픽에 출전할 남북단일팀(유일팀) 구성 제안(1958년)이 그 대표적인 사례이다.[1] 북한은 1963년에도 제18회 동경올림픽 단일팀 구성을 제의했었다. 당시 북한은 국력에 자신이 있었으므로 비교적 적극적인 교류를 제안했다는 분석이 있다.[2] 그 후 1980년대 말까지는 남북적십자회담이 이루어졌지만 정치적 대화와 교류가 주류를 이루었다.

물론 1980년대에 들어서면서 LA올림픽 단일팀 구성을 위한 체육회담과 적십자회담 등이 추진되었으나 별다른 성과를 가져오지는 못했다. 그 후 1980년대 후반 민주화 과정에서 노태우 정권은 대북 평화공세를 적극적으로 추진하여 1988년 '7·7특별선언'을 발표했다. 이 선언은 '남북교류를 전면적으로 추진한다'는 원칙을 천명

---

1) 조한범, 『남북 사회문화 교류협력의 평가와 발전방향』, 서울 : 통일연구원, 1999년, 8면; 최의철, 『남북한 교류협력 활성화 방안』, 서울 : 통일연구원, 2000년, 85면; 안민석 외, 『남북체육교류 활성화 방안 연구』, 서울 : 한국체육과학연구원, 1998년, 20면.
2) 홍관희 외 4인, 『대북포용정책의 발전방안 연구ー남북 화해·협력 촉진방안』, 서울 : 통일연구원, 2000년, 40면.

한 것이며, 1989년에는 '남북교류협력에 관한 기본지침'이 마련되었다. 동년 3월에는 남북교류협력추진위원회가 발족되었다.

1990년 2월에는 문화교류 활성화를 위한 '남북문화교류 5원칙'을 발표하여 비정치적인 민족전통문화의 우선적인 교류 등을 제안했다. 같은 해 8월에는 남북교류협력에 관한 법률을 제정 공포하여 남북교류협력의 법적 토대를 마련했다. 또한 이 교류협력을 지원하기 위한 남북협력기금을 설치하기 위해 남북협력기금법도 함께 제정·공포했다.

1991년 12월 31일에는 남북고위급회담에서 '남북 사이의 화해와 불가침 및 교류·협력에 관한 합의서(일명 남북한 기본합의서)'가 채택되고, 이에 따라 1992년 5월 7일에는 '남북교류협력공동위원회 구성·운영에 관한 합의서', 동년 9월 17일에는 '교류협력부속합의서'가 각각 채택되어 남북교류협력에 관한 이행과 준수를 위한 구체적인 대책을 협의하도록 했다. 1997년 6월에는 '남북사회문화협력사업 처리에 관한 규정'이 '통일원 고시 제97-2호'로 제정되어 스포츠교류 협력사업의 추진을 위한 제도적인 틀을 마련하게 되었다.

스포츠 분야에 있어서는 1989년 6월부터 2000년 12월까지 63건이 성사되어 751명의 인적교류가 이루어졌다.[3] 1990년과 1991년에 걸쳐 남북통일축구대회가 개최되었고, 세계청소년축구선수권대회와 세계탁구선수권대회에 남북단일팀 참가가 실현되었다. 이러한 스포츠교류는 정부 주도로 이루어졌으나 1991년 북한 유도 선수 이창수의 망명으로 인해 냉각기에 접어들고 말았다. 물론 북한은 경제난 때문에 국제경기대회에 불참하는 경우가 많아져서 남북스포츠교류는 침체될 수밖에 없었다.

그러나 국민의 정부가 대북 포용정책을 적극적으로 추진하면서 스포츠교류 협력사업도 활기를 되찾게 되었다. 현대의 금강산관광사업과 함께 1999년 평양에 실내종합체육관을 건설했고, 제1차 통일농구경기대회(1999년 12월 23~24일)가 개최되

---

3) 1989년 6월 '남북교류협력에 관한 지침' 제정 후에 스포츠 분야 북한주민 접촉신청은 1999년 12월까지 192건 중 181건이 승인되었으며 58건이 성사되었다. 이 기간 중 남북왕래 교류도 8건이나 이루어졌다. 이에 관한 상세한 현황은 통일부, 『사회문화분야 남북교류협력실무안내』, 2000년, 105-114면 참조.

었다. 이 대회는 1991년 세계청소년축구선수권대회 서울 및 평양 평가전 교환경기 이후 8년만에 실시된 농구 분야의 교환경기였다. 그 근거는 1998년 10월 29일 체결된 '현대·아태간 실내종합관 건설 및 민간급 체육교류에 관한 합의서'에 의한 것이다. 이 대회는 1991년 북한 축구선수단이 남한을 방문한 이후 8년만에 이루어졌다는 점에서 큰 의의가 있다. 이를 계기로 남북한은 농구 외에 축구·배구 등 다른 경기도 정례적으로 남북 친선교환경기를 갖기로 합의했다. 민속씨름대회, 교예단 공연 등 스포츠를 중심으로 청소년 분야와 문화예술 분야가 함께 교류함으로써 남북간의 긴장완화와 화해·협력의 분위기를 조성하는데 크게 기여할 것으로 보인다.

1990년 남북통일축구대회 이후 민간차원에서 열린 남북한 축구교환경기는 1999년과 2000년에 개최된 남북노동자축구대회이다. 남한측의 '민주노총'과 북한측의 '조선직총'이 남북 노동자간의 축구경기를 개최하기로 합의하여 남북간 경기와 남북 혼합팀을 구성하여 경기를 치렀다. 이 경기는 남북간의 순수 민간급 스포츠교류로서 처음 성사된 인적교류였다는 점에서 역사적 의의를 가진다고 하겠다.

2000년 6월 15일 역사상 처음으로 남북정상회담이 열리고 '남북공동선언'이 채택되었다. 이어 남북장관급회담과 남북국방장관회담이 열려 남북교류협력의 분위기가 한층 더 조성되었다. 따라서 스포츠 분야에서도 2000년 7월 3~4일에는 금강산 '자동차질주경기대회'가 개최되어 우리측 인원 228명과 차량 47대가 참가했다. 한편, 2000년 9월 15일 시드니올림픽에서는 남북한 선수단이 동시에 입장하여 남북화합을 전세계에 보여주기도 했다. 이밖에 통일탁구경기대회와 금강산 성화채화 등의 교류가 있었다.

2. 특징과 문제점

지금까지 전개되어 온 남북한 체육교류협력은 비정치적인 분야이지만 정치적·경제적 환경에 지배를 받아왔다는 한계가 있다. 특히 정치적 긴장관계가 스포츠교류에 결정적인 영향을 주었다고 볼 수 있다. 또한 스포츠교류는 국력과 밀접한 관계

속에서 제안되었다는 점이 특이하다.[4] 1970년대까지는 북한이 스포츠교류를 능동적
으로 제안한데 비해, 1980년대부터는 남한이 월드컵이나 올림픽대회 등에서 단일팀
구성을 요구했다.

사회문화교류의 한 부분으로서 스포츠교류는 성사 가능성이 가장 높은 분야라
는 특징을 갖고 있다. 교환경기와 같은 교류사업뿐만 아니라 단일팀 구성과 같은 협
력사업도 추진되었다. 단일팀으로 세계대회에 참가한 것은 남북교류협력을 넘어서
국제적 차원으로 확대되었다고 볼 수 있다. 그러나 이러한 스포츠교류 사업은 아직
도 순수하게 비정치적 차원에서 꾸준히 지속성 있게 추진되지 못하고 있으며, 체육
계와 스포츠인들이 주체적으로 참여하지 못했다는 문제점이 발견된다.

3. 활성화 방안

남북한 스포츠 분야의 교류협력은 비정치적인 성격을 감안한다면 활성화되기
쉽다고 보겠다. 경기종목별로 보면, 축구, 농구, 탁구 등이 주류를 이루어 왔다. 이러
한 경험을 바탕으로 친선경기, 국제대회에의 단일팀 구성 참가, 수준이 대등한 종목
의 교환경기, 체육계 인사들의 상호 방문의 형태로 교류가 확대될 수 있을 것이다.
또한 체육관계 학술단체의 공동연구와 학술교류 등 새로운 프로그램의 협력사업이
추진되어야 한다. 이렇게 스포츠 분야의 교류협력이 활발히 이루어지기 위해서는
다음과 같은 문제들을 생각해 볼 수 있다.

첫째로 스포츠 분야의 교류협력이 활성화되기 위해서는 무엇보다 정부의 역할
이 중요하다. 정부는 남북관계 전반에 걸쳐 교류가 활성화될 수 있도록 분위기를 조
성하고 인적·물적 지원체제를 갖추어야 한다. 이러한 사실은 통일전 동서독관계를
보더라도 분명해진다. 동독정권의 부정적·소극적 태도에도 불구하고 동서독의 스
포츠교류 협력정책이 성과를 거둘 수 있었던 것은 서독 정부의 적극적인 노력 덕택
이었다. 이른바 '신동방정책'을 통한 정책기조를 일관성 있게 추진했기 때문이다.

---

4) 안민석 외, 앞에 든 책; 홍관희 외 4인, 앞에 든 책, 44면.

남북한관계도 6·15공동선언을 계기로 평화적 공존체제를 구축하여 더욱 발전시킬 수 있는 발판은 마련된 셈이다. 이는 현 정부가 일관성 있게 추진하고 있는 대북 포용정책의 결과라고 볼 수 있다. 이제 남북스포츠교류협력에 있어서 중요한 것은 비정치적 측면에서 민간차원의 자유왕래와 접촉이 가능하게 하는 것이 일차적 목표이다.

스포츠교류는 체육학계와 스포츠인들의 보다 자유로운 왕래와 접촉을 활성화할 수 있는 여건 조성이 필요하다. 이를 위해서는 남북한당국간의 합의에 의해서 가칭 '남북스포츠교류협력에 관한 협약서(또는 의정서)'를 마련하여 법적 근거를 만들고 제도적인 장치를 해야 한다. 사회문화교류의 큰 틀 속에서 스포츠교류협력의 특성을 살릴 수 있는 합의문서(법규범)를 만들어 법적·제도적 제약을 없애는 것은 대단히 중요한 일이다.

둘째로 스포츠 분야의 교류와 협력은 정부 주도나 정치적 이용보다 민간스포츠계의 자주적이고 자율적 측면에서 이루어지도록 보장하는 것이 바람직하다. 앞서 동서독관계에서와 같이 남북간의 모든 사회문화교류의 한 부분으로서 일정한 협정 형태로 제도적 장치를 마련한 후 우리나라 법제를 정비해야 한다. 여기에서 가장 중요한 것은 교류와 협력사업의 추진을 위해 방북 절차와 관련된 여러 가지 제도들을 지속적으로 정비 보완하고 간소화해야 한다. 이른바 '수요자 중심'으로 제도적인 뒷받침을 해 주어야 한다는 말이다.

셋째로 스포츠교류는 중·장기적인 계획 아래 지속적이고 항구적으로 추진되어야만 민족동질성을 회복하는데 촉매 역할을 할 수 있다는 점을 깊이 인식할 필요가 있다.

넷째로 이 분야의 사업은 공공성과 비영리성이 원칙이므로 이를 감안하여 물적 기반의 확충을 통해서 교류협력을 활성화시켜야 한다. 이와 관련하여 남북교류협력기금의 지원은 물론, 정부와 민간단체의 상호보완적 협력관계를 설정하여 재정적 지원을 하는 것이 바람직하다. 별도로 이른바 '통일스포츠(체육)기금'의 조성사업도 고려해 볼 수 있다.

다섯째로 스포츠교류협력이 더욱 활성화되어 남북관계가 평화공존의 차원으로 발전하기 위해서는 서로에 대한 국민적 합의가 폭넓게 조성되고 지지될 수 있도록 다각적으로 노력해야 한다. 남북관계에서는 한반도 긴장완화와 군사부문의 신뢰구축을 위한 협력이 추진되어야 하고 국제적인 수준에서는 대북 포용정책에 대한 국제적 이해와 지지가 확산될 수 있도록 노력해야 한다. 하지만 한반도에서의 스포츠교류협력은 근본적인 한계를 지니고 있는 것이 현실이라는 점을 외면해서는 안 된다. 왜냐하면 정부가 추진하고 있는 대북 포용정책 자체에 한계가 있기 때문이다.

4. '남북스포츠교류협력 협약서'(가칭)의 주요 내용

남북한간에 향후 협의될 수 있는 스포츠(체육) 분야의 협정 내용을 연구·검토하는 것은 현 단계에서 대단히 중요하고 시급하다. 사회문화 분야의 교류협력에 관한 협정의 주요 사항과 그에 따른 추가 협약 내용으로는 의정서 형태로서 스포츠를 규정하는 방안을 우선 생각할 수 있다. 혹은 스포츠 분야의 교류협력에 관해 독자적으로 남북한 고위관계자가 합의하여 협정을 맺는 방법도 지금부터 준비해 나가야 할 것이다. 스포츠 분야의 교류협력에서 중심적 역할을 하게 될 남북한 스포츠협정에 관한 내용을 살펴보면 다음과 같다.

첫째, 남북스포츠교류협력의 주체를 다양하게 규정할 필요가 있다. 이 경우, 독일의 경우가 좋은 참고될 수 있다. 동서독 문화교류협정에서는 비정치적인 관련단체와 민간인들이 주도적인 역할을 할 수 있도록 하고 국가는 정치적 지원만을 함으로써 정부가 주도적으로 하지 않는다는 것을 분명히 했다.

남북간 스포츠관계의 교류협력에 있어서도 지금까지의 창구 단일화 원칙을 다원화 원칙으로 바꿔야 한다. 아울러 체육교류협력의 체계성과 실천성을 제고하기 위해 남북한 관계자들이 공동으로 참여하는 (가칭) '남북스포츠(체육)교류(협력)위원회'의 설치가 바람직할 것이다.

둘째, 스포츠교류는 민간차원에서 교류협력이 활성화되도록 정부는 적극 지원하는 체제가 마련되어야 한다는 점을 명문화해야 한다. 특히 정부는 재정적 지원체제를 확립할 필요가 있다. 우리의 북한 및 통일관련 민간단체의 대부분은 재정문제로 활동에 어려움을 겪고 있다. 다양한 성격을 가진 스포츠단체들이 다양한 창구를 통해 자발적이고 다양한 교류가 이루어지고 정부가 적극 지원한다면 교류협력의 활성화는 시간문제라고 생각한다. 대한올림픽위원회는 6·15남북공동선언 직후 대책위원회를 소집하여 당해 경기단체가 독자적인 남북체육교류협력을 추진할 경우에 빚어질 수 있는 중복과 혼선을 막으면서 다양한 분야에서의 체육교류협력을 활성화할 수 있는 방안을 준비해 오고 있는 것으로 알려지고 있다.

이미 성사된 시드니올림픽대회에의 공동입장 외에 2001년 세계탁구선수권대회 단일팀 구성, 경평축구 재개, 2002년 부산아시안게임에의 북한 참가 유도, 성화 채화, 농구·축구·탁구 등 국내경기 일부의 북한 분산개최 등은 물론, 그 동안 논의되지 않았던 씨름과 태권도 등의 종목에서도 교류협력의 방안을 검토하고 있다고 한다.[5]

셋째, 남북스포츠교류협력의 '비정치성의 원칙'과 정체분리(政體分離)의 원칙이 규정되어야 한다. 스포츠 분야의 교류는 비정치적 차원, 즉 정체분리의 기관에서 교류협력이 기획되고 실행되어야 할 것이다. 남북스포츠교류협력이 정치적으로 이용되지 않아야 그 기능을 제대로 발휘할 수 있을 것이다. 그래야만 남북 주민으로부터 호응을 받고 서로 오해가 없을 것이다. 민간 주도의 남북체육교류협력이 보다 활성화되어야 하는데, 북한이 정치적으로 이용할 가능성이 많지만 남한에서는 가능한 정치적 책임감과 부담감을 갖지 말고 민간이 주도적 역할을 담당하는 교류·협력이 추진될 때 보다 실천적 효과를 가져 올 수 있다고 생각한다. 또한 다양한 스포츠교류협력을 추진하는 것을 원칙으로 하면서 대한체육회나 대한올림픽위원회가 구상하는 각 경기종목별로 대화 통로를 일원화하는 것도 고려할 수 있다.

한편 남북체육교류협력을 활성화하기 위해서는 이를 체계적으로 추진하는 데

---

5) 홍관희 외 4인, 『대북 포용정책의 발전방안 연구―남북 화해·협력 촉진방안』, 서울 : 통일연구원, 2000년, 233면.

필요한 자문과 지원 및 홍보업무를 담당할 반관반민(半官半民)의 형태의 '남북스포츠포럼(가칭)'을 구성하는 것도 바람직할 것이다.[6] 스포츠인들과 체육계의 자율성을 바탕으로 구성된 '남북스포츠포럼'에서 교류협력을 통해 얻은 정보를 공유하고, 향후 질서 있는 교류협력을 논의하며 필요한 행정적·물적 지원을 정부와 협의하는 대화 통로로 활용할 수 있다면 효과적일 것이다. 물론 이 포럼에 북한의 동참을 성사시키는 것부터 매우 중요하다. 앞으로 마련될 남북스포츠협정의 준비도 이 포럼에서 할 수 있다고 본다.

이와 병행하여 정부차원에서는 남북체육장관회담을 성사시켜 정치적 협상과 협의를 하는 것이 필요하다. 앞으로 스포츠교류 협력이 활성화되면 인적교류는 물론이고 상호 경기교환이나 관리팀 구성뿐만 아니라 스포츠정보 및 기술교류도 필요할 것이다. 정보와 기술시대에 정보자료 및 기술교환이 인적자료와 아울러 입수될 때 그 효과를 더욱더 발휘할 수 있다.

그 후에는 물론 선수나 지도자교류도 민족동질성 회복을 위해 중요할 것이다. 엘리트스포츠 분야뿐만 아니라 학교체육, 생활체육 등의 분야에서도 효과적으로 이루어질 수 있도록 노력해야 할 것이다. 스포츠산업계의 교류는 경협 차원에서도 이루어질 수 있으나 스포츠 분야의 교류와 함께 이루어지는 것이 보다 많은 지지를 이끌어 낼 수 있다고 본다. 민족동질성 회복과 우수한 체육인 육성 및 체육발전의 과학화·현대화를 위해서 남북한이 공동으로 비무장지대 안에 체육시설 및 기관을 건립하는 방안도 검토되어야 할 것이다. 이러한 시설물이 비무장지대에 건립될 수 있다면 남북체육교류가 더욱 활성화되고 남북한 긴장완화에도 기여할 수 있을 것이다.

이러한 체육시설은 청소년들을 위한 캠프장으로도 활용될 수 있으며, 문화예술 공연장으로도 역할할 수 있는 등 다양한 목적으로 환경을 보존하는 측면에서 심도 있게 검토할 필요가 있다고 본다. 이를 위한 법적 뒷받침을 깊이 검토하여 모자라는 부분을 보완하는 것이 필요할 것이다.

---

6) 홍관희 외 4인, 앞의 책, 234면.

제2절 남북한스포츠교류협력에 관한 법제 현황

I. 남북기본합의서의 의미와 법적 성격

1. 기본합의서의 채택 배경

1980년대 후반기부터 반세기 이상 지배해 오던 냉전체제가 무너지고 독일 통일이 이루어졌으며, 세계는 새로운 질서가 형성되어 오늘에 이르고 있다. 이러한 탈냉전·탈이념의 시대가 열리면서 남북한간에도 새로운 변화의 물결이 일기 시작했다.

남북한은 여러 차례의 고위급회담을 통해 1991년 12월 13일 '남북사회의 화해와 불가침 및 교류협력에 관한 합의서'(일명 남북기본합의서)를 채택·서명했고 1992년 2월 19일 평양에서 열린 제6차 남북고위급회담에서 합의서를 발효시켰다. 이와 함께 한반도에서 핵무기의 위협을 없애기 위해 '한반도 비핵화에 관한 공동선언'을 서명하여 효력을 발생시켰다.

남북한이 기본합의서에 합의한 것은 기본적으로 한반도의 평화와 통일을 이루고 민족문제를 우리 민족 스스로 해결하겠다는 인식을 재확인한 것이며, 탈냉전·탈이념이라는 세계사적 변화 추세에 맞추어 그 동안의 남북분단의 고착화를 청산할 수 있는 계기를 만들기 위한 것이었다. 즉, 남북한은 독일통일 이전의 동서독관계에서 법적 문제로 다루어졌던 특수관계를 명문화할 필요가 있었기 때문에 기본합의서를 채택한 것이다. 그러므로 기본합의서 채택은 불신과 대결의 역사를 청산하고 화해와 협력의 새로운 세대를 열어가자고 하는 민족통일의 의지를 법적·정치적으로 선언한 것이라고 평가할 수 있다.

남북한간의 특수관계를 명문화한 '민족통일의 대장전'이라고 평가할 수 있는 기본합의서는 남북스포츠교류협력에 있어서도 법적인 바탕이 된다. 이 합의서는 남북스포츠교류협력에 있어서 다음과 같은 의미를 법적인 토대 위에서 갖게 된다.[7]

---

7) 제성호, 『남북한특수관계론』, 한울아카데미 법학강좌, 1995년, 46면 이하.

첫째로 기본합의서는 통일을 하나의 과정으로 전제하고 남북관계개선과 평화공존을 위한 법적·제도적 틀을 제시하고 있다. 남북한은 반세기 동안 서로 다른 체제와 이념 속에서 반목과 불신을 키워온 것이 사실이다. 또한 민족간의 이질화가 심화된 오늘의 분단상황에서 남북한이 어떤 합의를 이룬다고 할지라도 하루아침에 민족구성원간의 화해와 협력이 쉽게 이루어질 수는 없는 일이다. 따라서 통일을 이룩하기 위해서는 여러 가지 관계를 개선할 필요가 있고 평화공존의 중간 과정 내지는 과도적 단계를 거치지 않을 수 없다. 여기서 독일의 경우와 같이 갑자기 닥치는 통일의 도전에 대해 올바르게 대응하는 방안을 제시한 것이다. 이때, 정치성이 가장 미약한 민간차원의 스포츠교류는 통일의 부작용을 최대한으로 줄이고 단계적인 통일을 이룩하는데 중요하다고 본다.

둘째로 분단 이후에 제3자의 개입과 중재나 조정 없이 책임 있는 남북한당국자들이 자주적인 원칙에 의해 서로 해결방안을 모색하고 고민하는 모습을 공식문서로 확인했다는 점에 매우 큰 의의가 있다. 남북한이 상호 정치적 실체를 어느 정도 인정했다는 것이 표면상으로는 나타나지 않았지만 내면에서는 읽을 수 있는 것이다. 즉, 남북기본합의서 제1조는 "남과 북이 서로 상대방의 체제를 인정 존중한다"고 규정하고 있는데, 이는 분단극복을 위해 현실 을 인정하는 것으로부터 출발한다는 것을 뜻한다.

셋째로 기본합의서는 비정상적인 남북관계를 청산하고 평화통일기반 조성의 기틀이라고 할 수 있는 화해·협력의 법적 제도화를 이룩했다는 점에서 높이 평가할 수 있다. 기본합의서에는 상대방의 체제 인정은 물론, 내부적인 간섭과 비방을 중지하고 파괴와 전복행위를 금지하는 규정을 두고 있다. 이러한 합의 내용이 성실하게 이행되기만 한다면 북한의 대남혁명노선이나 공작정치는 포기될 수밖에 없다. 사실상의 정전상태를 남북한의 평화상태로 전환시키는 토대를 마련했다는 데 큰 의의를 가지고 있는 것이다. 그리고 군사적 신뢰구축과 군축에 관해 규정함으로써 대결상태를 해소하고 긴장완화에 크게 기여할 수 있을 것이다. 여기서 한 걸음 더 나아가서 스포츠교류가 활성화될 수 있는 기반이 될 것이다.

넷째로 남북간에 팽팽하게 대립된 상반된 입장이 절충적이고 화해와 협력을 바탕으로 타결될 수 있는 제도를 마련했다는 데 의의가 크다.

다섯째로 '비핵화 공동선언'을 함께 발효시킴으로써 한반도의 핵전쟁 위험을 제거하고 평화와 통일을 지향하는 유리한 환경의 조성에 노력할 것을 천명한 것이다. 특히 아시아와 세계평화 및 안전에 이바지하겠다는 남북한의 약속을 만천하에 천명했다는 점에서 그 의의가 크다. 이러한 기본합의서의 정치적·법적 의의는 스포츠 분야의 교류협력을 활성화시킬 수 있는 토대가 될 것이 분명하다.

2. 기본합의서의 법적 성격과 내용

기본합의서의 법적 성격과 내용을 보면 규범적이고 당위적인 측면이 있다. 하지만 우리 사회에서는 기본합의서의 법적 성격과 관련하여 조약인가 아닌가 하는 점이 논란의 대상이 되고 있다. 즉, '정치적인 약관에 지나지 않는가', 아니면 '법적 효력을 갖는 조약으로 볼 것인가' 하는 점이다.

기본합의서의 법적 성격에 대해서는 여러 가지 논란이 있을 수 있고, 실제로 학설 또한 대립되고 있다. 이에 관해서는 정부 부처간의 입장도 엇갈리고 있다. 법무부는 보도자료에서 "남북기본합의서가 국제법적 강제력를 인정할 수 없는 일종의 신사협정에 준하는 성격을 갖는다"고 했다.[8] 이에 비해, 통일부는 국회에 제출한 자료에서 "기본합의서가 나라와 나라 사이의 관계가 아닌 민족 내부간의 특수관계를 규율하는 문서로서 조약이 아니기는 하나, 남북 당국간의 유효하게 체결되어 발효된 합의문서로서 남북한 쌍방이 이에 대한 성실한 이행 준수의 의무를 부담하고 있다는 점에서 국제법상의 신사협정과는 다르다"고 했다.[9]

필자는 남북기본합의서가 정치적 약관이나 단순한 선언이라기보다 법적 구속력

---

8) 1992년 2월 17일에 법무부가 배포한 자료; 제성호, 앞의 책, 49면.
9) 통일원, 남북합의서를 신사협정으로 보는 근거 및 신사협정 하에서 공동위를 구성 운영할 수 있는 근거, 1992년도 국정감사 요구자료 IV- 정대철 의원, 1992년 10월, 85면 이하.

을 갖는 조약적 성격을 부인할 수 없다고 생각한다. 조약은 단순한 국가간의 합의만을 말하는 것이 아니다. 국제법 주체간의 법적 구속력 있는 권리의무의 발생, 변경, 소멸을 내용으로 하는 서면에 의한 합의를 말하는 것이다.[10]

기본합의서가 정치적 선언이 아니라 조약이라는 주장의 논거는 많다. 여기에는 남북화해와 남북불가침, 남북교류협력 등 다섯 개의 장으로 구성되어 있고, 구체적으로 25개의 조문을 배열하고 있다. 형식적으로도 조약이라고 보는데 흠이 없다고 보여진다. 또 국가간의 조약 체결절차에 따라서 남북한의 고위급 정부대표가 서명했다. 그리고 남북한의 합의사항이 명백히 권리의무의 설정을 내용으로 하고 있다. 이런 점에서만 보더라도 기본합의서가 단순한 신사협정, 또는 정치적 약관이나 정치적 선언이라고 할 수는 없다.[11]

Ⅱ. 2000년 남북정상회담과 남북공동선언

1998년부터 남북경협이 활성화되고 남북간의 인적·물적 교류의 제약이 대폭 완화되었다. 그 결과로, 금강산 관광이 성사되고 신의주공단사업이 추진되는 등 가시적인 성과를 이루어 냈다. 이러한 조치는 그 동안 남북기본합의서 체제를 좀더 구체적으로 실현하려는 노력의 결과라고 볼 수 있다. 이러한 교류협력사업을 보다 적극적으로 추진하는데 중요한 계기가 된 것은 2000년 6월에 남북 정상이 평양에서 만나 정상회담을 개최하고 '남북공동선언'을 채택한 일이다. 이 역사적인 회담은 실질적으로 남북관계 개선에 하나의 전환기를 마련한 사건으로, 남북 정상들은 공동선언문을 발표하고 그 후속적인 정치적·법적 조치를 단계적으로 추진했다.

새 천년을 맞이하면서 남북한관계는 실로 새로운 전환기에 접어들었다. 남북정상회담 이후 남북스포츠교류협력도 활성화될 것이고 양적·질적 확대를 가져올 것

---

10) 이한기,『국제법 강의』, 박영사, 1990년, 494면.
11) 이에 관한 자세한 사항은, 이장희,『남북합의서의 국제법적 성격』, 민족통일, 1992년 1·2월호, 7면 이하; 제성호, 앞의 책, 51면 이하 참조.

으로 기대된다.

Ⅲ. 남북교류협력에 관한 법률

남북교류협력, 특히 스포츠 분야의 교류협력을 활성화하고 한 차원 높이기 위해서는 1990년 8월 1일 제정된 '남북교류협력에 관한 법률'을 비롯하여, 관련된 국내 법제를 정비하지 않으면 안 된다. 그 동안 남북관계의 교류협력에 있어서 미흡했던 법제도적 사항들을 개선 보완하는 것은 당연한 결과라고 할 수 있다. 여기서는 스포츠 분야의 교류에 있어서 직접 적용되고 있는 남북교류협력에 관한 법률(이하 남북 교류협력법)의 미흡한 점을 열거해 보기로 한다.

1. 준용 규정의 과다 및 광범위성

남북교류협력법에는 준용 규정이 지나치게 많고 광범위하다.[12) 즉, 준용 대상이 되는 행위의 유형이 추상적이고 법률의 범위가 너무 넓어서 명확성을 기할 수 없다. 따라서 법 적용에 있어서 많은 문제점을 발생시키고 있다. 결국 남북교류협력법은 남북교류협력에 있어서 '기본법'의 역할을 할 수 없는 한계를 지니고 있다.

2. 위임규정의 과다

남북교류협력법은 '다른 법률을 준용함에 있어서는 대통령령으로 그에 대한 특

---

12) 예를 들면, 첫째 수송장비의 출입국관리에 관하여 출입국관리법 제65조 내지 제75조를 준용한다. 둘째, 교역에 관하여 대외무역법 등 무역에 관한 법률 준용을 허용한다. 셋째, 물품의 반출 반입에 관하여 조세의 부과·징수·감면 및 환급 등에 관한 법률을 준용한다. 넷째, 남북간의 물자·물품의 반출·반입, 기타 경제에 관한 협력사업 및 이에 수반되는 거래에 대하여 외국환관리법, 외자도입법, 각종 세법 등 19개 법률의 준용을 허용한다. 다섯째, 남북한의 우편 및 전기·통신·역무에 관하여 우편법, 전기통신기본법 등 4개의 법률을 적용한다.

례를 정할 수 있다'고 규정하고(제26조 4항), 대통령령인 남북교류협력법 시행령에서는 '이 영에 정한 사항 외에 법 제26조 4항의 규정에 의한 특례는 관계행정기관의 장이 협의회의 의결을 거쳐 고시하도록 한다'고 규정하고 있다. 이는 모법에 규정할 사항이 하위 규범인 시행령에 너무 많이 위임되고 있어서 포괄적 위임금지 원칙에 위배될 수 있다.

이렇게 남북교류협력법은 하위 법령에 대한 위임이 너무나 포괄적일 뿐만 아니라, 행정부의 업무 집행에 있어서 재량범위가 너무 넓다. 과도한 위임과 행정청 내지 통일부 등 행정당국의 의사에 의한 법규 보완에 있어서 지나치게 법치주의에 위반될 수 있는 여지가 보인다. 물론 이러한 입법체계는 남북한관계 변화에 적극적이고 탄력적으로 대응하기 위해 불가피하다는 점이 인정된다. 하지만 법규범의 일반원칙을 지키지 않아도 되는 것은 아니다. 법치주의 원칙이나 법치행정의 원칙에 부합되도록 법정책적 보완이 요구된다.

3. 규정 내용이 지나치게 추상적이고 일괄적이다

남북교류협력법은 그 규율 대상의 다양성에 비추어서 상대적으로 아주 적은 조문을 가지고 있다. 따라서 너무나 추상적이고 일괄적인 규정이 많다. 물론 위임규정의 과다에서 비롯된 것이고 남북교류협력법상에 근거 없이 시행령에 규정되어 있는 사항도 많다. 예를 들면, 방문증명서 발급결정 취소에 관해서는 근거가 모법에 없이 시행령 제17조 3항에 마련되어 있기에 문제가 있다. 남북기본합의서 제15조에 의해 남북교류협력의 민족 내부교류성을 인정했으나 남북교류협력법에는 이러한 기본규정이 없다. 이러한 내용을 명시하고 적극적으로 대응할 필요가 있다고 본다.

스포츠 분야의 교류에 있어서도 이 법이 기본적으로 적용된다. 스포츠의 인적교류는 북한주민 접촉부터 시작된다.

국민의 정부 이전에는 북한주민 접촉신청은 서류가 접수된 날로부터 근무일 기준으로 20일 이내에 처리되었고 그 처리 결과는 문서로 신청인에게 우송되도록 했다. 접촉신청이 승인된 경우, 통지문에는 접촉인, 피접촉인, 접촉목적, 접촉방법, 승인 유효기간 등이 기재되며 불허된 경우에도 불허사유가 명시된다. 체류기간은 통상 10일에서 20일이 소요되었다.

현 정부는 이를 좀더 완화하여 1998년 4월 30일 '정경분리의 원칙'에 입각, 남북경협을 촉진·장려하기 위해 남북경협 활성화 조치를 발표했다. 이와 함께 정부는 승인 처리기간을 현행 20일에서 15일로 단축했다. 또한 북한주민 접촉승인 유효기간을 최장 2년의 범위 내에서 사안에 따라 신축성 있게 결정되도록 했다.

IV. 남북사회문화협력사업 처리에 관한 규정

스포츠 분야의 교류에 있어서는 1997년 6월에 제정된 '남북 사회문화협력사업 처리에 관한 규정'이 적용된다.[13] 이 규정에서는 스포츠(체육)분야 협력사업에 관한 실무지침을 비교적 상세하게 규정하고 있다. 즉, 스포츠협력사업이라 함은 "체육 등에 관한 활동으로서 민족의 동질성 회복과 스포츠(사회·문화) 공동체 형성을 위해 남한, 북한 또는 제3국에서 기획·실시 및 사후처리하는 일련의 행위를 말한다"고 규정하고 있다(제3조).

구체적으로는 스포츠에 관한 공동조사와 연구저작 편찬 및 그 보급에 관한 사항, 스포츠에 관한 영상물 및 방송프로그램의 공동제작에 관한 사항, 국내외 체육행사 단일팀 출전 및 공동개최에 관한 사항, 스포츠 학술연구단체 및 청소년단체의 육성과 체육진흥을 위한 지원에 관한 사항, 기타 통일부장관이 인정하는 사항 등의 협력사업이라고 정하고 있다(제3조 2호, 3호, 4호, 5호, 6호). 또 협력사업자 승인신청서가 통일부에 접수된 경우, 처리기간은 30일이며 부득이한 사유로 처리하기 어려울 때에는 그 사유를 명시하여 신청인에게 통보한 후 20일의 범위 안에서 1회 연장할 수 있도록 되어 있다(제5조). 협력사업자의 방북기간은 1년 6개월 내에서 수시방

---

13) 통일부 고시 제97-2호, 개정 1998년 5월 12일 통일부 고시 제98-1호

북을 인정하고 있다(제6조).

V. 제3국을 통한 남북 우편물교환 문제

북한은 과거에 임시우편단속법과 동 시행규칙, 구 체신부 고시에 따라서 송달제한지역으로 분류되어 북한행 우편물의 우체국 접수 및 송달이 제도적으로 금지되었다. 그러나 1994년 6월 통신비밀보호법의 시행으로 임시우편단속법이 폐지됨에 따라 북한행 우편물도 법리상으로는 접수처리가 가능하게 되었다. 물론 마음대로 북한에 있는 주민에게 서신을 보낼 수는 없다. 북한지역은 헌법 제3조의 영토 조항에 따라 국가보안법상 반국가단체가 점거하는 특수지역으로 간주되기 때문에 일반 내국지역과 같이 완전히 자유로운 우편물 교환이 이루어지기 어렵다.

질서 있는 남북교류협력의 확보와 국가안보적 측면을 고려하여 남북 우편교류 시 여러 가지 절차적 규범이 필요하다. 남북교류협력법에 따라 북한주민 접촉승인 절차는 불가피하다. 결국 현행법의 체계상 남북교류협력법 제9조 제3항에 따라 통일부장관으로부터 남북주민 접촉승인을 받아서 서신을 주고받을 수 있다고 본다.

남북한이 직접 우편물을 교환할 경우를 예정하여 '남북한 우편협정'이나 '남북한 통신·우편에 관한 협정' 등을 합의할 필요가 있다. 제3국을 통한 우편물 교환을 보다 합리적으로 보장하기 위해 '남북한 우편물교류에 관한 국제협정'을 맺는 방안도 검토되어야 한다. 그리고 물적교류의 경우, 위탁·가공교육에 대해서는 규정이 전혀 없다. 남북교류협력법상 북한산 물품의 반입은 민족 내부거래 내지 외국거래로 인정되어 관세면제 혜택을 받고 있다. 이 때문에 북한물품 반입시 원산지 확인절차는 여타 국가의 물품 통관에 비해 상당히 복잡하게 되어 있다.

이렇게 복잡하고 까다로운 원산지 확인절차는 자연히 물류 비용을 증가시키고 우리측 기업인들에게 남북교역에 대한 매력을 잃게 한다. 남북교역의 경험상 제3국을 단순 경유하여 북한산 물품을 반입하는 경우, 경유국에서 입증서류를 구비하지 못한 때에 통관이 상당히 지연되고 과세통관하는 일이 적지 않다. 또한 제한승인품목이 많을 뿐더러 사실상 광물이나 농산물, 공산품 등 북한 물품을 자유롭게 반입할수 있으나 농수산물의 경우 아직도 제한승인품목으로 분류되어 있다.

다음으로 정보통신의 발달로 인터넷을 이용한 대북교역 및 남북경협이 추진되고 있다. 북한의 '범태평양조선민족경제개발촉진협의회'가 중국 북경에서 인터넷에 조선인포탱크 사이트를 공식 개설하여 공지사항, 문화광장 등 섹션을 통해 북한의 역사, 지리, 민족문화예술 등을 소개하고 있는 것과 밀접한 관련이 있다. 최근 국내 기업은 이 사이트에 회원으로 가입하여 북한 관련정보를 획득하고 북한상품 판매를 추진하거나 독자적으로 국내에 사이트를 개설하여 대북투자교역 알선이나 사회문화 이산가족교류 주선사업을 추진하는 사례가 늘고 있다. 이러한 인터넷을 통한 새로운 형태의 남북교류 사업에 있어서 남북교류협력법이 어떻게 적용될 것인가 하는 점을 새롭게 검토할 필요가 있다.

제3절 스포츠교류협력 활성화를 위한 법정책적 과제

Ⅰ. 남북교류협력법의 법체계상 개선방안

앞에서 살펴본 바와 같이, 남북교류협력에 관한 기본법이라고 할 수 있는 남북교류협력법은 여러 가지 문제점이 있다는 것을 알 수 있다. 이러한 문제점들은 남북교류협력법 입법체계의 보완·정비가 필요하다는 것을 의미한다. 따라서 정부는 남북교류협력이 증대되고 남북한 관계개선이 이루어질 경우를 대비하여 남북교류협력법을 과감하게 정비해야 한다. 이때, 법치주의의 기본정신과 법치행정의 원칙에 따라 남북교류협력을 제도적으로 보장하고 이를 활성화하는 방향으로 전면적인 개정을 구상할 필요가 있다. 그리고 남북교류협력의 지원을 위한 조치를 뒷받침할 수 있는 그러한 조항들이 보완되어야 한다고 생각한다.

　남북교류협력법을 정비하는 방법은 두 가지가 있다. 첫째는 이 법을 '남북교류협력기본법'이라는 성격을 갖도록 명칭도 바꾸고 새로운 법률로 만드는 방법이다. 둘째는 현행 체제를 유지하면서 전면적으로 기본법의 모습을 갖추도록 하는 것이다. 물론 그 어느 것이든 그렇게 중요한 것은 아니다. 하지만 기본법적인 성격으로 위상을 높이는 것은 필요하다고 본다.

　현행 남북교류협력법은 30개 조문으로만 되어 있고 인적·물적 교류와 협력에 관해 포괄적으로 규정하고 있기 때문에 체계상 많은 비판을 받고 있는 것이 현실이다.[14] 기본법으로서의 위상을 좀더 높일 수 있는 방법으로 장절(章節)의 체제를 갖추고, 법치주의 이념을 바탕으로 교류협력이 이루어질 수 있는 제도를 확립해야 한다. 하위 법령에 대한 구체적인 위임의 근거를 명시하고 준용을 최소화하며, 준용될 법규정의 구체적인 명시를 통해 보다 확실한 법치행정을 이루도록 해야 한다. 또한 법률에 의한 특례를 인정해야 하며 하위 법규의 제정에 있어서 근거를 명확히 하고 법규 상호간의 존재를 분명히 할 필요가 있다.

　다음으로 민족 내부의 관계를 인정한 남북기본합의서의 정신을 바탕으로 하여 모든 사항을 정하도록 한다. 물론 남북관계가 개선되고 교류가 활성화됨으로써 그 분야도 넓어지기 마련이다. 남북교류협력의 분야별 다양성과 특수성을 인정하여 새로운 법을 제정하는 문제도 검토하지 않으면 안 된다.

Ⅱ. 스포츠 인적교류의 활성화를 위한 과제

　접촉승인 신청의 간소화와 폐지가 종국적으로 인정되어야 한다.[15] 남북간 인적 교류를 활성화하기 위해서는 일반적으로 북한주민 접촉승인 처리기간이 현재의 15

---

14) 조은석 외 4인, 『남북한 교류협력 활성화를 위한 법·제도적 개선방안 연구』, 통일연구원, 2000년, 68면 이하. 제성호, 「남북한 화해·협력 활성화를 위한 법·제도적 개선방안 연구」, 『남북한 화해·협력 촉진방안』(협동연구 국내학술회의 발표논문집), 통일연구원, 2000년, 255면 이하.
15) 이에 관한 일반적인 사항은 조은석 외 4인, 앞의 책, 72-81면 참조.

일에서 1주일 정도로 줄이는 것이 적절하다. 그리고 앞으로는 이러한 접촉승인제도를 폐지하는 것이 남북스포츠교류협력을 활성화를 위해서 중요하다고 본다.

또 북한 접촉승인기간이 지금은 짧아서 능률적이지 못하다. 현재 남북교류협력에 있어서 기업인의 경우는 3년, 이산가족의 경우는 5년으로 확대되었다. 그러나 스포츠교류협력에 있어서는 여전히 일반적인 원칙에 따라서 2년으로 제한되고 있다. 따라서 스포츠의 교류협력을 통해 비정치적인 교류를 활성화하고 인도적인 지원을 위해서는 3년에서 5년으로 그 접촉승인 기간을 연장하는 것이 바람직하다. 일단 승인기간을 연장해 놓고 그 범위 내에서 신축적이고 탄력적으로 운영할 수 있도록 하는 것이 필요하며, 특히 스포츠교류협력에 있어서는 비정치성을 강조하게 되므로 이런 기간의 문제는 큰 의미가 없다고 본다.

접촉승인시 받는 안내교육의 폐지, 결과보고서 제출의 간소화, 사후신고제의 완화 등도 제도화되어야 할 것이다. 우선 북한주민 접촉승인시 안내교육을 받도록 조건으로 부과되고 있는 것은 남북교류협력법의 법적 근거가 없다. 이것은 시대착오적인 내용이므로 폐지되는 것이 타당하다. 그 대신, 현재 안내교육 이수조건이 남북교류협력 활성화 지원 차원에서 통일부가 북한주민 접촉신청시 필요하다고 판단될 경우에 접촉 예정자들에게 적절한 우편과 통신방법으로 안내나 편의제공을 할 의무가 있다는 내용으로 개선하는 것이 필요하다.

북한주민 접촉결과를 보고하는 보고서를 제출하는 것 역시 현행 법규정으로는 너무나 번잡하고 시대착오적인 규정이다. 요즘 정보통신의 발전으로 컴퓨터통신이 보편화되고 있기 때문에 스포츠교류협력이 활성화되기 위해서는 이러한 법규정의 준수를 강요하기보다는 단순화시키고 간소화시켜서 보고서를 1년에 한두 번씩 제출하도록 하는 것이 바람직하다.

또 북한 접촉승인을 받지 않은 상태에서 예기치 않게 북한 주민을 만나고 회합·통신을 하는 경우에는 사건 접촉 후 7일 이내에 사후 신고하도록 되어 있다. 그러나 스포츠를 통한 남북 주민의 접촉은 불시에 이루어질 수도 있기 때문에 사후신고제도를 다양하게 인정하는 것이 필요하다. 사후승인제도를 좀더 보완해서 활성화

될 수 있는 제도가 마련되어야 한다.

한편, 남북교류협력법은 그 위반행위에 대해 과도한 벌칙을 부과하고 있다. 그러나 이것은 인적교류를 위축시킬 가능성이 있다. 예를 들어, 증명서를 발급 받지 않고 남북한을 왕래하거나 승인을 얻지 않고 접촉한 자에 대해 3년 이하의 징역 또는 100만원 이하의 벌금을 부과하고 있고, 신고하지 않고 북한을 왕래한 재외국민에 대해서도 처벌하도록 되어 있다(제27조).

Ⅲ. 스포츠 물적 교류의 활성화를 위한 과제

스포츠물품을 교류함으로써 스포츠산업의 보호·육성에 관해 남북한의 협력이 대단히 중요하다. 특히 대북 위탁가공교역이 점차 확대되고 있는 추세이므로 스포츠 분야에서도 그러한 법적 근거가 보완되어야 할 것이다. 특히 스포츠산업의 발전과 스포츠관광사업까지 남북한이 협력할 수 있는 법제 마련이 필요하다고 생각된다. 물론 현재 위탁가공교역 활성화를 위한 법규범은 기존의 입법 관행대로 '통일부 고시'의 형식으로 제정되는 것이 타당하다. 여기에는 원·기자재의 반출이나 품목별 반입절차, 제3국에 대한 수출절차, 기술자 및 관리자의 현지 체류 및 세제감면 혜택 등을 포함하는 하위 법규가 제정되어야 할 것이다. 위탁가공교역을 위한 시설재 반출의 우선적 승인을 정부는 보장해야 하며 물품 보관창고를 확대하는 등 위탁·가공교역 활성화를 위한 조치가 취해져야 한다.[16)]

남북한간의 일반통행 및 통신협정이 체결되지 않은 현 단계에서는 스포츠 남북교역에 따른 클레임을 원만히 처리하기 어렵다. 따라서 신속한 통신과 선적 전 품질검사가 요구된다. 이를 위해서는 반출입 물품의 품질검사기준이나 이에 따른 문제점을 제도적으로 보완할 수 있는 법규 제정이 필요하다.

스포츠산업의 남북한교류협력은 일반적인 교류협력의 토대 위에서 그 일부로서

---

16) 자세한 내용은 조은석 외 4인, 앞의 책, 81-88면 참조.

확대될 수 있도록 여러 가지의 법제도적인 보완이 필요하다. 여기에는 보험제도를 만드는 문제가 시급하다. 구체적으로 보험의 적용기준과 대상 보험금 지급범위와 절차, 특례규정 등을 담은 새로운 법률이 마련되어야 한다.

다음으로 현재 국내 반입통관시 세관에서 북한산 물품인지 아닌지와 관련해서 원산지 확인절차가 철저하게 이루어지고 있다. 그런데 중국 농수산물이 북한산으로 위장 반입되는 사례가 많아지면서 통관과정이 더욱 까다로워지고 있다.

통관에 따른 시간 지체나 물류비용의 증가는 남북스포츠교역 활성화를 가로막게 된다. 따라서 정부는 빠른 시일 내에 북한산 물품의 원산지 확인에 관한 규정 같은 것을 제정해서 북한산 스포츠물품 또는 스포츠산업물품 통관에 따른 특례를 마련해야 한다. 이는 스포츠 남북교역 당사자들에게 예측 가능성과 교류협력의 안정성을 보장해주는 것으로 당연한 과제라고 할 수 있다.

여기에는 북한산 확인규정과 판정절차 기재사항 등이 자세히 명시되어야 한다. 아울러 스포츠산업용품의 거래에 있어서도 인터넷을 활용한 남북교류사업의 일부분으로써 여러 가지 법적·제도적 장치가 필요하다. 따라서 물품거래형태, 대금결재 방법 등 여러 가지 문제가 인터넷을 통한 지적재산권 및 그에 따른 여러 가지 사용에 관한 권리를 공동으로 투자하고 이윤을 배분할 수 있는 사업이 활성화되어야 한다. 앞에서 언급한 조선인포탱크와 같은 사이트와 계약을 맺어서 국내 사이트에서 북한 물품을 주문판매하는 것이 허용되어야 할 것이다.

아울러 스포츠산업의 협력사업을 추진하기 위해서 복잡한 승인절차를 간소화해야 한다. 현 단계에서는 남북협력사업자승인과 협력사업승인으로 이원화되어 있는 것을 동시 승인할 수 있도록 탄력적으로 적용해야 한다. 번거로운 절차는 남북경제협력의 활성화를 가로막는 것이며 이것은 스포츠산업 분야에도 마찬가지로 적용된다. 따라서 중·장기적으로는 남북협력사업 승인제도는 폐지되거나 북한주민 접촉 승인을 받은 경우 남북협력사업자승인을 면제해주는 방안을 검토하여 새로운 제도로 뒷받침 해주어야 한다. 현재 남북교류협력법 제12조에서 '제15조에 규정된 통일부장관의 교역 당사자 지정권 및 거래내역 조정권'을 보다 구체적으로 규정하고 그

절차를 간소화하는 방향으로 법이 개정되어야 할 것이다.

Ⅳ. 화폐 이용과 보험관리체제의 확립

　　스포츠교류협력도 인적·물적자원의 교류와 함께 화폐 이용과 보험관리체제에 있어서 뒷받침할 수 있는 제도적 장치가 필요하다. 남북교류협력사업이 확대되고 본궤도에 진입하게 되는 경우에는 그 교류협력과정에서 당연히 남북한 화폐간의 직접적인 환전이나 북한에서 체류 중 발생하는 교통사고나 산재 등에 우리 보험법이 적용되어야 할 것이다. 스포츠교류에 있어서도 스포츠사고에 위험을 담보할 수 있는 보험관리가 필요하다. 이와 같은 남북한의 교류협력에 있어서 화폐관리나 보험 적용은 마땅히 분단국가의 특수한 현실을 인정하고 이를 반영해야 한다. 현행 남북교류협력법과 같이 외환관리법을 준용하는 입장은 마땅히 개선되어야 한다.

　　남북한간의 경제교류협력관계가 확대 발전할 경우, 남북한관계의 특수성을 인정하여 '남북교류협력 및 투자 능에 관한 화폐관리규정'을 제정·실시해야 한다. 그리고 북한에 체류하는 우리 주민이나 스포츠인에 대한 보험의 적용기준 및 범위, 특례에 관한 법령을 새롭게 보완할 필요가 있다.

Ⅴ. 방송·통신의 활성화를 위한 법적과제

　　스포츠의 교류협력과정에서 방송매체를 통한 교류가 함께 이루어질 경우에 방송교류의 활성화를 위한 법제도의 정비가 필요하다. 일반적인 방송교류를 사회문화교류의 한 유형으로 취급한다면 방송의 특성이 배제될 수 있다. 남북한간 방송교류협정은 사회문화교류의 측면을 인정하지만 문화예술인 교류나 스포츠인 교류 등은 다른 사회문화 협력과 성질이 다르다고 할 수 있다. 따라서 이것을 어떻게 연계시킬 수 있는가 하는 방법을 연구 검토하지 않으면 안 된다.

VI. 정책조정기구(남북스포츠교류협력추진협의회)의 설치

스포츠교류협력에 있어서 정책을 조정·협의할 수 있는 기구를 창설해야 한다. 여기에는 가칭 '남북스포츠교류협력추진협의회'가 필요하다. 현재 남북교류협력추진협의회라는 일반적인 기구가 1989년 3월 31일 남북교류협력추진협의회규정 대통령령 제12670호로 설치되어 있다. 이 위원회는 1990년 8월에 제정된 남북교류협력법 제4조에 명시된 기구이다. 남북교류협력추진협의회는 통일부장관을 위원장으로 해서 15인 내의 위원으로 구성되어 있는 이 협의회의 산하기구로 '남북스포츠교류협력추진위원회'라는 실무위원회를 구성·운영하는 것이 꼭 필요하다고 본다.

VII. 남북스포츠교류의 법적분쟁 처리방법

남북한의 상호 주권을 부인하고 타방의 영역을 미수복지역 등으로 규정하고 있는 현행법으로서는 여러 가지 문제가 많다. 이러한 경우에 남북한간의 스포츠교류에 있어서 민간인 교류라는 측면에서 현행 사회사법, 즉 국제사법의 일반원칙과 법규를 적용해서 처리하기는 어렵다.

민사문제의 처리과정에서는 필수적으로 민사사법의 공조 및 상대방 판결의 상호 승인집행 보장 등이 문제가 된다. 그리고 스포츠교류에 있어서는 금강산 관광 및 관광객들의 관광 중 발생하는 여러 가지 분쟁과 유사하게 여러 문제가 발생한다. 남한의 운동선수와 스포츠단체가 북한지역에서 여러 가지 활동을 할 경우에 상대측의 지역을 방문하는 주민이 범죄를 저지르거나 범법행위를 할 경우에 형사사법상의 공조체계가 이루어져야 한다. 남북한간의 특수관계를 인정하면서 형사관할권을 어떻게 배분할 것인지 등이 문제가 되고 있다.

이러한 분쟁의 원만한 해결을 위해서는 여러 가지 세부적인 규정이 마련되어야 한다. 물론 남북기본합의서 및 부속합의서에서는 남북법률실무협의회를 구성해서 세부적인 합의서를 채택할 수 있는 근거가 마련되었으나 이러한 협의회는 아직까지 설치되고 있지 않은 것이 문제이다. 남북한이 서로 전혀 다른 법체계를 가지고 있기 때문에 특히 문제가 된다.

법률문제를 처리하기 위해서는 공동의 대안이 마련되어야 한다. 2000년 11월 남북한 사이에 상사중재위원회의 구성에 합의했지만 지속적인 노력을 기울여서 스포츠교류에 있어서도 분쟁 발생시 '남북한스포츠중재위원회'나 '스포츠사고분쟁조정위원회'와 같은 것을 구성할 수 있는 법적 제도를 만들어야한다. 그리고 일반적으로 인사관할권에 관한 문제, 준거법, 민사사법 공조, 판결의 승인·집행 보장문제, 형사관할권 문제, 상사분쟁 문제(스포츠상사 거래)에 있어서의 해결방안이 법체계적으로 정비되지 않으면 안 된다.

1. 남북스포츠교류의 민사문제 처리방법

(1) 관할권 문제

남북한관계는 기본합의서에 의한 특수한 민족적 내부관계이기 때문에 재판관할권은 영토 문제와 직결될 수 있지만 대한민국의 주권범위 안에서 북한의 재판관할권만을 소극적으로 인정하는 해석론이 가능하다. 남북한 기본합의서의 이행으로 상호체제 및 관할구역을 인정 존중하는 것은 국가승인은 아니라 그 체제 속에서 민사재판권 관할까지 포함하는 것으로 해석해야 하기 때문이다. 이것은 통일전 동서독 관계의 재판관할권을 인정한 사례에서도 볼 수 있다.

(2) 저촉법(준거법)

남북한간의 스포츠 민사문제를 처리하기 위해서 준거법으로 남한 민법을 무제한으로 적용하는 것을 생각해 볼 수 있다. 이것은 대한민국 헌법 제3조의 영토 규정에 따라서 한반도의 정통성을 갖는 유일한 국가라고 보고 군사분계선 이북지역은 북한이 불법으로 점거하고 있는 미수복지역이기 때문에 사실상 재판관할권이 없다고 주장하는 것이다. 그러나 이것은 남북한관계의 현실적·기능적 상황을 무시한 법 적용이며 법 운용으로서 문제점이 야기된다. 남북한 기본합의서와 남북한 정상간의 합의문 정신에도 위반되는 것이다. 남북한간의 민사문제의 처리에 있어서는 북한을 외국에 준하는 지역으로 유추하여 해석할 수밖에 없다.

완전한 화해협력단계에서도 남북관계를 순수한 국내문제로 파악하는 것은 헌법현실과 남북기본합의서의 정신에 배치되어 부당하다. 통일을 지향하는 과정에서 잠정적으로 형성되는 특수관계이므로 국제법 원칙 또한 그대로 타당할 수 없다고 본다. 따라서 서로의 사법규정을 직접적으로 적용하는 것은 곤란하지 않을까 생각된다. 그러나 통일전 서독이 사실상 국제사법을 유추적용했고 다민족의 이질적 법률문제가 국제사법에 적용되기 때문에 이것은 꼭 맞지 않는 방법이라고는 할 수 없다. 스포츠교류협력에서도 이러한 법적분쟁 처리방안을 다각적으로 연구해서 앞으로 더욱 새로운 방안을 모색해야 한다고 본다.

　이 장에서는 스포츠법의 비교연구의 필요성과 연구방향에 대하여 서술하고자
한다.

　각국의 법체계가 다르지만 스포츠법의 생성과 발전, 스포츠법규의 현황, 스포츠
법의 입법, 사법, 행정의 정책적 과제 등을 비교 연구하는 것이 절실히 요구된다.
각국의 스포츠기본권의 보장, 스포츠자치권의 실현, 스포츠관계법의 정비 등의 현
황을 파악하고 공동연구, 학제적 연구를 해야 할 것이다. 세부적으로는 스포츠기본
법의 제정, 스포츠산업진흥법의 제정, 학교스포츠관계법의 정비, 스포츠자치권의
보장과 스포츠행정법의 정비, 재판외 분쟁해결제도(ADR), 도핑 등 스포츠형사법과
사고법의 정비 등 세부적인 법정책적 과제들을 연구할 필요가 있다.

　또한 모든 나라에 공통적으로 적용될 <통일스포츠법> 분야도 있다. 아시아지역
에는 <통일아시아스포츠법> 분야가 있다. 스포츠자치법의 통일과 스포츠국가법의
통일이 이 분야의 연구 대상이다. 스포츠의 교류와 협력을 증진시킬 수 있는 법의
통일과 조화를 이루어 나가야 할 것이다. 모든 스포츠인의 진정한 스포츠복지를
실현시켜 건강하고 행복한 생활을 할 수 있는 법적 환경을 마련하기 위해 스포츠
법 분야의 모델법이나 리스테이트먼트 같은 규범을 만들어 내야 할 것이다.

제1절 한국에서의 스포츠법 비교연구의 과제

이 절에서는 스포츠법 비교연구의 필요성을 살펴본 후에 한국에서 이루어지고 있는 스포츠법의 비교연구의 성과를 정리하여 보기로 한다.[1]

21세기에 접어들어 더욱 가속화되고 있는 세계화, 국제화의 흐름 속에서 스포츠법의 비교연구를 통하여 아시아의 종교, 윤리, 도덕 등의 전통적인 규범을 바탕으로 아시아법의 새로운 체계 정립이 필요한 것이다. 아시아스포츠법도 이러한 아시아의 정체성에 바탕을 두어 세계적인 스포츠규범과의 조화와 통일을 이루는 방향으로 학제적, 지역적, 국가적 연대와 협력으로 연구해 나가야 할 것이다.

Ⅰ. 개요

최근 스포츠의 국제교류와 협력이 활발해지면서 스포츠법의 비교연구가 중요한 문제로 등장하게 되었다. 아시아에서는 한, 중, 일 3국을 중심으로 스포츠 교류가 활발히 이루어지고 점점 확대되어 가고 있다. 이에 따른 아시아 국가들 간의 스포츠에 관련된 여러 가지 문제에 대한 대처 방안도 다양하게 모색되고 있으며, 아시아스포츠법학의 연구가 새로운 과제로 등장하고 있다. 따라서 지난 2005년 한국 서울에서 한국, 일본, 중국의 스포츠법학자들이 함께 모여 <아시아스포츠법학회>를 결성하여 각국의 스포츠법의 현황에 대한 정보교환과 교류가 이루어지고 있다.

스포츠 교류는 정치·언어·종교 등의 차이를 뛰어넘는 서로 다른 문화 간 교류 수단으로 각광받고 있으며, 그 의미가 대단히 크다고 하겠다. 우리는 지난 2002년

---

[1] 이 절은 필자가 발표한 논문인 「한국에서의 스포츠법 비교연구의 과제」(『스포츠와 법』 제12권 4호 (통권21호), 한국스포츠엔터테인먼트법학회, 2009, 395-417면)를 토대로 약간 수정 보완하였음을 밝힌다.

한국과 일본의 공동주최로 열렸던 월드컵 축구대회의 의미를 다시 한 번 새겨볼 필요가 있다. 그 경기가 보여준 파급효과는 특히 스포츠산업분야에 대단한 것이며, 스포츠법과 정책에도 많은 영향을 미쳤다. 또한 2년마다 개최되는 아시아경기대회에서 창출되는 아시아 국가 간의 협력과 이해증진은 대단한 것이다. 4년마다 개최되는 올림픽경기대회, 월드컵축구대회 등을 통하여 이루어지는 인적·물적 교류도 활발하다.

이처럼 국가들 간의 빈번한 스포츠교류의 현상에서 이제 국가 간의 스포츠교류와 협력을 뒷받침할 법적 기반을 마련해야 한다는 인식이 확산되고 있다. 이에 서로 다른 법제도를 비교 연구하여 조화와 통일을 이루는 길을 모색할 필요성이 제기되는 것이다.

이 글에서는 우선 이러한 스포츠법 비교연구의 필요성과 그 방향을 제시하는데 목적을 둔다. 이에 대하여는 스포츠교류와 협력에 따른 아시아스포츠법의 통일과 조화 등에서 스포츠법의 비교연구의 필요성을 제시하려고 한다.

다음으로 스포츠법 비교연구의 현황과 연구실태를 알아보기로 한다.

이어서 스포츠법의 비교연구가 앞으로 어떠한 과제를 안고 있는가에 대하여 살펴보고자 한다. 이 문제는 스포츠법학연구자들의 협력과 연대를 통하여 새로운 스포츠법학을 정립하고 스포츠법의 조화와 통일을 이루어 가는데 노력해야 함을 강조하고자 한다. 매년 학술대회를 개최하고 연구성과를 공유하고 있는 아시아스포츠법학회가 좀더 활발하게 활동하여 보다 많은 성과를 얻을 수 있다는 길을 모색해야 한다고 본다. 또한 아시아스포츠법학을 연구하고 연구자를 양성하는 연구·교육기관이 필요하다고 본다. 그 밖에도 스포츠법학비교연구를 위한 인적·물적인 지원체계의 확립, 스포츠법령정보센타의 구축 등도 필요하다고 생각한다. 아시아 또는 국제스포츠의 교류와 협력에 필요한 협약 등 법제의 연구도 중요한 과제가 될 것이다.

Ⅱ. 스포츠법의 비교연구의 필요성

1. 아시아스포츠법의 체계의 정립

비교법학의 연구방법으로서 활용되는 법계론[2]에 의해서 보면 아시아법은 통일된 법계를 이루고 있다고 보기 어렵다. 물론 법계를 나누기 위해서는 그 기준이 문제인데, 이는 결코 쉬운 작업은 아니다.[3] 그래서 영미의 여러 비교법학자들은 법계론에 대하여 비판적이고 부정적인 태도를 보인다. 학자에 따라서는 지역별 연구방법을 채택하는 것이 비교법학의 목적을 달성하기 쉽다고 주장한다.[4] 반면에 유럽의 대륙법 학자들은 대체로 긍정적인 입장을 취하는 것을 볼 수 있다.

스위스의 아돌프 슈니처(Adolf F. Schnitzer)는 문화권(Kulturkreis)에 기초하여 민족성, 언어, 정치, 경제, 종교제도가 법계를 분류하는 기준이 된다고 하였다.[5] 프랑스의 르네 다비드(R. David)는 법의 기술적인 요소와 이데올로기적 요소를 고려하여 법계를 분류할 것을 제안하였다.[6] 또한 콘라드 쯔바이거르트(Konard Zweigert)와 하인 쾨츠(Hein Kötz)는 법의 양식(Rechtsstil)를 고려하여 법권을 분류해야 한다고 주장하였다.[7]

---

2) 동일한 계통의 법질서를 연구하는 학문은 法系論(Rechtssystem, Rechtsfamilie, legal system, family of law), 法圈論(Rechtskreis) 또는 법문화론(Rechtskultur)이라고 부른다.

3) 인도법의 예를 들어보자. 인도의 채무법은 영국법을 계수했고, 친족법, 상속법은 중국법을 기조로 하였다고 한다. 이 때문에 인도법을 대륙법, 영미법, 동양법 어디에 속하는지 분류가 어렵다. 물론 우리나라 민법전을 살펴보아도 마찬가지로 여러 법체계의 영향을 받고 있음을 알 수 있다. 이에 관하여는 최종고, 『한국법과 세계법』, 교육과학사, 1989, 8면 참조.

4) Rudolf Schlesinger, Comparative Law, 1988; 최종고, 상게서, 10면.

5) 그는 원시민족의 법, 고대문화민족의 법, 라틴영역의 법, 게르만영역의 법, 슬라브영역의 법, 영미법, 종교법, 아프리카 아시아법으로 나누고 있다. Schnitzer, Vergleichende Rechtslehre I, 2.Aufl. 1961; 최종고, 상게서, 14면.

6) 그는 1950년 '비교민법요론(Traité elementare dedroit civil comparé)'에서 서양법, 소비에트버, 이슬람법, 힌두법, 중국법으로 분류하였다. 그러나 그 후 1966년 '현대법체계론(Les grands Systrmes de droit contemporains)'에서 이데올로기적 요소를 강조하여 로마 게르만법가족, 초민로법가족, 사회주의법가족, 철학적·종교적법질서 등으로 나누고 있다. 최종고, 상게서, 16-18면.

7) 그들은 라틴법권, 독일법권, 북구법권, 영미법권, 사회주의법권, 극동법권, 이슬람법권, 힌두법권으로 분류하였다. Konard Zweigert/Hein Kötz, Einführung in die Rechtsvergleiichung, auf Gebiete des Privatrechts I, 1971; 최종고, 상세시, 18-23면.

이러한 서구의 비교법학자들은 아시아의 법계를 심층적인 연구가 선행되지 않고 자의적으로 분류한 점이 없지 않다. 그들은 아시아법의 관심과 애정에 따라 연구한 결과물이라기보다는 서양법의 계수와 관련된 서양법의 우월적인 요소인 법지배의 특수한 법학적 사고 및 법의 양식에 중점을 두어 아시아법을 파악하였다고 할 수 있다.

따라서 아시아법학이나 제3세계 또는 비 서구법학의 정립을 위하여 아시아법을 스스로 독자적인 영역으로 연구하여 이론화하려는 아시아비교법학자들이 나오게 되었다.[8] 오랫동안 아시아법을 서구법의 수용대상으로 파악하는 것은 아시아법을 정립하는데 장애가 된다고 보기 때문이다. 또한 아시아법을 법사학적 관점에서 연구하고 규명해 보려는 노력도 있다. 일본의 사마다 마사오(島田正郎)의 '아시아법사론'이 주목을 받고 있다.[9] 또한 최근에 아시아법학회가 중심이 되어 <아시아법>의 개념과 체계를 새롭게 정립하려는 연구가 활발히 진행되고 있는 것은 대단히 중요한 일이라고 생각한다.[10]

이러한 아시아법의 새로운 정립과 함께 아시아스포츠법의 체계를 세울 필요성이 제기된다. 물론 아시아법이 한국, 일본, 중국은 대체로 하나의 법계로 볼 수 있지만, 이슬람법계와 힌두교 법계가 혼재해 있는 것이 현실이다. 한편 중국은 아직도 완전한 시장경제체제를 확립하지 못하여 북한과 함께 사회주의적인 법계의 성격을 가지고 있다. 아시아지역의 전통적인 문화와 종교 속에 녹아 있는 법규범을 무시할

---

8) 이러한 노력의 결과로는 특히 일본의 지바 마사지(千葉正士), アジア法の多元的構造, 成文堂, 1988; 이가라시 게오시(五十嵐淸), 現代比較法學の諸相,[東京] : 信山社, 2002.6.; 같은 이, 比較法入門, 東京 : 日本評論社, 1968.5; 같은 이, 比較法學の歷史と理論, 東京 : 一粒社, 1977.8. ;같은 이, 比較民法學の諸問題, 東京 : 一粒社, 1976; 야시다 요시유키 (安田信之), ASEAN法 : An introduction to ASEAN law, 東京 : 日本評論社, 1996.8.; 같은 이, アジアの法と社會, 東京 : 三省堂, 1987; 같은 이, アジアの法と社會, 東京 : 三省堂, 1987; 山崎利男,安田信之編. アジア諸國の法制度, 東京 : アジア経済研究所, 1980.3. (経済協力調査資料 ; 第97号) 등을 들 수 있다.

9) 島田正郎, 『東洋法史』, 東京 : 東京敎學社, 1976. 이 책은 마지막 부분에 '세계사에 있어서 아시아와 아시아에 있어서 法史'라는 제목에서 <아시아법사>라고 부르는 것이 더 좋을 것이라는 결론을 내고 있다. 한국어 번역판은, 임대희 외 3인, 아시아법사, 서경, 2000 참조.

10) 이에 관하여는 アジア法學會 編, 『アジア法研究の新たな地平』, 成文堂, 2006, 특히 安田信之, 「アジア法の概念とその生成過程」, 同書, 11-36면 참조.

수 없을 것이다. 근대화 과정에서 서양법을 계수하여 법전을 편찬하고 법의 적용과 해석을 통해 판례를 형성시켜오고 있으나, 서양의 법의식이나 법감정까지 계수한 것은 아니다. 아직은 서양법이 생활규범으로써 완전히 정착되어 있다고 보기도 어렵다.[11] 또한 우리는 "사상적 기초, 사회경제적 이념, 경제구조 등이 다른 아시아의 여러 나라들이 통일적인 <아시아스포츠법>을 생성시킬 수 있는가?"라는 질문도 던져볼 수 있다. 이에 대한 해답은 당연히 긍정적이다. 앞서 언급한 바와 같이 아시아법을 독자적으로 연구하는 학자들은 이미 아시아인의 사회경제적, 지역적인 특성에 알맞은 <아시아법>의 발견하여 독자적인 법체계를 구축하려고 노력하고 있다는데 주목할 필요가 있다. 특히 <아시아스포츠법>은 스포츠라는 보편적인 인간의 활동을 대상으로 한 법이므로 정치적, 종교적, 지역적인 요소들이 법형성과 발전에 개입할 여지가 적다고 할 수 있다.

따라서 아시아스포츠법은 아시아 각국의 고유한 스포츠법과 함께 아시아 각국의 스포츠교류 협력에 필요한 스포츠법을 포함하는 개념으로 사용하는 것이 타당하다고 본다. 아시아인의 보편적인 가치의 추구와 실현을 위한 스포츠 교류에 장애가 되는 법적인 마찰과 충돌을 예방할 수 있는 비교법적 연구가 필요할 것이다. 아시아스포츠법학은 바로 아시아 각국의 스포츠법을 연구하면서 아시아스포츠법의 공통적인 법의 일반이론과 일반원칙을 발견하는 작업을 진행할 수 있을 것이다.

2. 국제스포츠교류와 협력에 필요

역사적으로 보면 스포츠를 통한 교류협력은 종래 관계가 소원했던 국가나 당사자들이 서로 이해하고 관계를 증진시키는데 큰 몫을 해왔으며, 냉전시대의 양 진영의 극한 대치로 대내적으로는 접촉과 교류가 불가능했던 시대 상황 속에서도 다른 어느 분야보다도 먼저 국가간의 접촉통로가 되었던 것이 사실이다.

---

11) 이러한 논의는 김상용, 「아시아법제연구의 필요성과 방법론」, 『아시아법제연구』, 2004, 제1호, 10-14면 참조.

스포츠는 문화적 이질감과 상호 적대감을 불식시키고, 상호이해와 신뢰구축을 위해서 중요한 역할을 하여 왔다. 뿐만 아니라, 정치적 교류와는 달리 비교적 용이성을 확보하고 있으며 경제협력이나 관광사업이 자연스럽게 함께 이루어질 수 있다는 점에서 그 영향력과 파장이 크다고 할 수 있다.

스포츠법의 비교연구는 바로 이러한 국제적인 스포츠 교류와 협력을 활성화하는데 기여할 수 있을 것이다. 각 지역별로 자원과 인력을 활용하여 지역의 번영을 이루어 낼 수 있는 스포츠산업을 발전시키는데 통일된 스포츠법의 뒷받침이 필요하다. 스포츠법의 비교연구를 통하여 국가 간의 스포츠의 인적·물적인 교류를 원활하게 할 수 있는 법적 기반을 마련할 수 있다. 스포츠법의 비교연구를 통하여 각 국가들이 자국법의 존재를 명확히 알고 다른 나라의 좋은 법을 이해 함으로서 국가 상호간의 이해와 협력이 증진될 것이다.

3. 아시아비교법제의 연구

최근에 아시법의 정립과 아시아법제의 연구가 활발히 진행되고 있다.[12] 아시아법제의 연구는 여러 가지 필요성에 따라 진행되고 있다. 아시아 대륙의 국가들은 세계화의 물결 속에서도 자국법의 독자성과 정체성을 확립하고자 노력하고 있는 것이다. 아시아법의 연구는 서양법과 아시아의 종교, 윤리, 도덕 등의 전통규범이 함께 작용하는 제3의 새로운 규범을 태동시키는 기능을 할 수 있을 것이다.[13] 이러한 아시아법제의 연구와 아시아법의 발전에 스포츠법의 비교연구는 필요 불가결한 작

---

12) 한국에서는 2004년 한국법제연구원에 아시아법령정보네트워크사업(ALIN)을 시작하여 중국, 대만, 일본, 몽골 등 동북아시아 각국의 정부기관과 대학, 연구소 들과 연대협력을 도모하고 있다. 특히 <아시아법제연구 Asia Legal Studies>라는 학술지를 창간하여 연구성과물을 발표하고 토론의 장이 되고 있다. 한편 일본에도 나고야국립대학의 아시아법연구센터를 비롯하여 유사한 연구소가 아시아법연구를 위해 노력하고 있다. 물론 일본에서 <아시아법학회(アジア法學會)>가 창립되어 학술대회를 개최하고 연구성과를 발표하고 있다. アジア法學會 編, アジア法研究の新たな地平, 成文堂, 2006 참조.
13) 김상용, 전게논문(위 주 9), 18면 이하.

업이라고 생각한다.

4. 아시아법계와 법체계의 정립

스포츠법의 비교연구를 통하여 아시아지역의 법체계를 새롭게 정립하는데 공헌할 수 있을 것이다. 아시아 각국의 스포츠 법규범과 법현실을 서양의 여러나라 법제와 비교 분석하고 스포츠법의 일반원칙을 발견함으로써 아시아법의 체계를 세워 나갈 수 있다. 이러한 아시아 지역법의 출현은 아시아법계의 새로운 발견을 의미하게 된다.

이러한 아시아법계의 발견과 아시아법체계의 확립은 각국의 입법과 행정, 사법에 큰 활력소가 될 것이다. 자국법을 해석하고 적용하는데 법의 흠결을 보충할 뿐만 아니라 아시아지역의 경제발전과 평화를 위해서도 크게 기여하게 될 것이다.[14]

5. 스포츠법의 통일과 조화

스포츠법의 비교연구를 통하여 이 분야의 법의 통일과 조화를 위한 사업을 촉진할 것이다. 특히 아시아지역은 앞으로 <아시아연합> 또는 <아시아경제사회 공동체>와 같은 기구가 탄생되고, 아시아 스포츠교류와 협력을 위한 민간기구 또는 정부기구의 설립이 예견되고 있다. 이러한 기구들의 법적 기반조성을 위해 협약이나 조약의 연구가 절실히 요구된다.

이러한 현상은 이미 유럽에서 경험한 바 있다. 유럽은 로마법과 게르만법의 계수를 통하여 현대적인 유럽법을 탄생시켰다. 그리고 영국은 불문법체계를 독자적으로 발전시켜 왔으며, 스칸디나비아제국도 게르만법을 바탕으로 한 고유법을 발전시켰다. 그런데 2차 세계대전 후에 1951년 유럽대륙은 독일, 프랑스, 이탈리아, 벨기에, 네델란드, 룩셈부르크 등 6개국이 유럽석탄철강공동체(ECSC)를 창설하였다. 이

---

14) 同旨, 김상웅, 전게논문, 19면 이하 참조.

어 1957년 유럽경제공동체(EEC)로 발전 시켰으며, 유럽원자력공동체(EURATOM)을 흡수하여 1967년 7월에는 유럽공동체(EC)로 단일화함으로써 유럽통합의 기틀을 마련하였다. 그 후 유럽공동체의 성공적인 운영으로 영국, 덴마크, 아일랜드가 1973년 가입하고, 그리스가 1981년, 스페인과 포르투칼이 1986년 가입함으로써 유럽연합을 탄생시키는 계기가 되었다. 1991년 마스트리히트에서 유럽연합(EU)조약을 체결하여 1993년 발효되었다. 이 조약에 근거하여 정치, 경제, 사회, 제도 등의 통합을 적극적으로 추진하게 되었다. 2004녀 5월에는 10개국이 가입하고 그 후 2개국이 가입하여 현재 27개국의 유럽통합이 이루어졌다. 새로운 유럽화폐인 유로의 시행으로 경제통합을 이루고 헌법제정 등 정치통합의 길로 박차를 가하고 있다.15)

이러한 유럽의 경제, 사회, 정치통합을 위해 법의 통일과 조화를 위해 유럽의 법학자들은 많은 노력을 해 오고 있다. 특히 유럽불법행위법, 계약법의 연구를 통하여 리스테이트먼트, 통일법 제안 등으로 유럽법의 체계적인 발전에 기여하고 있다. 유럽연합 위원회에서는 입법지침(Directive, Richtlinie), 규칙(Regulation, Verordnung) 등을 제정하여 유럽법제의 형성에 기여하고 있다.16)

이러한 유럽의 법통일과 조화를 위한 법학자들의 활약을 모델로 삼아 아시아지역의 법학자들도 연대와 협력이 필요하다는 점을 인식할 수 있다. 아시아를 중심으로 하는 스포츠법의 비교연구를 통해 아시아법의 통일과 조화에 기여할 수 있는 것이다.

---

15) 유럽연합의 변천과 각종 정보는 http://www.europa.eu.int 을 참조할 것. 현재 유럽연합 가입국은 그리스, 리투아니아, 슬로베니아, 키프로스, 네덜란드, 몰타, 아일랜드, 포르투갈, 덴마크, 벨기에, 에스토니아, 폴란드, 독일, 불가리아, 영국, 프랑스, 라트비아, 스웨덴, 오스트리아, 핀란드, 루마니아, 스페인, 이탈리아, 헝가리, 룩셈부르크, 슬로바키아, 체코이다.

16) 이에 관하여는 Jochen Taupitz, Europäische Privatrechtscereinheitlichung heute und morgen, Tübingen: Mohr, 1993; 김상용, 『비교계약법』, 법영사, 2002; 유럽계약법위원회, Principles of European Contract Law; www.lexmercatoria.org 참조.

Ⅲ. 스포츠법의 비교연구의 현황

1. 스포츠연구의 현황

한국에서는 1989년 12월 한독법률학회 주최로 스포츠법에 관한 학술세미나가 개최된 이래 스포츠법에 관한 연구의 필요성은 제기되고 산발적인 연구는 있었지만 체계적이고 심층적인 연구는 이루어지지 못하였다.[17] 스포츠와 법학의 만나서 학제적인 연구가 본격적으로 시작된 것은 1999년 12월 17일 한국스포츠법학회가 창립되면서 부터라고 할 것이다. 한국스포츠법학회는 "스포츠와 관련된 법률문제에 대한 연구를 수행함으로써 건전한 스포츠문화의 창달을 도모하고 스포츠과학 및 스포츠법학의 발전에 기여함을 목적" 으로 창립되었다.

한국스포츠법학회는 2005년도에 엔터테인먼트법 분야도 함께 연구하기로 하고 <사단법인 한국스포츠엔터테인먼트법학회>로 새로운 출발을 하게 되었다. 2009년 7월까지 총 28회의 학술대회를 개최하였으며 그 가운데 6회는 국제학술대회로 미국, 유럽, 일본, 중국, 아프리카 등의 스포츠법학자 내지 스포츠실무가들을 초청하여 비교법적인 연구와 국제교류를 강화하여 왔다. 특히 국제학술대회에는 각국의 스포츠법의 현황과 과제를 다루었다.[18]

학술대회에서 발표와 토론을 거친 연구성과물들은 학술지인 <스포츠와 법>에 게재하여 총 20호를 발간하였다.[19]

---

17) 장재옥, 「스포츠법의 현황과 과제」, 『아시아스포츠법의 과제』, 한국스포츠법학회 국제학술대회 논문집, 2005, 60-76면.
18) 한국스포츠엔터테인먼트법학회 편, 제1회(1999.12.), 6회(2008.10.), 국제학술대회 논문집 참조.
19) 학술지 『스포츠와 법』은 2000년 2월 창간되어 2004년까지 매년 1권, 2005년부터 2006년까지 2권을 발간하다가 2007년부터 매년 4권(2월, 5월, 8월, 11월)을 발간하고 있다. 학술대회도 매년 4회개최하고 있으며, 1회는 국제학술대회를 개최하여 비교법적인 연구를 강화하고 있다.

2. 스포츠기본권과 스포츠헌법의 비교연구

스포츠와 관련된 법제의 비교연구는 주로 법정책적인 방향을 제시하기 위하여 이루어지게 되었다. 헌법차원에서도 스포츠기본권과 스포츠자치권을 보장하는 명문규정이 한국헌법에 없기 때문에 헌법개정안을 마련하기 위하여 비교법적인 연구를 많이 하여왔다.[20] 물론 현행헌법에 규정된 기본권의 해석을 통하여 스포츠를 기본권으로 인정하려는 헌법해석과 헌법판례도 볼 수 있다.[21] 그러나 오늘날 스포츠가 국민의 삶에 차지하는 비중을 생각할 때 스포츠권을 하나의 독립된 기본권으로 헌법에 규정하는 것이 필요하다.[22]

스포츠를 헌법에 명문으로 규정한 나라는 그리스, 포르투갈, 스페인. 스위스, 네델란드, 터어키. 알제리, 독일의 주헌법 등이다. 이러한 국가들의 법제를 연구하고 비교법적이 관점에서 입법적 방안을 제시한 연구가 많았다. 특히 최근 한국에서의 헌법개정과 관련하여 스포츠권의 도입가능성을 심도 있게 연구하였다.[23]

20세기 후반부터 많은 국가가 헌법상 기본권차원에서 스포츠권을 수용하여 보장하고 스포츠에 관심을 기울이는 것은 국가경쟁력의 제고와 함께 인류사회의 변화, 즉 고령사회에 진입하면서 건강과 체력의 중요성이 더욱 부각되고 있기 때문이다. 이러한 시대적 흐름에 상응하여 한국에서도 헌법개정의 시기에 스포츠권을 하나의 기본권으로 격상시켜 명문화함은 당연한 시대적 요청이다. 앞으로 있을 헌법개정에서는 필히 국민의 스포츠권이 하나의 기본권으로 명문화되는 자리매김하기를 기대한다.[24]

---

20) 김상겸, 「헌법보장과 스포츠기본권의 보장」, 『스포츠기본권의 보장과 국민체육진흥의 법적 과제』 (제6회 스포츠법국제학술대회 논문집), 한국스포츠엔터테인먼트법학회, 2008, 225면; 尹龍澤, 「憲法におけるスポーツ條項の位置づけについての一考察—中南米諸國の實例をも訪ねて」, 『스포츠와 법』 제11권 4호(통권 17호), 2008, 171-188면.

21) 헌재 2008.4.24, 2006헌마954.

22) 김상겸, 전게논문, 226면.

23) 김상겸, 전게논문, 224-253면, 특히 249-251면에 제시한 참고문헌을 참고할 것.

24) 김상겸, 전게논문, 247-248면.

3. 스포츠기본법의 제정에 대한 비교연구

한국의 법체계를 볼 때 스포츠기본법의 제정은 당연한 것으로 받아들여 진다. 1987년 민주항쟁을 거치면서 국민의 권리의식이 높아지면서 기본법이 증가하여 이미 국정과제의 51개 분야에 기본법이 제정 시행되고 있는 실정이다.[25)]

이 법은 국민의 스포츠기본권의 보장, 스포츠선수의 보호, 스포츠정책의 종합화, 스포츠단체의 올바른 위상정립, 학교스포츠의 정상화, 스포츠시설의 설치와 이용의 적정화, 스포츠행정조직의 효율화, 스포츠안전과 사고대책, 스포츠를 통한 국제협력과 남북교류협력, 스포츠의 물적·인적자원의 합리적 관리 등을 포괄적으로 규율해야 할 것이다.[26)]

스포츠기본법의 비교연구를 통하여 결론적으로 이법이 제정되어야 하는 이유를 다음과 같이 밝히고 있다.[27)]

첫째, 스포츠관련법령이 50개에 달하는데 비체계적이고 관련법령을 총괄하는 基本法이 없다. 현재 이러한 기능을 담당하는 국민체육진흥법의 문제점과 한계는 앞서 지적한 바와 같다.

둘째, 국가의 중요정책에 스포츠분야가 포함되는 것은 당연하다. 올림픽 등 각종 경기대회에서 국위선양을 하고 국민화합과 삶의 질을 높이는데 스포츠계의 공헌·공로는 대단하다고 누구나 인정한다. 그러나 법을 통한 제도적 뒷받침은 참으로 열악하고, 50대 중요 국정과제에 들어가지 못하고 있다. 또한 스포츠행정 분야는 여러 부처에 분산되어 있으므로 정책의 기획이나 집행이 어려운 경우가 많다.[28)]

셋째, 스포츠분야를 총괄하면서 업무영역을 종합적·체계적으로 규율하는 기본법이 필요한 것이다. 스포츠관련 다른 법령의 총괄적 원칙을 정하는 것이 시급하기

---

25) 연기영, 「스포츠기본법의 제정방안」, 『스포츠기본권의 보장과 국민체육진흥의 법적 과제』(제6회 스포츠법국제학술대회 논문집), 한국스포츠엔터테인먼트법학회, 2008, 275면.
26) 연기영, 전게논문, 268면
27) 연기영, 전게논문, 274-275면
28) 예를 들면 학교체육, 스포츠산업, 프로스포츠, 스포츠복지, 여성스포츠, 남북스포츠교류, 국제스포츠 등의 분야에서 부서간의 이해와 협력, 그리고 업무조정 등이 필요하다.

때문이다.

기본법은 그 법률과 관련된 다른 많은 법령의 총괄적 원칙, 제도·정책의 체계화·종합화를 통한 기본 방향을 정하는 것이 일반적이다. 기본법이 다른 관련법령의 우월적 우선적 효력을 인정하는 경우가 많다.

4. 스포츠산업법의 비교연구

스포츠산업관련법애 대한 본격적인 비교법적인 연구는 2000년 12월 한국스포츠법학회 창립 1주년 기념으로 "스포츠산업이 발전과 법적 대응"이라는 주제로 국제학술대회를 개최하면서 시작되었다고 할 수 있다.[29] 그 후 여러 차례 학술대회에서 스포츠산업진흥법의 제정을 위한 비교법적 연구를 발표하였으며[30], 드디어 2007년 10월 스포츠산업진흥법이 제정되어 시행되고 있다. 이 법이 제정되어 스포츠와 관련된 산업에 대해 국가 차원에서 지원정책을 실현하기 위한 법제적 근거를 마련하였다고 할 수 있다. 즉 동 법률은 스포츠산업의 진흥에 필요한 사항을 규정하여 스포츠산업의 기반조성 및 경쟁력 강화를 도모하여, 궁극적으로는 국민의 여가선용의 기회확대와 국민경제의 발전에 이바지하는 것을 목적으로 제정되었다.

스포츠산업의 행정규제, 경륜경정의 법적 과제, 아시아프로리그의 통합화 문제, 스포츠산업과 경쟁법, 스포츠토토의 법적 과제, 골프산업의 법적 과제, 월드컵이후의 스포츠산업의 법정책적 과제 등을 연구하여 발표하였다.[31]

5. 스포츠복지관련법의 비교연구

한국스포츠학회는2006 국제학술대회에서 "복지국가실현을 위한 스포츠법의 법

---

29) 한국스포츠법학회, 「스포츠산업의 발전과 법적 대응」, 『제1회 국제학술대회 논문집』, 2000.12. ; 연기영, 「스포츠산업의 발전과 법적 과제」, 『스포츠와 법』 제2권, 1-12면.
30) 한국스포츠법학회, 『스포츠와 법』 제2권 12권 2호 참조.
31) 한국스포츠법학회, 『스포츠와 법』 제2권 12권 2호 참조.

정책적 과제"를 가지고 여러나라의 저명한 스포츠법학자들을 초청하여 각국의 스포츠복지의 현황과 과제를 진단하고, 법제도적·법정책적 방안을 제시하였다. 우리 사회에서 다소 소외되어 있는 장애인, 노인, 여성 등의 생활체육의 현황을 진단하고 법제의 미비점을 발견하여 장래의 스포츠정책과 법제도의 정비 방향을 제안하였다. 다가오는 노령사회에서 건강하고 쾌적하며 행복한 삶을 추구할 수 있는 스포츠 복지국가의 실현을 앞당길 수 대안을 찾고자 한 것이다. 질병없이 오래살 수 있는 과학적 국민체력관리시스템 구축, 장애인·노인·저소득층의 스포츠 복지 수혜, 생활체육지도자의 자격제도 등을 위한 정책과 법제도의 정비방안도 모색하였다.[32]

생활체육에 대한 관심이 이처럼 증가하고 있는 한편 생활체육의 향유로부터 소외되는 사회적 현상 또한 크게 증가하고 있는 것이 사실이다. 생활체육에 대한 관심과 강조가 커지면 커질수록 기존의 생활체육의 혜택으로부터 소외되었던 계층과 지역들은, 절대적인 측면에서나 혹은 상대적인 측면에서나, 소외의 경험을 더욱 크게 체감하고 있다. 우리 사회의 지속적인 발전과 균형 있는 성장을 위해서는 소외되고 보호하여야 할 계층들에 대하여 지속적이고 체계적으로 대응할 필요성이 제기된다.

앞으로 비교법적인 연구가 필요한 스포츠복지분야가 많다. 예를 들면, 장애인 스포츠의 경우 장애인이 향유할 수 있는 스포츠를 조사하고 각 장애의 유형에 따라서 시설 접근 가능방법이 논하여져야 하며 재활 스포츠 전문인력의 도입이 검토되어야 한다. 특히 장애인의 개념과 관련하여서도 스포츠 복지정책의 대상에 신체적 장애인만이 아니라 정신적 장애인도 포함하여 논의되는 것이 필요하리라 본다.

또한, 노인 스포츠의 경우 스포츠복지정책의 이상은 노인의 건강증진과 기타 세대와의 스포츠 프로그램 향유로 인한 소외적 박탈감을 제거할 수 있는 제도적 방안이 연구되어야 한다.

한편, 청소년과 여성의 스포츠 복지정책의 수혜대상의 선정과 인프라의 활성화 방법 역시 함께 연구되어야 할 것이다

---

32) 한국스포츠엔터테인먼트법학회, 『복지국가실현을 위한 스포츠의 법정책적 과제』(제4회 국제학술대회 논문 집), 2006 참조.

6. 스포츠분쟁해결의 비교연구

한국에서는1988년 서울 올림픽경기와 2002년 월드컵 축구경기를 성공적으로 개최하면서 스포츠분쟁의 해결을 위한 ADR(재판외 분쟁해결)제도의 필요성이 강조되었다. 또한 2002년 솔트레이크시티 동계올림픽과 2004년 아테네올림픽에서 한국 선수들이 직접 피해를 당하면서 국제스포츠중재재판소(CAS)를 비롯한 국제스포츠분쟁제도에 큰 관심을 가지게 되었다. 올림픽경기에서 김동성선수의 실격 판정과 양태영 선수의 오심판정으로 금메달을 목에 걸지 못했기 때문이다. 이 경기를 지켜보면서 우리 국민들은 심판의 잘못된 판정으로 인하여 올림픽헌장에서 강조하는 <올림픽정신>인 '공정성'에 대한 의구심을 가지게 되었던 것이다. 대한올림픽 위원회(KOC)는 이 사건들을 국제스포츠중재재판소(CAS)에 중재를 요청했지만 아깝게도 <기각>되고 말았다. 물론 이 사건을 계기로 판정 방식을 비롯한 세계 스포츠계에 근본적 변화의 필요성을 인식시켜 주었다.

스포츠법학계에서는 스포츠분쟁해결과 조정중재제도에 대한 비교법적인 연구를 2004년도 학술대회에서 본격적으로 시작하여 여러 차례 논의하였다. 33) 스포츠분쟁을 신속하고 공정하게 해결을 위한 전문적인 ADR 기구의 설치가 필요하다는 점에 각계 각층의 의견이 일치되었다. 이러한 요청에 따라 한국에서는 2006년 5월 17일 <한국스포츠중재위원회(Korea Sports Arbitration Committee:KSAC)>가 설립되어 활동하고 있다.34) 이 기구가 설립되었으나 여러가지 제도적인 미비사항이 지적되어 이를 보완하기 위한 방안을 다양하게 제시하는 연구가 이루어졌다.35) 스포츠중재의 활성화를 위해서는 스포츠중재에 대한 홍보와 교육, 중재기구의 독립성과 공정성의

---

33) 한국스포츠법학회,『스포츠와 법』제5권, 2004, 특집에 스포츠분쟁해결방안의 모색에 관하여 10편의 논문이 실려 있다. 특히 김상겸,「스포츠분쟁해결에 관한 헌법적 연구」; 정승재,「스포츠자치권과 스포츠분쟁」; 연기영,「스포츠분쟁해결기구의 설립방안」; 강병근,「스포츠중재재판소를 통한 스포츠분쟁의 해결" 등을 참조하기 바람.

34) 연기영,「국제스포츠중재재판소에 비추어 본 한국스포츠중재위원회의 역할과 과제」,『스포츠와 법』제11권 1호(통권14호), 91-93면.

35) 이에 관하여는 한구스포츠엔터테인먼트법학회,『스포츠와 법』제11권 1호(통권 14호), 특집「스포츠 조정 중재제도의 활성화 방안과 과제」, 11-127면 참조.

확보, 분쟁해결의 신속성과 경제성의 확보, 중재합의에 갈음하는 예외적인 제도마
련 등이 앞으로 연구되어야 한다.

7. 그 밖의 비교연구

그 밖에도 도핑에 대한 비교법적 연구, 스포츠사고의 법적 문제, 스포츠계약법,
스포츠환경법, 스포츠와 지식재산권, 프로스포츠의 발전과 노동법적인 문제, 학교스
포츠의 법적 과제, 민족통일체육의 법적 과제 (남북한 체육교류과 동서독체육교류
의 비교연구) 등에 관하여 법제의 비교연구를 꾸준히 수행하여 오고 있다.[36]

Ⅳ. 스포츠법의 비교연구의 과제

1. 스포츠법의 통일과 조화를 위한 연구과제

각국의 법체계가 다르지만 스포츠법의 생성과 발전, 스포츠법규의 현황, 스포츠
법의 입법, 사법, 행정의 정책적 과제 등을 비교 연구하는 것이 절실히 요구된다. 각
국의 스포츠기본권의 보장, 스포츠자치권의 실현, 스포츠관계법의 정비 등의 현황
을 파악하고 공동연구, 학제적 연구를 해야 할 것이다. 세부적으로는 스포츠기본법
의 제정, 스포츠산업진흥법의 제정, 학교스포츠관계법의 정비, 스포츠자치권의 보장
과 스포츠행정법의 정비, 재판외 분쟁해결제도(ADR), 도핑등 스포츠형사법과 사고
법의 정비 등 세부적인 법정책적 과제들을 연구할 필요가 있다.

또한 모든 나라에 공통적으로 적용될 <통일스포츠법> 분야도 있다. 아시아지역
에는 <통일아시아스포츠법> 분야가 있다. 스포츠자치법의 통일과 스포츠국가법의
통일이 이 분야의 연구 대상이다. 스포츠의 교류와 협력을 증진시킬 수 있는 법의

---

36) 자세한 내용은 한국스포츠엔터테인먼트법학회, 학술대회 논문집(1~28회)과 『스포츠와 법』 창간호
    12권 3호(통권 20호) 참조. www.kasel.or.kr

통일과 조화를 이루어 나가야 할 것이다. 모든 스포츠인의 진정한 스포츠복지를 실현시켜 건강하고 행복한 생활을 할 수 있는 법적 환경을 마련하기 위해 스포츠법 분야의 모델법이나 리스테이트먼트 같은 규범을 만들어 내야 할 것이다.

2. 연구·교육 기관설립과 프로그램의 개발

교육·연구·네트워크를 통한 후속세대양성이 이루어지지 않으면 지속적인 학문의 발전은 기대하기 어렵다. 스포츠법학의 연구를 위해서도 스포츠법학 관련 교재 개발 및 연구 지원, 학문 후속세대 양성 등 여러 업무를 통합 관리하는 조직이 필요할 것이다.

이를 위해서는 우선 스포츠법학자들이 소속되어 있는 대학이나 연구기관에 <스포츠법학>를 가르칠 수 있는 프로그램이 마련되어야 한다. 현재 한국에는 체육대학 또는 체육관련 학과에 <스포츠법> 또는 <스포츠법과 정책> 등의 이름으로 학부 또는 대학원에 개설되어 교육이 이루어지고 있으나 대단히 열악한 형편이다. 국가기관인 사법연수원에도 "특수계약법"이라는 선택과목의 한 분야로 연수원생들에게 교육이 이루어지고 있다.

또한 스포츠연구센터, 연구소 등이 설립되어 지속적으로 연구할 수 있는 인프라의 구축이 요망된다. 한국에는 국민체육진흥공단 산하에 체육과학연구원이 체육정책의 개발과 연구를 수행하고 있으며, 여러 대학에 스포츠(체육)과학연구소가 설치되어 있으나 스포츠법학의 연구팀은 찾아 볼 수 없는 형편이다. 동국대학교 비교법문화연구소에 스포츠법연구센터가 유일한 연구기능을 수행하는 기관일 것이다.

스포츠법이나 스포츠법학에 관한 교재나 연구서도 부족한 편이다. 한국에서 발간된 교재나 연구서는 충분하지 않다.[37] 일본은 10여권 정도가 나와 있다.[38] 그 밖

---

37) 신희준 외 지음, 『스포츠법』, 법률서원 펴냄, 2004 ;손경한 외 번역, 『문답 스포츠법』, 법영사, 2002년; 손석정, 『스포츠법학』, 태근문화사 펴냄, 2000; 신희준·백정웅, 『스포츠법』, 법률서원, 2004; 김은경, 『스포츠와 법』, 보경문화사, 2004; 류동균, 『스포츠법학』, 대경북스, 2006; 손석정, 『스포츠법 이론과 실제』, 태근문화사, 2007; 정승재, 『한국스포츠법입문』, 한국학술정보, 2007; 노덕선

에는 한국스포츠법학회 전문학술지인 <스포츠와 법>이 1 20호 출간되었으며, 일본스포츠법학회의 연보가 매년 1권씩 출간고 있다. 이제 모범적인 텍스트와 깊이 있는 연구서가 출간되도록 해야 한다. 미국이나 독일 등에서는 스포츠법 연구시리즈가 발간되고 있는 것에 주목할 필요가 있다.

3. 물적·인적 지원체계확립

스포츠법의 비교연구와 교육을 위해서는 재정적인 기반이 필요하다. 재원 확보를 위해서는 정부의 스포츠관련 부서의 출연이 중요하다. 지금까지는 스포츠에 쓰여 지는 예산 중에 스포츠법제의 정비와 연구에 할당되는 경우는 거의 없다. 이에 대한 개선책을 제시하고 스포츠법의 중요성을 홍보할 필요가 있다. 또한 스포츠산업계와 스포츠단체와 유기적인 관련성을 가지고 지원과 협조가 필요하다.

또한 스포츠와 스포츠법령의 정보와 관련된 인적·물적인 네트워크를 구축하여야 한다. 관련 정보를 상호교류하고 아시아 각국의 법령, 판례, 관보, 기타 정보를 수집·정리하는 작업이 필요하다.[39]

연구자들의 세미나, 콜로키엄, 학술대회를 지원할 수 있는 다양한 지원체제가 구

외, 『스포츠법학』, 진영사, 2009; 김두현·최선화, 『현대스포츠법과 안전』, 한울, 2009 등이 있을 뿐이다.

38) 일본에서 발간된 서적은 다음과 같다. 千葉正士, 濱野吉生編, 『スポーツ法學入門』, 東京：体育施設出版, 1995.12.; 井上洋一 著 ; 小笠原正 監修, 導入對話によるスポーツ法學, 東京：不磨書房, 2005 ; 濱野吉生著, 体育·スポーツ法學の諸問題 東京：前野書店, 1983.9.; 伊藤堯, 佐藤孝司著, 体育·スポーツ事故判例の研究 (增補改訂版), 東京：道和書院, 1995.7. ; A.J.シュヴァルツ著；高橋則夫 譯, ポーランドの刑法とスポーツ法, 東京：成文堂, 2000.5; 菅原哲朗 著, スポーツ法危機管理學：スポーツ施設/スポーツ管理者/スポーツ指導者のための, 東京：エイデル研究所, 2005.1; 神谷宗之介 著, スポーツ法, 東京：三省堂, 2005.10; 入澤充 著, スポーツの法律入門：現場のトラブルにQ&Aで答える 知らないと損をする指導者のリスクマネジメント, 東京：山海堂, 2004.2; 川井圭司 著, 『プロスポーツ選手の法的地位』, 東京：成文堂, 2003.6; スポーツ問題研究會 編, 『Q&Aスポーツの法律問題：プロ選手から愛好者までの必修知識』, 東京：民事法研究會, 2003.11.

39) 한국법제연구원에서 2004년부터 ALIN(Asian Legal Information Network)사업을 실시하고 있는 것은 대단히 고무적이라고 할 수 있다. 이 네트워크가 구축되면 아시아법령정보의 수집과 연구의 거점이 될 수 있으므로 스포츠법 분야의 연구에도 큰 도움이 될 것으로 보인다.

축되어야 한다.

4. 아시아 정부, 비정부 기구의 창설을 위한 협약 등 규범연구

아시아의 장래는 세계화, 국제화의 흐름 속에서 <아시아연합> 또는 <아시아경제연합> 등의 아시아기구가 창설될 가능성이 높다. 한국은 이미 동북아시아지역의 상호이해와 번영을 위한 지역협력체 또는 지역공동체의 창설을 제안한 바 있다. 이러한 목적을 달성하기 위해서는 공동체 국가 간의 법적인 상호교류와 이해가 전제되어야 할 것이다. 아시아 지역 내의 스포츠법의 통일, 조화 동화를 위한 비교법적·법정책적 연구가 절실히 요망된다.

또한 현재 설치되어 있는 아시아지역의 스포츠관련 기구의 법적지위와 기반에 대한 연구도 필요할 것이다. 현재 <아시아올림픽평의회("OLYMPIC COUNCIL OF ASIA" : DCA)>가 동계, 하계 아시안게임 등 아시아지역 스포츠를 총괄하는 기구이며, 산하에 각종 아시아스포츠연맹(Asian Federation)이 설치되어 있다.[40] 이 기구가 비정부기구로 되어 있지만 실질적으로 강한 정치적 성격을 가지고 있는 것도 사실이다. 따라서 협약이나 조약을 통한 정부기구화 하는 방안도 연구의 대상이 되어야 할 것이다. 또한 아시아스포츠중재기구의 설립도 적극적으로 추진되어야 한다. 스포츠에 관한 아시아지역의 협정이나 협약을 보다 적극적으로 연구해야 한다고 본다.

5. 아시아스포츠법학회의 활성화

아시아에서 스포츠법의 비교연구를 위한 학술단체로는 <아시아스포츠법학회>가 가장 중요한 인적자원을 확보하고 있다고 볼 수 있다. 한국, 중국, 일본의 스포츠법학자들이 총 집결한 학술·연구 단체이므로 아시아에서 스포츠법을 비교연구하는데 가장 적합한 조건을 갖추고 있다. 자발적인 동기와 참여로 발족한 연구단체

---

40) 상세한 규약, 조직, 행사내용에 관하여는 http://www.ocasia.org를 참조할 것.

이기 때문에 자주적이고 독립적인 연구가 수행될 수 있다고 믿는다. 각국 회원들의 항시적이고 자발적인 스포츠법령정보의 수집 및 교환, 공동연구의 수행, 학술대회의 개최 등을 통하여 아시아스포츠법학의 발전을 위해 끊임없는 노력을 해야 할 것이다.

이러한 학회가 많은 연구활동을 하기 위하여는 재정적인 기반이 선행되어야 한다. 연구기금의 확충 등 재정기반을 구축하는 일이다. 이를 위해서 스포츠관련 국가기관, 스포츠산업계, 스포츠학계 등과 긴밀한 협력이 필요하다고 본다.

V. 요약 및 정리

이상을 통하여 스포츠법의 비교연구의 필요성과 현황, 그리고 과제를 살펴보았다. 세계화의 흐름 속에서 각국의 문화적·종교적 다원성에도 불구하고 스포츠법 분야는 비교적 통일적인 규범을 창출해 내기가 쉬울 것으로 보여 진다. 우선 스포츠법의 대상인 <스포츠>는 인류의 보편적인 문화의 일부로 형성되어 왔기 때문이다. 스포츠 자치법은 세계적으로 통일된 규범이 대부분이며, 스포츠기본권은 인간의 천부인권인 행복추구권의 내용을 이루고 있다. 스포츠법의 통일과 조화를 위해 각국의 법령정보를 공유하고 인적·물적이 교류협력을 보다 적극적으로 넓혀 나가야 할 것이다.

유럽연합의 확대와 미국의 경제력 강화로 아시아의 미래는 불투명한 형국이다. 이제부터 아시아지역의 지역화(Regionalization)가 실행되어 <아시아공동체(Asian Community : AC)>을 건설하기 위하여 노력해야 할 것이다. 지난 2004년 가을에는 인도네시아에서 아세안(ASEAN) 10개국과 동아시아 한·중·일 3국이 아시아은행(Asian Bank)의 개설 등 경제협력에 합의한 바 있다. 이러한 경제협력은 스포츠를 비롯하여 문화예술 분야의 협력과 교류가 활성화 될 때 그 효과가 한층 배가되는 것이다. 이에 스포츠법의 역할은 대단히 중요하다고 본다.

스포츠법의 비교연구가 점차 활성화되고 학술공동체의 활동이 왕성해 지면 각 국의 스포츠법이 발전하고 스포츠법의 통일과 조화가 이루어질 수 있을 것이다. 스 포츠법 비교연구는 건전한 스포츠문화를 창달하고 인류사회의 평화와 화합에 큰 역 할을 담당할 것으로 확신한다.

제2절 아시아스포츠법의 비교연구의 필요성과 과제

이 절에서는 아시아스포츠법의 비교연구의 필요성과 과제를 살펴보기로 한다.[41]

Ⅰ. 개요

최근 스포츠의 국제교류와 협력이 활발해지면서 스포츠법의 연구도 블록별로 이뤄지는 경향이 나타나고 있다. 아시아에서는 한, 중, 일 3국을 중심으로 스포츠 교 류가 활발히 이루어지고 점점 확대되어 가고 있다. 이에 따른 아시아 국가들 간의 스포츠에 관련된 여러 가지 문제에 대한 대처 방안도 다양하게 모색되고 있으며, 아 시아스포츠법학의 연구가 새로운 과제로 등장하고 있다.

스포츠 교류는 정치·언어·종교 등의 차이를 뛰어넘는 서로 다른 문화 간 교류 수단으로 각광받고 있으며, 그 의미가 대단히 크다고 하겠다. 우리는 지난 2002년 한국과 일본의 공동주최로 열렸던 월드컵 축구대회의 의미를 다시 한 번 새겨볼 필 요가 있다. 그 경기가 보여준 파급효과는 특히 스포츠산업분야에 대단한 것이며, 스 포츠법과 정책에도 많은 영향을 미쳤다. 또한 2년마다 개최되는 아시아경기대회에 서 창출되는 아시아 국가 간의 협력과 이해증진은 대단한 것이다.

---

41) 이 절의 내용은 필자가 발표한 논문 「아시아스포츠법의 비교연구의 필요성과 과제」(『스포츠와 법』 제8권, 한국스포츠엔터테인먼트법학회, 2006, 201-220면)를 수정 보완한 것임을 밝힌다.

이 처럼 아시아국가들 간의 빈번한 스포츠교류의 현상에서 이제 아시아 국가 간의 스포츠교류와 협력을 뒷받침할 법적 기반을 마련해야 한다는 인식이 확산되고 있다. 이에 아시아스포츠법의 개념과 내용을 새롭게 정립하고, 서로 다른 법제도를 비교 연구하여 조화와 통일을 이루는 길을 모색할 필요성이 제기되는 것이다.

이 글에서는 우선 이러한 아시아스포츠법의 필요성과 그 방향을 제시하는데 목적을 둔다. 첫째, 아시아법의 분과로서 <아시아스포츠법>의 개념을 정립할 필요가 있다. 둘째, '아시아스포츠법의 비교연구는 왜 필요 한가?'에 대한 해답을 구하고자 한다. 그 해답을 아시아스포츠교류와 협력, 아시아법제의 연구, 아시아법계와 법체계의 정립, 아시아스포츠법의 통일과 조화 등에서 아시아스포츠법의 비교연구의 필요성을 제시하려고 한다.

셋째, '아시아스포츠법의 비교연구가 앞으로 어떠한 과제를 안고 있는가?'에 대해 살펴보고자 한다. 이 문제 역시 아시아법학연구자들의 협력과 연대를 통하여 새로운 아시아스포츠법학을 정립하고 아시아스포츠법의 조화와 통일을 이루어 갈 수 있다고 생각한다. 이번에 창립된 아시아스포츠법학회의 활성화를 통하여 많은 성과를 얻을 수 있다고 본다. 마지막으로 아시아스포츠법학을 연구하고 연구자를 양성하는 연구·교육기관이 필요하다고 본다. 그밖에도 아시아법학비교연구를 위한 인적·물적인 지원체계의 확립, 아시아스포츠와 스포츠법령정보센타의 구축 등도 살펴보아야 한다. 앞으로 <아시아연합> 또는 <아시아경제사회공동체> 같은 기구의 탄생을 준비하고, 아시아스포츠의 교류와 협력을 위한 민간기구와 국가 간 기구의 창설을 위한 협약연구도 중요한 과제가 될 것이다.

Ⅱ. 아시아스포츠법의 개념과 내용

1. 아시아스포츠법의 개념

아시아지역의 여러나라들의 법체계는 통일적으로 이루어졌다고 보기 어려운 실

정이다. 흔히 비교법학의 연구방법으로서 활용되는 법계론[42]에 의해서 보면 아시아

법은 통일된 법계를 이루고 있다고 보기 어렵다. 물론 법계를 나누기 위해서는 그

기준이 문제인데, 이는 결코 쉬운 작업은 아니다.[43] 그래서 영미의 여러 비교법학자

들은 법계론에 대하여 비판적이고 부정적인 태도를 보인다. 학자에 따라서는 지역

별 연구방법을 체택하는 것이 비교법학의 목적을 달성하기 쉽다고 주장한다.[44] 반

면에 유럽의 대륙법 학자들은 대체로 긍정적인 입장을 취하는 것을 볼 수 있다.

스위스의 아돌프 슈니처(Adolf F. Schnitzer)는 문화권(Kulturkreis)에 기초하여 민족

성, 언어, 정치, 경제, 종교제도가 법계를 분류하는 기준이 된다고 하였다.[45] 프랑스

의 르네 다비드(R. David)는 법의 기술적인 요소와 이데올로기적 요소를 고려하여

법계를 분류할 것을 제안하였다.[46] 또한 콘라드 쯔바이거르트(Konard Zweigert)와 하

인 쾨츠(Hein Kötz)는 법의 양식(Rechtsstil)를 고려하여 법권을 분류해야 한다고 주장

하였다.[47]

이러한 서구의 비교법학자들은 아시아의 법계를 심층적인 연구가 선행되지 않

고 자의적으로 분류한 점이 없지 않다. 그들은 아시아법의 관심과 애정에 따라 연구

한 결과물이라기보다는 서양법의 계수와 관련된 서양법의 우월적인 요소인 법지배

---

42) 동일한 계통의 법질서를 연구하는 학문은 法系論(Rechtssystem, Rechtsfamilie, legal system, family of law), 法圈論(Rechtskreis) 또는 법문화론(Rechtskultur)이라고 부른다.

43) 인도법의 예를 들어보자. 인도의 채무법은 영국법을 계수했고, 친조법, 상속법은 중국법을 기조로 하였다고 한다. 이 때문에 인도법을 대륙법, 영미법, 동양법 어디에 속하는지 분류가 어렵다. 물론 우리나라 민법전을 살펴보아도 마찬가지로 여러 법체계의 영향을 받고 있음을 알 수 있다. 이에 관하여는 최종고,『한국법과 세계법』, 교육과학사, 1989, 8면 참조.

44) Rudolf Schlesinger, Comparative Law, 1988; 최종고, 상게서, 10면.

45) 그는 원시민족의 법, 고대문화민족의 법, 라틴영역의 법, 게르만영역의 법, 슬라브영역의 법, 영미법, 종교법, 아프리카·아시아법으로 나누고 있다. Schnitzer, Vergleichende Rechtslehre I, 2.Aufl. 1961; 최종고, 상게서, 14면.

46) 그는 1950년 '비교민법요론(Traité elementare dedroit civil comparé)'에서 서양법, 소비에트버, 이슬람법, 힌두법, 중국법으로 분류하였다. 그러나 그 후 1966년 '현대법체계론(Les grands Systrmes de droit contemporains)'에서 이데올로기적 요소를 강조하여 로마-게르만법가족, 초면로법가족, 사회주의법가족, 철학적·종교적법질서 등으로 나누고 있다. 최종고, 상게서, 16-18면.

47) 그들은 라틴법권, 독일법권, 북구법권, 영미법권, 사회주의법권, 극동법권, 이슬람법권, 힌두법권으로 분류하였다. Konard Zweigert/Hein Kötz, Einführung in die Rechtsverglieichung, auf Gebiete des Privatrechts I, 1971; 최종고, 상게서, 18-23면.

의 특수한 법학적 사고 및 법의 양식에 중점을 두어 아시아법을 파악하였다고 할
수 있다.

따라서 아시아법학이나 제3세계 또는 비서구법학의 정립을 위하여 아시아법을
스스로 독자적인 영역으로 연구하여 이론화하려는 아시아비교법학자들이 나오게
되었다.48) 오랫동안 아시아법을 서구법의 수용대상으로 파악하는 것은 아시아법을
정립하는데 장애가 된다고 보기 때문이다. 또한 아시아법을 법사학적 관점에서 연
구하고 규명해 보려는 노력도 있다. 일본의 사마다 마사오(島田正郎)의 '아시아법사
론'이 주목을 받고 있다.49)

이러한 아시아법의 새로운 정립과 함께 아시아스포츠법의 개념을 도출해 낼 수
있을 것이다. 물론 아시아법이 한국, 일본, 중국은 대체로 하나의 법계로 볼 수 있지
만, 이슬람법계와 힌두교 법계가 혼재해 있는 것이 현실이다. 한편 중국은 아직도
완전한 시장경제체제를 확립하지 못하여 북한과 함께 사회주의적인 법계의 성격을
가지고 있다. 아시아지역의 전통적인 문화와 종교 속에 녹아 있는 법규범을 무시할
수 없을 것이다. 근대화 과정에서 서양법을 계수하여 법전을 편찬하고 법의 적용과
해석을 통해 판례를 형성시켜오고 있으나, 서양의 법의식이나 법감정까지 계수한
것은 아니다. 아직은 서양법이 생활규범으로써 완전히 정착되어 있다고 보기는 어
렵다.50) 또한 우리는 "사상적 기초, 사회경제적 이념, 경제구조 등이 다른 아시아의
여러 나라들이 통일적인 <아시아스포츠법>을 생성시킬 수 있는가?"라는 질문을 던

---

48) 이러한 노력의 결과로는 특히 일본의 지바 마사지(千葉正士), アジア法の多元的構造, 成文堂, 1988;
이가라시 게오시(五十嵐清), 現代比較法學の諸相, [東京] : 信山社, 2002.6.; 같은 이, 比較法入門, 東
京 : 日本評論社, 1968.5; 같은 이, 比較法學の歷史と理論, 東京 : 一粒社, 1977.8. ;같은 이, 比較民法學
の諸問題, 東京 : 一粒社, 1976; 야시다 요시유키 (安田信之), ASEAN法 : An introduction to ASEAN
law, 東京 : 日本評論社, 1996.8.; 같은 이, アジアの法と社會, 東京 : 三省堂, 1987; 같은 이, アジアの
法と社會, 東京 : 三省堂, 1987; 山崎利男,安田信之編. アジア諸國の法制度, 東京 : アジア經濟研究所,
1980.3. (經濟協力調査資料 ; 第97号) 등을 들 수 있다.
49) 島田正郎, 『東洋法史』, 東京 : 東京敎學社, 1976, 이 책은 마지막 부분에 '세계사에 있어서 아시아와
아시아에 있어서 法史'라는 제목에서 <아시아법사>라고 부르는 것이 더 좋을 것이라는 결론을 내
고 있다. 한국어 번역판은, 임대희 외 3인, 『아시아법사』, 서경, 2000 참조.
50) 이러한 논의는 김상용, 「아시아법제연구의 필요성과 방법론」, 『아시아법제연구』 제1호, 2004,
10-14면 참조.

져보게 된다. 이에 대한 해답은 당연히 긍정적이다. 앞서 언급한 바와 같이 아시아 법을 독자적으로 연구하는 학자들은 이미 아시아인의 사회경제적, 지역적인 특성에 알맞은 <아시아법>의 발견하여 독자적인 법체계를 구축하려고 노력하고 있다는데 주목할 필요가 있다. 특히 <아시아스포츠법>은 스포츠라는 보편적인 인간의 활동 을 대상으로 한 법이므로 정치적, 종교적, 지역적인 요소들이 법형성과 발전에 개입 할 여지가 적다고 할 수 있다.

따라서 아시아스포츠법은 아시아 각국의 고유한 스포츠법과 함께 아시아 각국 의 스포츠교류 협력에 필요한 스포츠법을 포함하는 개념으로 사용하는 것이 타당하 다고 본다. 아시아인의 보편적인 가치의 추구와 실현을 위한 스포츠 교류에 장애가 되는 법적인 마찰과 충돌을 예방할 수 있는 비교법적 연구가 필요할 것이다. 아시아 스포츠법학은 바로 아시아 각국의 스포츠법을 연구하면서 아시아스포츠법의 공통 적인 법의 일반이론과 일반원칙을 발견하는 작업을 진행할 수 있을 것이다.

2. 아시아스포츠법의 내용

아시아각국의 스포츠법도 아시아스포츠법의 내용을 이루게 된다. 각국의 법체계 가 다르지만 스포츠법의 생성과 발전, 스포츠법규의 현황, 스포츠법의 입법, 사법, 행정의 정책적과제 등을 비교 연구하는 것이 절실히 요구된다. 아시아 각국의 스포 츠기본권의 보장, 스포츠자치권의 실현, 스포츠관계법의 정비 등의 현황을 파악하 고 공동연구, 학제적 연구를 해야 할 것이다. 세부적으로는 스포츠기본법의 제정, 스포츠산업진흥법의 제정, 학교스포츠관계법의 정비, 스포츠자치권의 보장과 스포 츠행정법의 정비, 재판외 분쟁해결제도(ADR), 도핑등 스포츠형사법과 사고법의 정 비 등 세부적인 법정책적 과제들을 연구할 필요가 있다.

또한 아시아 모든 나라에 공통적으로 적용될 <통일 아시아스포츠법> 분야도 있 다. 스포츠자치법의 통일과 스포츠국가법의 통일이 이 분야의 연구 대상이다. 스포 츠의 교류와 협력을 증진시킬 수 있는 법의 통일과 조화를 이루어 나가야 할 것이

4. 아시아스포츠법의 통일과 조화

아시아스포츠법의 비교연구를 통하여 이 분야의 법의 통일과 조화를 위한 사업을 촉진할 것이다. 앞으로 <아시아연합> 또는 <아시아경제사회 공동체>와 같은 기구가 탄생되고, 아시아 스포츠교류와 협력을 위한 민간기구 또는 정부기구의 설립이 예견되고 있다. 이러한 기구들의 법적 기반조성을 위해 협약이나 조약의 연구가 절실히 요구된다.

이러한 현상은 이미 유럽에서 경험한 바 있다. 유럽은 로마법과 게르만법의 계수를 통하여 현대적인 유럽법을 탄생시켰다. 그리고 영국은 불문법체계를 독자적으로 발전시켜 왔으며, 스칸디나비아제국도 게르만법을 바탕으로 한 고유법을 발전시켰다. 그런데 2차 세계대전 후에 1951년 유럽대륙은 독일, 프랑스, 이탈리아, 벨기에, 네델란드, 룩셈부르크 등 6개국이 유럽석탄철강공동체(ECSC)를 창설하였다. 이어 1957년 유럽경제공동체(EEC)로 발전 시켰으며, 유럽원자력공동체(EURATOM)을 흡수하여 1967년 7월에는 유럽공동체(EC)로 단일화 함으로써 유럽통합의 기틀을 마련하였다. 그 후 유럽공동체의 성공적인 운영으로 영국, 덴마크, 아일랜드가 1973년 가입하고, 그리스가 1981년, 스페인과 포르투갈이 1986년 가입함으로써 유럽연합을 탄생시키는 계기가 되었다. 1991년 마스트리히트에서 유럽연합(EU)조약을 체결하여 1993년 발효되었다. 이 조약에 근거하여 정치, 경제, 사회, 제도 등의 통합을 적극적으로 추진하게 되었다. 2004녀 5월에는 10개국이 가입하여 현재 25개국의 범유럽통합이 이루어졌다. 새로운 유럽화폐인 유로의 시행으로 경제통합을 이루고 헌법제정 등 정치통합의 길로 박차를 가하고 있다.[54]

이러한 유럽의 경제, 사회, 정치통합을 위해 법의 통일과 조화를 위해 유럽의 법학자들은 많은 노력을 해 오고 있다. 특히 유럽불법행위법, 계약법의 연구를 통하여 리스테이트먼트, 통일법 제안 등으로 유럽법의 체계적인 발전에 기여하고 있다. 유

---

54) 유럽연합의 변천과 각종 정보는 http://www.europa.eu.int/;http://www.eu.or.kr; http://www.delkor. cec.eu.int/를 참조할 것.

럽연합 위원회에서는 입법지침(Directive, Richtlinie), 규칙(Regulation, Verordnung) 등을 제정하여 유럽법제의 형성에 기여하고 있다.[55]

이러한 유럽의 법통일과 조화를 위한 법학자들의 활약을 모델로 삼아 아시아지역의 법학자들도 연대와 협력이 필요하다는 점을 인식할 수 있다. 아시아스포츠법의 비교연구를 통해 아시아법의 통일과 조화에 기여할 수 있는 것이다.

IV. 아시아스포츠법의 비교연구의 과제

1. 아시아스포츠법학회의 활성화

아시아스포츠법의 비교연구를 위한 학술단체로는 <아시아스포츠법학회>가 가장 중요한 인적자원을 확보하고 있다고 볼 수 있다. 한국, 중국, 일본의 스포츠법학자들이 총 집결한 학술·연구 단체이므로 아시아스포츠법을 비교 연구하는데 가장 적합한 환경을 조성할 수 있다. 자발적인 동기와 참여로 발족한 연구단체이기 때문에 자주적이고 독립적인 연구가 수행될 수 있다고 믿는다. 각국 회원들의 항시적이고 자발적인 스포츠법령정보의 수집 및 교환, 공동연구의 수행, 학술대회의 개최 등을 통하여 아시아스포츠법학의 발전을 위해 끊임없는 노력을 해야 할 것이다.

아시아법학회가 활성화되면 아시아법의 비교연구도 자연스럽게 이루어질 수 있다는 것을 쉽게 알 수 있다. 그러면 학회의 활성화는 어떻게 이루어질 수 있는가? 우선 시급한 것은 물적 토대를 마련하는 것이다. 연구기금의 확충 등 재정기반을 구축하는 일이다. 이를 위해서 스포츠관련 국가기관, 스포츠산업계, 스포츠계 등과 긴밀한 협력이 필요하다고 본다.

---

55) 이에 관하여는 Jochen Taupitz, Europäische Privatrechtsvereinheitlichung heute und morgen, Tübingen: Mohr, 1993; 김상용, 비교계약법, 법영사. 2002; 유럽계약법위원회, Principles of European Contract Law; www.lexmercatoria.org 참조.

2. 연구·교육 기관설립과 프로그램의 개발

교육·연구·네트워크를 통한 후속세대양성이 이루지지 않으면 지속적인 학문의 발전은 기대하기 어렵다. 스포츠법학의 연구를 위해서도 스포츠법학 관련 교재 개발 및 연구 지원, 학문 후속세대 양성 등 여러 업무를 통합 관리하는 조직이 필요할 것이다.

이를 위해서는 우선 스포츠법학자들이 소속되어 있는 대학이나 연구기관에 <스포츠법학>를 가르칠 수 있는 프로그램이 마련되어야 한다. 현재 한국에는 체육대학 또는 체육관련 학과에 <스포츠법> 또는 <스포츠법과 정책> 등의 이름으로 학부 또는 대학원에 개설되어 교육이 이루어지고 있으나 대단히 열악한 형편이다. 국가기관인 사법연수원에도 "특수계약법"이라는 선택과목의 한 분야로 연수원생들에게 교육이 이루어지고 있다.

또한 스포츠연구센터, 연구소 등이 설립되어 지속적으로 연구할 수 있는 인프라의 구축이 요망된다. 한국에는 국민체육진흥공단 산하에 체육과학연구원이 체육정책의 개발과 연구를 수행하고 있으며, 여러 대학에 스포츠(체육)과학연구소가 설치되어 있으나 스포츠법학의 연구팀은 찾아 볼 수 없는 형편이다. 동국대학교 비교법문화연구소에 스포츠법연구센터가 유일한 연구기능을 수행하는 기관일 것이다.

스포츠법이나 스포츠법학에 관한 교재나 연구서도 귀한 편이다. 한국에서 발간된 교재나 연구서는 극히 드물다.[56] 일본은 10여권 정도가 나와 있다.[57] 그 밖에는

---

56) 신희준 외 지음, 『스포츠법』, 법률서원 펴냄, 2004; 손경한 외 역, 『문답 스포츠법』, 법영사, 2002년; 손석정 지음, 스포츠법학, 태근문화사 펴냄, 2000 등이 있을 뿐이다.

57) 일본에서 발간된 서적은 다음과 같다. 千葉正士, 濱野吉生編, スポーツ法學入門, 東京：体育施設出版, 1995.12.; 井上洋一 著 ; 小笠原正 監修, 導入對話によるスポーツ法學,東京：不磨書房, 2005 ; 濱野吉生著, 体育·スポーツ法學の諸問題 東京：前野書店, 1983.9.; 伊藤堯, 佐藤孝司著, 体育·スポーツ事故判例の研究 (增補改訂版), 東京：道和書院, 1995.7. ; A.J.シュヴァルツ著 ; 高橋則夫 譯, ポーランドの刑法とスポーツ法, 東京：成文堂, 2000.5; 菅原哲朗 著, スポーツ法危機管理學：スポーツ施設/スポーツ管理者/スポーツ指導者のための, 東京：エイデル研究所, 2005.1; 神谷宗之介 著, スポーツ法, 東京：三省堂, 2005.10; 入澤充 著, スポーツの法律入門：現場のトラブルにQ&Aで答える 知らないと損をする指導者のリスクマネジメント, 東京：山海堂, 2004.2; 川井圭司 著, プロスポーツ選手の法的地位, 東京：成文堂, 2003.6; スポーツ問題研究會 編, Q&Aスポーツの法律問題：プロ選手から愛好者までの必修知識, 東京：民事法研究會, 2003.11.

한국스포츠법학회 전문학술지인 <스포츠와 법>이 1-7권 출간되었으며, 일본스포츠
법학회의 연보가 매년 1권씩 출간되어 총 11권이 나왔다. 이제 모범적인 텍스트와
깊이 있는 연구서가 출간되도록 해야 한다. 미국이나 독일 등에서는 스포츠법 연구
시리즈가 발간되고 있는 것에 주목할 필요가 있다.

3. 물적 · 인적 지원체계확립

아시아스포츠법의 연구와 교육을 위해서는 재정적인 기반이 필요하다. 재원 확
보를 위해서는 정부의 스포츠관련 부서의 출연이 중요하다. 지금까지는 스포츠에
쓰여 지는 예산중에 스포츠법제의 정비와 연구에 할당되는 경우는 거의 없다. 이에
대한 개선책을 제시하고 스포츠법의 중요성을 홍보할 필요가 있다. 또한 스포츠산
업계와 스포츠단체와 유기적인 관련성을 가지고 지원과 협조가 필요하다. 스포츠법
연구와 자문을 위한 이들의 재정적인 출연도 적극적으로 유도해야 한다. 장기적으
로는 가칭 <아시아스포츠법과 정책연구제단>의 설립이 추진되길 바란다.

또한 아시아스포츠와 스포츠법령의 정보와 관련된 인적 · 물적인 네트워크를 구
축하여야 한다. 관련 정보를 상호교류하고 아시아 각국의 법령, 판례, 관보, 기타 정
보를 수집 · 정리하는 작업이 필요하다. [58]

연구자들의 세미나, 콜로키움, 학술대회를 지원할 수 있는 다양한 지원체제가 구
축되어야 한다.

4. 아시아 정부, 비정부 기구의 창설을 위한 협약등 규범연구

아시아의 장래는 세계화, 국제화의 흐름 속에서 <아시아연합> 또는 <아시아경

---

[58] 한국법제연구원에서 2004년부터 ALIN(Asian Legal Information Network)사업을 실시하고 있는 것은
대단히 고무적이라고 할 수 있다. 이 네트워크가 구축되면 아시아법령정보의 수집과 연구의 거점
이 될 수 있으므로 스포츠법 분야의 연구에도 큰 도움이 될 것으로 보인다.

제연합> 등의 아시아기구가 창설될 가능성이 높다. 한국은 이미 동북아시아지역의 상호이해와 번영을 위한 지역협력체 또는 지역공동체의 창설을 제안한 바 있다. 이러한 목적을 달성하기 위해서는 공동체 국가 간의 법적인 상호교류와 이해가 전제되어야 할 것이다. 아시아 지역 내의 스포츠법의 통일, 조화 동화를 위한 비교법적·법정책적 연구가 절실히 요망된다.

또한 현재 설치되어 있는 아시아지역의 스포츠관련 기구의 법적지위와 기반에 대한 연구도 필요할 것이다. 현재 <아시아올림픽평의회("OLYMPIC COUNCIL OF ASIA" : DCA)>가 동계, 하계 아시안게임 등 아시아지역 스포츠를 총괄하는 기구이며, 산하에 각종 아시아스포츠연맹(Asian Federation)이 설치되어 있다.[59] 이 기구가 비정부기구로 되어 있지만 실질적으로 강한 정치적 성격을 가지고 있는 것도 사실이다. 따라서 협약이나 조약을 통한 정부기구화 하는 방안도 연구의 대상이 되어야 할 것이다. 또한 아시아스포츠중재기구의 설립도 적극적으로 추진되어야 한다. 스포츠에 관한 아시아지역의 협정이나 협약을 보다 적극적으로 연구해야 한다고 본다.

V. 요약 및 정리

이상을 통하여 아시아스포츠법의 비교연구의 필요성과 과제를 살펴보았다. 세계화의 흐름속에서 아시아인의 자기성찰과 아시아의 재발견을 통해 아시아법의 정체성을 세워 나가야 할 때이다. 아시아법의 문화적·종교적 다원성에도 불구하고 스포츠법 분야는 비교적 통일적인 규범을 창출해 내기가 쉬울 것으로 보여 진다. 우선 스포츠법의 대상인 <스포츠>는 인류의 보편적인 문화의 일부로 형성되어 왔기 때문이다. 스포츠 자치법은 세계적으로 통일된 규범이 대부분이며, 스포츠기본권은 인간의 천부인권인 행복추구권의 내용을 이루고 있다. 아시아스포츠법의 통일과 조화를 위해 각국의 법령정보를 공유하고 인적·물적이 교류협력을 보다 적극적으로

---

59) 상세한 규약, 조직, 행사내용에 관하여는 http://www.ocasia.org를 참조할 것.

넓혀 나가야 할 것이다.

유럽연합의 확대와 미국의 경제력 강화로 아시아의 미래는 불투명한 형국이다. 이제부터 아시아지역의 지역화(Regionalization)가 실행되어 <아시아공동체(Asian Community : AC)>을 건설하기 위하여 노력해야 할 것이다. 지난 2004년 가을에는 인도네시아에서 아세안(ASEAN) 10개국과 동아시아 한·중·일 3국이 아시아은행(Asian Bank)의 개설 등 경제협력에 합의한 바 있다. 이러한 경제협력은 스포츠을 포함하는 문화협력과 교류가 활성화 될 때 그 효과가 한층 배가되는 것이다. 이에 스포츠법의 역할은 대단히 중요하다고 본다.

아시아스포츠법의 비교연구가 점차 활성화되고 학술공동체의 활동이 왕성해 지면 각국의 스포츠법의 스포츠법이 발전하고 아시아스포츠법의 독자성과 정체성이 확립될 것이다.

참고문헌

[국내문헌]

1. 국내 저서

강경근, 헌법학, 법문사, 1998

_____, 헌법, 법문사, 2004.

교육과학기술부, 2011년도 학교체육 주요 업무 계획, 2011.

교육과학기술부, 문화체육관광, 2009학교운동부정책의 현황과 발전, 2009 ; 학교운동부 비리 근절
　　　　대책, 2010.

교육과학기술부, 문화체육관광, 2009학교운동부정책의 현황과 발전, 2009 ; 스포츠분야 인권 향상
　　　　을 위한 국민 보고 '스포츠와 인권의 아름다운 합창', 2008.

국가인권위원회, 2010년도 국가인권위원회 운동선수 인권상황 실태조사 : 대학교 학생선수를 중
　　　　심으로, 2010.

_____, 운동선수 인권 상황 실태조사, 2008.

_____, 운동선수 인권상황 실태조사 : 중, 고교 학생선수의 학습권, 폭력, 성폭력 실태를
　　　　중심으로, 2008.

_____, 학생선수 학습권과 인권을 위한 권고, 2007.

권영성, 헌법학원론, 법문사, 2009.

_____, 헌법학원론, 법문사, 2000.

김동훈, "專屬契約 및 기타 無名契約", 주석민법(채권각칙 5), 한국사법행정학회, 2002.

_____, 契約法의 主要問題J, 국민대학교출판부, 2000.

김동희, 행정법 I, 박영사, 2008.

김두현 외, 현대스포츠법과 안전, 한울, 2009.

김상용, 비교계약법, 법영사, 2002.

김용섭 외 3인, 법학전문대학원 판례교재 행정법, 법문사, 2009.

김재훈, "특수형태근로 종사자에 대한 일본에서의 취급 및 시사점", 특수형태근로자보호대책 관
　　　　련 각국 사례, 노사정위원회 2003.

김철수, 헌법학개론, 박영사, 2006.

노덕선 외, 스포츠법학, 진영사, 2009.

류동균, 스포츠법학, 대경북스, 2006.

목영준, 상사중재법론, 박영사, 2001.

민족통일연구원 엮음. 남북통일체육의 법적과제, 도서출판 사람과 사람, 2001.

방영철·홍순모, 스포츠법학, 동방도서, 1999.

성균관대, 대학체육, 성균관대 교재편찬위원회, 1983.

성낙인, 헌법학, 법문사, 2009.

손경한 외 역, 문답 스포츠법, 법영사, 2002.

손석정, 스포츠법학, 태근문화사, 2000.

_____, 스포츠법-이론과 실제, 태근, 2011.

신성휴·한왕택, 현대스포츠론, 1993.

신희준 외 지음, 스포츠법, 법률서원 펴냄, 2004.

연기영 외 3인 공저, 스포츠법의 이론과 실제-스포츠와 법, 형설출판사, 2010.

연기영, 生產物損害賠償責任法, 육서당, 1999.

_____, 製造物責任, 주석 민법-채권각칙 제7권, 사법행정학회, 2000.

연기영 엮음, 스포츠법학의 새로운 지평, 역락, 2013.

연기영·김상겸, 체육관계법 정비 및 보완연구, 체육과학연구원 연구보고서2000-05, 국민체육진
　　　흥공단 체육과학연구원, 2000.

이병태, 최신 노동법, 중앙경제, 2003.

이용식 외. 학생운동선수 학습능력 제고를 위한 정책 방안, 한국체육과학연구원, 2009.

이원영, 한국형 맞춤식 학교체육 정책방향 제안, 한국엘리트스포츠지도자연합회, 2009.

이은영, 약관규제법, 박영사, 1994.

이재호, 품질보증과 제조물책임 PLJH경영관리컨설팅그룹, 2000.

이학준, 현대스포츠의 도덕성 회복방안 모색-스포츠의 사회윤리, 북스힐, 2003.

임대희 외 3인 역, 아시아법사, 서경, 2000.

장문철 외, Herrmann,G., UNCITRAL모델법의 채택, UNCITRAL모델중재법의 수용론, 1999.

張容國, "民事調停制度의 現況과 對策", 民事判例研究 XIV, 서울 : 博英社, 1993.

장재옥·김용섭·김은경·윤석찬·윤태영, 스포츠엔터테인먼트법, 법문사, 2010.

장재옥, 스포츠 에이전트 법제 도입에 관한 연구, 한국법제연구원, 2006.

정경석, 엔터테인먼트 비즈니스 분쟁사례집, 청림출판, 2004.

최종고, 한국법과 세계법, 교육과학사, 1989.

하갑래, 근로기준법, 중앙경제 2005.

한국소비자보호원, 제조물책임법의 해설과 사례, 2002.

한국체육과학연구원, 한국 스포츠마케팅 발전과제 연구, 1998.

한국체육과학연구원, 한국 스포츠산업 육성방안 연구, 1998.

한국체육과학연구원, 한국의 체육지표, 1999.

한국체육학회·민족통일체육연구원 편, 대학스포츠 선진화를 위한 전략적 과제, 2009.12.

한태룡, 학생선수의 학업활동 실태조사 및 최저 학력제 도입타당성 연구, 한국체육과학연구원,
　　　2008.

韓琫熙, 製造物責任法論, 大旺社, 1997.

한상호, "전속출연계약", 민법주해 16권, 2000.

허 영, 한국 헌법론, 박영사, 2009.

홍성방, 헌법학, 현암사, 2009.

2. 국내 논문

권민혁, "대학운동부 운영 체계 개선 방안", 대학스포츠 선진화를 위한 전략적 과제, 한국체육학
　　　회·민족통일체육연구원 편, 2009.12.

권태승, "소프트웨어와 제조물책임법," 정보산업, 제173호 (1996. 9).

김　종, "사회체육을 통한 스포츠산업 발전방향", 한국 스포츠산업의 발전과 그 과제, 한국체육학
　　　회, 1997.

김경수/서상옥, "국민체육진흥법 제정 배경에 과한 연구", 한국체육학회지, 제32권 제2호, 1993.

김동건, 대법원판례에 비추어본 법규명령과 행정규칙, 고시계 43권 11호.

김동훈, 스포츠에이전트 계약의 법적 고찰, 스포츠와 법 제2권, 2001.

김병식, "스포츠산업의 이론적 접근", 한국 스포츠산업의 발전과 그 과제(스포츠산업 세미나자
　　　료), 1997.

김상겸, "교육권과 학교스포츠", 스포츠와 법 제3권, 2002.

＿＿＿, "스포츠기본법 제정을 위한 시론적 연구", 스포츠와 법 제4권, 한국스포츠엔터테인먼트
　　　법학회, 2003.

_____, "스포츠분쟁해결에 관한 헌법적 연구", 스포츠와 법 제5권, 한국스포츠엔터테인먼트법학회, 2004.

_____, "학생선수의 인권과 일반학생의 학습권 보장에 관한 연구", 스포츠와 법12권1호(통권18호), 한국스포츠엔터테인먼트법학회, 2009.2.

_____, "학생선수의 인권과 일반학생의 학습권보장에 관한 연구", 스포츠와 법 제12권 1호(제18호).

_____, "한국헌법상 스포츠기본권과 스포츠기본법 제정", 스포츠와 법 제6권, 한국스포츠엔터테인먼트법학회, 2005.

_____, "스포츠권의 헌법적 보장", 스포츠와 법 창간호, 2000.

_____, "헌법국가에서 스포츠의 보장", 비교법연구 창간호, 동국대학교 비교법문화연구소, 2000.

_____, "스포츠자치권과 스포츠기본법에 관한 연구", 스포츠와 법 제8권, 한국스포츠엔터테인먼트법학회, 2006.

_____, "헌법개정과 스포츠기본권의 보장", 스포츠와 법 제11권 4호(통권17호), 한국스포츠엔터테인먼트법학회, 2009.

김선택, "아동·청소년보호의 헌법적 기초－미성년 아동·청소년의 헌법적 지위와 부모의 양육권", 헌법논총 제8집, 헌법재판소, 1997.

김수갑, "문화국가원리에 관한 연구", 고려대 대학원 박사학위논문, 1993.

김영조, 학교체육법공청회 지정토론문, 한국체육학회·국회문화체육관광포럼, 2008.

김용섭, "드래프트의 법적 문제", 스포츠와 법 3권, 한국스포츠엔터테인먼트법학회, 2002.

_____ "생활체육지도자 자격제도의 문제점과 개선방안", 복지국가 실현을 위한 스포츠의 법정책적과제, 스포츠법학 국제학술대회 논문집), 2006.

_____, "바둑진흥에 관한 법률의 제정 필요성과 입법방향", 공청회발표자료, 2013.

_____, "스포츠행정법의 현황과 과제", 스포츠와 법 창간호, 한국스포츠법학회, 2000.

_____, 스포츠법제의 현황과 과제, 인권과 정의, 2009. 2.

김은경, "스포츠규약의 법적 문제", 스포츠와 법 2권, 한국스포츠엔터테인먼트법학회, 2001.

_____, "독일법상 스포츠에 관련한 보험제도의 고찰", 스포츠와 법 창간호, 한국스포츠법학회, 2000.

김주원, "대중골프장 개발요소와 수익성과의 상관관계연구", 건국대 부동산대학원 석사학위논문, 2008.

김현석, "한국체육행정조직의 발전방안에 관한 연구", 한양대학교 대학원 박사학위 논문, 1998.

김혜은, "국회와 행정부의 입법기능 분담에 관한 실증적 연구", 연세대, 석사학위논문, 2008.

김화섭, "2002 월드컵 축구대회 한·일 공동개최와 스포츠산업", 월간 스포츠비즈니스, 2000.11.

남기연, "계약의 통제에 의한 불균형관계의 해소-독일에서의 스포츠 상업화와 선수 인격권보호를 중심으로"-, 중앙법학회, 중앙법학 8집 2호, 2006.

_____, "약관에 의한 인격권 침해와 법률상 통제-스포츠 선수와 단체의 계약을 중심으로" 민사법학 제34호, 한국민사법학회, 2006.12.

남형두, "엔터테인먼트법에 대한 새로운 접근-주체 측면에서의 이해", 민사법학 제35호, 한국민사법학회, 2007.3.30,

노세호, "대중골프장 병설제도에 관한 소고", 골프경영과 정보, 통권 제34호, 2007.

대전광역시교육청, "대전광역시 학교체육 내실화 방안", 학교체육정책 연구보고서, 2004.

대한체육회. 학교체육 정상화 방안 마련을 위한 공청회 자료집, 2002.

류태호 등, "학교체육정책에 관한 제도개선 연구", 2003년도 교육인적자원부학술연구비 지원 : 교육정책연구과제, 2003.

박상주, 신정부의 공공기관 혁신 방향과 체육부문의 대응, 체육과학연구원, 스포츠과학, 2008. 8.

박영도, 기본법의 입법모델연구, 한국법제연구원(연구보고 2006-03), 2006.

박영식, "소프트웨어의 하자와 제조물책임법," 월간 코머스, 2000. 10.

박지순, 독일의 유사근로자(특수형태고용종사자)의 유형과 노동법상 지위에 관한 연구, 정책자료 2005-02.

변해철, "스포츠분야에서의 국가권력 개입의 법적 근거와 개입형태", 법과 스포츠 세미나자료집, 한국외국어대학교 법학연구소, 1999.

변해철, "스포츠 분야에서의 국가권력개입의 법적 근거와 개입형태", 공법연구 제28집 제3호, 2000. 3.

森川貞夫/서상옥, "일본 스포츠정책의 역사적 고찰", 한국체육정책학회지 제2호, 2003.

서현수, "중·고교 학생선수의 인권실태와 대책", 인권 제53호, 2007. 11.

손 환, 정승삼, "구한말 근대스포츠의 전개과정에 관한 연구", 체육학논문집 제28집, 2000.

손석정, 신현규, "국민체육진흥법의 제정의도와 배경에 관한 연구", 스포츠와 법 제11권 제3호, 2008.

손석정·백우열, "우리나라 스포츠관계법 정비 방안", 스포츠와 법 제13권 4호(통권 제25호), 한국스포츠엔터테인먼트법학회, 2010.

손석정·이시영, "스포츠법학의 활성화를 위한 일연구", 성균관대학교 스포츠과학논집, 1997.

손석정/신현규, "국민체육진흥법 제정의도와 배경에 관한 연구". 스포츠와 법 제11권 3호(통권 제
　　16호), 한국스포츠엔터테인먼트법학회, 2008.

송기성·심재영, "미국 프로스포츠의 선수계약과정에 관한 연구", 한국사회체육학회, 한국사회체
　　육학회지 9호, 1998.

안양옥, 학교체육(진흥)법, 왜 필요한가?, 학교체육법공청회(한국체육학회, 국회문화체육관광포럼:
　　대표의원 안민석)자료, 2008.

안주열, 청소년의 학습권에 관한 고찰, 전북대 법학연구소, 법학논집 창간호, 2000.

안주영, "교육기본법 제3조에 관한 헌법적 검토", 공법연구 제35집 4호, 2007.6.

양규모, 골프대중화를 위한 정책적 방안, 대구대학원 석사학위논문, 2008.

양병회, "한국에서 스포츠분쟁해결을 위한 ADR제도", 스포츠와 법 제5권, 2004.

연기영, "국민체육기본법의 필요성과 제정방안", 한국체육학회보, 79호, 2001.

_____ "국제스포츠중재재판소에 비추어 본 한국스포츠중재위원회의 역할과 과제", 스포츠와 법
　　제11권 제1호(통권14호), 한국스포츠엔터테인먼트법학회, 2008.

_____, "스포츠기본법의 제정방안", 스포츠기본권의 보장과 국민체육진흥의 법적 과제(제6회 스
　　포츠법 국제학술대회 자료집), 한국스포츠엔터테인먼트법학회, 2008.

_____, "스포츠법의 현황과 과제", 법과 사회 19호, 법과 사회 이론연구회, 2000.

_____, "스포츠분쟁해결기구의 설립방안" 스포츠와 법 제5권, 한국스포츠엔터테인먼트법학회,
　　2004.

_____, "한국스포츠중재위원회의 설립과 활동", 스포츠와 법 제10권 4호(통권 13호), 2007.

_____, "한국에 있어서 스포츠의 법정책적 과제", 스포츠와 법 제6권, 한국스포츠엔터테인먼트
　　법학회, 2005.

_____, 학교체육진흥법 제정을 위한 과제, 스포츠와 법 14권 2호(통권 27호), 2011.

오태곤, "스포츠선수의 이적료 제도에 관한 공법적 검토", 한국스포츠리서치, 한국스포츠리서치,
　　16권 4호, 2005.

浦川道太郎(유진식 역), "일본에 있어서 프로야구와 선수계약", 스포츠와 법 2권, 한국스포츠법학
　　회, 2001.

육종술, "골프대중화를 위한 정책방안", 한국사회체육학회지, 제32호, 2008.

육종술·강현민·박찬혁, "프로 스포츠 선수단체 결성의 의의와 과제", 한국체육학회지 38권 3호,
　　한국체육학회, 1999.

윤상준, 이용식, "체육단체 구조개편에 관한 대안적 연구", 한국체육학회지 제17권 제4호, 한국체

육학회, 2008.

윤상준, 황의룡, "일본 체육단체의 조직개편에 관한 사례연구", 한국체육학회지 제16권 제2호, 한국체육학회, 2007.

윤용택, "스포츠권과 스포츠기본법의 시론적 고찰", 스포츠와 법 제6권, 2005, 106-108(채우석 번역문 118-120면).

이기철, "프로운동선수와 인권보호 - 프로야구규약을 중심으로", 법과 정책 연구 6권 1호, 한국법정책학회, 2006.

이동준, "우리나라 경제발전과 레저산업의 성장 및 구조적 변화", 연세대 경영대학원 석사학위논문, 1993.

이상돈, "법을 통한 보건과 의료의 통합 : 보건의료기본법의 체계기획에 대한 비판과 전망", 고려법학 36호, 고려대 법학연구소, 2001.

이재오, "학교체육문제에 대한 설문조사" 전국 초·중·고 체육교사 대상 설문조사 보고서: 2002년 정기국회 교육위원회 국정감사자료), 2002.

이창섭, "한국형 NCAA 설립의 당위성과 과제", 대학스포츠 선진화를 위한 전략적 과제, 한국체육학회·민족통일체육연구원 편, 2009.12.

이창섭, 생활체육과 엘리트 체육의 공조, 스포츠과학 제89호, 국민체육진흥공단 체육과학연구원, 2004.10.

이학준, 현대스포츠의 도덕성 회복방안 모색-스포츠의 사회윤리, 북스힐, 2003.

임건면, "스포츠중재합의와 내용통제", 스포츠와 법 9권, 한국스포츠엔터테인먼트법학회, 2006.

장재옥, "선수에이전트계약의 법률관계", 중앙법학 8집 4호, 중앙법학회, 2006.

_____, "전속계약에 관한 소고", 중앙법학 제7집 4호, 중앙법학회, 2005.

장재옥, "스포츠 법제의 개선 방향에 관한 연구 - 스포츠기본법 제정방향을 중심으로", 한국법제연구원(현안분석 2005-22), 2005.

장재현·권기덕, "전문직종사자 전속계약의 특질", 法學論考 제22집, 경북대 출판부, 2005.

장진수, "프로야구 선수계약에 관한 연구", 연세대학교 법학연구소, 법학연구 15권 3호, 2005.

전광석, "헌법과 문화", 공법연구 제18집, 한국공법학회, 1990.

전용배, "한국프로야구규약 및 계약관계와 선수협의회에 대한 법적 고찰", 한국체육학회, 한국체육학회지 40권 4호, 2001.

전우현, 스포츠선수의 상해보험계약, 한국스포츠법학회 제3회 학술발표회, 2000.

정동구, 체육단체의 구조적 모순과 개선방안, 한국체육학회회보 제80호, 2002.6.

정승재, "스포츠 조정·중재제도의 법적 과제", 스포츠와 법 제1권 1호(통권 14호), 2008.

정승재, "스포츠자치권과 스포츠분쟁" 스포츠와 법 제5권, 한국스포츠법학회, 2004.

정정일, "골프장 회원의 권익보호를 위한 법적고찰", 법학연구 제33집, 2009.

조성규, "스포츠행정조직의 법적성격과 권리구제", 스포츠와 법, 제5권, 한국스포츠법학회, 2004.

조정찬, "법령상호간의 체계에 관한 연구", 법제 제268호, 1989.6.

지충남/최길수, "지방정부의 골프장 유치에 따른 재정적 효과와 주민저항 요인에 관한 연구: 전라
남도를 중심", 한국거버넌스학회보, 제13권 제3호, 2006.

최병문, "스포츠형사책임론", 스포츠와 법 창간호, 2000.

최정일, "학교체육법제정상의 몇 가지 쟁점과 제정시안의 분석", 스포츠와 법, 한국스포츠엔터테
인먼트법학회, 제12권 3호(통권 제20호), 2009.

한국체육학회, 국회문화체육관광포럼 합동 학교체육법 공청회 자료집, 2008.

한국체육학회, "학교체육 정책의 현황과 과제", 2009 학교체육진흥세미나 자료집 2009.

_____, "학교체육진흥법의 필요성과 제정 방향", 학교체육진흥법 제정을 위한 공청회,
2006.

[외국문헌]

1. 외국저서

Arnold, Don E., Legal Considerations in the Administration of Public School Physical Education and Athletic
Programs, 1982.

Basson/Loubser, Sport and the Law in South Africa, Butterworths, 2005.

Börner, Joachim, Sportstätten-Haftungsrecht, Berlin 1985.

Dobbs, Dan B., The Law of Torts, West Group, 2000.

Eichenberg, Richard, Zivilrechtliche Hlftung des Veranstalters sportlicher Wettkämpfe, Diss Zürich 1973.

Erman, Walter, Bürgerliches Gesetzbuch. 1. Band, 11. Aufl., 2004.

Fritzweiler, Jochen/Pfister, Bernhard/Summerer, Thomas, Praxishandbuch Sportrecht, Munchen, 1998.

Fritzweiler/Pfister/Summerer, Praxishandbuch Sportrecht, 2.Auflage, C.H.Beck, 2007.

Fritzweiler, Jochen Haftung bei Sportunfällen, München, 1978.

Gröschner, Rolf, Grundgesetz Kommentar, Band I, 2. Aufl., Tübingen 2004.

Grubb, Andrew(ed.), The Law of Product Liability, Butterworths Common Law Series, Butterworths:London,

2000.

Grunsky, Wolfagng, Haftungsrechtliche Probleme der Sportregeln, Heidelberg, 1979.

Haas, Ulrich/Haug, Tanja/Reschke, Eike, Handbuch des Sportrechts, Band 1, Darmstadt, 2004.

Haas, Ulrich/Prokop, Clemens, Die Athletenvereinbarung - Der Athlet alsstilles Mitglied des Verbandes - 1. Teil, SpuRt, 1996.

Häberle, Sport als Thema neuerer verfassungsstaatlicher Verfassungen, in: Festschrift für Thieme, 1993.

Häberle, Verfassungslehre als Kulturwissenschaft, 1982.

Hans Kelsen, Reine Rechtslehre, 1934, 2. Aufl.;

Harald, von: Zum Verrhältnis von Kunst und Jugendschutz. DÖV 1994.

Henderson and Twerski, Products Liability- Problems and Process, 3rd ed. Aspen Law & Business-A Division of Aspen Publishers, Inc. 1997.

Holzke, Der Begriff Sport im deutschen und europaeischen Recht, Diss. Uni. Koeln, 2001.

Horn, Norbert, Einführrung in die Rechtswissenschaft und Rechtsphilosophie, 1996.

Jarass, Hans D. /Pieroth, Bodo : Grundgesetz für die Bundesrepublick Deuschland : Kommentar, 7. Aufl, München 2004.

Jochen Taupitz, Europäische Privatrechtscereinheitlichung heute und morgen, Tübingen: Mohr, 1993.

Krähe, Chritian, Die Zivilrecht lichen Schadensersatzansprüche von Amateur-und Berufssportlern für Verletzungen beim Fussballspiel, Berm.u.a 1981.

Kojima, Takeshi, Civil Procedure and ADR in Japan, Series of the Institute of Comparative Law in Japan 65, Tokyo: Chuo University Press, 2004.

Lionnet, Klaus, Handbuch der internationalen and nationalen Schiedsgerichtsbarkeit, 2. Aufl., 2001.

Martin Nolte, Staatliche Verantwortung im Bereich Sport, Lorenz-von-Stein-Institut Schriftenreihe Bd. 23, Kiel, 2004.

Matthieu Reeb(eds), Digest of CAS Awards II 1998-2000, 2002.

Matthieu Reeb(eds), Digest of CAS Awards III 2001-2003, 2004.

Mitten, Matthew J. /Timothy Davis/Rodney K. smith/Robert C. Berry, Sports Law and Regulation-Cases, Materials and Problems, 2nd Ed., Wolters Kluwer, 2009.

Nygaard, Gary and Boone, Thomas H., Law for Physical Educators and Coaches, 1989.

Nygaard, Gary and Boone, Thomas H., Law for Physical Educators and Coaches, 1989.

Owen, David G., Products Liability Law, West a Thomson Bussiness, 2005.

Palandt, Otto, Bürgerliches Gesetzbuch(Kommentar), 64. Aufl., München, 2005.

Panagiotopoulos(Ed.), Sports Law, Nomiki Bibliothiki, Greece, 2009.

Reichert, Bernhart, Handbuch des Vereins- und Verbandsrechts, 9. Aufl., 2002.

Reimann, Christoph, Lizenz- und Athletenvereinbarungen zwischen Sportverband und Sportler, Diss, Uni, Halle, 2002.

Schlesinger, Rudolf, Comparative Law, 1988.

Schmitthoff, Clive M., Export Trade : The Law and Practice of International Trade, 9th ed., Stevens & Sons, 1990.

Schnitzer, Vergleichende Rechtslehre I, 2.Aufl. 1961.

Schnitzer, Vergleichende Rechtslehre I, 2.Aufl. 1961.

Schtraut, Bernhard : Jugendschutz und Medien, Zur Verfassungsmäßigkeit des Jugendschutzes im Rundfunk und bei den übrigen audiovisullen Medien. Baden-Baden 1993.

Schtraut, Bernhard : Jugendschutz und Medien, Zur Verfassungsmäßigkeit des Jugendschutzes im Rundfunk und bei den übrigen audiovisullen Medien. Baden-Baden 1993.

Starck, Christian, Das Bonner Grundgesetz, 4. Aufl., Mangoldt(Hrsg), Band I, 1999.

Steiner, Udo, Sport und Medien, Heidelberg, 1990.

Tim, Faber, Jugendschutz im Internet -Klassische und neue staatliche Regulierungsansätze zum Jugendmedienschutz im Internet(Diss), SöR, Band 991, Berlin 2004.

Tim, Faber, Jugendschutz im Internet -Klassische und neue staatliche Regulierungsansätze zum Jugendmedienschutz im Internet(Diss), SöR, Band 991, Berlin 2004.

Ulmer, Peter/Brandner, Erich/Hensen, Horst-Diether/Schmidt, Harry, AGB-Gesetz, 9. Aufl., Köln, 2001.

Wenzel, Karl Egbert, Das Recht der Wort und Bildberichterstattung Handbuch des Äußerungsrechts, 5. Aufl., Köln, 2003.

Werner, Fritz, Sport und Recht, Tübingen 1968.

Wolf, Manfred/Horn, Norbert/Lindacher, Walter F., AGB-Gesetz. Kommentar, 4. Aufl., Munchen, 1999.

Zöller, Richard, Zivilprozessordnung, 24. Aufl., 2004.

Zweigert, Konard / Kötz, Hein, Einführung in die Rechtsvergleichung, auf Gebiete des Privatrechts I, 1971.

A.J.シュヴァルツ著; 高橋則夫 譯, ポーランドの刑法とスポーツ法, 東京：成文堂, 2000.5.

加藤雅信, 製造物責任法總攬, 商事法務研究會, 1994.

廣田尙久, 紛爭解決學, 信山社, 2002.

島田正郎, 東洋法史, 東京：東京教學社, 1976.

濱野吉生著, 体育・スポーツ法學の諸問題, 東京：前野書店, 1983.9.

石川明, 三上威彦 編, 比較裁判外爭解決制度, 慶應義塾大學出版部, 1997.

小島武司編, ADR의 實際와 理論I, 日本比較法研究所 研究叢書 62, 東京: 中央大學出版部, 2003.

小林秀之, 新製造物責任法大系 I, II, 弘文堂, 1998.

小林秀之, 日米製造物責任訴訟對策, 中央經濟社, 1996.

升田純 編, 現代裁判法大系-製造物責任法, 新日本法規, 1998.

升田純, 詳解製造物責任法, 商事法務研究會, 1997.

神谷宗之介 著, スポーツ法, 東京：三省堂, 2005.10.

安田信之, ASEAN法：An introduction to ASEAN law, 東京：日本評論社, 1996.8.

安田信之, ASEAN法：An introduction to ASEAN law, 東京：日本評論社, 1996.8.

安田信之, アジアの法と社會, 東京：三省堂, 1987.

安田信之, アジアの法と社會, 東京：三省堂, 1987.

五十嵐清, 比較民法學の諸問題, 東京：一粒社, 1976.

五十嵐清, 比較法入門, 東京：日本評論社, 1968.5.

五十嵐清, 比較法學の歴史と理論, 東京：一粒社, 1977.8.

五十嵐清, 現代比較法學の諸相, 東京：信山社, 2002.6.

五十嵐清,, 比較法入門, 東京：日本評論社, 1968.5.

五十嵐清,, 比較法學の歴史と理論, 東京：一粒社, 1977.8.

伊藤堯, 佐藤孝司著, 体育・スポーツ事故判例の研究 (增補改訂版), 東京：道和書院, 1995.7.

入澤充 著, スポーツの法律入門：現場のトラブルにQ&Aで答える 知らないと損をする指導者のリスク
　　　マネジメント, 東京：山海堂, 2004.2.

井上洋一著; 小笠原正 監修, 導入對話によるスポーツ法學, 東京：不磨書房, 2005.

佐藤幸治 外, 司法制度改革, 有斐閣, 2002.

佐藤幸治 外, 司法制度改革, 有斐閣, 2002石川明, 三上威彦 編, 比較裁判外紛爭解決制度, 慶應義塾大
　　　學出版部, 1997.

千葉正士, アジア法の多元的構造, 成文堂, 1988.

千葉正士・濱野吉生編, スポーツ法學入門, 東京：体育施設出版, 1995.

2. 외국논문

Beloff, Michael, "Editorial", I.S.L.R. 2004, 4(NOV), 77.

Beloff, Michael, "The CAS Ad Hoc Division at The Sydney Olympic Games", I.S.L.R. 2001, 1(Mar), 105.

Dogauchi, Masato, "The Activities of Japan Sports Arbitration Agency" 스포츠와 법 제5권, 한국스포츠법학회, 2004.

Ettinger, David J., "The Legal Status of The International Olympic Committee", (1992) 8 Pace.Y.B.Int'l.L. 97.

Haas, Ulrich, "Die Sportgerichtsbarkeit zwischen Individualrechtsschutz und Verbandsautonomie" 스포츠와 법 제5권, 한국스포츠법학회, 2004.

Honsell, Heinrich, Vogt Nedim P., Schnyder, Anton K., International Arbitration in Switzerland, 2000.

Kirchhof, Ferdinand, Sport als Mittel der Förderung kommunaler Wirtschaftsstrukter, Recht und Sport 9.

Kirchhof, Ferdinand, Sport und Umwelt als Gegenstand des Verfassungsrechts und der Verfassungspolitik, Recht und Sport 17.

Kojima, Takeshi, Civil Procedure and ADR in Japan, Series of the Institute of Comparative Law in Japan 65, Tokyo: Chuo University Press, 2004.

Leaver, Peter, "The CAS Ad Hoc Division at the Salt Lake City Winter Olympic Games 2002", I.S.L.R. 2002 2(Jul), 50.

Locklear, R. Jake, "Arbitration in Olympic Disputes: Should Arbitrators Review The Field of Play Decisions of Officials?", (2003) 4 Tex. Rev. Ent. & Sports L. 199.

McLaren, Richard H. and Clement, Patrick, "Court of Arbitration for Sport: The Ad Hoc Division at the Salt Lake City Winter Olympic Games", I.S.L.R. 2004 2(May), 51.

McLaren, Richard H., "Introducing the Court of Arbitration for Sport: The Ad Hoc Division at the Olympic Games", (2001) 12 MARQSLR 515.

McLaren, Richard H., "The Court of Arbitration for Sport: An Independent Arena for the World's Sports Disputes", (2001) 35 VAL.U.L.R 379.

Panagiotopoulos, Dimitrios, "Court of Arbitration for Sports", (1999) 6 Vill. Sports & Ent. L.J. 49.

Pfister, Autonomie des Sports, sport-typisches Verhalten und staatliches Recht, in : FS für Lorenz, 1991, S. 171ff.

Polvino, Anthony T., "Arbitration as Preventative Medicine for Olympic Ailments: The International Olympic Committee's Court of Arbitration for Sport and the Future for the Settlement of International Sporting Disputes", (1994) 8 Emory Int'l L. Rev. 347.

Raber, Nancy K., "Dispute Resolution in Olympic Sport: The Court of Arbitration for Sport", (1998) 8 Seton Hall J. Sport L. 75.

Steiner, Staat, Sport und Verfassung, DÖV 1983.

Steiner, Udo, Sport auf dem Weg ins Verfassungsrecht - Sportförderung als Staatsziel, Sport und Recht 1994.

Steiner, Udo, Von den Grundrechten im Sport zur Staatszielbestimmung, "Sportförderung",in: FS für Stern, München 1997.

Vieweg, Klaus, Zur Einführung: Sport und Recht, JuS 1983.

スポーツ問題研究會 編, Q&Aスポーツの法律問題：プロ選手から愛好者までの必修知識, 東京：民事法研究會, 2003.11.

高鷹英弘, " プロ野球選手の契約關係(民法)", 日本評論社, 法學セミナ, 通卷604号(2005, 4)

菅原哲朗 著, スポーツ法危機管理學：スポーツ施設/スポーツ管理者/スポーツ指導者のための, 東京：エイデル研究所, 2005.1.

菅原哲朗, 川井圭司, 大川宏,寄稿　日本スポーツ仲裁機構　自由と正義55卷2号50頁, 2004.

나가이겡이찌(永井憲一) <스포츠기본법요강안> 日本スポ-ツ學會, スポーツの 理念とスポ-ツ事故問題, 日本スポ-ツ學會年報 第5會, 早稲田大學出版部, 1988

道垣內正人, 日本スポーツ仲裁機構(JSAA) 法學教室276号2-3頁 [2003]

_____, 日本におけるスポーツ仲裁制度の設計…日本スポーツ仲裁機構 (JSAA) 發足 にあたってジュリスト 1249号2-5頁[2003]

山崎利男・安田信之編, アジア諸國の法制度, 東京：アジア経濟研究所, 1980.3. （経濟協力調査資料；第97号）

上杉昌隆・水戸重之・岡田康夫, "プロ野球選手の契約更改における代理人交渉を振り返って", 日本弁護士連合會, 自由と正義. 52卷 9号, 2001. 9.

小島武司/清水　宏, 裁判外紛爭解決手續の利用の促進に關する法律の制定とスポーツ紛爭の解決, 스포츠와 법 제5권, 한국스포츠법학회, 2004.

小島武司編, ADR의 實際와 理論I, 日本比較法研究所 研究叢書 62, 東京: 中央大學出版部, 2003

松本恒雄, "製造物の意義と範圍." ジュリストNo.1051(1994. 9. 1),

宋相現, "訴訟에 갈음하는 紛爭解決方案의 理念과 展望", 民事判例研究 XIV, 博英社, 1993.

神谷宗之介 著, スポーツ法, 東京：三省堂, 2005.10.

王小平, "体育糾紛解決以及ADR机制的研究" 스포츠와 법 제8권, 2006.

笠井 修, "일본 스포츠계약의 법적 과제", 한국스포츠엔터테인먼트법학회, 스포츠와 법 6권.

入澤充 著, スポーツの法律入門：現場のトラブルにQ&Aで答える 知らないと損をする指導者のリスク
　　　マネジメント, 東京：山海堂, 2004.2.

齊藤健司, "フランスのスポーツ基本法", 季刊 教育法 第104号, 1995.12.

川井圭司 著, プロスポーツ選手の法的地位, 東京：成文堂, 2003.6.

八木由里, "オリンピック日本代表選出における紛爭とADR制度", 스포츠와 법 제8권, 2006.

찾·아·보·기